내가 겪은
6.25

1945년(5세) ~ 1958년(18세까지)

김찬수 지음

'한 소년이 겪은 6.25 동란 전후의 처절한 삶의 이야기'

명문당

추천사

　일본의 식민지 질곡으로부터 해방되었던 8·15의 기쁨은 순간이었고, 북의 6·25 남침전쟁이 몰고 온 분단의 고착과 갈등의 연속 속에서 반도의 남쪽에서나마 오늘의 대한민국이 성장할 수 있었음은 축복 중의 축복이었다. 대한민국의 역사는 공산주의자들의 적화위협 속에서 이룩해 낸 민주화와 자유민주주의 시장경제체제의 성공사이기 때문이다.
　불행 중의 불행은 세계가 놀라는 대한민국의 성공 앞에서 이미 무릎을 꿇었어야 할 북의 공산세습 독재정권이 남쪽의 「햇볕」을 받고 살아남아 교묘한 「대남공작」을 계속하는 것이며, 밥을 굶는 북한의 동포를 노예상태로 장악한 가운데 핵무장으로 남북관계의 주도권까지 장악해 가고 있는 현실이다.
　이 기막힌 현실 속에서 6·25 전쟁 57주년을 맞는 이 나라의 친북좌익 정치인들은 6·25가 조선시대의 역사인 양 딴전을 피우는 가운데 6·25를 도발했던 북의 세습 독재정권과 화해협력을 하면 평화와 통일이 굴러오는 것으로 「평화」의 분위기를 연출하는 형국이다.
　이와 같은 거짓 평화 속에서 모두가 침묵한다면 지난 60여 년간 이룩해 온 대한민국 성공의 역사는 어떻게 될 것인가? 대한민국의 역사가 부정될 때 누구를 원망하고 탓할 것인가?
　대부분 70 고령을 넘겼지만 아직도 6·25 참전용사가 살아있는 동안, 젊은이들에게 6·25가 우리들에게 무엇을 의미하며, 언제, 왜 일어났고 누구와 어떻게 함께 막아내어 오늘의 대한민국이 건재할 수 있었는지를 알려야 할 책임이 5, 60대의 우리들에게 있는 것 아닐까?

이 절체절명의 시기에 책임을 통감한 60대 후반의 동지가 있었으니 그 이름 「대청화곡!」

필명으로 남북의 분단과정과 피눈물 나는 6·25 전쟁의 목격담을 30여 회에 걸쳐 조선 블로그에 연재해 오던 그가 6·25 57주년을 맞아 「내가 겪은 6·25」라는 단행본을 펴냈다.

그는 고향인 양양이 북위 38도선 이북에 위치한 탓으로 조국의 남북분단 당시 「인민공화국」에 살다가 6·25 전쟁을 통한 휴전선의 설정으로 자유 대한민국에 살게 되었으며, 양양군의 회룡 「인민」 학교에 입학하여 3학년 때 6·25를 맞는다.

그의 부모는 일제의 억압으로 고향을 떠나 함경도 일대를 전전하며 살았다. 그가 다섯 살 때 해방의 기쁨을 안고 고향에 돌아온 그의 가족은 「인공」 치하의 백성이 되었고 김일성 무리들의 폭정에 시달리다가 6·25를 맞는다. 6·25가 나던 해 몰래 원산으로 피신했던 부모와 두 동생과 생이별한 그는 전쟁의 한가운데가 되어버린 고향땅에서 할머니와 단 둘이 남아 이리저리 피하고 쫓기면서 처절한 전쟁을 목격한다. 그러던 중 나이어린 화곡에게 기적이 일어났다.

원산 일대에 대한 호주 쌕쌕이의 공격으로 죽었을 것으로 알았던 그의 부친이 1·4 후퇴 때 거제도로 피난을 가서 그곳 포로수용소의 「정훈교관」이 되어 7,000여 명의 반공포로를 대한민국의 품에 안기도록 하고 있었으니! 학교를 세우고 교편을 잡으신 그의 부친은 군인 학부모를 통해 양양 일대의 전쟁터를 수배하여 할머니와 그가 생존해 있다는 사실을 알아내고 거제도를 이산가족 상봉의 장으로 만들었던 것이다.

이산가족 상봉의 기쁨은 잠깐이었지만 전쟁의 아픔은 기나길었다. 화곡은 부산 등지에서 신문팔이로 연명을 했다. 국군과 인민군의 주고받는 격전이 반복됐던 양양 일대에서의 명석한 한 소년의 목격담과 그 후 13년간의 처절한 삶의 이야기가 이 책에 기록되어 있다.

평안북도 정주가 고향인 필자는 해방 1년 후 부모님을 따라 탈북 후, 서울 뚝섬의 경동「국민」학교에 입학한 후 충북 옥천의 지전국민학교 3학년 때 6·25의 피난길에 올랐지만, 자식들에게 별로 할 이야기가 없었다. 북에 주둔했던 소련군을 본 기억도 없고, 6·25 전투 중의 국군과 인민군을 목격하지도 못했을 뿐 아니라, 관찰력과 기억력 면에서 대청화곡은 도저히 따라갈 수 없었기 때문이다.

그의 진솔한 이야기는 참으로 많은 사실을 일깨워준다. 6·25 이전 인공치하의 삶과 6·25 전쟁 와중의 삶, 그리고 거제도 피난민 생활과 청소년기 부산에서의 성장 과정을 통한 삶이 그의 확고한 인생관 확립에 뿌리가 되고 있는 것을 도처에서 발견하기 때문이다.

그의 영원한 조국은 대한민국이 되었고, 그의 이상은 애국이 되었고, 그의 가슴은 박애정신으로 충만해 있다. 중등학교 교사생활을 하면서 그의 애국정신 발로가 높이 인정되어 대한민국 옥조근정 훈장이 수여된 것을 무엇보다도 기쁘게 생각한다.

「대청화곡」과는 인터넷 게시판에서 글을 주고받다가 어느덧 막역한 친구가 되었고, 어느 날 직접 만나 식사까지 나누며 필자보다 생일이 두 달 빠른 것을 확인할 수 있었다. 필자는 그를 화곡

「인형」이라 부르며, 밤늦은 시간에도 서로 격의 없는 전화를 하곤 한다. 그의 이야기가 많은 초중 고등학교 교사 및 학생들과 군 장병들에게 꼭 읽혀지기를 바라는 마음 간절하다.

2010. 2. 9. 전 국방대학원장 예비역 육군소장 한광덕

머리말

이 수기는 1945년부터 1958년까지의 내 생애 일부의 기록입니다. 우리 민족은 일제로부터 해방이 되어 온전한 기쁨을 누리기도 전에 남북의 분단을 만났고 급기야는 이북의 김일성에 의하여 저질러진 해괴한 6·25 동란을 겪게 되었던 역사적 아픔이 있습니다.

나는 1950년 6월 25일 이전엔 38선 이북의 공산치하에서 살았습니다. 그때 나의 가족은 형언하기도 어려운 슬픈 삶을 겪었습니다. 6·25가 나던 해엔 이산가족이 되었고 6·25가 난 이후엔 나와 할머니는 동해 중부전선에 남아 공산 인민군과 대한민국 국방군이 대치하여 공방전을 치르는 와중에서 생명의 위험이 경각에 달린 처참한 삶을 살았습니다.

1952년 이후엔 이산가족이었던 나와 할머니는 경상남도 거제도에서 6·25때 헤어졌던 가족과 다시 만났습니다. 그리고는 우리 국민 모두가 다 그랬듯이 우리도 쓰라린 피난민 생활을 하였습니다. 내가 겪은 6·25 동란 이야기를 쓰게 된 동기는 다음과 같습니다.

1992년이 지난 언제인가부터 우리나라에서는 역사 속에서 이미 다 알려진 진실되었던 사실들이 점차로 왜곡되는 방향으로 부풀려 지고, 있지도 않은 일들이 새롭게 기록되어 감을 알게 되었습니다. 이로 인해 6·25를 생생하게 경험한 많은 이웃들이 당황하게 되었고 나 또한 놀라움을 금치 못하였습니다.

이런 연유로 나는 내가 직접 경험한 6·25 동란 때의 기억나는 일들을 상기하여 여기에 기록해 놓았습니다.

이 글을 쓴 목적은 첫째, 우리 국민들 누구나 우리나라에서 일어난 역사적 사실은 반드시 그리고 옳게 찾아서 알아야 하고, 후손들에게는 이를 교육적으로 정확하게 전수해야 되겠다는 것입니다. 둘째, 어떤 형태의 전쟁도 이 땅에서 있어서는 안 된다는 각성입니다. 셋째, 나라를 이끄는 위정자들은 선공후사(先公後私)하는 정신으로 국가의 이익과 국민의 복지를 위해서 최선을 다해 봉사하는 모범된 자세를 앞세워야 되겠다는 바람입니다.

처음 이 글의 시작은 2005년 1월 29일부터 5월 6일까지 내가 조선일보 닷컴의 회원이 되어 블로그에 3개월간 연재하면서부터였습니다. 연재를 하는 동안에 독자들이 나에게 많은 의견을 주었습니다. 알려지지 않은 6·25에 대한 개개인의 경험 이야기가 아직도 도처에서 숨겨져 있는데 이러한 생생한 역사적인 사실이 자꾸 소멸되어 가는 현실에서 나와 같은 생생한 수기의 내용이 반드시 책자로 기록되어 후대에 알려져야 된다는 것입니다.

이에 독자들의 뜻을 소중하게 받들어 기록되지 못한 나의 기억들을 다시 보충하여 정리하였습니다. 더 보충할 내용을 다듬고 중복된 이야기들을 간추리곤 하였지만 만족할 만한 내용의 서술이 되지를 않아 심히 송구한 감이 있습니다. 그러나 경험한 사실을 세상에 알림이 더 소중하다는 일념에서 크게 용기를 내어 이 책자를 내 놓게 되었습니다.

이 책을 제작하려는 초기부터 망설임도 많았습니다. 그러나 각계에서 많은 분들이 나에게 용기를 주었고 또 진실됨을 증거함에 격려도 해주었습니다. 비로소 밝힙니다만 조선일보 닷컴의 운영자님과 관계자님들이 나를 따뜻하게 끌어안아 주심에 깊은 감사를 드립니다.

이 책이 나오기까지 나의 아내와 가족 모두가 하나같이 기도하는 마음으로 임했습니다. 글자 한 자 문장 한 구절에 관심을 가져 주었던 두 아들과 며느리들에게 감동했던 마음을 소개합니다.

　수필가 김두수님의 문장 작성에 대한 세심한 일깨움 및 수기 내용의 검토와 수필가 김용진님, 시조시인 이정오님의 교육적인 바램과 서석용 박사의 우국의 조언에 감사드리며 수원 가톨릭 사진 작가회 한상국님이 동해안 속초에서 강릉, 부산 그리고 거제도까지의 여정을 통하여 우정 어린 촬영 동행에 깊은 감사를 드립니다.

　특히 이 책이 나오기 처음부터 나의 부족한 점을 내치기에 앞서 더욱 격려하며 나라사랑의 열정으로 이 책자를 펴내어 나의 뜻을 기려 주신 명문당 김동구 사장님의 따뜻하고 우정 깊은 마음에 존경과 감사의 뜻을 표합니다. 그리고 책을 제작하는 과정에서 표지부터 본문 활자 그리고 사진 배열에 이르기까지 전체 구성을 빈틈없이 이루어 주신 도서출판 팬더북 채희걸 사장님의 노고에 깊은 감사의 말씀을 드리며 아울러 전체적인 제작을 주관하여 주신 양승웅 부장님의 배려에 감사의 마음을 드립니다.

2010년 4월 화곡(華谷) 김찬수(金燦洙)

내가 겪은 6 · 25

차 례

추천사 / 2
머리말 / 6
1. 귀향(歸鄕) / 16
2. 인공치하(人共治下) / 19
3. 아버지의 설악산 잠적 / 28
4. 감시 대상 우리 집 / 34
5. 깊은 밤중에 본 아버지 / 37
6. 금강산 수련과 아오지 탄광 / 38
7. 고향에 남은 할머니와 나 / 43
8. 김일성의 기습남침 / 50
9. 양양 군청 철수 이동 / 60
10. B-29 항공기의 낙산역과 철다리 폭파 / 65
11. 낙동강 패잔병 인민군의 퇴각행렬 / 68
12. 1950년 10월 1일—나의 태극기 사랑 / 12
13. 동해 중부전선의 끔찍한 전쟁터 와중에서 / 81
14. 인민군 총사령관 무정 / 87
15. 끊이지 않는 우리 동네의 상흔(傷痕) / 90

16. 인민위원장의 말로 / 96

17. 눈이 많이 온 해 1·4 후퇴 / 99

18. 설악산 전투 / 105

19. 전쟁 유행병 장티푸스 / 111

20. 소금재 / 114

21. 1951년 최전방 국방군 주둔지 강현면 / 116

22. 양양군 남대천 하류 / 123

23. 비목(碑木) / 130

24. 동해안 삼팔교 / 133

25. 강릉의 피난민 생활 / 136

26. 전방 신병 전투훈련소가 된 복골 / 142

27. 전선야곡(戰線夜曲) / 148

28. 내 고향 진달래 피는 마을 / 153

29. 총기사고 / 158

30. 쌍천(雙川) / 161

31. 아버지의 난중일기 / 172

32. 선영이의 죽음 / 175

33. 거제도 인민군 포로수용소 / 179
34. 포로수용소 폭동과 연초중학교 개교 / 187
35. 재회를 약속한 할머니와의 이별 / 191
36. 부산 거제리 병영의 하우스보이 생활 / 197
37. 장승포 항에서의 아버지와 만남 / 200
38. 피난민 집합지 거제도 연초면 / 204
39. 생이별한 이산가족 / 178
40. 대한민국이 배척하는 마르크스 레닌 사상 / 210
41. 할머니 거제도 도착, 이산가족 상봉 / 214
42. 명견 에쓰와의 만남 / 218
43. 할머니의 발병과 동생 선심이의 죽음 / 226
44. 한 많은 내 할머니의 애환(哀歡) / 232
45. 아버지의 가정교육 / 235
46. 절약정신 / 237
47. 가고파 / 241
48. 고현 미군부대 위문 활동 / 245
49. 친구 영희 언니의 애절한 이야기 / 249

50. 기초학업 손실 / 253
51. 학습 불안심리 / 255
52. 상담 심리치료 방식으로 학업 상실감 해소 / 257
53. 우선해야 할 교육풍토 확립 / 260
54. 아버지의 용단 부산으로 이사 결정 / 261
55. 명견 에쓰와의 이별 / 267
56. 자갈치 시장과 청구중학교 / 271
57. 학습 지진아 열등생 / 276
58. 멍드는 동심 / 281
59. 깡패천국 / 285
60. 부산 거인 노장군 / 289
61. 부산 대 화재 / 292
62. 이별의 부산 정거장 / 294
63. 아미동 판자촌 / 296
64. 판잣집 철거 수난 / 302
65. 남동생 웅수 출생 / 305
66. 영도 청학동 후생주택 27호 / 308

67. 내 아버지의 자녀교육(동행) / 311

68. 1955년도(6·25 5년 뒤) 부산 거리 / 317

69. 최의준 선생 / 320

70. 독립운동가 후예 / 324

71. 휴전반대와 영도다리 난간 / 329

72. 대연동 UN 공원 / 332

73. 영도다리 아래 점보는 집 / 334

74. 상표 없는 밀가루 포대 / 336

75. 장갑송 아저씨의 피난 이야기 / 338

76. 원산 형무소 / 347

77. 친구 김승엽의 피난 이야기 / 360

78. 친구 이영일의 1·4 후퇴 직후 피난 이야기 / 367

79. 오신혜 선생님 / 370

80. 서부영화 / 380

81. 사춘기 / 383

82. 신문배달 고학생 / 392

83. 부두 노동자 / 397

84. 막내 여동생 선옥이의 출생 / 403
85. 한찬식 선생님 / 404
86. 영도 고갈산 / 408
87. 학창시절 나의 애국심 / 411
88. 좌파괴수 김일성의 종교탄압 / 415
89. 전쟁고아 / 421
90. 다시는 이 땅에서 전쟁이 있어서는 안 된다 / 424
　후기 / 429

내가 겪은 6·25
1945년(5세)~1958년(18세)

1. 귀 향

　나의 고향은 강원도 양양군 강현면 중복리이다. 마을 뒤로는 산이 높고 수려하며, 앞으로는 푸른 동해바다가 펼쳐져 바라다보는 사람으로 하여금 가슴이 시원한 기분을 느끼게 하는 아름다운 고장이다.

　특히 늦가을이 되어 물치 장거리에서 우리 동네를 올라올 때 설악산 대청봉을 올려다볼라치면, 마을에는 집집마다 감나무 가지에 주황색 감이 주렁주렁 매달려 있고, 송암산 너머 저 멀리 우뚝한 대청봉 산마루엔 눈이 하얗게 덮여 동해바다를 장엄히 내려다보는 듯한 아름다운 풍경을 자아낸다. 가을과 겨울이 한눈에 보이는 놓치기 아까운 장관이 연출되는 것이다. 사실 따지고 보면 그곳은 나의 선조들과 부모가 태어난 곳이고 선영들이 모셔진 곳이기에 정신적인 고향이라고 해야 할 것이다.

　1945년 해방의 기쁨을 안고 어른들을 따라 고향으로 내려와 1952년까지 8년간 살면서 끔찍했던 6·25 동란 전후의 아픈 추억만 가득한 곳일 뿐이다. 태생도 그곳이 아니고, 온전히 성장한 곳도 그곳이 아니다. 지금까지 객지에서만 살았기에 많이 산 곳을 기준으로 삼는다면 서울이 고향이요, 동심이 묻혀 있는 청소년기를 기준으로 따진다면 시원하고 아름다운 항도 부산이 내 고향이고, 태생지를 기준으로 한다면 조선조 세종대왕 때 김종서 장군이 육진을 개척 시 진영을 쳤다는 함경북도 종성군 행영면 영리가 나의 고향이고, 사랑하는 내 아내가 자란 내륙의 호반도시 춘천에서 36년 동안이나 행복을 간직하고 오가며 지내고 있으니 이곳 또한 내 고향이랄 수도 있겠다.

1945년 8·15 해방 이후 그 해 11월, 29세인 아버지는 직장생활을 정리한 뒤 우리 식구를 데리고 함경북도를 떠나 고향 강원도 양양으로 내려왔다.

그때 기차에 자리가 없어서 기차 화통이 있는 맨 앞 차량 꼭대기에 매달리다시피 하며 오는데, 거기도 사람이 빼곡히 들어차서 몸도 제대로 가누지 못할 판이었다. 게다가 내 옆에 있는 사람이 내 다리를 오랫동안 깔고 앉은 것이 원인이 되어 고향에 도착한 뒤에 절뚝거리며 걸어 다녀야 했다.

치료를 위해 민간요법으로 탄 볏짚재에 오줌을 부어 재운 것을 짓이겨 보리개떡 반죽같이 두툼하게 만들어 아픈 부위에 붙여 놓고서 붓기를 빼곤 했다. 이때 아픈 무릎께가 한동안 몹시 근질근질하고 못 견디게 따끔거렸던 생각이 난다. 함경북도에서 원산 쪽으로 내려올 때 기차가 달리다가 굴이 나타나면 앞에 있는 사람들이 '칙칙폭폭 칙칙폭폭' 하는 기차소리보다도 더 큰 목소리로 "엎드려!" 하고 외치면 화통의 맨 앞에 있는 모든 사람들이 납죽 엎드려 가며 여러 차례 기차 굴을 빠져 나갔었다.

그러던 중에 원산 근처 덕원 역에서 승객들이 잠시 쉴 때였다. 로스께(소련군인)가 갑자기 귀중품과 사진 등 온갖 소중한 자료가 들어 있는 우리아버지의 커다란 가방을 날치기해 도망간 일이 있었다. 이를 목격한 아버지는 도망가는 로스께를 쫓아가고 나를 업고 있던 할머니는 한참을 지나도 아버지가 돌아오지 않자 큰 소리로 울면서,

"아범이 오지 않는걸 보니 소련군 놈이 필시 총질을 하였을 것이다. 아범이 오지 않으니 내가 살아서 뭣하랴!"

하면서 기차 바퀴에 몸을 던져 죽겠다고 하던 절규가 지금도 귀에 들리는 듯하다.

기차가 떠날 시간이 임박해서야 우리 집 전 재산이었던 가방을 잃어버린 채로 빈손으로 터덜터덜 돌아온 아버지와 우리 가족은 알거지 행색이 되어 고향 낙산역에 도착했다. 아버지는 나를 안고, 어머니는 8·15 해방이 지나 갓 태어난 여동생을 안고, 할머니는 아기 옷가지 몇 개 달랑 손에 들고서 다섯 식구가 지친 모습으로 집도 없는 고향 마을로 향했던 것이다.

뒷날 할머니는 이때를 떠올리면서 두고두고 말하기를,

"예전에는 낙산역에서 우리 집 동네를 오갈 때는 발걸음도 가벼웠었는데, 해방되었다고 기쁜 마음으로 객지에서 고향에 가다가 덕원에서 귀한 물건 들치기 당하여 다 잃어버리고 맨주먹으로 오게 되다니……. 고향 사람들 보기에 창피했고, 10리도 못 되는 길을 초겨울에 들어서서 우리 텃밭까지 걷는데 그렇게도 멀게 느껴져 보기는 처음이었다." 했다.

고향에 온 우리 가족은 택호가 '반재집'이라는 친척집 뒷방 하나를 빌려 살게 되었다. 38선 이북 공산 치하의 생활은 그렇게 무일푼으로 시작되었다.

2. 인공치하(人共治下)

아버지는 1946년 봄부터 초가을까지 간성에 있는 오호중학교에서 교사생활을 했다. 그 해 가을부터 소련 공산주의 앞잡이 김일성 우상화와

6·25 당시 우리집 터

공산정권의 세력 다지기가 본격적으로 진행되었는데 이때부터 우리 집의 비극은 시작되었다.

아버지가 개울마을 어느 잔칫집에 갔다가 돌아오는 길에 마을 '인민위원장'인 지씨의 집에 가서 젊은 사람들끼리 사상 논쟁을 벌이다가 공산주의 패들과 싸움이 붙는 사건이 있었다. 그런데 힘이 모자란 아버지 일행 세 사람, 개울마을 봉근 아저씨와 과수원집 종대 아저씨 등이 숫자가 많은 그들에 밀려 무수히 구타를 당하여 들것에 실려 온 것이었다.

온 몸에 선혈이 낭자하였고, 특히 왼쪽 눈두덩이는 인민위원장 지씨가 아버지를 들어 거꾸로 문지방에 내리 꽂는 바람에 찢어졌는데, 나는 왼쪽 눈썹께에 또 하나의 커다란

눈이 있는 것처럼 벌겋게 찢어져 살이 너덜 너덜거리던 아버지의 모습을 보고 공포에 몸을 떨었다.

아버지 생존시에 왼쪽 눈썹 가운데의 길고 커다란 흉터만 보면 어린 시절 끔찍했던 기억이 떠오르곤 했다. 집에 와 정신을 차리신 아버지가 어머니와 할머니더러 어서 빨리 바늘을 가져와 생살을 꿰매라고 연신 고함을 쳤는데, 사시나무처럼 와들와들 떨면서 정신없이 우왕좌왕하던 할머니와 어머니의 안타까운 모습이 지금도 눈에 선하다.

할머니가 뒤뜰 장독대의 된장 항아리에서 된장을 한 움큼 떠다가 생살 갈라진 상처에 붙이고는 헝겊으로 싸매어 주었다. 머리를 동인 나의 아버지⋯⋯ 밤낮으로 신음소리만 내던 내 아버지⋯⋯ 나는 지금도 그 일만 떠올리면 눈물이 난다.

사흘쯤 지나 물치 내무서에서 내무서원이 몸져누운 아버지를 조사할 일이 있다면서 데리고 갔다. 인민위원장 지씨 패거리의 고발로 연행된 것이다.

양양 정치보위부에 끌려가서 한 달간 모진 고문을 받았는데, 면회를 다녀온 어머니 말로는 혹독한 고문에 온몸이 퉁퉁 부어 잘 알아볼 수 없을 정도였고, 몽둥이로 온 몸을 맞아 전신이 구렁이 감아 놓은 것처럼 얼룩덜룩 무섭고 끔찍한 모습이었다고 했다.

그런데도 외아들인 아버지는 나의 할머니, 즉 당신 어머니가 놀랠까봐 어머니에게 말하기를

"어머니에게 가서 내가 이렇게 무서운 매를 맞았다고 말

하지 말라."

하고 신신당부하였다 한다. 할머니가 너무 애통하여 충격을 받을까 염려해서 한 말이었다.

얼마 뒤 내무서원들과 양양 징치보위부 놈들이 우리 집에 들이닥쳐 어머니와 할머니의 가슴에 총부리를 들이대고 여러 차례 짓이기며,

"감춰둔 서류 어디 있어! 모두 죽여 버리겠어!"

하고 윽박지르면서 위협했다.

그들은 새로 한 집 천정을 마구 뜯어내며 아버지가 썼다는 《공산주의의 허구성》, 《마르크스 레닌의 공산사회주의의 비판》 등 논문집을 찾느라고 혈안이 되어 난리를 쳤다. 다행히 그 논문과 글들은 어머니가 집 뒤 장독대 근처의 큰 돌 밑에 숨겨 놓아 발각되지 않았다. 이튿날 아침에 할머니는 아버지가 쓴 논문과 다른 글들을 모두 찾아서 아궁이에 넣고 태워버렸다.

1945년 8·15 광복 이후 1950년 6·25가 발발할 때까지 이북의 통치 방식은 '김일성 우상화'를 위한 여러 가지 조치들이 시골 우리 동네까지 철저히 행해졌다.

먼저 이북의 위정자들은 김일성 우상화를 위해 종교를 탄압했다. '종교는 아편이다!' 이 말은 6·25 전 이북에서 생활한 사람들은 귀가 아프도록 들은 말이다. 이렇게 해야 김일성을 살아있는 신으로 온전히 숭배할 수 있기 때문이었다. 어떤 종교도 용납하지 않았고 종교 자체를 말살하려는 의도를 갖고 있었다.

다음으로 친일청산의 문제를 정치적으로 이용하기 위해 강조했다. 친일파를 청산한다는 명분으로 자신들과 정치적 노선이 다른 사람과 항일무장투쟁 등 독립운동에 앞장섰던 사람들까지 친일파로 몰아세워 숙청했다. 고당 조만식 선생의 사례와 김구 선생을 이용한 것도 그 예라고 할 수 있겠다.

민족을 위한다는 구호를 내세워 사리사욕을 채우는 타락한 정치행위를 자행한 것이다. 이북 주민들은 갑자기 낮도깨비같이 나타난 공산당 패거리들이 억압적으로 내세우는 그들의 명분(?)을 대놓고 부정할 수도 없었다. 김일성과 그를 돕는 자들이 자행했던 폭력적이고 불법적인 행위들은 친일청산이란 명분을 업고 정당화되었다. 친일청산을 비롯한 과거청산의 문제는 정치적인 목적을 이루기 위한 수단으로 전락해서는 절대로 성취할 수 없는 것이라 생각한다.

세 번째로 재산의 몰수와 재분배를 실시했는데 대 지주나 잘 사는 사람들은 물론, 인민군에 지원한 집안에 경작지를 나누어 주기 위해 다른 집의 토지를 빼앗는 경우도 비일비재했다. 모두 다 잘 살게 해주려고 재산을 몰수해 재분배한다는데 성실하게 일하면서 재산을 모은 사람들이 일시에 죄인으로 전락하고, 게으름과 나태함으로 가난했던 사람들이 일시에 위세를 떨치는 세상이 된 것이다. 물론 전통시대의 신분적인 한계로 인해 가난했던 이들은 성실하게 일했지만 사회적인 구조가 가져다준 가난의 굴레를 짊어지고 있기도 했다. 노력하지 않고 남 잘되는 것만 보면 배가 아파하는 이들이 무조건 몰수와 분배만 떠들어대고 있었다.

이들은 훗날 점차적으로 극렬하게 "북조선 인민의 어버이는 김일성 수령님이다!"라고 외쳐댔다. '어버이 수령'이라는 명제를 정당화하기 위해 '가족'의 해체를 앞당겨야만 했던 것이다. 젊은 여성들을 정치 선전도구로 이용해 '호주제'를 폐지하고, 자식들이 친부모를 고발하는 행위를 장려하는 현상이 나타났다. 이러한 분위기가 서서히 커져 부모나 스승, 그리고 어른을 공손히 대하던 우리의 미풍양속이 붕괴되었다.

　여기에 배급제까지 실시하며 전 국토를 국유화하였는데 농지를 빼앗긴 사람들에게 일하지 않는 자는 먹지도 말라면서 핍박하였다. 평생 농사를 지어온 이들에게 농사지을 땅을 빼앗아 놓고서는 일하지 않는 자는 먹지도 말라니! 그야말로 선량한 농민들을 굶어 죽이려는 것과 다르지 않았다. 다만 인민군에 자식을 보낸 사람들에게는 경작할 토지와 온갖 혜택을 제공하였다.

　이러한 현상으로 가득 찬 사회가 이른바 그들이 주장하는 '인민의 나라', '공산주의'의 실태였던 것이다. 이런 양상은 그때만 있었던 것이 아니고 오늘날까지도 달라지지 않았다고 생각된다.

　한편 아버지의 연행과 구금 소식에 온 동네 친척들은 야단이 났다. 동네 사람들이 알게 모르게 속마음으로 두 패로 갈라진 것이다. 친척들을 중심으로 "그 사람은 그럴 사람이 아니다."라며 구명운동이 벌어졌다. 우리 문중에서 아버지의 형님뻘 되는 종순 아저씨가 적극 나서서 구명운동을 하였고, 아버지는 달포 반이 지나서야 풀려났다. 집안

아저씨들은 사태가 심상치 않으니 몸을 숨길 것을 제안했고, 아버지는 아픈 몸을 이끌고 동네에서 아무도 모르게 한밤중 종적을 감추었다. 외갓집 동네인 설악동 상도문을 지나 그 윗동네 몇 집이 살지 않는 핏골 마을 위 설악산 신흥사로 몸을 피한 것이다. 이 때부터 1952년까지 나는 두세 번밖에는 아버지를 만나지 못했다.

1949년 여름이 조금 지나 우리 동네와 이웃 동네에서는 갑자기 우리보다 나이 많은 형들과 젊은 아저씨들이 모두 인민군에 입대를 하였다. 어른들 말이 "농사짓는 젊은이들이 모두 다 일시에 군대를 가니 마을이 둘러빠진 것처럼 여자들만 남았다."라고도 했고, 또 "근본도 모르는 젊은 조선노동당, 공산당 애놈의 새끼들이 위아래도 없이 설치는데 괘씸하기 이를 데가 없다."라고도 하였다.

동네 할머니들과 아주머니들을 비롯해 마을 전체가 슬픔에 잠겼다. 작은댁 아재들이 인민군에 입대하던 1947년, 작은댁 할머니와 나의 할머니는 위험할 때 군대 간다고 몇날 며칠 밤을 눈물로 지새웠다. 아재들이 입대한 후 작은댁 할머니는 거의 하루가 멀다 하고 우리 집에서 외로움을 달래며 지냈다.

이북 전체에서 인민군으로 징집된 사람들이 부지기수였는데 심지어 나보다 예닐곱 살 많은 어린 형들도 모두 군대로 끌려갔다. 6·25가 일어난 뒤의 이야기이지만 인민군대가 된 어린 병사들이 자신의 키만큼 큰 총을 땅에 질질 끌고 다니는 모습을 도처에서 볼 수 있었다.

그 해 아주 늦은 가을 즈음인가 해서 우리 마을엔 또 커다란 사건이 하나 터졌다. 한밤중 자정이 넘어서 개울말에서 갑자기 여러 차례 총성이 콩 볶

양짓말

듯 난 것이다. 무슨 소리인가 해서 양짓말 사람들이 모두 방안에서 궁금해 하고 있는데 얼마간 있다가 갑자기 우리 집 툇마루 밑에서 나직하게 남자 목소리가 들렸다.

"형님, 저예요! 저 종익이에요! 지금 쫓기고 있으니 어서 문을 열고 집안에 숨겨 주세요!"

목소리가 매우 다급했다. 어린 둘째 여동생을 안고 있던 어머니가 창호지 문틈으로 내다보니 총을 든 사람 여럿이 마당 바닥에 납죽 엎드려 있었다. 사태를 짐작하신 어머니는 할머니에게 가만히 있으라고 한 뒤 문 밖을 향하여 나직하게 말했다.

"종익 서방님, 찬수 애비가 어디로 갔는지 집에 없고, 여기는 어머니와 애들과 저만 있는데 지금 총소리가 콩 볶듯 나니 여기는 아주 위험합니다. 또 우리도 지금 지목을 받고 있으니 깊은 산속으로 어서 피하세요."

그러면서 문을 열어주지 않았다. 잠시 조용하더니 아무런 기척이 없었고, 할머니와 어머니는 공포에 떨었다. 종익

아저씨 일행들이 사라지고 조금 있으려니 총을 든 내무서원 여럿이 우리 집에 들이닥쳐 문을 열라고 고함을 치자 할머니와 어머니는 문을 열었고, 그들은 신발을 신은 채로 방안 구석구석을 모두 뒤졌다.

장독대부터 심지어 부엌 아궁이 속까지 속속들이 뒤진 다음 아무런 징후도 발견하지 못하고는 양짓말 여러 집을 똑 같은 방법으로 다 뒤졌다.

고요한 한밤중에 총성이 있은 연후에 내무서원들이 "나와라!", "저기 숨었을 게다!" 어쩌고 하면서 총을 들고 이집 저집 드나들며 설치는 바람에 온 동네가 아수라장이 되었다. 그러고는 새벽까지 청룡산 뒤쪽으로 쫓아가면서 총질을 해대는데 온 동네 사람들의 간이 콩알만 해질 지경이었다.

이튿날, 겁에 질렸던 마을 사람들은 다시 일하러 나갔고, 집안 아저씨들은 "참 대단한 사람들이야!" 하면서 종익 아저씨와 그 일행들의 용맹스러움을 귓속말로 쑥덕이면서 영웅시하였다.

이때의 사건은 우리 마을에서 유명한 얘깃거리 중 하나이다. 양양 우리 집안 가운데 개울마을 종면 아저씨의 동생 되는 종익 아저씨가 남조선으로 넘어갔다가, 호림부대 첩보원이 되어 38 이북 고향 일대의 군사 동정을 정탐하려고 동료 여럿과 함께 잠입하여 왔던 것이었다. 그런데 마을 인민위원장 패거리가 이 사실을 눈치 채고 물치에 있는 내무서에 신고를 하였다. 급히 총을 들고 온 내무서원들이 우리 동네로 들이닥쳐 아저씨와 일행이 한밤중에 달아나는 과정에서 일어난 사건이었다.

먼 뒷날에서야 안 일이지만 아저씨 일행은 우리 집 뒤 '청룡언덕' 허리를 타고 '넘은들'(소금재 고개 너머 벌판. 넓은들이라고도 한다)을 지나 상도문 위(지금의 설악동 성당 설악산 쪽 마을) 핏골을 지나 능선을 치달아 멀리 '권금성' 건너편 달마봉 아랫길을 넘어서 금강산까지 잠입하여 움직였다고 했다. 아저씨는 젊었을 때 별명이 말뼉따귀였다. 배짱이 대단했고 눈빛이 샛별처럼 빛났으며, 몸이 날래기가 비호같았다고 부모님께서 말씀하셨다.

그 이후 6·25가 발발한 해 10월에 국군이 진격해 우리 고향에 들어왔을 때 함께 들어온 아저씨가 마을 사람들 앞에서 허리에 권총을 차고서는 대뜸 한다는 말이 내 아버지와 우리 집을 지칭해,

"그 형님이 이북 원산으로 올라갔다구요? 그러면 그렇지 빨갱이구만! 아, 내가 그때 밤중에 도망해 그 형님 집엘 가서 몸을 좀 숨겨달라고 하니까 문도 열어주지 않더니만 과연 빨갱이구만! 그 쌍년 지금 내 앞에 있었으면 이 권총으로 쏴 죽였을 거야!"

하며 아저씨한테는 형수가 되는 나의 어머니를 지칭해 종익 아저씨가 함부로 말하는 것이었다. 할머니와 내 면전에서 들으라고 함부로 떠들어 무안을 주었는데 할머니와 나는 사람들 앞에서 무슨 죄인처럼 가만히 있었다.

먼 훗날 1967년인가, 종익 아저씨가 6·25 사변 전 남북 정세 기록 책자를 편찬하기 위해 자료 수집차 서울로 올라왔다

가 아버지를 만나러 서울 성북동 우리 집엘 다녀간 적이 있었다. 대화 도중 나의 아버지가 그때까지 참고 있던 그 당시 상황을 말하면서,

"그때 자네 형수가 자네에게 문을 열고 숨겨주지 않았기에 마을 사람들이 다 살아났지 그놈들이 조금 있다가 들이닥쳐 온 동네와 우리 집을 이 잡듯이 뒤질 때 자네가 잡혔으면 어떻게 되었겠는가? 자네도 죽었고 마을사람 전체가 어떻게 됐겠느냐 말이야! 다행히 먼 곳으로 피했으니 망정이지 그렇게 함부로 말하다니!"

하며 호되게 야단을 쳤고 종익 아저씨도 6·25때 젊은 기백으로 함부로 말한 것을 사과한다고 해서 오해가 풀리기도 했다. 그러나 나는 6·25 이후부터 최근까지도 그 아저씨를 집안 어른이기에 함부로는 못 대했지만 속으로는 어린 시절에 할머니 앞에서 함부로 행동하던 모습을 용서할 수 없어서 데면데면 하게 대했다. 아저씨도 올해 여든셋 되었고, 오랜 동안 강릉에서 사는데 얼마 전 갑자기 병약해져서 외롭게 투병 중이란 얘기를 전해 듣고는 그로부터 연락을 취하고 따뜻한 위로의 말을 해드리곤 한다.

3. 아버지의 설악산 잠적

당시 조선민주주의 인민공화국이란 국호를 내세운 38 이북 공산 치하에서는 '종교는 아편이다.'라며 김일성만 숭배하라는 시대여서 종교를 인정하지 않았기 때문에 설악산 신흥

사엔 많은 스님들이 종적을 감추고 없었다고 한다. 다만 얼굴이 넓적스레하고 눈에 눈곱이 더께더께 낀 나이 많은 절 지킴이 스님 한 사람만 있었는데 이름을 한흥운이라 하였다. 어머니는 그 스님의 이름이 만해 한용운 선생과 비슷하여 한용운 선생의 동생이 아닌가 하였는데 이름이 비슷한 것뿐이었다.

한용운 선생과 우리 집안의 인연은 내 외할아버지 때부터 이어졌다고 할 수 있다. 나의 외할아버지는 해주 오씨이고 함자가 진(振)자 환(煥)자를 쓰는 어른이다. 사찰 같은 큰 건물을 짓는 상도문(지금의 속초시 설악동)의 대목(大木)이고, 소시 적엔 인제의 용대리에서 살다가 다시 고향인 도문으로 왔는데 백담사, 오세암, 봉정암, 신흥사, 낙산사, 홍련암 등 우리 지방 근처엔 외할아버지의 손길이 닿지 않은 대형 사찰이 없을 정도였다고 한다.

만해 선생보다 6살이 아래였는데 호형호제 하는 사이라 하였고, 봄철에 백담사 절의 밭에 옥수수를 심어 놓고 여름이 조금 지나 일이 없을 때는 늘민령(저항령의 별칭)을 넘어 옥수수를 한 지게씩 얻어 수북이 담아 지게에 지고 왔다고 한다.

어머니의 소싯적 기억 속에도 만해 선생이 집에 들르던 정경이 남아 있다고 한다. 아버지와 우리 가족 모두가 1962년에 우연히 서울 만해 선생 댁 이웃에 이사를 가서 그분의 딸과 병약한 만해 선생 부인을 처음 만나 나의 어머니와 만해 선생의 딸이 옛날 얘기를 하면서 친하게 지냈으니 인연이란 참으로 묘하다는 생각이 든다. 얼마 있지 않아 만해 선생 부인은

회룡초등학교 전경

그 곳 성북동 심우장에서 세상을 떠났다.

아버지가 신흥사에 숨어 지낸 지 얼마 되지 않아 속초에 탁발 나갔던 스님이 허겁지겁 돌아와 지금 밖의 공기가 수상하니 피하라고 하여 설악산 울산바위를 올라가는 길목에 위치한 흔들바위 옆에 있는 계조암으로 또 피신하였다. 주로 그곳에서 나무껍질, 산나물, 풀뿌리 등으로 생식을 하면서 1947년부터 1950년 1월 하순까지 있었으니 참으로 오랜 동안 숨어 지낸 시절이었다.

가끔 어머니가 사람들의 눈을 피하여 산으로 올라가 만나 보면 아버지 모습은 머리는 어깨 너머로 허리 아래까지 길게 늘어뜨렸고, 수염을 깎지 않아 흡사 산 귀신 으시미(이무기?) 같아 아주 우스운 꼴이라 하였다. 이때 아버지는 설악산 일대의 모든 역사와 일화들을 기록해 두었다.

아버지가 안 보이는 사실을 이튿날 아침에야 안 나는 아버지가 어디 갔느냐고 자꾸 물었는데 할머니와 어머니는 그 때마다 어린 나를 보고 아버지는 저 멀리 돈 벌러 갔는데 이담에 돈 많이 벌어 올 거라고만 하였다. 아버지의 행적은 철저히 비밀에 부쳐졌고 어머니는 한밤중에 호랑이가 출몰한다는 설악산 깊은 산골에 식량을 준비하여 아버지에게 비밀리에 가져다주고는 밤새도록 왕복 40리 길도 넘는 거리를 목숨을 걸고 다녔다고 볼 수 있다. 그래서 나는 1948년 봄 4월 회룡 인민학교에 입학할 때에도 할머니의 손만 잡고 입학식에 참석했다.

그 때 운동장에서 처음으로 학교 교실 쪽으로 다가가 교실 안을 신기한 장소로 알고 호기심이 가득한 마음으로 '여기가 어떤 곳인가' 하는 생각에 유심히 여러 차례 들여다보던 어린 시절의 느낌을 다시금 떠올려 본다. 지난 30여 년간 교직생활을 하면서 항상 학교를 사랑하고, 교육에 대한 열정을 갖게 만들어준 '학교'와의 첫 만남은 그렇게 시작되었다.

1947년 우리 집의 얼마 되지 않는 농경지는 모두 김일성 집단에게 몰수당하였다. 인민군에 입대한 아버지의 4촌형제 종각, 종숙 두 아재의 어머니(나에게는 작은댁 할머니)는 밭일도 할 줄 모르는 분이었는데 우리 텃밭은 작은집의 소유가 된 것이었다. 우리 집은 농사지을 손바닥만한 땅도 그나마 없는 완전한 거지꼴이 되었다.

지금은 모두 세상을 떠났지만 그 때 그 작은댁 할머니가 나의 할머니 앞에서 무의식적으로 자기 집에 땅이 공짜로 생긴 일을 두고 "에이그! 세월이야 참 잘 됐지 뭐유."라고 말하여 나의 할머니에게 평생의 한을 심어 주었던 일도 있었다.

당시 38 이북 공산 치하에서는 공산 사회주의로 인해 분배라는 핑계로 친척과 이웃간의 인간적인 관계의 파괴가 도처에서 이런 현상으로 일어났던 것이다.

1950년 2월 초 어머니와 아버지는 두 여동생을 데리고 비밀리에 기차를 타고, 원산에서 생활했을 때의 친한 친구인 팔용 아저씨 댁에 몸을 숨기고 지내게 되었다. 그 때 그 아저씨는 원산에서 커다란 양조장을 경영하였는데 아버지가 그 곳에서 일자리를 얻은 것이었다.

1948년 여름에 할머니는 인민학교 1학년생인 나를 데리고 기차 편으로 낙산역을 출발하여 원산까지 갔다 온 일이 있었다. 그 때에 할머니는 팔용 아저씨와 내 부모의 거취 문제를 은밀하게 논의하였던 것이 아닌가 짐작해 본다.

할머니와 원산으로 올라갈 때 기차간에 웬 허름한 젊은 여자가 머리를 부스스하게 하고선 뛰어 올라와서 열차 통로에 서서 불안한 듯이 여기저기 둘러보다가 갑자기 러시아 노래를 빠르게 불렀다. 나중에 알고 보니 바로 카츄샤 노래 '딴―따라 딴―따 딴딴딴딴 딴―따 딴―따라 딴―딴 딴딴딴딴따―' 하는 음률이었는데 그 여자가 멋들어지게 연달아 불러 군인들의 박수를 받았다. 기차 승무원이 제지를 하면서 끌어내리려고 하니까 그 기차간 여기저기에 앉아 있던 소련군 로스케들과 모든 군인들이 역무원 보고 가만 놔두라고 해서 그 여자는 연달아 노래만 부르면서 금강산 쪽으로 가다가 어느새 사라진 기억도 난다.

그 해 회룡 인민학교 1학년이었던 나는 처음으로 한글을 배웠다. 겨우 'ㄱ'자 옆에 'ㅏ'하면 '가'자이고 'ㄴ' 자 아래 'ㅜ' 하면 '누'자라고 알고 있을 정도였다.

열차 역을 지날 때마다 역 이름을 읽으며 지나고 있는데 금강산 역을 지나 통천 역에서는 '통천'이란 글자가 어려워 어물어물거리고 넘어갔었다. 옆에 동승한 어떤 할머니도 글자를 모르는지 나를 가리키면서 내 할머니에게 말을 걸어 저 나이에 글자를 저렇게 잘 읽으니 참으로 똑똑하다 하면서 할머니 앞에서 나를 칭찬하여 주었다.

  지금 생각하면 참으로 우습기 짝이 없다. 요즈음 나의 손녀딸을 예로 하여 보아도 우리 나이로 이제 겨우 네 살인데 웬만한 글자를 다 짐작하고 컴퓨터를 조작해 어린이 프로그램을 열고 제가 보고 싶은 프로그램의 영어주소까지 구분하여 마우스 조정을 잘도 하며 찾아보는 정도인데 그 할머니가 이 사실을 알았다면 천재들 세상이라고 기절할 판이 되었다.

  시골 문맹지역이고 호랑이 담배 피울 시절이지만 그렇다고 하여 여덟 살이나 되어 기차 타고 가면서 한글 몇 자 짝 맞추어 띄엄띄엄 읽었는데 그걸 가지고 똑똑하다는 소리를 들은 아이는 아마 나밖에 없었을 것이다.

  아버지는 할머니와 나만을 고향 마을에 남겨두고 비밀리에 기차를 타고 원산으로 올라가면서 그곳에서 자리 잡으면 가을께나 할머니와 나를 데리러 올 테니 그리 알고 있으라 하였다. 그런데 바로 그 해 6월 25일 갑자기 사변이 터져 서로 생사도 모르고 할머니와 나는 단둘이 고향에 떨어져 먼 북쪽 원산에 있는 가족과 전쟁 통에 난데없는 이산가족이 되었다.

4. 감시 대상 우리 집

1948년 10월 중순이 조금 지나 내 둘째 여동생이 태어났다. 나의 아홉 형제자매 중 다섯만이 살아 있는데 고향에서 난 형제는 바로 둘째 여동생뿐이다(나의 형과 바로 아래 남동생은 해방되기 전 함경북도에 살 때 홍역으로 사망하였고, 거제도에서 태어난 여동생 둘은 앞으로 다시 말하겠지만 피난 시절 거제도에서 사망하였다).

우리 집이 가장 가난했고, 가족 모두가 공포 속에 살았던 시절이라 둘째 여동생은 영양실조 등 잔병치레도 참 많이 하면서 자랐다. 갓 태어난 동생이 어느 정도 큰 뒤 내가 학교에 갔다 오면 어머니가 동생을 어린 나의 등에 업히고 포대기 끈으로 흘러내리지 않도록 너무 꽉 매주는 바람에 가슴이 답답하여 숨이 막혀 쩔쩔매던 생각이 난다. 어머니는 나에게 동생을 업혀 주고서 농토가 없어 농사일은 못하고 그나마 바느질 솜씨가 좋아 동네 삯바느질을 도맡아 하였다. 당시 어머니의 이 삯바느질 삯이 우리 집안 수입의 전부였다.

1948년 늦가을의 일이다. 시골 벽촌이라 머리가 길면 할머니가 잘 들지도 않는 재봉 가위로 듬성듬성 머리카락을 짧게 깎아 주었는데, 아무리 열심히 깎고 다듬어도 사내인 내 머리는 흡사 얼룩말 가죽 씌워 놓은 꼴이었다. 나는 이것이 창피해 누가 있으면 양손바닥으로 머리를 가리느라 여념이 없었다.

그리고 지내던 중에 어느 날 학교에서 수업을 마치고 귀가 하려는데 담임선생이 나를 아주 다정히 불렀다. 이제까지 선생이 그렇게 다정하게 부른 적이 없는데 나는 의아해 하면서 예의 그 얼룩말 가죽 같은 내 머리통을 감싸고 긴장한 자세로 선생에게 다가갔다. 그런데 선생이 내 머리를 아주 귀엽다는 듯이 쓰다듬어 주면서,

"찬수야! 네 아버지 요즈음 잘 계시지? 아버지 집에 오셨니?"

하는 것이다. 나는 그 순간 마음속으로 깜짝 놀랐다. 이렇게 젊고 예쁜 우리 선생이 왜 갑자기 우리 아버지 안부를 묻는지 의아했고 그때 내 아버지는 내무서원들에게 사상이 이상하다고 감시를 받다가 잠적하여 이웃도 모르게 설악산 계조암에 몇 년간 몰래 숨어 있을 때였기 때문이었다.

나는 아버지를 못 보았기에 머리를 좌우로 저었다. 오히려 머리 깎은 창피함보다 나의 또 다른 관심사는 내 어머니가 있는데 왜 예쁜 선생이 관심을 갖느냐, 이것이 더 큰 의문거리였다. 어렸지만 나의 이성 감각은(?) 상당한 수준이 아니었나 생각해 보기도 한다. 선생은,

"찬수야! 네 아버지 오시면 꼭 아무도 모르게 살짝 알려줘!"

하고 당부하는 사랑 넘치는 듯한 말투를 뒤로 하고 창피한 까까머리를 감싸며 집으로 갔다.

그 뒤 내가 철이 들면서 생각하니 그 선생을 통하여 내무서원들이 아버지를 수배하고 있었다는 사실에 나는 공포를 느

졌다. 어린아이는 거짓말을 하지 않는 심리를 이용하여 그들은 나에게 아버지 행방 여부를 추적하고 있었다는 사실 때문이다. 이때부터 세상은 김일성을 서서히 신격화시키는 세상으로 바뀌어 가고 있었다. 요즘 김일성 항일 전투랍시고 선전하는 '보천보 전투'나 '김일성 일제 항쟁'이란 내용을 우리는 알지도 못했고 또 학교에서 가르치지도 않았다. 다만 우상화 작업으로 김일성을 내세울 때는 콧수염 달리고 모자를 쓴 스탈린 대원수라고 씌어진 사진 옆에 김일성 장군 또는 김일성 원수란 명칭으로 된 새파랗게 젊은 사람의 사진을 나란히 걸어 사람들이 지나다가 눈에 띌 만한 벽에는 거의 놓치지 않고 붙여 놓았다.

초기에는 김일성이 너무 젊어서인지 어버이, 아버지 등의 칭호도 그 사진 밑에 자신 있게 붙이지 못했던 분위기였다. 주로 김일성 장군, 원수라는 칭호를 썼다. 아마 당시는 김일성의 배경을 아는 사람들이 많았고 김일성을 못마땅해 하는 사람들을 다 숙청시키지 못했기 때문이기도 하였으리라. 그리고 그 먼발치엔 남조선의 미국의 꼭두각시 대통령 이승만이란 설명글을 사진 아래에 써서 걸어 놓았는데 사진이라기보다 괴상하게 그린 만화 초상화를 그려서 붙여 놓았다.

코는 꼬불꼬불 길게 하고, 길게 그린 손가락 발가락에는 반짝반짝 빛나는 금반지가 손가락 발가락 모두 스무 곳에 가득 가득 끼워져 있었다. 그런 모습으로 계란 깨 넣은 목욕통에서 도깨비들처럼 좋아라고 놀아나며 목욕을 하는 그런 해괴한 그림이었다. 그런데도 여기저기서 집안 어른들끼리는 '김일성은 가짜다'라는 소리만 비밀스럽게 오갔다. 1948년부터 1950년까지 38선 이북 인공치하에서 그렇게 나도는 말을 부지기수로 많이 들었다.

5. 깊은 밤중에 본 아버지

늦은 가을 어느 날, 한밤중 웬일인지 홀연 잠이 깬 내가 들으니 주변에서 두런거리는 이상한 소리가 났다. 못 뵙던 아버지가 한밤중에 보고 싶은 가족을 보러 온 것이다. 아버지가 어리둥절한 나의 까까머리를 쓰다듬어 주고 웃던 모습이 생각난다. 잠든 어린 두 동생도 안아 보고 머리를 쓰다듬어 보며 한참 그렇게 있다가 보따리를 챙기더니만 밖으로 조용히 나갔다. 어머니가 먼저 밖으로 나가서 망을 보고 들어오자마자 순식간에 일어난 일이다. 할머니도 허겁지겁 밖으로 따라 나갔다. 영문도 모르고 잠결에 불안한 마음으로 있다가 순간 '아버지는 참으로 이상하다'라고 생각했고, 왜 집에서 같이 재미있게 살지 않고 저렇게 먼데로 가는가 하고 몹시 의아해 하였다.

1947년부터 1950년 1월 말까지, 아버지가 설악산 신흥사 계조암에 잠적한 뒤부터 원산으로 몰래 피신할 때까지 나는 이렇게 아버지를 두세 번밖에 만나지 못했다.

이튿날, 내가 학교에 가려는데 어머니와 할머니는 번갈아 가며 나를 붙들고,

"누가 아버지에 대해 물으면 아버지 못 보았다고 대답해

라.알겠니. 아버지 못 보았다고, 알았지!"

하면서 수도 없이 나에게 다짐받던 생각이 난다. 나는 태어나 처음으로 어른들로부터 거짓말을 강요(?)받은 셈이 되었는데 지금 생각해 보면 할머니와 어머니 말은 처절한 절규였던 것이다. 나는 아버지와 할머니 어머니가 왜 저렇게나 두려운 눈빛으로 야단인가 속으로 의아해 했다. 거짓말까지 하라니······. 그러나 어린 나였지만 할머니 어머니 말을 명심하고 누구를 만나도 아버지에 관한 얘기엔 시치미를 딱 떼고 모르는 척했다.

6. 금강산 수련과 아오지 탄광

1949년 여름방학이 될 무렵 우리 학교에서는 기억나는 행사 하나가 있었다. 상급생 어린이위원장(학생회장 격) 형이 금강산 수련을 떠난다 하였다. 운동장에서 교문까지 선생들과 학생들이 모두가 도열한 한가운데로 그 형이 양 어깨에 손바닥만 한 계급장 같은 것을 달고 어깨를 재며 당당하고 멋스럽게 지나 갈 때 선생이 커다란 목소리로,

"우리의 최영호가 영명하신 김일성 장군님의 은혜로 금강산 수련을 떠난다!"

하면서 요란하게 박수를 치며 환송하던 기억이 난다. 얼마쯤 뒤 그 어린이위원장 형이 돌아올 땐 더 대단했다. 선생이,

"보라! 드디어 최영호 동무가 김일성 장군님의 가르침을 받고 들어오는 모습을 보라!"

하며 우레와 같은 박수를 쳤다. 나는 그 순간 온몸에 전율을 느끼면서 '나도 이다음에 커서 저 형처럼 멋있는 사람이 되어야지!' 하면서 몹시 부러워했다.

지금도 나는 그 때의 생각이 나서 우리 대한민국의 청소년 학생들이 우리나라 입장에서 단순한 목적으로 금강산으로 관광 가는 것을 그리 좋은 시각으로 보지 않는다. 간접적으로 김일성 우상화의 사상교육에 자칫하면 동참하는 것이 되기 때문이라 여기고 있다.

또 '동무'란 호칭이 그때부터 온 나라 구석구석까지 강요되었는데 동네 아주머니들이 모여 이 '동무' 호칭이 너무 웃습다고 수군거리며 웃던 기억도 난다. 아버지 동무, 어머니 동무, 아저씨 동무, 할아버지 동무, 위원장 동무, 어버이 수령 동무……. 그저 갖다가 붙이는 게 동무라서 형들은 한편으로는 재미도 있지만 비아냥거리면서 쓰레기 동무, 바가지 동무, 삽살개 동무, 송아지 동무 하며 킥킥대고 웃던 생각도 난다. 나도 그 때 처음 불러 보는 이 '동무' 호칭이 이상하게만 들렸다. 아버지 동무라니!

1949년 3월 중순, 그러니까 6 · 25가 나기 전 해에 우리 동네 개울마을 아래쪽 다리께 돌담 울타리 안에 커다랗고 멋진 노송이 있는 집에 머일 이모할머니 가족이 이사 왔다. 머일 이모할머니는 나의 할머니의 막내 여동생이다. 이모할아버지는 윤씨이고 키가 크며 거의 대머리인데 상투가 정수리에 틀어 올려있지 않고 뒤통수에 매달려 있어서 볼 때마다 그 상투 매달린 이상한 모습부터 눈에 띄었다. 중국 청나라 때의 변발

이모할머니 집터 개울말 노송 고목

을 한 사람과 비슷한 모습이었다.
 나보다 연하인 아재 둘과 6촌 동생 남매와 아주머니 이렇게 일곱 식구가 이사를 왔다. 그런데 이모할머니 가족에게는 슬픈 사연이 있었다. 1947년 이모할머니 가족이 38선이 가까운 양양 광정리 머일에 살 때에 일어난 일이다.
 이모할머니의 둘째아들, 당시 중학교 3학년인 석빈 아저씨와 몇몇 친구가 서로 짜고 38선 넘어 남쪽으로 몰래 숨어서 내려간 일이 있었다. 그때 광정리 쪽은 38선이 가까워 마음만 먹으면 얼마든지 숨어서 왕복할 수 있는 그런 곳이었다. 당시 공산주의 김일성 우상 숭배가 본격적으로 시작될 때인데, 담임선생이 너무 심하게 학생들을 혼내며 몰아치는 바람에 감수성이 예민한 사춘기 학생들이 담임선생에 대한 반항심으로 이남으로 넘어갔다고 한다.
 내려간 것까지는 좋았는데 대한민국 국방군 경비초소에 들키고 말아 모두들 초소 한 곳에 모여 있게 되었다. 국방군이 이들을 보고 내려온 사유를 자세히 말하라고 하니 석빈 아저씨와 친구들은 담임선생이 너무 못살게 굴어 기분 나빠서 길을 들이려고 내려 왔다고 철부지 같은 말을 했다. 말을 듣고

난 후에 국방군이 사춘기 어린 소년들을 설득하기를,

"너희들은 한참 공부할 나이고 또 부모와 떨어져서는 살지 못하는 나이다." 라고 하면서 "어서 다시 넘어가서 열심히 공부 하고 어른들 말씀을 잘 들으라."

하고 당부까지 하니 순진한 그들은 다시 몰래 넘어왔다고 한다.

그런데 얼마 있지 않아 이 사실을 담임선생이 어떻게 알았는지 그 때의 학생들을 모두 호출하고 족쳐대어 이들은 일시에 사상범으로 몰려 조사를 받게 되었고 이어서 학생들 가족까지 모두 조사받게 되었다. 이 바람에 그 동네 몇몇 학생들의 형들도 억울하게도 사상범으로 몰려 함경도 아오지 탄광으로 징역을 보내게 되니 부모들과 친척들은 갑자기 날벼락을 맞은 꼴이 되어 온 마을이 슬픔으로 가득하였다.

석빈 아저씨의 형인 석순 아저씨도 쇠사슬 차고 아오지 탄광으로 가게 되었고, 두 아들과 생이별을 하게 된 이모할머니와 이모할아버지는 한동안 식음을 전폐하다시피 하고 그 이후로 슬픔 속에서 인생을 살게 되었다.

이런 연유로 머일 이모할아버지 가족은 그 동네에서 살지 못하고 큰 딸이 출가해 사는 하복리 동네 개울말로 이사를 온 것이다. 이사 온 뒤에도 할머니, 할아버지가 몇 번인가 수도 없이 아오지 탄광으로 면회를 갔지만 면회를 시켜주지 않아 헛걸음하고 돌아와 아들들에게 주려고 가지고 간 미숫가루가 든 보따리를 땅에다 내동댕이치며 주저앉아 땅을 치고 통곡을 하는 이모할머니를 여러 번 보았다.

6·25 동란 중 미군의 폭격으로 아오지 탄광에서 석빈 아저씨와 친구 한 사람이 감옥을 탈출하였는데 탈출할 때 어디에서 만나자고 약속한 곳에 먼저 온 친구가 여러 시간 숨어서 기다렸지만 오지를 않자 석빈 아저씨를 뒤로 하고 혼자 고향에 구사일생으로 돌아온 사건이 있었다. 고향에서는 잔치가 벌어졌고 그 일가친척들은 좋아하였지만 이모할머니는 두 아들들이 오지 않아 또 한 번 더 큰 슬픔에 잠겼다. 혹시나 하며 그 탈출 때까지의 아들 얘기를 더 들으려고 고향에 온 그 아저씨 집을 한동안 출퇴근하듯이 하였고, 나중에는 그 아저씨를 수양아들로 삼고 지냈지만 할머니의 한이 그것으로 풀리랴.

1992년, 머일 할머니가 세상 떠나기 1년 전에 나는 양양 읍내 장거리께에 사는 아흔셋 되는 이모할머니를 찾아갔다. 허리가 꼿꼿하고 안광이 빛나기는 여전하였다. 송이와 산삼을 캐러 한 달여씩이나 산에서 텐트를 치고 노숙할 정도라기에 깜짝 놀랐다. 그러나 가끔 찾아뵈었지만 안방에 나와 같이 앉으면 그때마다 으레 공산당 놈들에게 죽임을 당했을지도 모르는 아저씨들 이야기로 말문을 연다.

하도 많이 들어 다음에 무슨 말을 할지 내가 다 알고 있을 정도였다. 하소연하듯 그냥 내뱉는 것이 아니었다. 마음이 온유한 이모할머니가 아저씨들의 기억을 떠올릴 때는 아주 달랐다. 그 연약하고 가냘픈 팔의 옷소매를 걷어붙이고, 내 앞에서 방바닥을 손목에 멍이 들도록 내리치면서,

"네 이놈! 김일성 이놈! 내 그 놈의 살을 깨물어 으깨 먹어

도 시원찮은 놈! 그놈의 살이 내 앞에 있으면 씹어 찢어 버리고 말테야!"

하며 입에 거품을 물어 가며 말할 땐 처절하기 짝이 없었다. 방바닥을 내리치면서 절규할 때마다 나는 눈물이 나서 할머니 앞에서 같이 주먹을 불끈 쥐어 가며 흐르는 눈물을 닦지도 않고 할머니 말을 듣곤 하였다.

"김일성 이놈 돼지는 꼴을 보고 난 뒤 나도 눈을 감아야 할 텐데!"

하던 이모할머니가 김일성이 죽기 전, 1993년 조금이나마 한도 풀어 보지 못하고 두 아들을 천국에서나 만나려고 돌아가신 것이다. 1993년 초겨울 장례식날 나는 대성통곡을 하였다. 발인 때 이모할머니가 생전에 땅을 친 것처럼 나도 땅을 치며 관을 붙들고 소리 내어 울었다. 할머니의 평생의 한이 떠올라 너무 슬펐다. 지금도 이모할머니의 슬픔이 생각나 눈물이 앞을 가린다.

7. 고향에 남은 할머니와 나

나는 학교 가는 날만 빼고는 매일 할머니 치맛자락만 붙들고 졸졸 따라다니다시피 하였다. 할머니의 나에 대한 정성은 대단했다. 할머니는 7남매를 낳았는데 아버지를 제외하고 모두 다 유행병(주로 홍역)에 걸려 6남매를 잃은 충격과 한을 가슴에 가득 지니고 산 분이었다. 심지어 하루 저녁에 두 아들을 잃은 적도 있었는데 이로 인해 한번은 석 달 가량이나 정신을 잃고 지냈다고 했다.

오직 나의 아버지만 무녀 독남으로 살아나 성장한 것이다. 그러니 아들과 손자에 대한 사랑과 집념이 대단하였다. 연년생으로 난 내 아우 때문에 나는 돌이 조금 지나 할머니 차지가 되었고, 할머니의 젖을 5살까지 먹어 젖이 나왔다고 하였다. 할머니는 주로 다른 집 농사일을 거들어 주고 겨우 끼니 되는 정도만 얻어 와서 우리 집 양식으로 했다.

할머니는 체구는 작았으나 워낙 부지런하고 기운이 세어 장정들이 지는 지게를 지고 일을 해 동네 어른들이 놀랄 정도라 하였다. 또 삼베 베틀에 앉아 하루 종일 삐이꺽 찰가닥, 삐이꺽 찰가닥 하는 소리를 내면서 북을 오른손에서 왼손으로 왔다갔다 건네고, 그때마다 오른손 쪽에서 건네받은 북을 왼손에 쥐고 동시에 오른손으로 바디집을 잡아당겨 가로로 이어진 실을 다지고 한쪽 발에 베를 짜는 신을 신고 그 신의 코 끝에 굵은 끈이 달려 베틀 뒤쪽 위로 이어진 끈이 잡아 당겨졌다가 풀어질 때마다 들리는 베 짜는 소리는 말로는 형언하기 어려울 만큼 특이하고도 아름다웠다. 할머니의 베 짜는 모습과 누에명주실로 비단을 짜는 모습은 지금 생각해도 한 폭의 예술적인 동작과 같다고 생각된다. 그 동네에서 베와 비단을 제일 잘 짰다고 소문이 났으니까.

아버지가 열다섯 되던 해 음력 동짓달 초여드렛날, 할아버지는 대포에 가마니를 짜러 갔다가 밀폐되다시피 한 방안에 숯불 피운 데서 가스가 나와 일산화탄소에 중독이 되어 48세의 나이로 갑자기 세상을 떠났다. 그 뒤에 할머니는 외아들을 데리고 억척스럽게도 세상 속에서 살았다. 세상에서 안 해 본 일이 없을 정도로 부지런히 다 해냈다고 한다.

할머니는 내가 가지고 놀던 장난감들을 하나도 버리지 않았다. 공깃돌과 땅 따먹기 놀이 할 때 손가락을 굽혀 튕기는 사금파리를 동그랗게 다듬은 것이라든지, 심지어 자치기 막대까지 방 한구석에 신주단지 모시듯 잘 보관해 놓았다. 그리고 매일 저녁 옛날 얘기를 해주었다. 구전으로 내려오는 우리 집안 내력을 노상 들려주었고, 특히 7대조부터 우리 집안의 가계 이야기라든지 조상님들과 얽힌 이야기, 할머니가 경험한 이야기와 이에 얽힌 동네 다른 집 이야기, 해방 전 함경북도에서 가장 유명한 전 포수 이야기를 재미있게 할 때 나는 매일저녁 할머니의 말동무가 되었다.

할머니가 얘기할 때 나는 할머니의 청수(聽手) 곧 지음(知音)이 돼 드린 것이다. 할머니가 입만 열면 나는 할머니의 그 다음 이야기가 어떻게 전개될지 다 알 정도였다. 내가 일흔이 가까운 나이가 되었어도 나는 지금까지 할머니의 이야기를 거의 다 기억하고 있다. 매번 이야기를 할 때마다 반복되는 이야기라도 할머니는 처음 말하는 것처럼 항상 진지하게 이야기를 시작하였다. "내가 날짜라도 잊어버리겠니? 아무 해 동짓달 스무 아흐렛날 저녁이다." 이런 식으로 말한다.

기억나는 이야기 하나가 있다. 할머니는 17살 되던 해 할아버지와 혼인을 했다. 할머니의 친정, 즉 나의 진외가는 양양군 서면 서림리 황이라는 곳이다. 바로 작년에 새로 생긴 양수 발전소 하부 댐 저수지가 있는 윗마을 황이라는 곳이다.

지금은 구룡령으로 길이 아주 잘 나서 홍천에서 쉽게 넘어 미천골 입구 쪽으로 올 수 있지만 예전엔 타지 사람들 구경도 잘 못하는 산골이었었고 사철 맹수가 출몰하였으며 특히 겨울철에 눈이 많이 왔을 때에는 사냥꾼들이 많이 모이는 그런 곳이라 한다.

17살의 나이에 시집온 할머니는 아주 부끄러움이 많아 농담 잘하는 시어머니(나의 증조할머니)의 말을 듣고 웃음을 억지로 참느라고 애쓴 적이 한두 번이 아니라고 했다. 하루는 시아버님 즉 나의 증조할아버지가 농사일을 마치고 저녁 때 술이 아주 거나해서 들어왔다 한다. 증조할아버지는 술을 아주 좋아했는데, 술을 마시면 집에 들어와 밥을 먹고는 잠들지 않고 얘기를 많이 하는 편이었다. 어느 날 증조할머니에게 술 더 가지고 오라고 술주정을 하는 바람에 시어머니가 새 며느리에게 이러이러하게 일러 17살 된 할머니가 술 대신에 쌀뜨물을 걸쭉하게 퍼서 가져다 드리니 증조할아버지가 여러 차례 맛이 좋다고 들곤 주정을 더 심하게 했단다.

이튿날 일찍 증조할아버지는 고조모의 부름을 받아 몸을 생각하지 않고 과음하고 주정까지 한다고 야단을 맞곤 어색하게 증조할머니한테 다가와서는,

"어제 내가 주정을 많이 했나?"

하고 묻기에 증조할머니가,

"내 보다 보다 쌀뜨물 마시고 주정하는 양반 처음 보았네."

하고 말대답을 하였다고 한다. 증조할아버지는 대뜸,

"아! 어제 저녁 새아기(나의 할머니)가 나중에 가지고 온

것이 쌀뜨물이었단 말이야? 어쩐지 내 주정이 좀 뜨더라!"

 하고 농담을 했다. 할머니는 어른 앞에서 웃지도 못하고 혼자 장독대 뒤로 돌아 나가서 한참 동안 소리 내어 웃었다고 했는데, 오랜 세월이 지났지만 할머니는 마치 어제 일어났던 일처럼 생생하게 묘사하며 소박하게 웃으면서 얘기해 주었다.

 할머니는 친정 동네에서 일어난 이야기도 많이 해주었다. 할머니 동기간이 4남매인데, 딸 형제가 셋이고 남동생이 하나였다. 나에게는 진외가 댁 할아버지가 되는 할머니 동생은 기운이 천하장사처럼 세었고 성함이 이갑산인데 깊은 산골 마을에 눈이 많이 내리면 마을 청년들과 같이 사냥을 자주 하곤 했다.

 당시는 호랑이를 비롯해서 곰이나 산돼지 등 맹수도 많았다. 눈이 많이 온 어느 날에 마을 청년들이 산골짜기에서 곰몰이를 했다. 이등성이 저 등성이에서 청년들이 함성을 지르니 곰이 이리 쫓기고 저리 쫓기다가 하필이면 진외가 할아버지 쪽으로 내리달아 드는데 급한 김에 설매(서림 지역 방언, 작은 모양의 사냥하기 편리하게 만든 지금의 스키와 비슷한 모양)를 미처 벗지 못하고 창으로 곰을 겨누고 공격했다. 그런데 곰이 창을 앞발로 여러 차례 세차게 치는 바람에 그만 창을 놓치고 마니 갑자기 무방비 상태인 할아버지에게 곰이 덥석 달려들어 얼떨결에 갑산 할아버지는 곰과 맞붙어 서로 끌어안고 뒤넹기질(엎치락뒤치락)을 쳤다.

 아무리 사람이 기운이 세다 하여도 커다란 곰을 당할 수는 없는 노릇이었다. 할아버지는 정신없이 곰과 맞붙어 싸우다가 힘이 빠진 가운데 생각해 내기를 곰은 사람이 엎드려 있으면 달리 공격하지를 못한다는 말이 순간 생각나서 죽을힘을 다하여 눈구덩이에 납작 엎드렸다.

그런데 이게 어떻게 된 일인가! 미련하다던 곰이 할아버지 등을 타고 덮친 상태에서 할아버지의 양 어깨를 앞발로 내려치는데 온 내장이 다 흔들려 터지는 듯했고, 뼈마디가 모두 부서지는 듯했단다. 또 곰이 뒤통수를 치면서 양쪽 귀를 긁어 잡아당기며 손등을 긁었는데 머리 가죽이 긁혀 다 달아나는 것 같았고, 이로서 훗날 할아버지는 오른손 가운데 손가락의 신경이 끊어져서 나중에도 손가락이 구부러지지 않았다.

그 사이에 마을 청년들이 설매(스키)를 신고 급히 모여들어 창질을 하는데 곰이 어떻게나 날래고 힘이 센지 모든 사람들이 찌르는 창을 다 맞고 피를 흘리면서도 산기슭을 뛰어 올라 도망을 갔다. 할아버지는 마을 청년들이 들이닥치는 기색이 있자마자 그만 기절하여 정신을 잃고 말았다. 집에 간신히 업혀 온 할아버지는 보름도 더 앓았는데 "곰 잡아라! 곰 잡아라!" 하다간 한참 있다가 "오르고— 오르고—." 하면서 허공을 향하여 연신 헛손질만 했다. 그 사이 마을 청년들이 곰이 흘린 핏자국을 따라가 보니 곰은 어느 바위 구석에 늘어져 죽어 있었다고 한다. 잡은 곰의 웅담을 꺼내와 할아버지에게 복용시켰더니 그제야 할아버지의 정신이 돌아오고 회복되기 시작했다.

나의 작은집 할머니의 친정도 할머니와 같은 마을의 아래

황이라는 곳(지금의 양수 발전소 하부 저수지가 있는 곳)이다. 할머니와는 아래 윗동네였는데 작은집 할머니는 경주 최씨였다. 하루는 동네 사람들이 멧돼지를 모는데 커다란 멧돼지가 마을로 뛰어들었단다. 마침 앞마당에서 장작을 패던 작은집 할머니의 친정아버지가 멧돼지가 달려오는 걸 보고서 급히 집안으로 뛰어 들어가 구석에 세워 두었던 창을 들고 나와 급한 김에 날카로운 창끝을 싸맨 가죽집을 벗기지도 않고 달려오는 멧돼지를 겨냥해 냅다 던졌는데 창은 날아가서 그대로 멧돼지의 등덜미에 꽂혔다.

그런데 가죽집을 벗기지 않아 창끝이 깊이 들어가지 않았는지 치명상을 입지 않은 멧돼지가 등덜미를 몇 차례 흔들거려 창을 털어 버리더니만 부아가 나서 그대로 쏜살같이 창을 던진 할아버지에게 달려들어 어금니로 장딴지를 들이받고 번쩍 들어 공중배기로 휘둘렀다. 장딴지가 멧돼지 어금니에 꿰어져 두어 차례 공중에서 빙빙 돌려 흔들거리다가 저만치 떨어져 기절했다.

뒤따라오던 동네 사냥꾼들이 돼지를 잡긴 하였으나 그 이후 할아버지는 장딴지가 다 나았는데도 평생 다리를 절뚝절뚝하고 조금씩 절었다. 원래 방식대로 사냥을 한다면 창을 놓치지 않고 양손으로 들고서 가까이서 맹수를 공격해야 되는 것이다. 할머니는 이 이야기도 하면서 사냥은 아주 위험한 것이니 이담에 사냥하는 데는 아예 따라가지도 말고 산속에 혼자 다니지도 말라고 나에게 신신당부했다.

바깥세상은 전쟁 직전의 흉흉한 분위기가 감돌고 있었지만 한여름 저녁때 멍석을 깔고 할머니 옆에 누워 타들어가는 모깃불 연기를 쐬면서 은하수와 별자리를 살피기도 했다. 또 초가지붕 위에 핀 하얀 박꽃 주위를 맴도는 박풍을 쳐다보면서 나는 부모와 다시 만날 날을 손꼽아 기다리며 할머니와 지냈다.

8. 김일성의 기습남침

1949년 늦여름부터 시작하여 1950년 봄철까지 김일성은 우리 마을 사람들에게 어른 아이 할 것 없이 농사일이나 집안일 틈틈이 별도로 밤이면 그릇에 곡식을 담아 그 그릇 안에 있는 곡식 알갱이를 정확히 세어 한 그릇에 곡식 종류별로 몇 개씩이나 들어가는지 알아보라고 시켰다. 생각만 해도 답답하고 지루한 일이었다. 무슨 이유인지 모를 일이었다. 이렇게 해서 그릇안의 콩도 세고 보리쌀도 세고 심지어 깨알까지도 세었다.

또 낮이면 소와 말먹이 풀을 베어 바싹 말려 온 동네마다 쌓아두곤 했다. 어느 정도 쌓이면 그 말린 마초(馬草 : 말먹이 풀)가 낙산역 안에 우마차로 실려 왔다. 어디다 쓰는지도 모르고 지게까지 동원하여 동네마다 법석을 떨었다. 나도 친구들과 어울려 억새풀을 베다가 손도 베어가면서 참여했는데 우리 동네에서 나보다 네 살 더 많은 기운이 센 형들이 지게로 그 풀을 동네 공회당 마당이라든지, 각자의 집에 말렸다가는 낙산 역 역사 앞으로 날랐다.

고향 이웃동네인 간곡리에 사는 내 친구로서, 지금 한시(漢詩)작가인 추종삼이란 사람이 있다. 그는 나보다 한 살이 더 많았는데 1949년 7월 강현면에 있었던 '호림부대' 사건 당시 그의 아버지가 호림부대에 협조한 사실이 발각되어 인민재판을 받고 처형을 당했다. 그때 종삼이는 열 살이었다. 공산치하가 흉흉하기 말이 아닌 때였다.

그 해 9월부터 종삼이네 마을도 예외는 아니어서 마초를 장만하여 소 질매바리로 옮겨 낙산역에 날라다 쌓았다. 그 동네 마초 만들기는 화채봉께로 올라가는 10리나 떨어진 학소암이라는 곳에서 이루어졌다. 대청봉 아래 넓은 산골짜기에서 억새풀을 베어 바닥에 깔아 말렸는데 비가 오면 그 말리던 억새풀 더미에 곰팡이가 피어 다시 장만하여 바짝 말린 뒤 그것을 소 질매바리로 날라다가 역사 안의 광장에 산더미같이 쌓았다고 했다.

종삼이는 열 살인데도 체격이 커서 어머니와 같이 소를 몰고 다녔다고 지금도 고향에 가서 만나면 당시 경험 이야기를 극성스럽게 해댔다.

그에게는 외할아버지 최종서란 분이 계셨는데. 6.25가 나던 해 6월 중순께 다 되어 갑자기 짐실어 나르기에 동원된 동네 어른들과 함께 간곡리에서 20리 떨어진 양양역까지 빈 질매바리 소를 끌고 가서 거기서부터 남쪽으로 30리 족히 되는 기사문리까지 낮에는 쉬고 야밤에만 밤새도록 군수물자와 화약상자 포탄 등의 병기물자를 38선 임박한 전 지역부대 진지에 일주일이 넘게 비밀리에 신속하게 실어다 날라다 놓았다고 한다.

6.25 바로 직전 우리고장 전 지역에서 농촌 어른들을 동원하여 일어난 어느 누구도 알 수 없는 비밀스런 일들이었다. 내가 아버지를 만나러 1952년에 거제도에 피난을 갔을 때 피난민들에게 들어보니, 38선 접경 바로 이북 중부지방 전역에서 똑같은 일이 벌어졌다고 이구동성으로 말하는 것을 들었다. 그때는 참 신기하고도 이상하게만 생각하였다. 그런 일들이 우리 동네 양양 고장에서만 있었던 일이 아니었던 것이다.

난데없는 마초더미가 갑자기 양양 일판 전체에 낙산역을 비롯하여 양양역 등 전역에 초여름인데도 이곳저곳에 산처럼 쌓여 보관되었다. 동네어른들 아무도 왜 저렇게 마초더미를 쌓아놓는지 의아해 했고, 어린 우리들은 더더구나 몰랐다. 학교 한구석에까지도 마른 마초더미를 높다랗게 쌓아놓곤 하였다. 나중에 알고 보니 베어다 말린 풀은 인민군들이 6·25가 일어나자마자 남쪽으로 내려갈 때 군대의 장비를 실어 나르는 우마차 끌 소와 말에게 먹일 풀이었다. 들판에 소와 말이 먹을 풀이 지천으로 깔려 있는 계절인데도 말이다.

2월 초순, 어머니는 아버지와 몰래 약속을 하고 여섯 살 난 여동생은 걸리고, 세 살 난 여동생을 업고 낙산역에서 기차를 타고 원산으로 떠났다. 중간 간성 역 어디에서 아버지가 몰래 타고 원산으로 함께 간 것이다. 이때부터 할머니와 나만 고향에 남아 6월 이후 1952년까지 전쟁 한복판에 들어 마을 사람들과 함께 이리

인민군 탱크

쫓기고 저리 쫓기면서 전쟁 통의 모진 고생을 했다.

아버지 어머니와 어린 두 여동생이 원산으로 간 뒤 이른 봄부터 우리가 하교하면 학교 운동장에서 동네 아저씨들이 군인아저씨들과 같이 나무로 깎은 총을 들고 매일같이 앞에 아무것도 없는 빈 허공을 찌르면서 "이야! 이야!" 하는 고함 소리를 지르면서 훈련했다. 우리가 모여서 재미있다는 듯이 구경하면 선생이 어서 빨리 집으로 가라고 했다.

이 훈련은 6월 중순까지 계속되었는데 1950년 6월 초순쯤 아침에 등교해 보니 학교 교사 건물 양쪽으로 이제까지 보지 못하던 집채보다 훨씬 커 보이는 탱크가 그물(위장망)이 씌워져 자리를 잡고 있었다. 장난꾸러기인 우리들은 호기심이 생겨 탱크 가까이 접근해 구경도 하고 만져 보려고 했는데 선생들이 얼씬도 하지 못하게 엄히 일러서 멀찍이 떨어져 신기한 듯이 쳐다보기만 하였고 그 근처에서 서성이면서 놀았다.

탱크의 크기가 너무 크고 앞의 포신이 참으로 길게 느껴졌

다. 그렇게 크고 무서우면서도 위력 있어 보이는 것은 처음이었다. 사실은 8·15 해방 될 때 함경북도에서 소련군 탱크도 보았다는데 나이가 어려서 뚜렷이 기억나지 않는다.

1950년 6·25가 나기 3일 전쯤 학교에 등교해 보니 홀연 탱크가 없어졌다. 어디로 갔는지 아무도 알지 못했다. 6·25 당일부터 며칠 뒤까지는 38 이북 우리 고장 전 지역에서는 전쟁이 난 줄 몰랐다. 나중에 들으니까 6월 중순이 넘어서까지 인민군군이 많이도 38선께로 이동하더니만 6·25 당일 지금은 연어가 올라오는 남대천이 있는 마을 양양 읍께서는 38선이 그어진 인구리 훨씬 남쪽 방향 주문진 쪽에서 요란스럽게 울리는 포 소리가 쿵쿵 하고 들렸다 했다. 인민군이 갑자기 남쪽으로 쳐 내려간 것이다.

1·4 후퇴 뒤에 우리 동네 사람들이 모두 피난 보따리를 지고 이고 강릉 옥계 방향으로 피난을 갔을 때 강릉 경포대께 초당마을에 머물렀을 때 들은 얘기이다. 그 동네 어른들이 말하기를, "6·25 그날은 공휴일이었는데 그때 갑자기 북쪽에서 인민군대들이 몰려 내려온다는 말들이 들리는 바람에 마을 사람들이 멀리 피난도 못가고 옥계 쪽으로 줄행랑을 쳐 백봉령 산골로 숨어들어 그곳 산골마을 여기저기에 숨어 있다가 마을로 돌아 왔노라"고 하면서 "양양서 아주머니들이 어린아이 데리고 여기 까지 짐들을 지고 내려왔으니 고생이 참 많겠다."고 위로했다.

바로 38 이북 우리 산골 마을이 있는 강현 면에서는 6월 25일 직후엔 전쟁이 난 줄도 모르고 우리 모두는 학교를 다녔다. 사나흘 여를 지나서부터인가 예쁜 여자 담임선생은 교실에서 우리를 앉혀 놓고 기쁜 얼굴로 칠판에 남조선 지도를 그리면서 분필로 화살 표식의 줄을 그어가며 목청을 높여 흥분한 목소리로 신나게 말을 하였다.

"어린이 동무들! 우리의 용감한 인민군 전사들이 위대하신 어버이 김일성 대원수, 우리 장군님의 드높으신 영도로 지금 남조선 해방전선에 뛰어들었어요. 며칠 전 여러분이 학교 양 옆에 있는 땅끄(탱크)를 보았지요? 바로 그 땅끄를 앞세우고 우리 용감한 인민군 전사들이 남조선을 해방시키려고 힘차게 내려가고 있어요."

말하자면 인민군이 남쪽으로 쳐내려갔다는 것이다. 이러면서 날마다 학교엘 가면 서울도 해방, 서해안 경기도 충청남도, 전라도 쪽으로 모두 해방, 칠판에다 분필로 많은 줄을 그어가며 나중엔 중부지방 강원도 동해안 해안을 따라가며 해방시켰다고 했다. 그렇게 신나게 설명하는 담임선생은 여느 때와 아주 달랐다. 말끝마다 "자! 동무들 모두 박수!" 하면 그때마다 우리 반 급우들은 좋은 일 났다고 "야—!" 소리를 지르며 박수 치느라고 덩달아 신나서 야단들이었다. 쉬는 시간에 밖엘 나가 보니 매일 같이 전교생의 얼굴들이 설 명절에 웃음 가득한 그런 얼굴 표정 같았다. 그날부터 마을 사람들은 인민군이 남조선으로 쳐 내려간 것을 비로소 모두 알게 되었다.

"아니 싸움 났다는 말이 사실인가?"
"언제부터 싸움 났다는 거야?"

"학교에 놔뒀던 땅JJ가 보이지 않던 그때 모두 남쪽으로 쳐내려갔대"

하고 마을 사람들이 모두 웅성거리면서 불안해하기 시작했다.

전쟁이 나고부터 우리 동네에서는 저녁에 마을 사람들을 모아 놓고 인민위원장 주도로 인민재판이 뻔질나게 벌어졌다. 우리 아랫집 종덕 아저씨도 인민재판을 받고 전신을 두들겨 맞아 한쪽 다리를 크게 다쳐 끌다시피 하고 다녔다. 그 이유는 종덕아저씨의 형 종순 아저씨가 남으로 월남하였기 때문이었다. 종순아저씨가 얼마 전에 남쪽 강릉 쪽으로 공산 치하를 피해 월남하였는데 동생 되는 순한 종덕아저씨를 지목하여 한 동네 성씨 다른 집안 패거리가 인민재판이란 명목으로 뭣도 모르고 모여든 동네 사람들 앞에서 경우 없이 몽둥이로 두들겨 팬 것이다.

난데없이 갑자기 억울하게 얻어맞아 인사불성이 된 아저씨는 그날 저녁 들것에 실려 집으로 옮겨졌다. 그 집 가족들이 울고불고 야단이 났었다. 나중에 들은 이야기이지만 당시 이런 일이 인근 여러 동네에서 비일비재했다. 무법천지였던 세상이다.

날짜가 지나면서 철없는 우리 친구들은 남쪽 해방이고 전쟁이고 뭐고 다 잊어버리고 학교수업이 끝나면 곧장 집에 와서 친구들과 어울려 개울가로 산으로 몰려다니며 평화로이 놀러 다니기만 했다. 학교에서 전쟁에 대한 얘기만 가끔 듣고 다닐 뿐이었다.

내게 진외가 집으로 8촌이 되는 평창 이씨 집안의 병시 형이 말했다. 6월 하순 우리 동네 사람들이 6·25 전쟁이 난 줄도 모르던 그 시기에 나의 진외가 마을 형편은 우리와 아주 달랐다. 앞서 이야기한 곰이 출몰하고 멧돼지가 산골을 누비는 서림마을 나의 진외가 동네에서는 6·25 당일 벌써부터 인민군이 삽시간에 진격해 들이닥쳐 평화로운 산골마을을 쑥대밭으로 만들어 놓았다.

  그곳은 38선에서 남쪽으로 겨우 3km 정도밖에 떨어지지 않은 남설악의 고산지대 마을이었다. 신선이 산다는 하늘밑 첫 동네 미천골 마을도 모든 파괴 상황이 예외는 아니었다. 한동네에 사는 전주이씨 집안의 청년들이 모두 의용군으로 끌려갔는데 그중 몇 명은 전쟁 와중에서 구사일생으로 탈출하여 고향에 돌아온 뒤 다시 이번엔 국군으로 또 입대하였다고 한다. 세월이 얼마 되지 않은 사이에 인민군도 되었다가 국방군이 되는 과정을 겪어가면서 후일 국군의 병역의무를 마친 사람들 중 몇은 지금도 생존해 있다.

  인민군이 내려왔을 때는 산골마을에도 여기저기서 인민재판이란 무법천지의 과정을 통하여 많은 사람들이 공산사상을 가진 사람들에게 희생당하였다 했다. 난데없이 그 순박한 산골마을 사람들의 인간관계가 모두 깨져 버린 것이다. 서로가 서로를 감시하고, 양쪽 군대가 번갈아 들어오면 별일도 아닌 것 가지고 군인들의 비위를 맞추느라 안 해도 될 신고를 일부러 해 가면서 사는 환경으로 바뀌니 하루도 편할 날이 없었던 것이다.

병시 형 집 할아버지는 당시 연세가 많아서 항렬로 형에게 숙항이 되는 아저씨들이 교대로 지게에다 모셔 지고서 강릉 아래 맹방까지 나갔다 왔다 한다. 병시 형도 경상북도 경산까지 피난 나갔다가 고향 수복 후 돌아왔다. 나의 작은댁 할머님 친정 아래동네 '황이'라는 곳의 경주최씨 마을에서도 이 같은 처참한 현상이 벌어졌는데 지금도 산골 여기저기 6·25 이야기만 나오면 당시를 경험한 사람들이 끔찍한 마을 파괴 현상에 대하여 고개를 절레절레 흔들면서 기억조차 하기 싫어하는 분위기이다. 얼마나 처참한 당시의 일들이었겠는가.

내 어머니의 고종사촌동생 중 김성호라는 아저씨가 있다. 성호 아저씨의 어머니는 바로 설악동 상도문에서 절만 짓는 대목으로 유명한 나의 외할아버지의 여동생이다. 나에게 외갓집 고모할머니가 되는데 할머니 가족은 해방 후 금강산 온정리에 살다가 곧 서울로 이사를 갔다. 성호 아저씨는 6·25 때 서울을 사수하던 대한민국 국군이었다.

6·25가 나고 3일 뒤 새벽에 인민군이 서울로 진격해 들어오는 바람에 일부 국군들이 한강 남쪽으로 이동하고 이어서 성호아저씨가 속한 부대도 서울을 지키다가 후퇴를 하게 되었다. 27일 자정이 넘어서 성호아저씨는 지프차를 타고 한강 인도교를 건너는데 인도교 전체가 남쪽으로 향하는 서울 피난민 행렬로 발 디딜 틈도 없었다.

피난민들과 군인들이 뒤섞여 천천히 인도교를 건너는데 서울역 부근에서는 총과 대포소리가 들리고, 피난민들은 아우성을 치고 있었다. 그때 하늘에서 비행기 소리가 나는가

싶더니 "꽝! 꽝!" 폭탄 터지는 소리가 들리고 피난민과 군인들은 다리 위에서 남쪽으로 내닫기 시작했다. 적의 남하를 막기 위해서 한강 다리를 폭격해 끊는 줄도 모르고 피난민과 군인들은 칠흑 같은 어둠 속에서 끼끄득힌 다리 밑 물속으로 폭포수 떨어지듯이 모두 떨어졌다. 성호아저씨도 밀려 앞으로 나가다가 차에 탄 채로 경황없이 다리 밑 강물로 떨어졌다.

성호 아저씨가 정신이 들어 깨어보니 여의도 샛강 얕은 물가였고 동료들과 지프차는 어떻게 된 줄도 모른 채 심하게 다친 몸을 이끌고 요행히 부대를 찾아갔다. 전투를 할 수 없어서 대구 육군병원에 부상병으로 장기간 입원을 했다. 그 이후 오랫동안 투병생활을 하다가 의가사 전역이 되었는데 다친 몸이 완쾌되지를 않고 늑막염으로 내내 고생을 하였고 다른 합병증까지 도져 1962년에 세상을 떠났다.

아저씨는 유화를 잘 그리는 화가였다. 마음이 인자하고 항상 웃음을 머금은 듯한 얼굴로 노래도 잘하였다. 당시 아저씨에겐 미봉, 용기, 미선 어린 삼남매가 있는데 어린 시절 그들은 아버지 잃고 어머니와 고생을 하며 성장했으나 모두들 재능이 뛰어나고 또 성실하다. 특히 미선 여동생은 아버지를 닮아 그림을 아주 잘 그리는 재원이다. 지금도 성호 아저씨 이야기를 하면 아저씨의 외사촌 누이인 내 어머니부터 시작하여 6·25의 아픔이 그렇게 클 수가 있었는가 하고 모두들 눈시울을 적신다.

9. 양양 군청 철수 이동

6·25, 그 해 여름방학 때의 일이다. 한번은 내 또래 동네 친구들과 노는데 두세 살 많은 형들 몇이서 우리들 보고 따라 오라고 했다. 우리 동네 윗 개울 마을이 있었는데 우리 친척 먼 집안 종대 아저씨(아저씨는 귀가 어두워 고생하다가 작년 2006년 여름에 타계하였음)가 과수원을 경영하고 있었다. 멋도 모르고 따라갔는데 그 형들이 과수원 쪽으로 데리고 가더니만 우리 보고 개울가에서 망을 보라고 하고선 복숭아 서리를 하러 울타리 밑을 걷어 올리고 기어들어가는 것이었다.

허락도 없이 남의 물건을 몰래 따는 것을 처음 보는 나는 갑자기 가슴이 두근두근 뛰기 시작했다. 망이고 뭐고 다 집어치우고 개울가 커다란 돌 바위 뒤에 숨어 오금도 못 펴고 납죽 엎드려 있는데 용감한(?) 개구쟁이 형들이 훌떡 벗어젖힌 윗도리에다 복숭아를 수북이 따왔다. 나도 한 개를 주어 받았는데 다른 친구들은 재미있어 하면서 잘도 먹었다. 하지만 나는 아까보다 가슴이 더 뛰어 한입 물어 보았을까? 뒤로 도저히 먹지를 못하고 그저 얼이 빠진 채로 멍청히 들고만 있었다.

모진 훈련(?)을 해보지 못한 결과라고나 할까? 홀로 집으로 돌아오는 도중 나는 그 복숭아를 논 한가운데 팔매질을 해 멀리 던져 버렸다. 그런데 집에 와서 가만히 생각해 보니 그 복숭아 맛이 자꾸 생각이 났다. '그냥 가지고 올걸, 아니지 던져 버리기를 잘했어.' 하고 뒤죽박죽 생각을 하다가 정면 돌파를 하자는 생각이 번쩍 났다. 밖에 나가서 아직 돌아오지 않은 할머니 몰래 윗방의 쌀독에서 보리쌀 세 사발(지금에 생각하면 너무나 작은 분량이었다) 가량을 자루에 넣고 큰 길 따라 위 개울 종대 아저씨 댁으로 한참 올라갔다.

　마당 문을 들어서서
"아저씨!"
하고 부르니 마침 마당에서 일하던 아저씨가,
"찬수 네가 웬일이냐?"
하고 물었다. 나는 아저씨에게,
"아저씨, 제가 복숭아가 먹고 싶어 왔는데 이 보리쌀과 복숭아를 바꾸어 주세요."
하고 말했다. 세상에 나서 나는 처음으로 흥정(?)을 해본 셈이다. 한참 나를 물끄러미 바라보던 아저씨가 나의 머리를 쓰다듬어 주면서,
"애, 찬수야, 너 마침 잘 왔다."
하더니만 보리쌀이고 뭐고 할 것 없이 주렁주렁 달린 복숭아나무 밑으로 데리고 가서 자루에 수북하게 담아 주었다. 쉽게 메고 갈 수 없을 정도였다. 그러고 나서는
"네 아버지가 고향에 온 이듬해에 우리 집 복숭아나무 전지를 잘 해주어서 이렇게 열매가 잘 달리는데 한 번도 은혜를 못 갚았었다. 그런데 오늘 마침 네가 왔구나."
하면서 할머니에게 가져다 드리라고 했다. 내 생각에 한 너댓개 정도이거니 했는데……. 보리쌀은 그대로 자루에 두

고…….

　나는 너무 기쁘기도 했지만 어안이 벙벙하여 고맙다는 인사를 꾸벅 하고는 그냥 부자 된 기분으로 복숭아가 들어있는 자루를 지고 땀을 뻘뻘 흘리면서 신이 나서 집으로 돌아왔다. 할머니는 아직 밭에 일하러 나갔다 돌아오지 않았다. 그런데 또 한 가지 큰 고민에 빠졌다. 할머니 몰래 보리쌀을 퍼낸 것 때문이었다.

　할머니는 평소에 나에게 거짓말하는 사람은 나쁜 사람이니 절대로 거짓말을 하지 말라고 말한 것이 기억났다. 옛날이나 지금이나 모든 어린이들은 어른들이 가르치는 말을 너무나 잘 이행하는 순수성을 가지고 있기에 나도 그러하였으리라.

　저녁에 돌아온 할머니에게 나는 숨김없이 낮에 일어났던 모든 사건을 다 말했다. 형들이 남의 집 복숭아를 몰래 따먹으러 가는데 따라갔다가 일어난 일과 돌아와서 생각해보니 복숭아가 먹고 싶어서 이러이러 했노라고 하나도 빼놓지 않고 자초지종을 다 말하고는 "그랬더니 이렇게 복상(복숭아)을 많이 주시대요." 했다. 다 듣고 난 할머니가 기특하다는 표정으로 물끄러미 나를 바라보더니만 꼭 껴안아 주었다. 복숭아를 보며 할머니는 원산의 아버지 생각을 또 한 번 하였으리라.

　그 당시 예로부터 내려오는 농촌 풍습은 청소년들의 경미한 서리인 경우에는 알고도 모르는 척해 주는 분위기가 있었다. 주인이 때에 따라 그 광경을 보았을 때에도 멀리서 헛기침하며 "어험! 이놈들!" 하면서 들릴 듯 말 듯 소리쳐 그냥 도망가게 내버려두기도 하던 때였다. 적당히 묵인하는 관습, 즉 일종의 교육적인 배려를 염두에 둔 것이었다고 생각된다.

어린 청소년들이 바른 교육을 받고 그런 행위를 스스로 하지 않을 때까지 참고 기다려 주는 사회 풍습이라고나 할까? 어떤 면에서는 미풍양속이라 볼 수도 있는데 요즈음 같으면 상상도 못할 일이다. 그 이후 할머니는 손자 자랑하실 일이 있으면 어디 가든지 가끔 그 복숭아 얘기를 꺼냈다. "얘가 그런 애라우!" 하면서……. 할머니가 80세가 넘었고 내가 교직에 있으면서 30이 넘어 장가들어 아이를 둔 뒤에도 이웃에게 그렇게 말하곤 했는데 그때마다 나는 그저 어색하기만 했다.

그 해 8월초, 남쪽 읍내에 있는 양양군청의 직원들이 북쪽 우리 마을로 피해 와서 동네 집집마다 자리 잡고 군청 사무를 보았다. 갑자기 군청이 도심지로부터 시골구석으로 피신해 숨는 꼴이니 마을 전체 분위기가 이상해졌다. 남조선 해방시키러 나갔다는 이야기도 별로 신이 나지 않은 것 같았다. 군청에서 동네 집 뒤 대나무밭 산비탈에 여기저기 방공호를 파는데 양양 철광산에서 쓰는 다이너마이트를 가지고 와서 터뜨리면서 굴을 팠다. 지금도 내 고향 마을 집 뒷산엔 방공굴이 여럿 그대로 남아 있다. 다이너마이트에 불을 붙이려고 길게 이어 놓은 남포 심지들이 나중에 국군이 주둔했을 때도 남아 있었다.

이때 나는 고금(학질)이 걸려 무진 고생을 했다. 하루는 열이 나면서 부쩍 아팠다가 다음날엔 언제 아팠느냐는 듯이 멀쩡했다. 군청 직원들이 금계랍(학질약)이란 노란 알약을 줬는데 약을 먹고 나서도 쉽게 낫지를 않았다. 참으로 그 고통이 말이 아니었다. 너무나 고통스러워서 '약을 많이 먹으면 빨리 좋아지지 않을까?'라는 생각에 한두 알이 정량인 알약을 네다섯 알이나 한번에 먹었다. 그날 밤 밤새도록 꿈속에서 캄캄한 낭떠러지에서 한도 끝도 없이 떨어지다 올라가고, 떨어지다 올라가는 악몽에 시달리다가 거의 죽기에 이르렀고, 할머니는 늘어져서 정신을 잃은 나를 안고서 어쩔 줄 몰라 했다고 한다. 얼마 뒤 다행히 회복되었지만 후일에 깨달은 사실이지만 전문가의 지시 없이 약을 오남용 하는 것이 얼마나 무서운지 그때 경험으로 알았다.

우리들은 전쟁이 한참 치열했던 10월 이후와 그 이듬해 1·4후퇴 뒤에 피난 갔다 돌아온 여름철엔 그 광산용 폭약에 이르는 줄을 개울에 가지고 나가서 흔하게 널려있는 장총이나 기관총 탄피에서 총알을 빼고 화약을 그대로 둔 채 다이너마이트로 이어지는 심지를 화약이 있는 곳에 들이밀어 넣고는 돌로 탄피 입구를 꼭꼭 우그러트려서 개울 큰 바위 밑에 집어넣고서 멀리서 심지에 불을 붙여 그 탄피가 터지게 하여 큰 바위가 들썩할 정도였고 물위로 둥둥 뜬 고기를 건지는 놀이를 하였으니 실로 위험천만한 놀이였다.

위험한 줄도 모르고 폭약을 터뜨리고, 고기 잡는 재미에 생명이 왔다 갔다 하는 것도 몰랐다. 여름방학이 다 지날 무렵, 어른들이 서로들 삼삼오오 모여서 쑤군덕거렸는데 그 때부터 우리들도 학교를 나오지 말라고 휴교령을 내려 학교도 쉬고 좋아라고 매일 친구들과 어울려 개울가에서 가재 잡고 먹 감

UN군 폭격기 폭탄 투하

으면서 놀기만 했다.

여기저기서 이상한 일만 자꾸 있었고, 동네 인민위원장, 여맹위원장 등 새빨간 사람들이 성난 사람처럼 긴장한 안색으로 다녔다. 마을 분위기가 심상치 않았고 우리 집안 친척 어른들과 나이 든 형들은 마음속으로 무언가 좋은 것을 기다리는 그런 분위기였다.

10. B-29 항공기의 낙산역과 철다리 폭파

양력 8월 초순이 좀 지난 어느 날이었던 것 같다. 나는 동네 친구들과 어울려 위 개울 물레방앗간 집 바로 위 지소 건너편 개울에서 멱을 감고 있었다. 정오가 조금 지났을까 하였는데 갑자기 하늘에서 우레와 같은 소리가 났다. 우리 모두가 그 소리에 놀라 2.5km 쯤 떨어진 낙산 역 쪽(지금의 속초 공항 아래 바닷가 쪽)을 내려다보았는데 날개가 엄청나게 큰,

이제까지 처음 보는 비행기(B-29) 두 대가 바다 쪽으로부터 낙산 역 상공 하늘을 배회하더니 낙산 기차역 상공에 낮게 내려와 시꺼멓고 커다란 쌀가마니 정도의 기다란 물체를 몇 번 떨어뜨리고는 바다 쪽으로 다시 유유히 날아가는 것이었다.

그런데 떨어지는 시꺼먼 물체가 우리 눈짐작으로 땅에서 상공으로 10m 정도 보이더니 홀연 없어지면서 역 주변에 갑자기 연기가 풀썩 하고 일더니만 조금 있다가 "쿠웅!" 하는 소리가 나는데, 그 소리가 너무 커서 천둥치는 소리와 흡사했다. 지진이 난 것처럼 먼 곳까지 땅이 흔들렸다.

우리들은 너무 놀라 금방 죽을 것 같아 옷이고 뭐고 입는 둥 마는 둥 홀딱 벗은 채로 맨발로 도망을 치기 시작했다. 나중에 알았는데 반격하는 대한민국 국군을 지원하는 유엔군 비행기(미국 비행기)가 낙산 역뿐만 아니라 양양 철다리, 물치의 쌍천 철다리 속초 역 등 그렇게 올라가면서 원산 흥남 그 이북까지 폭격을 했다고 한다.

앞에 뛰는 형들이 비탈길 솔밭 야산으로 한 100m 쯤 떨어진 방공호로 치달리는데 모두 옷을 벗어 한손에다 거머쥔 채로 20여 명의 사내애들이 홀딱 벗고 줄지어 걸음아 날 살려라 하며 들고뛰어 치달리니 지금 생각하면 웃음이 날 일이나 그때는 어른 아이 할 것 없이 생사가 걸린 판이었다. 너무 무서웠다.

모두 컴컴한 방공호 안으로 씨익씨익 숨을 몰아쉬며 들어가서 마음을 진정하고 있었다. 그런데 어두컴컴한 방공호 안쪽으로 들어가던 형들이 또 한 번 놀랬다. 우리도 웅성거리며 그 안쪽을 보니 방공호 바로 아래에서 떡 감던 윗동네 누나들과 우리 또래 여자 애들이 먼저 피신했는데 우리 일행이 뒤미처 들이닥쳤기 때문에 이번에는 서로 어색하게 놀랬다. 밖으로 나갈 수 도 없고 옷도 챙겨 입지도 못하고 서로 웅그리고 눈만 멀뚱거리고 외면하고 있는 모습을 지금 다시 생각하니 배꼽을 잡고 웃을 그런 장면이었다.

한동안 진정이 된 뒤 우리도 굴 밖의 기미가 조용해 밖으로 나갔다. 또 동네에선 그동안 조용히 숨어 있던 어른들이 비행기가 날아간 지 한참 지나서야 밖으로 나와 자기 집 아이들을 찾아 목청 높여 불러대느라고 온 동네가 고함소리로 소란스러웠다.

낙산 역 역사는 계속 타고 검은 연기가 하늘로 무시무시하게 치솟고 있는데 우리들은 뿔뿔이 흩어져 집으로 돌아갔다. 며칠 지나 보니 역으로 들어가는 강현 천 기차 다리가 폭격으로 끊어졌고 역사는 흔적도 없어졌으며 역 안에 산더미같이 쌓아 놓은 마초더미(말먹이 풀) 등 전쟁 지원용 군수물자들은 삽시간에 흔적도 없이 다 타버렸다. 함경도에서부터 기차로 실어온 전쟁 지원물자들이 몽땅 다 타버린 것이라고 했다. 다음날 군청요원 정치보위부 인민위원, 여성연맹위원(여맹위원) 등 동네 각 집에 숨어서 사무를 보던 집단들이 보따리를 싸기 시작하더니 그날 밤중에 동네 사람들 몰래 우리 동네를 떠나 북으로 철수하고 동네는 갑자기 조용해졌다.

그날 저녁 할머니는 나를 붙들고 눈물을 흘리셨다. 원산의 내 아버지 어머니와 동생들이 죽었을 것 같은 무서움 때문이라 하였다.

　가끔 하늘에 검정색 정찰기가 날아 다녔는데 우리는 그 정찰기를 "뿌웅—" 하고 소리를 내며 날아다닌다고 해서 '방구 비행기'라고 불렀다. 그런데 그 방구 비행기가 제일 무서웠다. 폭격기보다도 더 무서워했다. 왜냐하면 그 비행기가 떴다 하면 곧이어 공격용 '쌕쌕이(제트기, 훗날 들은 애기인데 호주 비행기라 했다)'가 순식간에 날아오기 때문이었다.

　방구 비행기가 뜨면 2, 3분도 못되어 어디서 오는지 엄청나게 빠르고 "샤아악—" 하는 소리를 내는 쌕쌕이가 몇 대 날아와 양양 읍내 상공을 올라갔다 내려갔다 하면서 폭격을 하고, 어떤 때는 속초 북쪽으로 날아가는데 빠르기가 번개 같았다. 우리 마을 논에도 폭탄을 떨어뜨렸는데 땅에서 터지는 소리가 천지를 진동했다. 땅 속까지 흔들려 방공호 땅굴 천정에서 흙 부스러기가 떨어질 정도였다. 비행기가 가고 나면 우리들은 그 폭탄이 떨어져 땅이 넓고 깊게 움푹 팬 곳으로 달려가 구경하며 폭탄의 위력에 놀라기도 했다.

11. 낙동강 패잔병 인민군의 퇴각행렬

　9월도 중순이 되어갈 무렵부터 우리 동네에선 매일같이 비참한 구경거리가 연일 생겼다. 남조선을 해방시키려고 씩씩하게 나갔다고 자랑하며 기세등등하던 인민군 전사들이 기가 다 꺾여 초라한 패잔병이 되어 북쪽으로 후퇴하는 모습이었다. 국군의 진격과 UN군의 공습을 피해 해변 큰 대로로 퇴각하지 못하고 양양에서 내륙 송암산 아래쪽으로 2km 떨어진 화일리에서 회룡리로 이어지는 우마차가 다니는 농로를 따라 후퇴하고 있었는데 우리 동네를 가로질러 퇴각하는 것을 보는 그런 구경거리였다.

　더러는 높다랗게 말을 탄 남녀 장교들도 보였지만 대부분 '딱쿵장총'과 '따발총'을 거꾸로 맨 그야말로 초라한 걸인행색의 군대 패잔병 도보행렬이었다. 부상병이 어찌나 많은지 그 처참한 모습은 어린 우리들도 무섭기도 하고 한편으로는 안쓰러웠던 생각이 난다. 행군 중이었는데 아프다고 비명을 지르며 들것에 실려 가는 군인도 부지기수였다.

　한쪽 팔이 없는 군인, 양쪽 팔 모두가 없는 군인도 있었고, 들것 위의 군인들은 다리가 없는 군인들이었다. 한쪽 다리를 다친 군인들은 엉성한 목발을 하고 걸었고, 어떤 여자 군인은 배가 아주 불러 곧 출산할 때가 되었다고 동네 누나들이 손가락질로 배부른 흉내를 내면서 킥킥거리면서 쑤군거렸다. 나보다 키가 조금 클까말까 하는 어린 군인이 자기키보다 더 긴 장총을 질질 끌며 가는 모습도 많았다. 한 마디로 처절한 지옥행렬 같다고 동네 어른들이 말했다.

　동네 누나들과 아주머니들은 물동이를 가져다가 지나가는 인민군들에게 물도 떠 주곤 했는데, 인민재판을 받아 몸이 성치 않은 종덕 아저씨와 동네 아저씨들은 물을 떠다 주는 사실을 알고는 화가 나서 아주머니들과 누나들을 향해 "그깟 놈들에게 무슨 물을 떠다 주느냐!"고 야단을 쳤다. 그 바람에 물 떠다 주던 누나들은 훌쩍훌쩍 울기도 하였다.

그러나 다음날도 우리들과 야단맞은 누나들은 어린 동생들을 등에 업고 점심 먹을 때만 제외하고, 어떤 때는 점심도 걸러 가며 하루 종일 길가에 서서 패잔병 행렬을 구경하다가 지쳐서 목말라 하는 패잔병들에게 또 물을 떠다 주었다. 패잔병 행렬은 보름도 넘게 계속 되었다.

하루는 패잔병들의 퇴각 행군이 우리 동네에서 멈추어 하룻밤을 지내고 간 일이 있었다. 집집마다 인민군 여럿이 빼곡하게 찼는데 멀쩡한 군인들은 그런대로 괜찮았으나 상처가 심하게 난 부상병들이 큰 문제였다. 우리 집에도 부상병들이 아랫방 윗방에 묵었는데 윗방의 부상병은 팔다리가 모두 다 절단이 나서 수족을 못 쓰게 되어 그냥 방바닥에 누워서 먹을 것을 가져오라고 고래고래 고함만 지르고 있었다.

나는 몹시 겁에 질려 그 아파하는 인민군 부상병 아저씨를 힐끗 힐끗 건너다보았다. 할머니가 감자를 삶아서 나더러 갖다 주라고 해서 삶은 감자를 뚜가리(나무로 깎아 만든 그릇)에 담아서는 뜨겁다고 야단치는 그 아저씨 입에 "후— 후—" 불어가며 넣어주던 생각이 난다. 몸에서 썩는 냄새가 진동하여 코를 찌르고 그렇게 아파하면서도 입에다 넣어주는 감자를 허겁지겁 받아먹는 모습을 떠올리면 지금도 안쓰럽고 불쌍하다는 생각이 든다.

밤이 되면 어린 군인들이 상처의 고통으로 밤새도록 단말마의 비명을 지르며 엉엉 우는데 할머니와 나는 그저 무섭기만 했다. 할머니는 나를 꼭 안고 독백하듯 되뇌었다.

"에 휴—! 전쟁은 하지 말아야지! 제발 전쟁은 하지 말아야지 저 어린사람들이—"

　하면서 어린 군인들의 고통을 같이 아파하고 눈물을 흘리던 생각도 난다. 돌이켜보면 그 피어나지도 못한 어린 청년들은 순박하고 선량한 우리 땅의 같은 이웃들이었는데, 심일성의 욕심에 하수인들이 되어 전쟁 통에 나아가라면 나아가고, 물러나라면 물러나는 운명에 처한 것이었다. 같은 민족이 서로 적이 되어 그렇게 동족을 죽이는 살육의 장으로 내몰리어 그런 고통을 당하게 되었다니…….

　젊은이들을 목숨이 왔다 갔다 하는 처참한 전투지역으로 몰아넣는 전쟁의 상흔은 이루 말로 형언할 수 없는 처참하고 또 무서운 것들뿐이었다. 이런 행렬이 네댓 차례 지나가고 또 며칠간은 조용하였다. 9월 말경 동네 아저씨들이 수군대며 국방군이 곧 들어온다고 하며 해방이 된다고 했다.

　10월이 되기 바로 며칠 전날인가, 한밤중에 아래 동네에서 얼마 전 폭탄이 터지는 소리에 놀라 가끔 이상한 소리를 하는 나이 많은 동네 형이 있었는데, 전쟁이 우리 동네에서 일어난다고 갑자기 고함치며 다녔다. 워낙 겁에 질린 동네사람들이라 서로가 원인규명이나 따질 새도 없이 혹시나 하고 온 동네가 간단한 보따리만 챙겨들고 한 군데 몰려 갑자기 엄청난 피난 행렬이 되었다. 아래 복골 절벽 아래 강현 천변으로 이어지는 넓은 벌판에 모두 모여 밤새도록 숨어 덜덜 떨며 뜬눈으로 밤을 새고 아무 일도 일어나지 않자 다음날 모두 맥없이 기진하여 뿔뿔이 집으로 돌아간 적도 있었다.

12. 1950년 10월 1일—나의 태극기 사랑

9월 마지막 날 오후 동네 아저씨들이 이 집 저 집 다니며 알려 왔다. 내일 물치 장거리에 모두 국방군을 환영하러 나간다고 했다. 준비물은 태극기인데 네모난 흰 종이 한가운데에 커다랗게 동그라미를 그리고 그 동그라미 가운데 선을 그리고 위에는 빨간색 아래는 파란색, 동그라미 주변 네 모퉁이에 비스듬히 검정색으로 세 개씩 선을 그려서 손에 들 수 있는 깃발을 만들라고 했다.

그때만 해도 농사만 짓는 우리 동네 많은 사람들이 글자를 배우지 못했고, 태극기가 어떻게 생겼는지도 모르는 사람이 많았다. 나에게 만들어 보라고 하여 내가 대충의 얘기를 듣고 할머니와 동네 아주머니들이 지켜보는 가운데 태극기를 생전 처음 그리게 되었다. 방바닥에 종이를 깔고 그 가운데에 커다란 뚜가리를 엎어 놓고 연필로 사발 언저리를 따라 동그라미를 커다랗게 그리고 대충 들은 말을 근거로 태극기를 그렸는데 제일 가관인 것은 원 한가운데는 원의 중심점을 지나는 선이 직선이었고 위에는 붉은색 아래는 푸른색 이런 정도였다. 동네 누나들이 물감을 타고 나는 그리고…….

그런 나를 내려다보며 기대하는 동네 할머니, 아주머니들의 모습을 상상해 보면 참으로 우습기가 짝이 없는 형국이었다. 내가 교직에 있을 때 학생들이 그려 도덕 선생님에게 제출하는 태극기를 보았는데 규칙에 맞게 원칙대로 그린 태극기였다. 아주 정교히 잘 그린 것을 보고 내가 그리던 그때를 생각하고 실소를 금치 못한 때가 한두 번이 아니다.

지도 교사에게 제출한 것 중 제

물치 장거리

일 잘못 그린 태극기도 그때의 나의 태극기에 비교하면 최고로 우수한 태극기라고 할 만하다. 한마디로 말하면 나는 태극기가 아닌 태극기를 그린 것이다. 그래도 내가 그린 태극기를 보고 "찬수가 태극기를 잘 그린다." 하면서 너도 나도 태극기를 그려 달라는 바람에 신바람이 나서 여러 장의 태극기를 그려 드렸다.

태극기의 음양, 사괘는 처음부터 모르고 그저 네 귀퉁이에 짤막한 굵고 검은 줄 세 개씩을 그려 가운데 원을 둘러싸고, 배치 등 규격이 한 군데도 맞지 않은 그런 태극기였지만 갑자기 태극기 제작의 전문가(?)가 된 셈이었다. 한편 생각하면 그때의 태극기는 참으로 나의 나라사랑 정성이 가득 담긴 참으로 소중하고 의미 있는 태극기였다는 생각이 든다.

이튿날 10월 1일, 국방군이 38선을 넘어 내 고향 양양을 해방시킨 날이다. 그날은 아주 쾌청했다. 나는 할머니 손을 잡고 아침 일찍 온 동네 사람들과 함께 물치 장거리터에 내려갔다. 온 동네 사람들이 양손에 태극기를 들고 내려갔다. 학교 운동회 날 등교하던 기분보다도 더 신나게 걸었던 기억이 난다.

양양 읍내 쪽 낙산사 어귀에서부터 길 양쪽으로 이 고을 저 고을 사람들이 모두 나와 인산인해를 이루었다. 모두들 마음이 들떠서 군대 행렬이 오지 않았는데도 할머니와 할아버지들이 덩실덩실 춤들을 추었다. 우리 동네 사람들은 지금의 물치 농협 앞쯤 되는 곳에 모여 있었다. 나에게 증조모뻘 되는 일가의 좀 젊으신 쉴집(택호) 할머니는 벌써부터 고래고래 소리를 지르고 춤을 추며 들떠 있었다. 8·15 해방이 되고 얼마 뒤 그 할머니의 아드님 영배, 진배, 갑배 삼형제가 모두 월남하여 국방군 헌병이 되었다는 소식은 우리 동네에서 비밀리에 다 아는 사실이었다.

드디어 국방군이 저기 온다고 술렁거리더니 맨 처음 나팔을 불고 큰 북을 쿵쿵 치는 군악대 차가 나팔소리도 우렁차게 천천히 들어오는데 나는 그때의 감격을 잊을 수가 없다. 나팔을 부는 군악대 아저씨의 번쩍번쩍하는 철모가 아주 멋있게 보였다. 그리고 우렁찬 군가가 온천지에 울려 퍼지는 것이다.

전우의 시체를 넘고 넘어 앞으로 앞으로
낙동강아 잘 있거라, 우리는 전진한다
원한이여 피에 맺힌 적군을 무찌르고
화랑담배 연기 속에 사라진 전우야

하늘을 찌르는 기개! 핫바지 입고 환영 나온 촌사람들에게 열정적으로 웃으며 손을 흔드는 우리 국군의 위용! 북진하면서 부르는 국방군의 군가를 따라 어느덧 우리들도 그 가사를 금방 익히고 그 길고도 긴 진군 차량

거리 국군 환영 인파

을 향해 태극기를 흔들며 목이 터져라고 외치며 함께 불렀다.

"전우의 시체를 넘고 넘어 앞으로 앞으로……"

그 군가! 그 만세 소리! 그 환영! 자유의 감격! 암울한 공산치하에서의 해방! 8·15 광복 때는 이보다 더했다지만 그때 나는 너무 어려서 어른들만 쳐다보고 그저 좋아하기만 했으나 어느 정도 철이 든 뒤에도 생각해 보면 이때의 감격은 내 평생에서 지워지지 않는 환희의 장면이었다. 아마 암울했던 공산치하에서 살다가 자유민주주의 대한민국의 따뜻한 품에 포근히 안긴다는 감회 때문이었으리라.

훗날 알게 된 사실이지만, 1950년 10월 1일, 이 날이 우리 대한민국의 「국군의 날」이 되었다고 한다. 김일성의 6·25 새벽 불법 기습남침이 있은 후 3개월 하고도 6일이 지난날에 우리 대한민국 국방군은 서해 옹진반도로부터 동해 양양 기사문리에 닿은 38선에 이르기까지의 전 전선에서 쫓겨 가는 인민군을 격파하면서 38선을 처음으로 돌파한 날이다. 인공

치하에 갖은 고난을 다 겪으면서 대한민국 국군이 올라오기를 학수고대하고 기다린 우리 주민들을 구출하여 해방시킨 감격의 날이었던 것이다. 삼팔선을 돌파한 10월 1일 바로 이 날을 기념하여 우리나라 국군의 날이 제정되었다 하니 「국군의 날」이 아무렇게나 제정되었던 것이 아니었구나 하는 생각에 감격스러웠던 옛 일이 다시 떠오른다.

 이런 이유 때문인지 그 이후 내가 62년 논산 육군훈련소에 입대한 뒤에도 지금까지 군가와 행진곡만 나오면 내 몸은 기쁨과 용솟음치는 애국의 기상이 몸 안에서 서서히 일어남을 느낀다. 북진하는 차 위에서 환영 인파에게 간혹 여러 가지 물건을 던져 주는데, 태극기를 흔들던 내 가슴 앞으로 종이 뭉치가 날아와 얼떨결에 받아 뜯어보니 화랑 담배 한 뭉치였다. 담배를 피우는 내 할머니는 나중에 피워 보고 맛이 좋다고 하면서 동네 아저씨들에게도 골고루 다 나누어 주었다.

 쉴집 할머니는 차량이 지나갈 때마다 가운데 길 쪽으로 나가면서 덩실덩실 춤을 추며 연신 "어서 오너라! 어서 오너라! 자꾸 자꾸 오너라!" 하고 소리쳤다. 그러다가 지나가는 차량에 치일 뻔하기도 했다. 행사가 끝난 뒤 한참까지도 흥에 겨운 모습이었다. 지금 생각하니 그 할머니는 남쪽에 가서 국방군이 된 세 아들을 기다리는 열정은 우리 어머니들의 모성과 같으리라. 기다리던 아들들이 온다는데 신이 나지 않을 리 없었다. 머일 이모할아버지도 희색이 만면하여서 이상하게 매달고 다니는 상투를 이리저리 흔들면서 기뻐했다. 온 마을 동해안 우리지방의 갑작스런 대축제였던 것이다.

인민군이 다 퇴각하였다고 하는 늦가을부터 우리 마을은 며칠간 평화롭게 지냈다. 남쪽으로 월남했다가 귀향한 동네 아저씨들이 여기저기에서 의기양양했고 그 가족들은 어깨를 재고 큰소리치면서 다녔다. 한편 이북으로 도망간 인민위원장 친인척 등 동네에서 인민재판 한다고 이웃들을 몽둥이로 두들겨 패던 패거리 빨갱이들이 모두 다 이북으로 줄행랑을 놓았고 그들의 먼 친척들은 혹시나 하여 주목을 받을까 보아 무슨 다른 잘못도 없는 듯하였는데도 마을에서 쥐 죽은 듯이 지내곤 했다.

인민재판 이야기를 하고 넘어가야겠다. 내가 실제로 본 인민재판의 광경은 이렇다. 동네 회관 마당에서 모임이 있다고 동네에 알리면 그날 어른들은 모두 다 나가야 했다. 우리 어린아이들도 더러는 나갔고 동네 형들은 거의 다 나온다. 어린 우리도 야밤에 회관 마당에 쪼그리고 옹기종기 모여 앉아서 구경을 했는데 갑자기 빨갱이 아저씨가 동네에서 순하기로 소문난 아저씨들 몇을 끌어 연단 앞에 세우더니 동네 어른 한 사람씩을 지목하면서 이 사람은 어떻고 저 사람은 어떻고 사설을 늘어놓는다.

동네 사람들은 평상시 그분들과 농사를 지으며 다정하게 지냈고, 옛날은 거의 동네가 집성촌이므로 서로를 잘 안다. 그런데 동네사람들이 이해도 못하는 말들을 늘어놓으며 엉뚱하게 갑자기 "그렇지요? 혼이 나야지요?" 하고는 다 같이 "찬성박수!" 하면서 떠들면 동네 아주머니 아저씨들이 박수를 치지 않고 두리번거리면서 서로를 어색하게 바라만 본다. 동네

인민재판 광경

사람들이 마음속으로 동의도 하지 않는 이런 분위기에서 마을 사람 군데군데 들어있던 빨갱이 앞잡이들이 동네 사람들이라고 저들끼리 "옳소! 옳소!" 하고 그들만이 박수를 요란스럽게 쳐댄다.

마을 사람들은 이때 모두 자리만 지키고 앉아서 불안한 기색으로 어찌할 바를 모르고 있는데 몽둥이를 든 사람들이 쫓아 나와 서 있는 아저씨들을 한사람씩 개 패듯이 두들겨대고, 아저씨들은 선혈이 낭자한 모습이 되었다. 어린 우리들은 비명을 지르면서 놀랜다. 그러면 그들은 우리들에게 고함을 친다.

"동무들은 어서 집으로 가라!"

비명소리가 나오든 말든 그들에게는 별 문제가 되지 않았다. 당시 이런 식의 무법천지의 일로 6·25 전후의 우리나라 전 강토의 국민들은 억울하게도 깊은 슬픔에 젖었었다.

우리 동네에서는 타지에서 우리 동네에 와서 살던 신현필이란 사람과 우리 집안 인척인 김일수, 그리고 우리 집안 김종덕 아저씨가 인민재판에 억울하게도 공산주의 사상에 물든 그들로부터 매질을 당하였다. 이유는 남쪽으로 내려간 반동분자 친척이라는 명목이었다. 종덕 아저씨는 몽둥이로 두 다리를 몹시 맞아 수개월간 운신을 하지 못하였다. 김일수라는 분 역시 무자비한 매질의 후유증으로 그로부터 약 15년간을 병석에서 지내다가 일찍이 세상을 떠났다.

소위 저 악랄한 김일성 추종자 빨갱이들이 어진 농촌사람들을 이런 식으로 모아놓고는 그들 앞에서 그들의 잣대로 일방적으로 행패를 부린 것이다. 그리고는 인민들이 원하는 대로 올바르고 합법적인 재판을 하였다고 널리 알린다. 바로 이것이 그들이 말하는 인민재판이란 것이다.

공산주의자들이 설치는 당시의 현상이 이렇게 무법천지였음을 말해주는 대표적 사례이다. 아주 원시적인 수단으로 몇 사람을 의도적으로 겁을 주어 동네사람들 전체가 꼼짝 못하고 그들의 말을 순순히 잘 듣게 할 목적으로 행패를 부리는 수단이었던 것이다.

또한 이런 사건도 있었다. 나보다 다섯 살 위인 아저씨 항렬의 창렬이란 분의 처절하고 슬픈 경험담이다. 중공군 참전으로 대한민국 국군이 후퇴할 당시 우리 국군 위세에 납작 엎드려 숨어 있던 공산당 패거리들이 다시 득세하여 공산주의자들끼리 여기저기서 눈짓하며 고개를 내밀고 설치기 시작하였다.

아재가 사는 하복리(아랫 복골)에서 벌어진 이야기다. 1.4후퇴 당시 인공(공산당) 간부들이 농민궐기대회란 명목으로 집회를 주도하였다. 마을 사람 전원이 참석하라고 해서 당시 열여섯 살 된 창렬 아재는 철없이 부모님 모시고 가보니 이

것이 소위 말하는 인민재판이란 것이었다. 국군에게 협조한 사람들이 공산주의자들을 빨갱이란 호칭으로 희롱하고 구박하였다 하여 이들을 전부 그 자리에서 일일이 호명하여 빨랫줄로 묶은 다음 "복수할 사람들은 전부 나와서 때려라!" 하면서 인민위원장 앞잡이들 앞에 도끼자루를 한 다발(대략 30여 개) 던져 놓았다.

당시 창렬아재(16세)를 포함 여섯 명이 인공패거리들에게 호명되어 죽도록 뭇매를 맞고 나중에 내무서원이 무장한 채로 나타나 즉흥적으로 그 자리에서 법적선언이라고 언도까지 내렸다.

미성년자인 창렬아재는 손가락 사이에 연필자락 같은 나무를 끼어 넣고 비틀어대며 고통을 주는 바람에 여든이 다 된 지금도 꿈속에서 가끔 그 당시 까무러칠 지경의 일로 악몽에 시달린다고 했다. 그런 후에 창렬아재는 훈계 석방되고 그 밖에 다섯 어른들은 그들로부터 사형언도를 받고 상복골 내무서로 끌려가서 구금당했다.

이후 대한민국 국군(국방군)이 다시 진격해 올 때 공산주의자들은 대한민국 국군을 환영한 애국투사들을 데리고 북으로 도망친 1951년 이후 긴 세월 동안 이제까지 생사를 확인할 길이 없는 터무니없는 억울한 동해 중부지역의 사연들도 있다. 이렇게 유사한 경우들이 안타까움 속에서 슬픈 삶을 이어온 이웃들 사정의 가족들 일들이 전국적으로 헤아릴 수 없이 많고 많은 것이 지금까지의 현실이다.

13. 동해 중부전선의 끔찍한 전쟁터 와중에서

국군이 38선 이북 북괴 공산 치하에서 억눌렸던 주민들의 환영을 받으면서 물치 장거리를 차량으로 지나 속초와 간성께로 행군한 그

청대리 뒷산

이후 우리 마을 사람들은 이제는 다시는 전쟁이 없고 서로 맞대고 총질을 하는 일이 없을 줄만 알았다. 그런데 이게 웬일인가? 모두 다 북으로 퇴각해 인민군이 더 이상은 없는 줄 알았는데 패잔병 행렬이 다시 시작되었다.

멀리 낙동강까지 진격해서 대한민국 국군과 싸웠던 인민군 패잔병들이 앞서 우리 마을을 지나간 인민군 숫자들보다 훨씬 많게 보름여나 양짓말 소금재 고개를 줄을 이어 넘어가는 것이었다. 마을 아저씨들이 말하기를,

"지금 저 인민군들이 훈련을 잘 받은 진짜 무서운 군인들인데 낙동강까지 밀고 내려갔다가 모두다 국방군에 얻어맞고 저렇게 꼴사납게 거지행색이 되어 도망가네!"

하였다. 참으로 묘한 현상이 한두 가지가 아니었다. 국군은

모두 원산 쪽으로 치달으며 진격하는데 그 뒤로 인민군 패잔병들이 걸어서 이북으로 우리 국군들을 뒤따르듯이 해안 도로 큰길을 피하여 시골길로 낮밤을 가리지 않고 줄을 지어 퇴각을 하다니…….

그러다가는 어떻게 맞닥뜨리면 멀리서 위협사격을 하며 총성을 내고 그렇지 않으면 소 닭 보듯 닭 소 보듯 그저 어물어물 서로 조용조용 넘어가는 그런 형국도 있었다 한다.

패잔병들이 올라오다가 양양 낙산 해수욕장 남쪽 남대천 하단을 중심으로 갈벌 넘어가는 곳에서 치열한 전투가 있었다고 쑤군대었다. 민간인과 군대 할 것 없이 무수한 사람이 거기서 죽었다는 바람에 낙산사 북쪽 강현 사람들은 갑자기 보따리를 싸가지고 북쪽으로 피난을 가기 시작하였는데 그때 해변을 따라 멀리 갔다가 온 사람들은 고성 금강산 지나 통천까지 갔다 왔다고도 했다.

해변에서 조금 내륙에 사는 우리 동네 사람들도 낙동강까지 내려갔다가 사람들을 가장 많이 죽인 고약한 군대들이 이북으로 도망가며 동네 사람들이고 국방군이고 뭐고 가리지 않고 모조리 죽인다는 얘기에 이 동네 저 동네 사람들이 크게 놀라 갑자기 피난 보따리를 싸 가지고 어둑한 저녁 때 소금재 고개를 넘어 북쪽 넘은들(넓은들이라고도 한다) 벌판을 지나 쌍천 벼락 바위를 거쳐 옹기점 중도문 뒷산 너머 청댄(청대리)까지 그날 밤 내내 북쪽으로 피난보따리 들고 이고 지고 피해 갔다.

청댄까지 갔는데 그 곳에 있는 사람들이 더 이상을 못 간다는 것이다. 지금의 속초 서남쪽으로 되린덕(도리워이라고도 함), 지금의 동우대학 동쪽 밑 벌판에 국방군 부대가 진을 치고 있는데 북으로 올라가는

되린덕 벌판 격전지(뒤로 달마봉과 울산바위가 보인다)

피난민을 보면 총질을 해 위험하다는 것이다. 우리는 그 동네에서 머물러 있었다.

 이튿날 저녁, 청댄 북쪽 산기슭에 후퇴하는 인민군 패잔병 부대가 마을로 들이닥쳤다. 산기슭과 마을까지 웅성거렸는데 어마어마하게 많은 군인들이었고, 부상당한 군인들은 마을 집집마다 배치되어 밤새도록 치료하며 아우성치고 북적댔다. 이로써 양쪽 군대가 대치한 한가운데에 놓인 피난민과 동네 사람들은 그저 전전긍긍 눈치만 보고 있었다. 그리고 인민군의 비위를 맞추느라고 보따리에 들고 온 쌀이나 감자, 옥수수 등을 선선히 내주었다.

 그 이튿날 아침, 여기저기에서 고함소리와 호각소리가 급하게 요란스레 나더니만 인민군들이 총을 들고 되린덕 벌판 배나무골 쪽으로 모두 몰려가는 것이었다. 인민군이 북쪽에 주둔하고 있는 국방군의 진지를 뚫고 후퇴하려는데 국방군이

떡하니 버티고 있는 바람에 필연적으로 전투가 벌어진 것이다. 우리는 그때 산꼭대기까지 피해 가 숨어 있으면서 그 치열한 전투를 직접 목격하였다.

　이상한 현상은 인민군은 북쪽을 향해, 국방군은 남쪽을 향해 총을 겨누고 쏘고 있었던 것이다. 대한민국 국군이 왔다고 좋아하던 피난민이 국군의 공격을 받는 이상한 위치에 놓이게 되어 마을 뒷산 방공호에 뿔뿔이 숨었다. 지금은 전쟁 영화에서 보는 그런 싸움이었는데 내가 생각하기는 내가 본 그때의 전투 장면이 더 무서웠고 양쪽에서 쏘아대는 각종 총소리는 참으로 무섭고 더 컸다고 생각된다. 화약 냄새가 진동하여 지금도 코끝에 그대로 묻어 있는 느낌이 들 때가 많다.

　몇 차례인가 싸움은 반복되었고 그날 밤 인민군들은 속초쪽 영랑호 서쪽을 따라 북으로 후퇴하였는데, 들리는 말에 의하면 국방군이 패잔병 인민군들에게 후퇴하라고 일부러 길을 터 준 것이라 하였다. 이 전투에서도 죽은 사람들이 너무나 많았다고 한다.

　치열한 전투 한가운데 들어 있던 피난민들은 인민군이 철수하자 남쪽 마을로 돌아왔는데 곧이어 마을 어귀를 지나서 퇴각하는 인민군들이 보름도 넘게 매일 매일 북쪽으로 올라갔다. 엄청난 인민군 패잔병과 부상병들이 양양 쪽에서 해안 길을 피해 설악산이 가까운 내륙 길로 화일리, 장산리 윗길, 회룡리를 거쳐 우리 마을에 머물러 집집마다 묵어갔다. 심지어 다리가 없는 인민군을 대롱같이 커다란 망태기에 담아 나의 집 윗목에 먼젓번처럼 가져다 내팽개치듯 놔두어 식사 때면 부상병이 밥 가져오라고 고함을 질러 할머니가 허겁지겁 감자 삶은 것을 가져다주는 걸 본적도 있다. 가가호호마다 이러했다.

이런 가운데 국방군들과 인민군들이 맞닥뜨리면 곳곳에서 교전이 벌어졌다. 강릉 북쪽에서부터 원산 아래 통천까지에 머물러 멀리 피난가지도 못하고 우왕좌왕하며 살던 주민들은 하루도 편할 날이 없었다. 올려 밀면 북쪽으로 피난가고, 내려 밀면 남쪽으로 피난가고 그때그때마다 누가 죽으면 울고불고 슬픔과 공포에 싸여 하루 이틀도 아니고 거의 매일 같이 전쟁 속에서 헤매고 있었으니 이제까지 살아남은 것이 모두 다 기적이라 생각한다.

지금도 생각해 본다. 살아 돌아가는 군인들이 저렇게 많은데 그보다 죽은 군인들이 더 많다고 하니 이 땅의 남북 젊은 이들이 전국 방방곡곡에서 전투하다가 죽었다니 이 얼마나 끔찍하고 애통한 일인가? 또 민간인들은 얼마나 많이 희생되었는가? 이산가족이 전국을 덮어 그 한이 55년 뒤 오늘에도 풀리지 않으니 이보다 슬픈 일이 어디에 또 있겠는가? 끔찍하고도 끔찍하다.

먼저도 말했지만 당시 우리 집 아래쪽엔 종덕 아저씨가 살고 있었다. 아저씨에게는 친형님인 종순 아저씨가 있었는데 공산주의의 학정을 피해 한동안 38선 이남인 강릉 쪽으로 넘어갔다. 유순하고 마음씨 고운 아저씨는 친형님이 남쪽으로 내려갔다는 이유로 인민재판을 받았고, 몽둥이로 온 몸을 맞아 상처가 대단했다. 들것에 실려 집으로 오셨을 정도였다.

나중에 상처가 거의 다 나은 뒤에도 한쪽 다리를 잘 못 쓸 정도로 그 후유증이 오래가 질질 끌고 다녔다.

얼마 후 국방군이 들어와 마을에 주둔할 때 아저씨더러 다리가 왜 그러냐고 물으니 아저씨는 손가락으로 북쪽을 가리키면서 분하고 저주스런 목소리로 "아—! 인민군 놈들이 이렇게 했지."라고 큰 소리로 말했다. 얼마 후 인민군이 내려와 같은 질문을 하니까 이번엔 남쪽 하늘을 가리키면서 "아—! 국방군 놈들이 들어와서 이렇게 했지."라고 엉뚱하게 큰 소리로 대답하였다. 당시 어린 나였지만 친구들과 같이 아저씨의 그 일관되지 않은 처신을 몹시 우스워했다.

내가 거제도로 간 이후 청소년 때까지도 그랬다. 세월이 지난 먼 뒷날 그 때의 일을 다시 생각했을 때 농사만 지으며 착하고 순박하게 살았던 아저씨가 전쟁 도중에 가정을 지키고 살기 위한 나름의 방식으로 그러하였겠구나 하고 생각하니 서글픈 마음이 가득하다.

말 한번 잘못하면 목숨이 왔다 갔다 하는 전쟁 중에 가정을 지키려고, 생명을 부지하려고 처절하게 살았던 종덕 아저씨 같은 순박한 우리 국민들! 일관성이 있는 행동을 했다면 경우에 따라 사람들의 목숨은 한순간에 잃게 되는 처량한 세월! 아저씨가 했던 행동을 이제야 진정으로 이해하며 아저씨의 영혼을 위해 하느님께 기도드린다. 사실 종덕 아저씨만 그렇게 산 것이 아니라 이런 상황에선 모든 국민들은 다 그렇게 살지 않을 수 없다 해도 과언이 아닐 것이다.

지도자란 진정으로 모든 국민들을 서로 위하는 마음을 갖도록 하는 데 역량을 보여주어야 한다. 평화는 나를 버리고 타인을 위할 때만 찾아지는 것이다. 사회 분열 대립의 구도는 또 다른 슬픈 충돌을 불러오게 마련이기 때문이다. 그 끔찍했던 일제시대와 8·15 광복 직후의 혼란과 6·25 같은 슬픔이 다시는 없고 진정한 평화가 이 땅에 가득하기를 기원하는 마음뿐이다.

14. 인민군 총사령관 무정

우리 동네 어른들은 전쟁 통에도 알량한 농사지만 가을걷이를 했다. 이 싸움 통에 동네의 민심은 사분오열되어 있었다. 한 집안이라도 사촌끼리, 동서끼리 사상이 달라 갈라서고 부모와 자식 간에도 생이별을 하게 되었으며 많은 사람들이 부모 자식을 잃은 가운데서 서로가 서로를 손가락질하면서 네가 옳으네 내가 옳으네 하며 따졌다. 우리 마을을 비롯하여 38선 이북의 마을들은 곳곳이 이렇게 완전히 황폐한 공간처럼 되었다고 볼 수 있었다.

그런 가운데도 우리들은 끼리끼리 모여 동네 아저씨 집 사랑방에서 아저씨들과 새끼를 꼬고 가마니를 짜는 데 조력하기도 했다. 한참 가을걷이가 끝날 때였다. 물치 장거리에서 북으로 진군하는 군인들에게 들었다고 하면서 지금 원산 이북 쪽으로는 B-29 폭격기가 폭격을 하도 많이 해 모든 사람들이 다 죽었다고 했다. 특히 원산은 완전히 잿더미가 되었다는 소식을 동네 아저씨가 전해 와서 할머니와 나는 원산으로 피신한 가족들을 생각해 공포와 슬픔에 젖어 울기도 했다.

어느 초겨울에 가까울 무렵, 우리 마을엔 또 커다란 이야기 거리가 하나 생겼다. 남조선을 해방시킨다며 낙동강까지 쳐 내려갔던 인민군 보병의 총사령관 '무정 장군'이란 사람이 우리 집 바로 옆집에서 이틀을 묵고 간 것이다. 패전군의 사령관이지만 경계가 아주 삼엄했는데, 나도 그 집 마당에 나와 서 있는 모습을 담 밖에서 건너다보았다. 팔짱을 끼고 앞산 정승골께를 바라다보던 무정이라는 인민군 장군이 나를 보고 손을 흔들어 주어 나도 그가 나이 많은 어른이라 얼떨결에 머리를 꾸벅 숙여 인사를 했다.

말없이 서 있었지만 위세가 아주 당당했고 그를 본 온 동네 사람들이 말하길 키가 훤칠하고 아주 잘 생겼다고 했다. 무슨 팔로군 출신이라면서 어떤 면에서는 김일성보다 훨씬 더 높은 사람이라고 쑥군거렸는데 당시 이북에서는 최고의 거물급이라 하였다. 후일담이지만 6·25 남침 총지휘자였는데 낙동강 전투에서 패전하는 바람에 김일성에게 제거 당하였다고 했다.

이 무정이란 사람이 총지휘하는 인민군이 다부동 전투와 낙동강 전투에서 패하고 북상하는 중이었는데 그들은 먼저 퇴각한 행렬보다 더 초라하고 더 비참한 행색이었다. 이들이 퇴각군인 부대의 마지막 행군 행렬이라고 하였다.

12월 말쯤 되어 또 여기저기서 웅성거리기 시작하였다. 전쟁이 또 난다는 것이다. 바로 중공군의 전투 개입 때문이었다. 동네 어른들은 서로가 눈치들을 보고 걱정이 태산 같았고, 한숨소리만 온 동네에 가득했다. 월북했다는 사람들의 남은 친인척들이 눈초리가 다시 사나워지는 듯한 낌새였다.

　1월에 들어서자마자 하루 저녁에 물치리에서부터 강선리 등 송암산 쪽으로 올라가면서 온 강현 일대에 집집마다 난데없는 불이 나기 시작했다. 인민군대가 또 밀려오는데 그들이 머물 민가를 없애야 싸움하는 데 유리하다는 이유로 청년방위댄가 뭔가 하는 국군 편에서 활동하는 사람들과 치안경비대라는 민간인 비슷한 사람들이 사방으로 돌아다니면서 초가집들에 불을 싸질러대고 있었던 것이다.

　마을 아주머니들과 아이들은 너나 할 것 없이 아우성치며 모두 매달려 초가지붕에 불을 붙이지 말아 달라고 애걸복걸하였다. 더러는 그들과 동네 사람들의 친분으로 불을 지르지 않고 넘어가는 집도 있었다. 물치에서부터 시작해서 강현 면 일대 강선, 회룡, 장산, 석교, 둔전, 간곡, 복골 곳곳에 불을 질렀는데 한 밤중에도 송암산 아래 강현의 온 고을이 훤하도록 초가집들이 활활 타고 있었다.

　다행히 우리 동네 중간부터 송암산 쪽 윗동네는 청년들이 많이 올라가지를 않아 불붙은 집이 초입새 한두 집 정도였다. 이렇게 마을 사람들은 또 한 차례 난리를 치르게 되었다. 그해 겨울엔 유난히도 눈이 많이 왔다. 눈 덮인 산야는 새하얗게 되어 깨끗해 보였고 고요했으나 집집마다엔 전쟁이 스치고 간 흔적으로 추수한 낟가리보다도 더 높게 근심들만 쌓여갔다.

15. 끊이지 않는 우리 동네의 상흔(傷痕)

　물치 장거리에서 신나게 춤을 추면서 국군을 환영하던 쉴집 할머니, 51년 6월 이후 국방군이 계속 주둔하고 휴전협정이 체결된 뒤에도 쉴집 할머니의 세 아들은 영영 고향에 돌아오지 못하였다고 했다. 동네사람들이 말하기를, 아마도 남쪽 어느 전투에서 전사했을 거라고 하였는데 그 뒤 쉴집 할머니는 우울증으로 고생하였으며, 한동안 정신을 잃고 생활하다가 60년대 초반에 많은 한을 안고 세상을 떠났다고 들었다. 이런 슬픔은 서로가 말을 않고 지나서 그렇지 지금도 우리나라 도처에 깔려 있을 것이다. 우리 민족 현대사에 깊이깊이 들어 있는 상처가 바로 6·25의 아픔이고 슬픔인 것이다.
　쌍천 벼락바위께 안쪽 마을 옹기점이란 동네에 나의 할아버지와 이종사촌간인 안학조(安鶴祚) 할아버지가 살았다. 오래 전부터 천주교 신자 가족이었는데 아마 천주교 박해 시절부터 신자이던 것 같다. 지금 따져 보면 나의 할머니와 비슷한 나이가 115~6세 정도? 이 할아버지 가정도 슬픈 사연을 안고 있었다. 내가 1963년 23살 군 복무 중 보름 휴가를 받아 서울 집에 머물다 할머니와 같이 고향엘 다녀온 일이 있었는데 이때 안학조 할아버지는 하얀 수염을 곱게 길렀는데 외모와 풍채가 고운 선비의 풍모였다. 할머니와 내가 왔다 하여 그 댁 할머니가 아주 반겼다. 그날 저녁 할아버지는 나의 할머니와 지난 이야기를 하였다. 나도 그때 같이 들었는데 밤이 깊어가는 줄도 모르고 이야기는 계속되었다.

할아버지의 아들을 그리는 한 맺힌 이야기였다. 그 댁 아저씨는 8·

옹기점 마을

15 해방된 뒤 6·25 전에 남하하여 대한민국 육군 장교가 되었다. 6·25가 지난 뒤 수복 후에 할아버지는 아들의 소식을 애타게 기다렸다. 그런데 아무 소식이 없기에 할아버지는 육군본부를 찾아갔다. 입대한 때와 아들 이름과 병과를 대니까 조사 기록을 보더니 장교는 맞긴 맞는데 전사하지는 않았고, 지금 어느 부대에서 근무한다는 것이었다. 기쁜 마음에 허겁지겁 아들이 복무하는 군부대를 찾아갔는데 면회 신청 후 나타난 고급 장교는 할아버지의 아들이 아니었다. 이름도 같고, 병과와 입대 시기도 같았는데 말이다. 장교 전사자 명단에도 없고, 그 장교의 본적도 강원도 양양군 속초 읍 옹기점 할아버지 사는 집터 번지로 되어 있었다는데…….

할아버지는 그 때부터의 원인을 규명하기 위해 돌아가기 전까지 노력하였으나 답을 얻지 못하였다. 어찌된 영문인지 모를 일이다. 할아버지는 세상을 떠날 때까지 만나는 사람들에게 아들 이야기만 하였다.

1·4 후퇴 그 뒤에도 우리 동네 청룡 뒷산 너머 넘은들 벌판과 또 양양 남대천 일대에서는 여러 차례 인민군이 밀고 내려와 주둔하고 국방군이 밀고 올라와 주둔하고 하는 치열한 전투가 여러 번 있었다. 양편의 죽은 군인들의 시체가 벌판에 즐비하고 흘린 피가 도랑을 이루었다고 하니 그 처절함을 짐작케 한다. 이런 공방전이 몇 달 동안 이어졌고 첨예한 대치 상태가 강산과 사람들의 마음을 무서운 침묵으로 가라앉게 했다.

1·4 후퇴 뒤에 있었던 일이다. 어느 날 머일 이모할머니와 나의 할머니가 이야기를 나누며 한탄에 겨워 눈물을 흘리던 일이 있었다. 양양 면 낙산해수욕장 안쪽께로 조산리 어느 집 며느리가 시어머니와 같이 사는데 남편은 전쟁 통에 인민군 대에 끌려간 뒤에 온데간데없이 행방불명이 되어 소식을 기다리는 집이 있었다.

사실은 젊은 가장들이 없어진 경우는 38선 이북 공산치하 우리 고을에는 윗집 아랫집 할 것 없이 너무나 많았다. 그런 판국에 전쟁 통이라 먹을 것도 없었다. 그때 마침 며느리는 임신 중이었는데 배가 너무 불러 꼼짝을 못할 지경이다가 용케 견디며 출산을 하고 보니 딸아이가 출산되어 출산을 마친 줄 알았다고 한다. 그러나 다시 진통이 있어 한참 뒤 또 낳으니 딸아이였다 한다. 쌍둥이였던 것이다.

둘째아이를 낳자마자 산모가 어지러운 정신이었는지 어쩐지는 모르지만 시어머니와 같이 그 둘째를 탯줄도 끊지 않고 장독대 밖의 수북이 쌓인 눈 위에다가 포대기에 싼 채 내버렸

다는 것이다. 갓 나은 영아가 추운 한겨울에 세 시간이나 울다가 소리가 나지 않아 나가 보니 가련한 아기

넘은들 벌판

는 숨을 거두었다는 것이다.

나는 할머니로부터 이 슬프고 안타까운 이야기를 듣고 57년 지난 지금까지 마음속에 담아두고 있다. 어디서나 어린이를 본다든지 임산부들의 숭고한 모습을 볼 때, 또 서울 성북동 가톨릭 입양원이라든지 그 외의 장소에서 어린 생명들의 엄숙함을 보면 하느님이 내는 존재의 귀함을 항상 생각하고 만나는 이웃들에게 옷깃을 여미고 그때마다 마음자세를 바르게 추스릴 때가 많다.

생명의 존엄성이 전쟁 통에 어린 영아처럼 버림을 받고 또 전쟁까지 일으켜 가면서 백성 잘 살게 해준다며 결과적으로 독재자 자기들 무모한 욕심만 채우려고 우리 젊은이들을 인간 살육의 장으로 마구 몰아넣다니……. 잘 이어 나가던 하나뿐인 국민들의 생명을 옳게 펴지도 못하고 벌레목숨보다 더 못하게 취급을 하는 얼치기 독재자 살인마 김일성의 무모한 통치방식이라니!

개울말

우리 마을 강현은 끔찍한 전투가 왔다간 가고 또 오고 하는 통에 민심이 마구 엉클어졌다. 국군의 진격과 마을마다의 주둔으로 인민군 따라 월북한 가정의 친척들은 그들대로 쥐 죽은 듯이 말도 못하고 기웃기웃 여기저기 눈치나 살피고 있었다. 그러다가 인민군대들이 재차 들어오면 금세 어깨를 꼿꼿이 펴고 우쭐대고, 그러면 국군이 왔다고 좋아서 뛸 듯이 기뻐하던 사람들은 금세 풀이 죽어 분위기 살피고, 이런 시대 변화 속에서 한 마을에 살고 있게 된 국민들…….

1950년 10월초에 우리 동네에서 일어난 사건들이 아직도 많다. 그 즈음 국방군이 양양을 거쳐 속초를 탈환하고 계속 북상하여 고성, 통천을 차례로 탈환했다는 소식을 전해들을 때마다 할머니와 나는 원산에 있는 부모와 어린 두 여동생이 그래도 무사하길 바랐다. 할머니는 집 뒤 장독대 옆의 돌 바위에 정화수를 떠 놓고는 틈이 날 때마다 밤낮으로 두 손을 싹싹 빌며 치성을 드렸다.

밖에서 원산지역에 대한 불길한 소식만 전해 듣고 온 날은 몇 번씩이나 두 손을 모아 싹싹 빌며 누구에게 하는지 그저

"무사하게 해 주십소사, 무사하게 해 주십소사." 하던 모습이 생각난다. 청댐에서 무시무시한 전투를 보고 놀란 가

연합군 탱크와 피난민 행렬

슴으로 마을에 돌아온 우리 동네 사람들은 전쟁 사이사이에 지어 놓은 들판의 곡식들을 거두어들였다.

며칠간 조용하던 마을에 또 큰 일이 벌어졌다. 대청봉과 화채봉 아래 송암산 쪽에서 인민군 50여 명이 개울말로 들이닥친 것이다. 집집마다 밥을 빨리 지으라고 총을 겨누고 주민이 밥을 짓는 동안 보초 경계를 서고 난리가 난 것이다. 동네의 친척 형이 몰래 빠져나가 물치 장거리께로 죽을힘을 다하여 달려 내려가 국방군 부대에 인민군이 왔다고 신고했다.

곧 국군 전투부대가 출동하여 위치가 높은 양짓말 벌판의 벼가 누렇게 고개를 숙인 논두렁 끝에 완전히 매복하고 바로 아래 개울말의 동정을 지켜보다가 개울말의 인민군을 향하여 "너희들은 완전 포위되었으니 항복하라!"고 소리를 쳤다. 한동안 기척이 없던 인민군들은 밥도 못 먹고 갑자기 들고 일어나 앞산 정승골 쪽으로 살금살금 튀기 시작했다.

국군들은 일제히 건너편 산에 도망가는 적을 발견하고 일

제히 사격을 했는데 먼젓번 청됀 전투 때처럼 총소리 위세가 대단하였다. 양짓말 논둑 바로 코앞에서 벌어진 전투였다. 그 많은 인민군들이 일시에 도망가다가 거의 전멸되는 일이 벌어졌다. 무시무시했다. 그러고 나서 우리 마을은 며칠간 조용했다.

16. 인민위원장의 말로

그러던 어느 날, 아래 윗동네 아저씨들 여러 명이 소금재 고개 넘기 전 왼쪽에 사는 아저씨 집으로 올라갔다. 재산이 아까워 미처 월북하지 못했다고 하는 인민위원장 집으로 손과 손에 지게작대기 등 몽둥이를 모두 하나씩 들고 웅성거리면서 다급히 올라가는 것을 보았다. 동네 친구들도 와글거리며 구경거리 났다고 뒤따라갔는데 나도 호기심이 나서 따라가 보았다. 그 집 앞에 다다른 아저씨들 가운데 남쪽(38선 이남)에 나갔다가 고향에 들어온 몇몇 아저씨들이 주동이 되어 집안을 향해 누구누구는 밖으로 나오라고 큰 소리로 외쳤다.

같은 문중 아저씨들은 그곳까지는 같이 갔으나 멀찍이 떨어져 매질에 합세하지는 않았다. 여러 번 외치자 인민위원장이 흰 무명 바지저고리 차림으로 힘없이 마당으로 나오니 동네 아저씨들이 다짜고짜로 대들어 둘러싸더니만 지체 없이 몽둥이질이 시작되었다.

어떤 아저씨가 작대기로 인민위원장의 왼팔 가운데를 사정없이 후려치니,

"어이쿠!"

소리를 지르며 인민위원장 아저씨가 비명을 지르며 휘청댔다. 왼쪽 팔이 부러졌는지 피가 나와 겉옷을 붉게 물들였다. 그 인민위원장이 얼굴을 찡그리면서 동네사람들에게 사정하듯이 말하였다.

당시 인민위원장의 집터

"이거 너무하는 게 아닌가? 잘 좀 봐주게나……."

하니 머일 이모할머니의 큰 사위 영옥 아저씨가 큰소리를 지르며

"야, 이 개 같은 놈아! 우리 동네 죄 없는 사람들을 인민재판에서 두들겨 병신을 만들어 놓고 너는 영영 잘 살 줄 알았느냐! 너도 한번 당해 보아라!"

하면서 머리통을 향해 몽둥이를 날렸는데 때를 같이하여 모든 사람들이 와락 달려들어 몽둥이질이 시작되었다. 그 때의 처참한 장면은 지금도 잊혀지지가 않는다. 그 자리에 오지 않았지만 인민재판을 받았고 들것에 실려 집에서 앓고 있던 종덕 아저씨와 동네 다른 아저씨들이 생각났고 인근 동네에서도 인민재판 때마다 몽둥이질을 당했을 터인데 '아! 거기서도 바로 이러 했었겠구나' 하고 순간적으로 생각했다.

인민위원장 가족들, 아주머니와 딸 등이 나와서 울고불고 살려 달라 하니까 한 아저씨가,

"야, 이 여맹위원장인가 뭔가 하는 개 쌍년아!"

하더니만 발길로 허리께를 걷어찼다. 그 딸은 우리도 동네에서 가끔 보는 아주 멋쟁이인 공산당 청년 당원인데 외마디 소리를 지르며,

"아이고 선생님"

하며 목숨만은 살려 달라고 두 손을 싹싹 비비며 애원하는 모습이 너무도 처량하고 비겁해 보였다. 그로부터 일주일도 채 되지 않아 그 집 가족들은 온데간데없이 사라져버렸다. 그 사이 인민위원장은 국군이 데려가 집 너머 뒷산에 끌려가 총살을 당하였다고 동네 아주머니들이 말하였지만 목격자가 없어서 확실하지가 않다. 비밀리에 보따리 싸가지고 피해 급하게 북으로 진격한 국방군의 꽁뒤를 따라 요리조리 피해 이북으로 도망을 친 것이다.

늦가을 어느 날이었다. 물치 장거리에서 어느 쪽 군대인지 모르지만 엄청나게 많은 군인들이 총질을 하면서 복골 쪽으로 올라온다는 소식이 들렸다. 상·중·하복골 세 마을 사람들이 일을 하다가 말고 갑자기 옷을 입는 둥 마는 둥 하며 상복골 화채봉 올라가는 골짜기로 몰려들어 피신을 하였다. 이 때 나는 할머니가 신겨준 두툼한 버선을 신고 집신을 단단히 얽어맨 뒤 어른들을 따라 나섰다.

온 마을 사람들이 이 비탈 저 비탈 바위 뒤와 커다란 아카시아 나무숲이 있는 곳에 밤새도록 머물면서 비워 두고 온 우

리 마을 동정을 살폈다. 늦가을이라지만 설악산 아래는 밤이 되면 벌써 초겨울 날씨로 바뀐다. 남쪽에서 어마어마한 군대가 북쪽으로 공격한다는 말도 있고 북쪽에서 인민군이 남쪽으로 내리민다는 말도 있었다. 동네사람들은 종잡을 수 없는 말에 초조감만 가득하였고 그래도 하루 낮밤을 더 피신하다가 망보던 사람들이 올라와서 물치 장께가 조용하다 하여 사람들은 살금살금 자기 집을 찾아들었다.

17. 눈이 많이 온 해 1·4 후퇴

1951년 1월 4일 다시 말하지만 그 유명한 1·4 후퇴 이야기는 한도 끝도 없이 이어진다. 인민위원장을 패버린 동네 아저씨들은 모두 남쪽으로 종적을 감추었다. 이틀 뒤 인민군이 우리 동네에 또 들어왔다. 그해 설날은 눈이 아주 많이 왔지만 명절 분위기는 찾아볼 수가 없었다. 원래 동해안 지방 우리 고향은 음력설 전후하여 보름이 지날 때까지 함박눈이 많이 와 쌓이는 곳이다. 설악산에서 동해안 벌판까지 흰 눈으로 가득 덮여 그 눈경치가 아주 볼 만한데 전쟁이 한창인 그 해에도 어김없이 그러했던 것 같다.

'쌕쌕이'가 연신 하늘에 굉음을 내며 수시로 날아다니고 여기저기에 폭탄을 떨어뜨려, 한번 터졌다 하면 천지가 진동했다. 그 때마다 우리 동네 사람들은 방공호 속에서 꼼짝도 하지 않고 숨을 죽이고 있었다.

눈이 많이 온 어느 날, 개울말 머일 이모할머니 댁에서 머

설악산 전투 화채봉 입구

일 이모할아버지와 나는 짚신을 삼고 있었다. 머일 이모할아버지는 짚신 잘 삼기로 고을 안에서 소문나신 분이다. 할아버지에게서 짚신을 잘 삼는 방법을 정신 차려 배우고 있는 중이었다. 허리에 새끼로 허리띠를 두르고 배꼽께 줄을 이어 양쪽 엄지발가락으로 집신에 들어갈 가느다란 새끼줄을 접어 늘이고 짚신을 반 이상을 삼고 있는데 갑자기 양양 읍내 쪽 하늘에서 '방구 비행기' 소리가 "뿌—웅" 하고 났다.

방구 비행기가 떴다 하면 2, 3분 뒤에 어김없이 제트기가 날아오게 되어 있다. 머일 이모할머니 댁 온 식구들은 모두 두터운 솜이불을 뒤집어쓰고 엎드려 있었는데 할아버지가 이불이란 이불은 모조리 우리들 머리꼭대기에 덮어 놓았다. 그 바람에 방바닥에 납죽 엎드려 있던 우리들은 산소 공급이 차단되어 숨을 쉬지 못할 지경이 되었고 이불 속에서 공기를 쐬려고 발버둥을 치곤 했다.

그런데 나는 불편하더라도 그곳에 가만히 있었으면 좋았을 것을 겁도 나고 갑자기 할머니 얼굴이 떠올라 이모할아버지가 붙드는 것도 듣지 않고 바깥으로 뛰어 나갔다. 할머니가 있는 양지마을 방공호로 가고자 함이었다. 어느 결에 날아왔는지 양양 하늘 꼭대기에는 여러 대의 '쌕쌕이'들이 날아와 올라갔다 내려갔다 하면서 무서운 기총사격을 하면서 공습을 하는 중이었다.

개울말 동네는 낮은 쪽이어서 괜찮았는데 나는 언덕에 올라 양쪽으로 논만 있는 달구지길 허허벌판을 죽어라고 뛰어가는데 항공에서 보면 노출이 다 된 셈이어서 금세 발각이 될 수 있는 상황이었다. 양양 읍내에서 '쌕쌕이' 몇 대가 올라갔다 내려갔다 하면서 공습하는 소리고 뭐고 다 아랑곳하지 않고 죽어라고 할머니 있는 방공호 쪽 산으로만 들이뛰면서 치달았다.

방공호 쪽에 다다르니 내가 벌판에서 혼자 뛰어 들어오는 모습을 아슬아슬하게 지켜보던 동네 어른들이 들어오기 무섭게 야단을 치기 시작하는데 그때 나는 혼이 많이 났다.

"그곳에 가만히 엎드려 있어야지 저놈의 자식이 동네사람 다 죽이려고 한다." 하고 야단을 쳤는데 특히 우리 동네 규율 담당격인 종렬 아저씨가,

"너 이놈! 그러다가 기총사격을 받으면 어떻게 하려고 그러느냐!" 하고 호통을 칠 때는 총소리 들을 때보다 더 무서워서 숨도 제대로 쉬지 못했다. 내가 벌판을 뛰어 들어오는 모습에 방공호에 숨어서 밖을 내려다보시던 동네 어른들이 더 놀랬던 것이다. 할머니는 나를 꼭 껴안으며 종렬 아저씨에게,

"그만 하시게나! 아이가 너무 놀라고 있지 않나! 무사했으면 됐지!" 하였다.

한숨을 돌리고 난 뒤 나는 내 허리춤을 내려다보았다. 아직 짚신 삼다가 그대로 들고 뛰어 반쯤 넘게 삼던 짚신이 아랫배 아래로 대롱대롱 매달려 있었다.

그 이후 우리 동네에는 그렇게 많지는 않았으나 인민군대가 주둔해서 흰 가운을 길게 하여 등 뒤에 매달고 다녔는데 비행기만 떴다 하면 그 자리에 흰 가운을 뒤집어쓰고 납죽 엎드렸을 땐 눈인지 사람인지를 육안으로도 구분할 수 없을 정도였다. 이때 어린 나는 하마터면 인민군에 총살을 당할 뻔하였던 일도 있다.

어느 날 할머니는 어디 가고 작은집 할머니가 나와 함께 집에 있었는데 마침 우리 집에 인민군 두 명이 묵고 있었다. 작은댁 할머니는 인민군으로 입대한 두 아들 종각, 종숙 아저씨 이야기를 하면서 소식이 없어 안타깝다고 했다. 여기까지는 좋았는데 갑자기 나를 가리키면서,

"애가 국방군이 올라왔을 때 여러 사람들과 같이 있는 내 앞에서 큰 소리로 빨갱이들은 모두 다 죽여야 돼! 하면서 여러 번 말하는 바람에 나는 섭섭해서 견디기 어려웠다."

하고 말을 했다. 졸린 듯 가만히 듣고 있던 인민군 두 사람은 작은댁 할머니의 말이 끝나자마자 종전의 눈빛과는 완전히 다른 독이 바짝 오른 사나운 눈초리로 나를 째려보았다. 그리고는 방구석에 세워 놓은 따발총을 잽싸게 잡더니만 작은댁 할머니를 보고 나를 가리키면서,

"야가 할머니와 어드렇게 됩네까?"

하고 물었다. 이 기색을 살핀 작은댁 할머니도 심상치 않았

던지,

"애가 바로 내 손지(손자)라우!" 하고 대답했다. 그제야 인민군이 나를 독하게 노려보다가 다시 따발총을 벽에 세우더니 나를 보고,

"앞으로 그런 소리 한 번만 더 하면 총살이야!" 하였다.

나는 갑자기 총살한다는 말에 너무 놀라 숨도 잘 쉬지 못하면서 온몸이 오그라드는 느낌이었다. 지금 생각해 보아도 그 때 따발총을 들었던 인민군의 눈초리를 생각하면 소름이 끼치는 듯하다. 작은댁 할머니가 말 한번만 더 잘못했으면 나는 지금 이 글을 쓸 수 없었을지도 모른다. 그때는 어른이고 아이고 남녀노소 할 것 없이 말 한 마디 잘못하면 목숨이 왔다 갔다 하는 때였다.

2월 중순경, 어른들은, 공습 후 양양 읍내까지 국방군이 들어왔는데 다시 강릉 쪽으로 후퇴했다고 조용히 말했다. 3월 말 가까이까지 우리 마을엔 인민 군인들이 주둔하고 있었는데 어느 날 어두워진 뒤 갑자기 동네에 주둔하던 인민군들이 모두 철수 하고 있었다. 그때 나는 동네에서 제일 친한 친구이자 친척 집안의 나보다 한 살 아래 동생인 중수와 개울말 인민재판 때 다리를 크게 다친 아저씨 댁에서 새끼를 꼬고 있었다.

사람 소리가 웅성거려 문틈으로 밖을 빼꼼이 내다보니 논밭 위로 하얗게 덮인 눈에 달빛이 비쳐 인민군들이 동네 소들을 모두 몰고 군인이 아닌 사람들과 함께 소금재 고개께로 넘어가는 행렬이 보였다. 소를 급히 몰고 가다가 아저씨네 앞길

아래 논 쪽 비탈에 쌓인 눈에 미끄러져 내리 굴러 아우성 소리가 요란히 나기도 했다. 그 이튿날 어른들이 말씀하는데 그동안 동네에 남아 있던 빨갱이와 빨갱이 비슷한 자들은 몽땅 그 인민군대와 같이 북으로 다 넘어갔다고 했다.

이때 소금재 인민군들이 눈이 덮인 고개를 넘어간 그날 이후 윗복골 마을과 우리 마을 그리고 회룡리 일대엔 또 슬픔의 이야기가 마을마다 퍼졌다. 인민군들이 후퇴하며 마을을 떠날 때 마을마다 남아 있는 공산주의 사상을 가진 사람만 동행하는 것이 아니라 그 마을 사람들 중 힘깨나 쓴다는 남자들은 모두 불러 앞세우고 짐을 지고 가게 했다는 것이다. 이 마을 저 마을에서 인민군 총부리 위협에 못 이겨 짐을 지고 갔는데 그 일행들이 넘은들을 지나 벼락 바위께 쌍천을 넘을 때 일어난 일이었다.

캄캄한 밤 뿌연 눈길에서 짐을 내려놓고 쉬는 동안 일행 중 이북으로 가기 싫은 사람들이 서로 눈치 약속으로 짜고 있다가 출발하고 얼마 있지 않아 중도문으로 들어서기 전 인민군들의 감시가 소홀한 틈을 타서 갑자기 짐을 벗어 던지고 다시 벼락바위 쪽 소금재 고개께로 도망을 치기 시작하였다 한다.

한밤인데도 이 낌새를 알아차린 인민군들이 따발총과 장총을 쏘면서 도망가는 일행 뒤통수를 쫓아오는데 장잿터께로 도망한 사람들 몇은 무사하고 소금재 고갯길로 다시 넘으려 도망치던 사람들이 따쿵 총으로 드르륵 하고 쏘아대는 사격에 맞아 아까운 목숨을 잃고 말았다. 이 때문에 마을 사람들이 기진하고 공포에 젖어 아주머니 할머니들의 눈에 눈물이

다 마을 지경이었다. 나의 친구 아버지들 몇이 이때 안타깝게 희생되었다.

18. 실악산 전투

5월 말쯤, 설악산 대청봉 아래쪽에서 치열한 총소리가 나기 시작했다. 대낮에도 하루 종일 계속되었다. 그 유명한 설악산 전투가 시작된 것이다. 전투가 일어난 곳은 화채봉 골짜기와 능선 그리고 대청봉 동쪽 골짜기 쪽이라고 했는데 당시 이곳에서 벌어진 전투 소리를 우리 동네에서 밤낮으로 들었었다.

다시 생각해 보지만, 어디에 포탄이 어떻게 떨어졌고 어디에서 양쪽 군대가 총을 쏘았는지 전혀 짐작을 할 수가 없다. 무섭게 터지던 포탄 소리와 쉴 새 없이 들려오는 콩 볶듯 하는 소총 소리와 동해 한가운데서 일어나는 함포소리 그리고 지진이라도 난 듯한 포탄 터지는 소리만 저 계곡에서 있었겠지 하고 내 마음에 아른거릴 뿐이다.

멀찍이 떨어진 동해바다에서 UN군 전함이 함포사격을 하는데, 비유하자면 소북과 대북으로만 형성된 타악기 연주단의 연주소리와 같았다. 리드미컬하게 장단을 맞추어 규칙적으로,

"쿵닥 쿵닥 쿵닥 쿵닥……. 쿵다닥 쿵다닥 쿵다닥 쿵다닥……. 쿵 쿵 쿵 쿵……. 슈잉 슈잉 쇄아아……."

하고 소리가 나면 조금 있다가 우리 동네 상공으로,

동해의 UN군 함포사격 전함

"슈아악 슈아악……. 씨잉 씨잉……. 후아악 후아악……."
하며 포탄이 날아가는 소리가 들렸다. 주로 밤에 났는데 이 소리는 3일간이나 계속되었다. 해상에서 설악산 내륙을 포격하는 함포소리가 그렇게 났던 것이다.

이렇게 일어난 설악산 전투는 우리 국방군이 진군하는 북쪽으로 확산되었다. 강원 북동부 태백산맥의 모든 능선을 포함하여 그 아랫동네 서쪽으로는 인제, 서화, 그리고 지금의 양구군 해안 면과, 동쪽으로는 간성과 고성에 이르기까지 끊임없이 줄기차게 벌어진 인민군의 공격과 우리 국군의 방어와 공격전이었다.

1951년 늦봄 내내 동해에서 올라오는 함포소리가 끊이지를 않았고 설악산 일대 전역에서 포탄의 굉음이 밤낮 없이 산천초목을 진동하였다. 그리고 1953년 7월 휴전이 될 때까지 오랜 동안 쉼 없이 밀고 밀리는 전투가 치열했던 곳이다. 어른들의 말로는, 바로 북쪽에 금강산을 두고 대치하고 있었기 때문에 싸움은 더더욱 지독했다고 하였다. 또한 설악산 전투에서 함포의 지원 사격이 없었으면 우리 국방군이 도저히 이기지 못했을 것이라고 시간이 지난 뒤 어른들이 말했다. 바다에서는 함포 사격이 계속되는 가운데 이튿날부터는 하늘도 먹구름으로 덮여 장대비가 주룩주룩 밤낮으로 내렸다.

미군 전차부대

 이런 가운데 민간인이 거주하는 우리 동네와 이웃동네에서도 큰 일이 있었다. 동네 기운께나 쓰는 청년들이 숨어서 지내다가 주동이 되어 상복골, 둔전리 석교리 등지에서 설악산 전투에 투여된 국방군 식량보급을 우리 강현에 사는 사람들이 지원하였던 것이다. 식량 가마니를 지게에 지고 송암산 뒤로하여 가파른 화채봉 골짜기 쪽으로 올려 나르고 둔전리 쪽과 간곡리 청년들도 대청봉 아래 골짜기로 올라가 우리 국군 진지에 식량을 날랐다.

 사흘 낮밤을 그렇게 쉬지 않고 날라다 국방군이 전투에 이기도록 자발적으로 힘을 썼으니 민간인들의 애국적인 성의도 대단했다. 공산 치하에서 얼마나 지긋지긋하게 서러움을 받았으면 생명을 걸고 국방군을 돕자고 그 가파르고 높은 설악산 골짜기까지 식량 가마니를 지고 오르내렸겠는가. 그런데 설악산 전투에서 진 인민군이 금강산 쪽으로 모두 도망을 가고, 더 남쪽으로 내려갔다가 국방군에게 패한 패잔병들이 후발대로 잠행해서 북쪽으로 쫓겨 갈 때 마을마다 들렀는데 이북 사상을 가진 사람들의 밀고로 쌀가마니 지고 나르던 청년들이 많이도 납치를 당했다.

이들은 인민군들에게 끌려가서 죽임을 당하였다고 하니 애석한 일이 아닐 수 없다. 윗복골 서울집, 밀양집, 큰고성집, 작은고성집 형제분, 오석집, 안산집, 밤나무집, 작은 가랫핏집 등 그리고 둔전리의 추씨 아저씨 석교리의 김씨 아저씨 등등 이 사람들이 모두 다 납치당해서 총살당했다 하는데 지금도 슬픔을 안은 아주머니들과 후손들은 마을을 지키고 산다.

세월이 지나 그때의 우리 또래는 70세 안팎이 되었고 아주머니들은 할머니가 되어 세상을 떠난 사람들이 많다. 납치당한 사람 중에 후손이 없는 이들도 상당수 있었다. 한 마을 안에서 서로의 갈등과 오가며 교차하는 남북 군인들 틈바구니에서 밀고 당한 사람들이 붙들려가고, 그런 뒤에 평소 잘 알고 지내던 사람들끼리 서로 눈치를 보면서 경계하며 지내고, 참으로 전쟁이란 이렇게 온천지의 평화를 박살내고 휩쓸어 무너뜨렸던 것이다.

설악산으로 날아가는 포탄이 오발되어 송암산을 넘지 못하고 산 아래 떨어져 불발탄이 된 것이 있었다. 이것을 윗마을에서 주워다가 마을 공회당 앞마당에 뇌관을 밑으로 하고 길이별로 일렬로 주르륵 땅바닥에 세워 놓았는데 작은 것도 있었지만 큰 것은 웬만한 사람이 들기조차 어려울 정도로 그렇게 무거운 것들이었다.

마을 형들과 우리들은 그것들을 겁 없이 들어가며 기운 자랑들을 히였디. 불발탄이리고 위험히지 않은 게 이닌데 참으로 어처구니없는 일이었다. 이후에 우리 동네뿐만 아니라 인근 마을에서도 주워온 포탄을 가지고 놀다가 포탄이 터져 마을이 둘러빠지고 또 죽은 사람도 많았다.

나의 왕고모 할머니의 큰아들 안동석 아저씨, 즉 내 아버지의 고종사촌 동생 되는 아저씨가 겨울에 낟가리에서 검불을 한 아름 안아다가 소여물을 끓이느라고 아궁이에 불을 지폈었다. 그런데 한참 타들어가던 아궁이 속에서 갑자기 수류탄이 터져서 커다란 소여물 통과 부엌 전체가 굉음과 불똥으로 난장판이 된 일이 있었다.

어떻게 된 일인지는 자세히 모르나 어른들의 말에 의하면 사상이 다른 나쁜 사람이 아저씨 몰래 수류탄을 아궁이 속으로 밀어 넣어 휩쓸려 들어간 것이라고 했다. 아저씨도 폭음과 화염과 파편으로 온 몸을 크게 다쳐서 하마터면 생명을 잃을 뻔했는데 겨우 실명은 면하였으나 그 이후 평생 동안 그믐날 밤 야경을 보는 느낌으로 거의 맹인같이 살았다.

그 이후 눈에 좋다는 약이란 약은 다 구해 복용했으나 별 효과가 없었고 특히 생 뱀만 있다면 그것을 구하려고 불원천리하고 가서 구해서 복용하였다. 몸의 다른 곳엔 효과가 있었을지 모르나 눈에는 효과를 보지 못한 것 같았고 그 폭발 후유증으로 50을 조금 넘기고 세상을 떠났다.

아저씨의 아버지 즉, 나의 왕고모 할아버지는 양양 일대에서 제일 기운이 세어 안장사라 불리어 모르는 사람이 없었을 정도였다. 땅바닥에서 수 맷돌 짝에 뾰족이 나온 쇠를 앞 잇빨로 깨물어 땅바닥에서 머리 위까지 하늘로 쳐들어 올렸다 하니 힘이 얼마나 센지 짐작을 할 수가 있겠다.

1967년도 동석 아저씨는 돌아가기 얼마 전 서울 성북동 우리 집에 다녀갔는데 그때 나는 아저씨를 안내하여 창경궁과 비원 구경을 시켜 드렸다. 아저씨는 주변이 잘 보이지 않으면서도 안내하는 나에게 "이 코스는 어디로 가는 곳이고 저 코스로 가면 어디로 가는 길이야?"라고 방향을 코스라고 영어로 말하면서 나의 손을 잡고 수도 없이 묻던 기억이 생생하다.

아저씨의 큰아들 광혁은 나의 6촌 동생이다. 삶의 자세가 아주 성실해서 지금도 양양 일대에서는 신의 있는 사람으로 유명하다. 지금도 고향에 가면 이웃들과 손을 잡고 농촌마을을 잘 일으켜서 부농의 마을로 이끄는 성실한 그를 만나게 되는데 그때마다 든든한 느낌이 든다.

1·4 후퇴 이후 국군이 다시 전세를 뒤집어 북상할 때 어느 저녁 무렵 나는 할머니와 같이 왕고모 할머님 댁에 갔다 왔다. 내려오는 길에 낙산사 위로 갑자기 비행기가 떴는데 절간에 포탄을 투하해서 낙산사에 불길이 올라 시커먼 연기와 함께 하늘을 찌르던 장면을 보고 아랫동네 우리 집으로도 못 내려가고 할머니와 밭둑에 웅크리고 숨어 오들오들 떨던 생각도 난다. 전시라 갑자기 일어난 사건들은 이런 끔찍하게 무섭

고 놀라운 구경거리뿐이었다.

19. 전쟁 유행병 장티푸스

3월쯤 되어 우리 동네에 역질이 돌았다. 우리 동네뿐만 아니라 전쟁 통 한가운데 들었던 동해안 전체에 역질이 돌았다. 장티푸스가 온 것이다. 전쟁보다 더 무서운 소리 없는 죽음이 찾아오고 있었다. 감염된 환자들은 고열 때문에 엄청난 고통에 시달렸다. 정신을 잃어 대부분 그 기간 동안에 일어난 일들은 회복된 다음에도 기억하지 못했다. 누구누구 집 아이가 죽었다. 누구 집 아저씨와 누구 집 할머니가 돌아갔다······.
매일같이 슬픈 얘기만 들려 왔다. 엄청나게 많은 사람들이 전쟁 뒤에 찾아오는 괴질에 죽어가고 있었다. 전쟁은 이렇게 또 다른 아픔을 낳았던 것이다.
얼마 후 나도 장티푸스에 걸렸다. 갑자기 열이 오르는데 나는 금방 인사불성이 되었다. 한 열흘도 넘게 세상이 어떻게 돌아갔는지 전혀 몰랐다. 방공호에 있던 동네 사람들이 나를 들어오지 못하게 했다고 한다. 친척이고 뭐고 전혀 고려되지 않았다. 유행병 앞에서는 인정사정도 없는 것이다. 할머니와 나는 방공호에서 쫓겨났다. 할머니는 축 늘어진 나를 업고 길가에 있는 우리 집은 위험하여 내려가지 못하고 방공호 아래 있는 큰 쉴집 대청마루 밑에서 자리했다.
이 집은 그때 큰아들 민태 형과 형수가 극렬한 공산주의자로 월북했고 나중에 알고 보니 나에게 친절하던 그 형이 우리 집 전담 감시자였다고 해서 또 한 번 놀랐다.

　월북한 민태 형이 결혼할 때가 생각난다. 늦은 봄쯤이었는데 그 집 화단에 온갖 꽃이 피어 참 아름다웠다. 특히 노란 꽃이 키가 큰 여러 대궁에서 무더기로 깨끗이 피었는데 멋있어서 가끔 유심히 쳐다보던 생각이 난다. 형이 장가를 가는 잔칫날 마당에서 시집살이 온다는 형수를 봤는데 눈을 감고 있었다. 잠시도 아니고 줄곧 눈을 내리깔고 있었다.

　나는 그 눈감은 모습이 하도 이상하고 답답해 보여 그날 저녁 어두컴컴할 때 동네 형들과 누나들 뒤꼭지를 따라 그 집 사랑방 앞으로 갔다. 나는 툇마루 끝에 매달려서 꼬마들은 저리 가라는 누나들의 제지를 뿌리치고 호기심 가득하여 형들이 뚫어 놓은 창호지 문틈으로 방안을 들여다보았다. 그런데 잔치할 때와 마찬가지로 집안 형수는 방안에서도 여전히 귀신처럼 눈을 내리깔고 꼼짝 않고 있었다.

　머리에 족두리를 쓰고 양 볼과 이마엔 연지곤지를 찍어 바르곤 그 예쁜 여자가 쥐 죽은 듯이 앉아 숨도 쉬지 않고 있는 듯하였다. 나는 신부가 말도 않고 있어 귀신처럼 보였다. 형들과 누나들은 연신 키득거리며 무엇이 좋은지 서로들 힐끔힐끔 쳐다보고 손바닥을 비벼가면서 법석을 떨었다. 다음날도 그 집 마당을 어슬렁거렸는데 그 새 신부는 여전히 눈을 내리깔고 있었던 기억이 난다.

　역질에 걸린 나는 할머니와 같이 텅 빈 큰 쉴집 대청마루 밑에 웅크리고 숨었고 불도 피우지 않은 상태에서 할머니는 나를 간호하였다. 보름 가까이 오들오들 떨고 지냈으니 이왕 정신을 못 차리고 늘어져 투병하는 나는 그렇다손 치더라도 간호하는 할머니의 고생은 오죽하였으랴. 할머니는 당신 생명은 생각할 겨를도 없이 오직 손자를 살리려고 온갖 정성을 다하였다.

전쟁 통에 무슨 예방약이고 치료약이 있었겠는가? 전통 한약재 하나 없는 그때의 상황이다. 생짜로 앓는 수밖엔 다른 도리가 없었다. 그야말로 대책 없이 죽기 아니면 살기였다. 방공호에 있는 동네 친척들은 얼씬대지도 상대하지도 않았다. 감염되면 큰일이기 때문이다. 보름이 지난 어느 날 아침 나는 열이 서서히 내리기 시작하였다. 보름 동안 두 차례인가 어떻게 희미한 기억이 생각날 뿐 그 외엔 전혀 생각이 나지 않았다. 이때 할머니가 하얀 무를 잘게 썰어 빨간 실고추를 띄워 만든 물김치 국물을 내 입에 떠 넣어 주었다. 나는 그 이후 지금까지 평생 그렇게 시원하고 입맛이 도는 물김치 맛을 두 번 다시 맛볼 수 없었다.

서서히 회복하는 나를 보던 할머니는 매일 울다가 다 말라 버렸을 눈물을 기쁜 마음으로 다시 흘리며,

"찬수야, 이제 됐다! 네가 살아났으니 내가 네 애비 에미에게 너의 손목을 넘겨 줄 수 있게 되겠구나! 이제 됐다! 이제 됐다!"

하면서 기뻐했다. 더 놀라운 사실은 할머니는 나를 간호하는 중에도 그 무서운 장티푸스에도 전혀 전염되지 않았던 것인데, 지극한 사랑의 일념에는 맹위를 떨치는 전염병도 감히 우리 할머니를 범접치 못하였으리라!

요즈음 나는 손녀딸을 돌보고 있는데 가끔 아들 내외가 손녀딸을 데리고 멀리 떨어진 친정집을 다니러 갈라치면 2~3일 간은 집안이 텅 빈 것 같은데 하물며 그 옛날 나의 할머니는 어떠했겠는가. 또 홀로 살아난 나의 아버지 한 분만 쳐다보고 살아왔으니 나에 대한 집착이 어떠하였겠는가.

51년 그 해가 할머니의 회갑이 되던 해였다. 난리 통에 무슨 회갑이고 설이고가 있겠는가. 장티푸스를 거뜬히 이기고 일어선 나를 보고 동네 친척들은 우리를 다시 방공호 안으로 들어오게 하였다. 장티푸스를 앓고 난 사람들은 모두 머리털이 몽땅 빠지는데 이상하게도 나의 머리털은 하나도 빠지지 않았다.

20. 소금재

전황은 다시 국방군의 진격으로 인민군인들은 우리 마을에서 완전히 북으로 물러갔다. 1951년 이때 4월 중순쯤인가 하여 멀리 남쪽으로 내려갔던 인민군 패잔병들이 1950년 9월 말 그때처럼 아주 지친 모습으로 꾸역꾸역 또 밀려 올라왔다. 그때 우리 집 텃밭 대나무 옆 언덕 쪽으로 빨간 뙈기복숭아(개복숭아) 꽃이 아름답게 피어 한참 볼 만하였다.

패잔병 인민군들이 줄을 지어 다친 몸을 이끌고 소금재 고개를 넘어가다가 모두들 쉬는데 인민군 한 사람이 갑자기 대열을 이탈하여 우리 텃밭 쪽으로 뛰어 들어오더니 나무 밑에 총을 내려놓고 복숭아나무에 기어 올라가 아름다운 꽃가지를 여러 개 꺾어 갔다. 기진하여 걷다가 쉬는 한 여자 인민군에게 건네주는데 그 반색하던 여자 인민군 표정은 지금도 잊혀지지 않는다. 죽

소금재

음이 왔다 갔다 하는 패잔의 행렬이 그렇게도 초라한데 잠시 동안이겠지만 복숭아꽃을 건네받은 그 여자 인민군의 좋아하는 표정이란! 게

4월 중순 넘어서 엄청나게 많은 국방군이 우리 동네 앞 관덕정 공터 넓은 곳에 주둔하기 시작하였다. 개울말 정승골 넘어가는 길 왼쪽에 있는 작은 서당집의 커다란 기와집에 사령부 사무실이 들어섰다. 우리 동네 소금재 고개 너머 북쪽 넘은들, 설악산에서 내려오는 쌍천을 경계로 도문 속초 쪽으로는 인민군이 주둔하여 쌍방이 첨예하게 대치하고 있는 양상으로 전황이 형성되었다. 넘은들 한복판에 철조망이 설악산 입구 핏골에서부터 내려와 상도문 그리고 장잿터 마을, 쌍천 남쪽으로 바닷가 기차 철교 있는 데까지 이어져 무시무시하고 삼엄하게 쳐져 있었다.

국군들이 커다란 밥통에 밥을 담아 두 사람이 앞뒤로 하여 어깨에 메고 뒷산 참호로 나르던 모습을 많이 보았다. 어떤

때는 고지의 참호 진지로 밥을 나르던 군인 둘이서 무슨 의견 차이가 있었는지 싸움이 붙어서 앞뒤로 장대를 어깨에 매고 맞들고 가던 커다란 밥통은 길옆에 내려놓고 피가 나도록 서로 주먹질을 하던 모습을 친구들과 같이 구경했던 때도 있었다. 서로 생명을 지켜주어 가며 전선에 같이 있는 전우들이 무슨 원수 졌다고 저렇게 아무도 없는 골짜기 안에서 단둘이 주먹질하며 코피 터지게 싸운단 말인가.

나는 지금도 9월 고향 선산에 벌초하러 갈 때마다 다 성장하고 군 복무도 오래 전에 마친 내 자식들과 며느리들에게 그 때의 사실들을 들려준다. 소금재 고개를 넘어 차를 몰고 달리다 멈춰 세우고 그리고 모두 내리게 한 뒤 당시 이 벌판 양쪽에서 치열하게 총을 쏘며 대치하던 때를 떠올리며, 옛날 할머니가 나에게 옛날얘기 들려준 것처럼 나도 자식들에게 하나도 빠뜨리지 않고 이야기하곤 한다.

21. 1951년 최전방 국방군 주둔지 강현면

우리 동네에도 집집마다 군인들이 주둔하였다. 우리 집 아래윗집으로 일개 소대원이 같이 있었는데 젊은 아주머니들과 누나들은 모두 군인들을 피해 따로 모여 다른 집에 있게 했다. 동네 아저씨들은 누나들과 젊은 아주머니들이 다칠 새라 신경도 많이 썼고 주민 마을은 또 다른 의미의 비상이 걸리다시피 한 기억도 난다.

나는 개울 마을을 지나다가 이상한 광경을 보았다. 많은 군인들이 집집마다 주둔하였는데 하루는 전쟁 통에 어디서 왔는지 우리 마을 사람이 아닌 이상한 차림의 젊은 여자들이 개울말 동네 마을 회당집 안으로 들어가는 것이었다. 그런데 그 이후 군인 아저씨들이 그 회당집 앞에서 줄을 서 있었고 한 아저씨가 집안에서 나오면 또 다른 아저씨가 들어가는 걸 보았다.

이런 이상한 모습을 동네 아주머니들도 보았는지 우리 집에 모여서 끼리끼리 쑥덕거리며,

"뭐이 그렇너? 정낭간(양양 사투리로 변소)에 간다면서 조짱(종이)도 없이 들어가고, 대낮에 웃티(옷)도 입지 않고 방에서 나오잖우!"

하면서 킥킥거렸다. 한 아주머니가 우습다는 듯이 입을 가리면서 말하였다.

"어떤 군인이 고함치기를 어서 빨리 나와! 나도 소변이 마려워 못 견디겠다! 이러지 않우! 그래 가지구서야 핼아(갓 난 어린아이)가 생기겠너?"

하면서 손바닥을 치며 모든 아주머니들이 까르르 웃던 일이 생각난다.

나의 생각에도 통상적으로 우리 마을엔 정낭간이 집 앞 마당 건너편에 있는데 무슨 용변을 집 방안에서 본다는 말인지? 내일이면 소금재 고개 넘어 큰 전투가 벌어진다고 총기를 닦으면서 곧 생명이 왔다 갔다 하는 판인데 그 개울말에서의 이상한 장면은 도저히 우리 동네와 전쟁터에서는 이해할 수 없는 그런 기억이었다.

동네 수염이 허연 어른들이 망조 들렸다고 야단들이 났었다. 특히 규율 부장격인 종렬 아저씨는 장비 수염을 쓰다듬으면서 혀를 끌끌 차면서 해괴한 일 났다며 노발대발했다. 이 때문에 인민군이 마구 들어왔다든지 국군이 엄청나게 몰려온다든지 하면 어른들이 젊은 아주머니들이나 누나들을 밖으로 나돌지 못하게 하였고 모두 골방에 숨게 하는 지경이었다. 나는 그 때는 잘 몰랐으나 커서야 그 정황을 어렴풋이 짐작할 듯했다.

우리 동네 사람들이 여름까지 강릉 쪽으로 모두 다 피난을 갔다 온 그 이후 우리 동네에 어마어마한 규모의 전방 신병 훈련소가 생겼는데 그 이후엔 그런 소문이 없었다. 분대장들은 실탄이 들어있는 권총을 허리에 차고 다녔는데 분대장 중에는 일등중사도 있었고 이등중사도 있었다. 내가 군에 입대했을 때를 기준으로 하면 병장 상병에 해당되는 사병 계급인데 그 분대장에게도 전시에는 총살권이 있다고 무시무시한 말을 하여 어린 우리들은 그 권총을 보고 겁이 나 은근히 두려워했다.

그때 어린 나이지만 군인들의 눈초리를 유심히 보았는데 커서 생각해 보니 그 때의 군인들 눈빛은 보통이 아니었다. 눈이 벌겋게 충혈되었고 빛나기가 샛별 같았다. 얼굴에 살기가 등등하였다고 말할 수가 있다. 어른들이 말하기를 전투에서 사람을 많이 죽였기 때문이란다. 하기야 그 무서운 전투를 수도 없이 겪으며 무수히 총을 쏘며 밤낮 잠도 못자고 때로는 한밤중에 양쪽 군이 맞부딪쳐 총칼로 치고받는 육박전까지 겪었으며 뒷산 너머에서 계속해서 적군과 싸우려고 첨예하게 대치하고 있는 그들이니 과연 그 눈빛이 어떠했겠는가 짐작이 가는 일이다.

낙동강 전투와 다부동 전투에서 이긴 기세로 영덕을 지나 삼척 강릉으로 진격해 치올라올 때 그때마다 치열한 전투가 벌어지면 반드시 이겨야 하고 심지어 한밤에 기습을 받아 육박전이 벌어질 땐 적군인지 아군인지가 분간을 할 수 없어 가까이서 상대의 머리를 더듬어 보고 머리카락이 길면 국군이고 짧으면 적군이다 라고 구분하여 싸울 때도 있었다고도 하였다.

매일 저녁 군인들의 암호가 바뀌고(나는 군인들의 암호라는 것을 처음으로 알았다) 한밤중에 군인들이 앞에 있는 상대에게 암호를 물었는데 대답하지 못하면 군인이고 민간인이고 가리지 않고 그 자리에서 즉시 발사하여 사살한다고 하였다. 너무나 무서운 공포 분위기였다.

옛날 시골 농촌은 끼니때가 되면 집집마다 밥을 짓느라고 부엌 아궁이에서 나무를 태워 초가집 굴뚝에서 하얀 연기가 일제히 하늘로 올라가는데 동시에 약속한 것처럼 이 집 저 집에서 하늘로 피어오르는 하얀 연기 모습은 요즈음은 찾아보기 힘들지만 참으로 아름다운 농촌 풍경이다. 때마다 굴뚝에 연기가 오르는 것을 보고 어느 집은 비어 있고 어느 집은 손님들이 많이 왔다는 것을 가늠할 수도 있었다. 그런데 군인들이 주둔하고 나서는 산 너머 넘은들 벼락바위 쪽의 적군에게 노출된다고 연기도 제대로 피우지 못하게 해서 한동안 집집마다 또 다른 어려움을 겪기도 하였다.

옆집과 우리 집에도 일개 분대가 숙식을 같이 했는데 고지 참호 속에서 지키다가 교대하러 내려온 아저씨들과 또 맞고 대하며 분주히 올라가던 무장한 아저씨들 복장이 생각난다. 양쪽 앞가슴 위엔 수류탄이 각각 하나씩 대롱대롱 매달려 있고 허리엔 **M1** 누런 실탄이 번쩍번쩍하게 둘러져 있었다. 머리엔 화이버만 쓰는 것이 아니고 위장망까지 씌운 무거운 철모도 항상 같이 쓰고 다녔다.

산 고지에서 내려오는 아저씨들 철모엔 나뭇가지가 가득 꽂혀 있었다. 나는 아저씨들이 철모를 벗어 던지고 쉬는 시간에 이야기하는 전투 무용담을 아주 재미있게 듣곤 하였다. 어떤 아저씨들은 내려오자마자 코를 드르렁 드르렁 골며 세상이 떠나가도 모르게 잠에 취하곤 하였다. 머리에 쓴 철모에 구멍이 뽕 하고 뚫어졌는데 앞서 전투에 총알이 정통으로 날아오지 않고 약간 빗나가 요행으로 살아났다고 웃으면서 아무렇지도 않게 자랑하는 아저씨도 있었다.

철모에 실탄을 맞고 머리가 터지는 것처럼 핑 돌다가 조금 후에 정신을 차리고 나서야 자기가 살아있다는 것을 알게 되었다면서 천연덕스럽게 말했다. 어느 전투에서는 산 아래로부터 공격해 올라오는 적들과 치열하게 전투를 하는데 참호 속에서 아래쪽으로 사격을 하던 아저씨가 갑자기 머리를 숙이고 엎어졌다고 한다. 이것을 본 다른 분대장 아저씨가 보기에 총에 맞아 죽은 것 같아 순간 몸을 날려 바람같이 빠르게 넘어진 아저씨의 등위로 뛰어 내리니 엎드렸던 아저씨가 "아야!" 하고 비명을 지르는 바람에 순간적으로 얼굴을 쳐다보니 멀쩡한 상태여서 씨익 한번 서로 웃고 다시 고지 아래로 사격을 하면서 그 전투를 이겼다고 했다.

그 때 엎드려서 비명을 지른 아저씨가 분대장 아저씨에게,

"제가 총알을 재 장전하느라고 엎드린 사이에 분대장님이 제 등 뒤에 떨어지는 바람에 등 뒤에서 바위가 무너지는 줄 알고 너무 놀라 소리를 질렀다."

하고 아무렇지도 않게 말하니 분대장 아저씨가,

"네가 죽은 줄 알고 네가 쏘는 자리가 비면 큰일이기에 그 자리를 지키려고 몸을 날려 급히 뛰어 총을 쏘려 했지. 그런데 아! 이 새끼가 살아 있잖아!"

하며 역시 아무렇지도 않게 분대원들 앞에서 껄껄거리며 손뼉을 치는데 철없는 나는 그 무용담이 그저 재미있게만 들렸었다.

총알이 비 오듯 하는 싸움터에서 여기저기 옆의 전우들이 쓰러지는 가운데에서 이런 한가한 농담이 나오다니……. 그 전투에서 이겼으니 지금 그런 얘기도 할 수 있는 것이 아닐까 하고 생각해 보니 인생이란 의미가 무엇인가를 다시 한 번 되새겨 보게 된다.

전투가 벌어진다든지 적의 기습을 받는다든지 할 때면 전광석화같이 동작을 취하게 되지만 그것도 한계가 있어서 그러한 상태가 계속 이어지면 제일 무서운 적이 잠이라 했다. 포탄이 옆에 떨어지고 굉음이 고막을 울리면 그 순간 엎드려 있지만 그 상태에서 바로 잠이 온다는 것이다. 행진이 계속될

때도 고지를 치달으면서 고함을 지를 때에도 조금만 멈추어 서면 잠이 쏟아지는데 정말 못 견디겠다고 하였다. 심지어 포탄이 옆에 떨어지는데도 지금 죽어도 좋으니 잠 좀 한번 실컷 자 보았으면 하는 심정이라 했다.

내가 커서 사회생활을 할 때, 이웃을 사랑하고, 친구 간에 의리를 지키고, 직장에서는 상하간의 예의를 지키고 하는 것이 아주 필요함을 절실히 느끼며 생활했다. 의리를 지킨다는 점에서, 또 이웃간에 서로를 위하며 사랑하는 삶을 살아가려는 나의 성격을 다잡아 주는 데 가장 큰 영향을 준 것이 바로 어렸을 때 전쟁 통에서, 촌각을 다투는 급박함 속에서 보고 느낀 국방군 아저씨들의 '전우애' 바로 그것이었다. 나라를 사랑하며 의로운 일에 서슴없이 먼저 나서며, 옳지 않는 일에 단호히 떨쳐 버리려 했던 일들, 이런 사례 모두를 통하여 다시 생각해 보니 비 오듯 퍼붓는 포격 속에서 누가 다치면 서로 보듬어 주고 하는 당시의 일들이 나에게는 아무렇게나 일어나는 단순한 일들이 아니었음을 알았다.

눈물을 흘리면서 서로를 위할 때라든지, 소대장 분대장이 부대원들을 호되게 질책을 한 뒤 곧이어 질책당한 부하를 격려해 주는 것이 바로 형제애요 부모 공경이요 나라사랑의 순수한 사나이들의 엉킴이었던 것이라 나는 지금도 믿고 있다. 평소 미워했던 전우가 적군으로부터 위협을 받아 생명을 잃을 지경이 되면 지위 고하를 막론하고 자기를 희생해 가며 전우를 먼저 구하려 나선다는 사실들이었다.

전투가 승리로 끝나면 살아 돌아온 아저씨들이 우리 집 좀은 방구석에 빼곡히 들어앉아 만면에 웃음 띠고 더러는 서로의 볼을 쓰다듬으면서 살았다는 사실에 감사하며, 서로가 서로를 지켜주면서 적군을 물리쳤을 때의 짜릿했던 일들에 대하여 이야기하며 눈물을 흘리면서 또 손뼉을 치면시 마주보며 활짝 웃고 있었다. 그때의 이런 모습들은 말하자면, 상관은 곧 자애로운 부모요, 선임병은 나를 엄호해 주는 믿음직한 형님이요, 전우들은 생사를 같이하는 서로 다정스런 친구들이었다. 생사를 같이하고 서로를 이해하고 지켜주는 이런 형제애의 울타리가 세상 또 어디에 있겠는가.

1962년도 초가을, 내가 육군에 입대하여 중부전선 산악지대 최전방 양구에서 총을 들고 참호 속에 엎드려 11년 전 그때의 생각을 해보니 생명이 경각에 달리고 사람 죽이는 것을 파리 잡는 것보다 더 쉽게 생각하는 끔찍하고 슬픈 때에도 짐작도 못하는 그런 웃음이 있었구나 하고 회상해 본 적이 있었다.

22. 양양군 남대천 하류

인민군과의 대치상태는 소금재 고개 너머 넘은들 벌판에 설치한 철조망 남북으로 갈라져 있었다. 설악산으로부터 내려오는 쌍천 물과 넓은 벌판이 전장이 되었다. 밤낮으로 군인들의 외치는 소리이고 주민들은 신경이 곤두서 있었다. 이런 가운데 군인 아저씨들이 시간만 나면 조금 전에 겪었던 전투 무용담을 재미있다는 식으로 너털웃음 웃고 익살을 떨어가면서 이야기를 하다니…….

　1951년 4월 하순 도문 쪽에 주둔한 인민군과 강현 우리 동네에 주둔한 국군과 대판 싸움이 일어난다는 말이 자주 오갔다. 이번에 국군이 밀리면 우리가 마을에 머물러 있다가는 인민군에게 다 죽는다고 하였다. 우리 마을과 인근 마을 여기저기에서 이 소문이 파다하게 퍼졌다.

　국군이 오래 주둔한 가운데 우리 동네 사람들이 모두 대들어 정성으로 국군에게 밥을 해먹이고 편의를 제공하면서 따뜻하게 대접해 주었기 때문이란다. 또다시 우리 마을 사람들은 피난 보따리를 싸기 시작하였다. 이번에는 대대적으로 피난 보따리를 싸고 있었다. 1·4 후퇴 때 남쪽으로 피난가지 못한 우리 마을 사람들은 그 인민위원장 사건 때문이었는지 어떤지는 모르지만 마을마다 너무 참혹한 보복을 당했기에 다시 그들이 들어오면 이제는 모두 죽는다고 공산당들의 악질적인 모습을 피해 개미새끼 하나 없이 모두 모두 남쪽으로 피난 갈 준비를 하고 있었다.

　나의 할머니는 이제 피난가면 영영 집에 돌아오지를 못할 것이라 하면서 장정들도 지고 가기 어려운 무거운 피난 짐 보따리를 쌌다. 동네 한 아저씨가 할머니더러,

　"아주머니! 이렇게 무거운 것을 어떻게 지고 가려고 그러시우?"

　하고 말하면서 짐을 줄이라고 얘기하였다. 그러나 할머니는 그 말을 듣지 않았다. 나도 조그마한 배낭에 보리쌀 몇 되 옷가지 몇 점 정도를 넣었다. 이때 남쪽으로 피난가지 않은

집들은 동네마다 두서너 집 밖에 없었다. 나중에 알고 보니 먼젓번에 공산주의 이북 간부들과 이북으로 뒤따라간 친인척들이라 했다.

 5월 초 강현 일대에는 모든 농촌 사람들이 남쪽으로 피난을 떠났다. 그러나 우리 마을 사람들이 떠난 빈 집 고을엔 국군만 진지를 구축하고 쳐 내려오는 적군을 계속 막고 있었다. 아저씨들은 우리를 지키려고 싸움터에 남아 있고 우리들은 살기 위해 남쪽나라 강릉 쪽으로 보따리를 들고 이고 지고 떠나는 것이었다.

 이렇게 잠시 만났다가 헤어지는 것도 이별이라고 군인 아저씨들은 집을 떠나는 우리 마을 사람들 손을 붙잡고 엉엉 울면서 이별하는 모습도 보았다. 적군을 물리치고 대한민국 우리나라를 지키겠다고 의연히 집을 떠나올 때 멀리 떨어져 있는 고향 부모 가족들과의 이별 모습을 생각해서 그러하였으리라. 잠시 동안이지만 헤어진 그 이후 그 아저씨들은 며칠 뒤 벌어졌다는 무섭게 치열한 전투에서 어떻게 되었는지, 살았는지 어떻게 되었는지도 우리는 모두 다 모른다.

 지금 생각해 보면 그 아저씨들이 밤잠을 자지 않고 목숨을 걸고 전방을 적으로부터 처절하게 지키며 버텨 놓았기 때문에 나나 동네 사람들이 살아서 옛날이야기를 하고 이제껏 사는 것이다. 아저씨들에게 너무나 감사하고 또 한편으로 미안하기가 짝이 없다. 나라 구하겠다고 적군과 마주보면서 생명을 걸고 싸워 이긴 그 덕택에 우리 국민들과 국가는 무사했던 것이다. 참으로 국군들의 훌륭한 나라 위한 몸 바침에 감사와

피난민의 남대천 도강

송구한 마음 가득하다.

우리들은 군인 아저씨들과 이별하고 일제시대 1919년 3월 중순 어느 날 나의 할아버지 할머니가 강현 사람들과 같이 모여 일본 놈들에게 대들어 대한독립 만세를 목이 터지라고 힘차게 불렀다던 물치에서 정암리 큰 길을 택하여 왼쪽으로는 무심한 동해 바다의 일렁이는 파도가 백사장에 밀려오르며 부딪치는 모양을 낙산사 뒷산 쪽 후진(뒷나루, 지금의 설악 해수욕장)까지 길게 바라보면서 넓은 길 가득히 피난민 행렬은 끝이 없이 남으로 남으로 향했다.

소달구지에 짐을 실은 집들은 빨리도 지나갔고 우리 동네 아저씨 아주머니들은 무거운 짐을 지게에 지고 머리 꼭대기에 이고 손에 들고 천천히 걸어서 내려갔다. 나 역시 조막만한 하얀 배낭 하나를 지고 일행을 부지런히 뒤따랐다. 동네 기율담당 격인 종렬 아저씨는 장티푸스에 걸려 늘어져 고생하는 막내아들 정수 형(나보다 네 살 위이고 우리 또래가 제일 좋아하여 따르던 동네 집안 형)을 지게에다 싣고 지고 내려갔다. 우리가 내려가면서 길 양쪽에 있는 집들을 들여다보니 이미 피난을 떠나서 모두 텅텅 빈 집들이었다.

양양 읍내 쪽으로는 군인들이 지키고 있고 벌써 한계령 아래 오색 쪽으로부터는 인민군이 내려온 것 같아 언제 총질이 날지 몰라 위험하다고 했다. 바닷가 옆 낙산 해수욕장을 지나 남대천 하류 백사장에서 갈벌이라는 동네를 건너가기 위해 우리 피난민 행렬은 잠시 멈춰 쉬면서 점심을 해 먹기 시작하였다.

연어가 올라오는 남대천 하류의 물 깊이는 어른의 가슴 정도 되었고 물살은 그다지 세지 않은 것으로 기억된다. 주먹밥 보따리를 풀어 모두 빙 둘러앉아 밥을 먹으려는데 하필이면 나는 오줌이 마려워서 상류 쪽으로 한 2, 30m 쯤 떨어진 곳으로 가서 오줌을 누는데 오줌 떨어지는 곳을 내려다보던 나는 소스라치게 놀랐다. 너무 놀라고 무서워 숨도 쉬지 못할 정도였다. 그 때 내 오줌이 곡선을 그리면서 모래에 떨어지니 오줌이 모래 속으로 스며들지 않고 모래가 떨어지는 오줌에 밀려 나면서 모래 밑으로 물체가 나타나는 것이었다. 자세히 보니 흡사 도랑에 죽은 쥐가 껍데기가 벗겨져 허연 살이 보이면서 검은 털가죽이 벗겨진 형태의 물체가 나타나 내 눈에 보였던 것이다.

자세히 내려다보니 사람 뒤통수였다. 머리카락이 꽤나 길었는데 나는 너무 놀라 오줌도 누는 둥 마는 둥 긴장한 정신으로 발을 뒤로 하려는데 내 신발 밑창으로 갑자기 꿀렁거리고 물커덩거리지 않는가? 나는 사람이 죽어 엎어져 모래에 덮인 시체 등 위에 올라서서 오줌을 눈 것이다. 옆으로 비켜서니 그곳도 죽은 사람이 묻혀서 모래가 약간 덮여 있었고 가만히 주변을 살펴보니 그 모래벌판 전체가 사람 죽은 시체가 묻힌 곳이었다.

그때의 짐작으로 그 넓은 남대천 하류 백사장 일대(지금 연어가 회귀해 올라오는 곳)는 전부가 죽은 지가 얼마 되지 않는 청년들의 시체로 덮여 있었던 것이다. 나중 이야기지만 남대천 하류는 우리 국군이 강을 등지고 남대천 둑에서 낙산사 쪽으로 공격해 남하하는 인민군들을 결사적으로 막으려고 배수진을 치고 싸우다 희생된 그런 곳이라 했다.

피난민 일행이 자리하고 있는 곳부터 상류 쪽으로 어마어마하게 널려져 모래로 살짝 묻혀져 있는 시체, 시체들! 나는 갈 때는 의식하지 않았는데 돌아올 때는 밟을 데가 없을 정도로 널려진 시체들을 피해 간신히 마을 사람들이 점심을 먹는 장소로 돌아와 할머니 옆에 앉았다.

사색이 다 된 상태로 얼이 다 빠졌었다. 할머니가 밥을 먹으라고 하는데 밥이 넘어갈 리 없다. 어렸을 때지만 그렇다고 다들 밥을 먹고 있는데 저기 사람 죽은 게 있다고 할 수도 없어 입을 꽉 다물고 있었다. 또 어린 마음에 너무도 놀라서 고개만 숙이고 죽은 듯이 있는데 할머니가 또 말하기를, 앞으로 많이 걸을 터인데 지금 먹어두어야 된다고 하였으나 나는 요지부동이었다. 보다 못한 머일 이모할아버지가 나를 향해 호통을 쳤다.

"저놈의 자식은 아무델 가던지 밥을 먹지 않아 제 할미만 맨날 굶게 만든단 말이야! 저 버릇 언제나 고칠 텐가! 아이 놈이 저렇게 고집이 세서야, 원 내 참!"

하면서 한심하다는 듯이 혀를 끌끌 찼다. 그래도 나는 숨소리도 내지 않고 할머니 치맛자락만 붙잡고 아래만 내려다보았다. 머릿속엔 무서운 아까의 장면만 생각하면서……. '할아버지는 남의 속도 모르면서…….' 마을 사람들은 아무깃도 모르고 맛있게 밥을 먹었다. 강릉까지 내려가서야 나는 남대천 건너기전 그 시체 널린 사실을 할머니에게 말하였다. 할머니도 그때서야 크게 놀랬다.

사실 나는 머일 이모할아버지가 지적한 대로 아주 고집스런 버릇이 하나 있었다. 어렸을 때 여섯 살이 넘어서인가 우리 집 식구가 밥을 먹을 때마다 이웃집 어린애가 우리 집 밥 먹는 것을 늘상 문지방 앞에서 멍하니 들여다보았다. 아버지가,

"찬수야! 저렇게 남의 집 밥 먹는 데 가서 거지처럼 밥을 얻어먹으려는 모양은 나쁜 것이란다."

하고 말한 적이 있었는데 나는 아버지의 이 한 번의 가르침을 무조건 지키는 것이 아주 잘하는 것인 줄 알고 그 이후부터 고집스럽게 받들면서 반드시 명심하고 경우에 따라서는 분별력 없이 꼭 지켰던 것이다. 어린 내 생각으로는 그것이 보고 싶은 아버지에 대한 약속 이행이라 생각했던 것이다. 그 때부터 다른 집에 가서는 절대로 밥을 먹지 않는 나쁜 버릇이 있었다. 그러니 할머니가 나를 데리고 다른 집에 갔다가 끼니 때가 되어도 내가 먹지 않으면 할머니도 따라서 식사를 하지 않고 손자 따라 굶는 것이 태반이었다고 했다. 그 때문에 내가 야단을 맞은 것이다.

어렸을 때 나는 대단히 병약했었는데 어디를 가면 하도 먹질 않아 할머니도 그것이 안타까워서 같이 울며 당신도 식사를 하지 않았다고 했다. 내가 웬만큼 커서도 그러했으니 나도 할머니 속을 어지간히 썩여 드렸다. 훗날 거제도 피난생활 이후는 그러하지 않았고 남대천 사건은 경우가 다르다고 어린 나는 생각했다.

동네 사람들이 다시 짐을 지고 남대천 하류로 도강하기 시작했다. 모두 건너 갈벌까지 갔는데 그곳에도 우리 집안 친척들이 많이 살고 있었다. 예전에 할머니와 한번 왔을 때는 머리를 길게 치렁치렁 땋은 총각들이 아주 많았고 수염을 길게 기르고 긴 도포를 입고 갓을 쓴 어른들이 많은 동네여서 아주 신기하게 생각했는데 이번에는 아무도 보지를 못하였다. 이미 모두 피난을 가서 우리 일행은 빈 집에 들어가 그곳에서 하룻밤을 쉬어 갔다.

그날 저녁 할머니는 피난 짐이 너무 무거워서 절반 이상을 빈집에 덜어놓고 이튿날 출발했다. 남쪽으로 내려가면서도 나는 그 시체 장면이 자꾸 머릿속에 떠올랐다.

23. 비목(碑木)

내가 성장하면서 그 장면은 항상 내 마음 안에 있었는데 점차로 전쟁의 참혹함과 그때의 사실을 연관시켜 생각하는 버릇이 생겨났다. 교직 생활 30여 년간 교단에 서서 학생들을 바라볼 때마다 가끔 그 장면을 생각하면서 우리나라의 아까운 젊음의 원통한 희생이라고 생각하면서 마음속으로 울먹거렸다. 이들을 죽게 한 그 무모한 전쟁의 원인에 대하여 분노의 마음을 가지게 되는 동기가 되었다.

'수중한 남의 집 귀한 자녀들을 외부로부터 소중하게 보호하고 때가 묻지 않게 아름답게 키우고 가르쳐야지!' 하는 생각이 나의 교단에서의 교육 목표, 즉 신념의 출발점이 되었다. 특히 현충일 10시에 경적이 길게 울리면 묵념을 한다든지, 「비목」이라는 가곡을 부를 땐 그 애잔한 가사 내용과 그 때의 모래사장에 묻힌 꽃피우지 못한 청춘과 반드시 연결되어 주변 사람은 아랑곳하지 않고 눈을 지그시 감고 눈물을 마구 흘리는 버릇이 지금도 있다.

등산을 좋아하는 나는 오래 전부터 내 아내와 등산 도중 가끔 지나치는 산비탈의 외로운 묘소를 보면 반드시 「비목」을 부른다. 그러다가 그만 울컥하여 목이 메어 눈물을 흘리면서 흐느끼며 노래를 마저 부르니 아내가 눈을 동그랗게 뜨며 웬일이냐고 하여 나는 내 심회의 자초지종을 다 말해준 적이 있었다.

나의 장인도 6·25 난 해 8월에 당시 대한민국 강원도 농산물 원종장의 공무원으로 재직하다가 26세의 젊은 나이로 인민군에 끌려가서 어느 골짜기에선지는 모르지만 돌아가셨다는 사실을 풍문에 들었다는 것을 나도 알고 있다. 그렇기 때문에 아내도 나의 눈물 흘리는 연유를 알고부턴 같이 손을 붙들고 눈시울을 적실 때가 많다. 그 이후 「비목」을 부를 때 내 아내는 으레 내가 눈물을 흘리리라는 것을 예견하고 기다

비목

려 주었다.
 내가 차차 세상의 이치를 의식할 나이가 되니 지나간 일 중 그 주검 등 위에 올라서서 오줌을 누웠다는 사실에 대하여 죄의식을 가지게 되었다. 그 숭고한 젊음의 정신! 그 애절함, 아름다움을 꽃피우지도 못하고 두고 온 고향 부모 가족을 그리다가 장렬히 전사한 사실과 그 초연이 쓸고 지나간 전쟁터! 목숨이 달아날 경각에서도 펼쳐지는 젊음의 우정들, 애국의 몸부림! 처절히 모래에 묻혀 있으나 묻혀 있는 임들의 엄숙함 앞에 나는 54년이 지나도록 죄송하고 미안한 마음에 국립 현충원에 가면 입구에 들어설 때부터 눈물이 흐른다.
 재직 시에 6월 6일이 가까이 오면 학생들을 인솔하고 영령들 앞에 흰 국화꽃을 놓으러 여러 차례 간 적이 있다. 주변을 깨끗이 청소도 한다. 이것으로 살아남은 우리들이 이들의 숭고하며 애절하고 엄숙한 희생에 대한 감사의 도리를 다 하고 있었는가 하며 반성하는 마음을 가져왔다. 이 땅의 젊은이! 남과 북의 이념을 떠나 생각해 보는 그 젊음과 안타까운 희생! 그 희생으로 이 땅에 살아남은 우리들은 과연 생명의 존엄성을 어떻게 받아들이고 또 어떻게 실천하고 있는가…….

24. 동해안 삼팔교

갈벌에서 하룻밤을 지내고 우리 일행은 하조대 쪽으로 내려갔다. 기사문리 가까운 곳에 도달하니 늦은 오후가 되었다. 각각 바닷가 옆 빈집들을 하나씩 차지하고 쉬고 있는데 바닷가에 나갔던 한 아저씨가 뛰어 들어오면서 지금 해변 모래사장에 미역이 파도에 밀려 굴러 나오는데 굉장하다고 했다. 피난 도중 우리들은 해변에 나가 파도에 밀려오는 미역 두루마리를 보았다. 긴 백사장에 싱싱한 미역이 지천으로 굴러 나와 있었다. 사람들은 그것을 보고 피난 간다는 생각도 잊고 미역을 한 아름씩 안아다 여러 차례나 빈집 마루에 쌓기 시작했다.

피난 짐 보따리 무겁다고 다리가 아파 더는 못 가겠다며 쉬던 아주머니들과 아저씨들이 미역을 한 아름씩 잘도 들어 옮겨 놓았다. 주워온 싱싱한 미역이 마당에 가득하고 집집마다 툇마루에 가득히 올려져 있는데 이른 저녁을 먹고 다시 우리 일행은 짐들을 지고 남쪽으로 내려갔다. 금방 떠날 것이면 그대로 바닷가 모래사장에 뒹굴게 내버려두지 왜 저렇게 피난하느라 힘도 들 터인데 남의 빈집에 쌓아놓아 썩게 했던가를 나는 지금도 그때의 어른들과 우리들의 미역 욕심에 대한 추억이 지워지지 않는다.

전쟁 통 피난길 시절엔 웃어야 할지 어쩐지도 모를 일들이

동해 삼팔교

많기도 하였다. 밤이 어두워서 길가 빈 집에서 하룻밤을 묵었다. 그런데 짐 보따리를 지고 먼저 내려간 피난길 사람들이 집 아궁이에 불을 지펴 밥을 해 먹고 떠나가고, 그 다음 사람들이 또 불을 지펴 밥을 해먹고 떠나간 다음 우리가 들이닥친 것이다. 우리가 들러 밥을 해 먹을 땐 빈 집 방구들이 사뭇 난로처럼 뜨끈하여 방안에서 자려다가 방바닥에 등을 대고 잠을 잘 수가 없어 모두 다 집 바깥마당에 나와서 하늘 쳐다보고 자는 형편이 생겼다.

할머니는 피난 떠날 때 짐 보따리가 너무 무거워서였는지 다리가 퉁퉁 붓고 고통이 아주 심했다. 빈집 아궁이에서 밥 짓느라고 나무 태운 재를 가져다 오줌에 재워 양다리에 붙이고서야 잠이 들었다.

이튿날, 우리들은 인구의 삼팔교에 도달했다(지금의 38선 휴게소가 있는 앞길 오른쪽). 할머니가 갑자기 나를 부르더니,

"찬수야! 이 다리를 봐라!"

하였다. 나는 영문도 모르고 그 다리를 지나는데 할머니가 이 다리를 밟아 없애야 한다면서 할머니께서 무거운 피난 짐

우리가 머물렀던 초당 옛 기와집 터

을 진 채로 발을 높이 쳐들더니,

"에이! 이놈의 원쑤의 다리! 에이! 이놈의 다리!"

하면서 일본 스모 선수들이 다리를 번쩍 드는 동작처럼 삼팔교를 냅다 밟았다. 나 보고도 그렇게 하라고 하여서 나도 그렇게 했다.

"에이! 이놈의 원쑤의 다리! 에이! 이놈의 38선 원쑤의 다리!"

1951년 늦봄 11살짜리 까까머리 어린 내가 할머니를 따라 통일을 외치며 지나간 그 곳이다. 지금도 인구의 삼팔교를 지나칠 때면 피난 내려가면서 할머니와 밟았던 그 다리를 생각한다. 이제는 나무 난간의 옛날 다리는 흔적도 없고 새로 만든 커다랗게 새로 놓은 다리만 그 위치에서 옛날처럼 변함없는 동해의 거친 파도소리를 무심하게 듣기만 하고 있는 것 같다.

25. 강릉의 피난민 생활

우리 일행은 지친 걸음으로 동산항을 거쳐 남애리를 지나 그날 오후 주문진 항에 다다랐다. 날이 어두워지자 일행들은 커다란 방앗간에 무단으로 들어가서 짐을 풀고 하룻밤을 자고 가려 하였다. 그런데 이 방앗간 주인은 피난을 가지 않고 방앗간을 지키고 있을 때라 한밤중에 방앗간에 와서 노발대발하면서 우리들을 집 밖으로 몰아내었다. 방앗간 물건을 하나도 건드리지 않겠다고 사정사정 해 보았지만 어림도 없었다. 하는 수 없이 모두는 한밤중에 쫓겨나와 한참 이 집 저 집을 헤매다가 결국 주문진 항구 부둣가에서 바닷바람을 맞으면서 노숙을 하였다.

그날 저녁 어찌나 춥던지 나는 그 방앗간에서 쫓겨났던 우리들의 거지같은 모습을 아직도 기억한다. 이튿날 우리들은 강릉 시내까지 내려왔다. 뒤에 고향으로 올라오면서 들으니 그 방앗간 있는 곳도 인민군이 내려온다는 소리에 며칠 뒤 모두 남쪽으로 보따리 싸가지고 피난을 갔다고 하였다. 자기네도 똑같은 피난민 신세이면서도 먼저 온 피난민을 구박하며 내쫓고 큰소리나 치는 한 치 앞도 내다보지 못하는 인생들이라니……. 그저 쓴웃음을 지을 수밖에 없는 일이었다.

우리 일행은 나의 할머니를 비롯하여 모두들 다리가 아파 절룩이는 사람들이 많았고 발등이 부어 신발을 신을 수 없다고 하는 사람도 많았다. 나의 할머니가 다리가 몹시 아파서 더 이상 남쪽으로 내려가지 못하겠다고 했다. 우리는 친척 일행과 떨어져 강릉에 머물기로 작정하였다. 동네 사람들 대부분은 남쪽 더 멀

강릉 초당 쪽에서 바라본 경포대

리 옥계 방향으로 내려가고 작은댁 할머니와 머일 이모할머님 댁 그리고 할머니와 나는 경포를 지나 초당(지금 초당 두부로 유명한 곳) 마을로 들어갔다. 그곳은 6·25 전쟁 중이지만 비교적 안정된 듯한 곳이었다.

할머니와 나 그리고 작은집 할머니는 규모가 아주 큰 기와집에 들어가 피난 사정을 이야기하고 머무르는 동안 집일을 거들어 드리겠다고 사정했다. 그 댁은 그 일대에서도 가세가 아주 넉넉한 집이었고 수염이 허옇고 위엄 있는 풍채인 집 주인이 아주 후덕하여 그렇게 하라고 했다. 아직도 하인들 몇이 집안일을 돌보는 집이었다.

이모할머니 댁은 일곱 식구나 되었는데 집 주인이 친척집인 옆집을 알선해 주어서 그 댁에 머물렀다. 우리는 초당마을에서 피난 짐 보따리를 풀었다. 2월 중순에 인민군이 강릉까지 내려와서 이곳 주민들도 한동안 피난을 갔다가 들어왔다고들 하는데 우리가 머무르는 동안에는 비교적 평화로운 마

을이었다. 그러나 주인 집 할아버지의 이야기를 들으니, 강릉 도 엄청나게 고통을 받은 곳 이었다.

  6·25가 일어난 뒤 곧바로 인민군이 밀물 듯이 몰려들어 강릉 북쪽 주문진과 사천, 연곡에서 국군과 나흘 동안이나 무서운 전투가 벌어졌다고 했다. 인민군에 밀린 국군이 후퇴를 하자 즉시 공산주의자들이 설쳐대며 미처 피난 못 간 주민들을 괴롭혔다. 고통과 공포심에 시달리던 주민들은 여기저기서 죽어 나자빠지는데, 그 광경이 처참하고 무섭기 한량이 없었다. 주인집 친척들이 밤중에 몰래 도망을 쳐 강릉 경포대 쪽으로 피신해서는 전해준 이야기라 했다.

  연곡 사천 전투에서 전사한 시체더미가 산같이 쌓였다는 소리에 나는 또 양양 남대천 모래밭에서 본 우리 국군들의 끔찍한 시체들이 모래에 묻혀 여기저기 살짝 비어져 나와 있었던 장면이 떠올랐다. 그리고 6·25가 나고 석 달 뒤 9월 하순 이후부터 늦가을 아주 추울 때쯤 해서 7월에 낙동강까지 내려갔다가 국군과의 싸움에서 된통 얻어맞아 패잔병이 된 인민군들이 모여 올라오다가 바람같이 북진한 국군들과 도처에서 전투를 벌였는데, 이곳 강릉에서의 주민들에 대한 인민군 패잔병의 행패가 너무 악랄해서 모두들 몸서리를 쳤다는 이야기를 하였다.

  친척 누구 네가 죽고, 어떤 동네가 몰살을 당하고, 수많은 반공청년학생들이 총살을 당하는 둥 끔찍스런 이야기도 많이 들었다. 그런 이후까지도 대관령 부근에는 미처 이북으로 따라 올라가지 못한 무장 인민군대들이 곳곳에 숨어서 아직도 주민들을 괴롭히고 또 국군과 맞닥뜨리면 무섭게 총질을 해 대 전투가 곳곳에서 벌어진다고 그 쪽으로는 얼씬도 말아야 한다면서 모두들 두려움에 떨었다.

할머니는 그 댁에서 작은댁 할머니와 주인집 삼베 일을 해 주었다. 밤낮으로 삼베를 삶아 껍질을 베끼고 베낀 껍질을 가느다랗게 찢어 무릎을 세우고 실과 실을 오른쪽 무릎을 세운 맨살 위에 대고 비벼 잇는 일을 계속했다. 그리고 그 이은 것을 실타래를 만들어 방안 구들에 쌓아 놓고 그 위에 두터운 덮개를 덮고 아궁이에 불을 때어 뜨끈뜨끈하게 익히는 등 삼베가 나오기까지의 그 많은 과정을 할머니 혼자 계획하고 진행하였다.

나는 할머니가 삼베일 하는 것을 곁눈질로 보는 둥 마는 둥 하였고 피난 온 다른 아이들과 함께 어울려 경포호에 나가곤 했다. 호숫가 바닥에서 잡은 조개를 빈 깡통에 넣고 불을 지펴 끓인 다음 벌어진 조개 속에서 조갯살을 빼먹기도 하고 얕은 물가에서 하루 종일 물놀이를 하며 평화롭게 놀았다. 그때 인상적인 것은 왕골 같은 자리를 만드는 줄기가 굵은 부드러운 풀이 있었다. 우리들의 키보다 두 길이나 길었는데 경포호 주변을 돌아 가득히 자랐고 노 저어오는 작은 배가 그 왕골 숲에서 미끄러지듯 나왔다. 아주 평화로운 경포호수였다.

내가 내 또래의 아재, 형제들과 같이 초당에서 경포대 호수가로 놀이 나갈 때에 기억되는 일 한 가지가 생각난다. 우리가 경포 호수에 가까워질 무렵 금강송이 빼곡하게 들어차 있는 나무숲을 지나려면 웬 낡은 커다란 기와집이 오솔길 오른쪽에 보이는데 보기에도 으스스했다. 그곳에선 밤낮없이 귀신이 나오곤 해서 살금살금 걸어서 지나가야 된다고 했다.

우리는 낡은 기와집 근처를 지나칠 때면 겁을 잔뜩 집어먹은 얼굴로 신발을 벗어 양손에 들고 발뒤꿈치를 들고선 맨발로 소리 없이 지나가곤 했다. 요즈음 그곳을 지나다 보니 그 낡고 거미줄이 가득히 얽힌 흉흉한 옛날 기와집은 바로 조선조 중엽 이후의 여류 시조시인 허난설헌의 집이라 했다. 허난설헌은 소설《홍길동전》을 지은 허균의 누이다.

멀리 북서쪽으로 경포대가 그림같이 우뚝하게 건너다 보였다. 지금의 경포대 해수욕장 쪽은 물이 깊고 파도가 세차기 때문에 나가지 말라고 어른들이 신신당부를 했다. 아직 양양 일대에서는 우리 국군이 치열한 전투 끝에 양양을 재탈환하고 5월 말엔 간성 쪽을 넘어 고성, 금강산 쪽으로 진군한다 했다.

하루는 할머니를 따라 강릉시장 구경을 나갔다. 촌에서만 자란 나는 커다란 도시의 시장 구경을 처음 한 것이다. 넓은 길에 마차가 철거덕거리고 지나가는 것도 볼 만하였고 길 양옆에 오가는 시장 사람 행렬이 볼 만하였다.

할머니는 주인집에서 받은 돈으로 나에게 검정 고무신 한 켤레를 사주었다. 나는 그 고무신이 너무도 소중해 신지도 않고 한동안 맨발로 다니면서 새 고무신은 들고만 다녔다. 할머니가 저자거리 한구석으로 가더니 점을 보는 할아버지 앞에 앉아서 부모님 생년월일과 어린 두 여동생 생년월일을 대며 원산에서 난리를 겪는 가족의 생사를 잘 봐 달라고 하였다.

한참 눈을 감고 손가락을 꼽던 점쟁이 영감이 가족들은 모두 살아있다고 하면서 원산 북쪽으로 피신해 갔다고 했다. 그리고 통일이 언제 되겠는가 하고 할머니가 물으니 "한 내후년엔 반드시 통일이 된다"라고 쉽게 말했다. 그 할아버지 말대로라면 지금부터 54년 전에 벌써 통일이 되었다는 얘기다. 허무맹랑한 일이다. 다른 한곳에 들렀는데 이번엔 여자 점쟁이가 점을 본다 하여 할머니가 또 복채를 내고 점을 부탁하니 그 무당 같은 여자가 손바닥과 손가락을 묘하게 비틀더니 한참 있다가 말하기를 부모님은 살아있는데 두 어린 여동생은 이미 죽었다고 하였다. 할머니는 하도 답답하여 점을 본 것인데 안 본 것만 같지 못한 셈이 되었다. 나의 할머니는 평생 점이라는 것을 믿지도 점쟁이를 찾지도 않는 분인데 난리 통엔 그러하였다.
　한 가지 잊혀지지 않는 것은 그 주인집 할아버지의 손자가 있었는데 나보다 한 살 많았다. 전쟁 통이었는데도 내가 보기에도 얼굴이 뽀얗게 귀티 나는 아이였다. 양반집 몇 대 독자라 하였다. 그런데 그 댁 어른들이 너무 오냐 오냐 하고 키워서인지 집안사람들의 말을 듣지 않는 것은 늘 있는 일이고 우리 피난민을 깔보기가 내 어린 눈에도 대단하였다.
　우리 또래인데 밥투정을 하면 그 집 할머니가 밥그릇을 들고 쫓아다니면서 허연 이밥을 먹이는 걸 여러 번 보았다. 특히 그런 그가 나를 구박하면서 호령호령하는데 못 견딜 정도였다. 그러나 어찌 하랴, 남의 집에 피신 와서 어른들도 일을 해 주면서 참고 견디는데 나라고 불편하다고 대들 수 있는 그런 형편이 아니었던 것이었다. 그저 그 애가 나를 구박을 주는 대로 참고 다 받았다. 무척 아니꼽고 분했다.

한 달을 훨씬 넘긴 어느 날, 할머니는 주인집에 감사를 드리고 고향으로 올라가겠다고 하였다. 주인집 어른과 아주머니는 우리를 가지 못하도록 극구 말리면서 지금 난리가 끝나지 않고 양양은 아직 불바다인데 어떻게 가려느냐고 펄쩍 뛰었다. 그 사이 주인집 식구들과 내 할머니, 이모할머니 댁, 그리고 작은집 할머니 등 피난 온 우리들과는 정이 들었던 것이다.

며칠 동안 할머니는 베틀에 올라 나머지 베를 마저 짜 주고 고향 쪽으로는 싸움이 멈췄다는 소식만 믿고 주인집과 작별했다. 7월 들어 한참 더울 때 큰 길을 따라 숨어 내려올 때와는 전혀 다르게 탄탄대로로 고향 길에 올랐다. 고향집엘 간다니까 어찌나 좋던지······.

26. 전방 신병 전투훈련소가 된 복골

고향에 돌아온 우리 마을 사람들은 깜짝 놀랐다. 관덕정 넓은 곳, 나의 증조할아버지의 누이동생 되는 대왕고모 할머니의 아들 이왈수 할아버지의 집 과수원과 그 넓은 논밭이 모두 사단 사령부와 연병장이 커다랗게 자리하고 그 서쪽 정승골 쪽으로는 신병 훈련소가 설치되어 있었다. 밤낮으로 언덕 위로 치달으며 내리뛰면서 고함치는 소리와 사격하는 소리가 매일 이어졌고, 군가소리가 온 고을에 우렁차게 밤낮을 가리지 않고 울려 퍼졌다. 새벽이 되면 불어대는 기상나팔도 인상적이었고 밤 10시에 울리는 취침나팔은 너무도 숙연하고 애잔하게 들렸다. 낮에는 신병훈련 중 박격포 포탄 터지는 소리가 요란스러웠다. 그 포탄이 터져 연기가 자욱한 쪽을 뚫고 고함을 지르면서 돌격하는 군인 아저씨들의 기백은 참으로 대단하였다.

 군용자동차가 마을 여기저기에 왔다 갔다 하고 이쪽 길 저쪽 길 할 것 없이 훈련받는 군인들이 너무 많아 강릉시장에서 사람 많이 볼 때와는 전혀 다른 바쁘게 움직이는 사람들을 매일 같이 보게 된 것이다. 제주도에서 신병훈련을 간단히 마치고 이곳 최전방에 와서 실전연습을 한다는 것이다. 훈련 중 오발사고로 많은 군인들이 죽었다는 얘기도 가끔 들려왔고, 박격 포탄이 사람이 지나가는 한가운데 잘못 떨어져 터지는 바람에 친구 몇 명과 지게 지고 밭에 갔다 오던 동네 아저씨 등 열세 명이 그 자리에서 한꺼번에 모두 목숨을 잃어 우리 아래 윗동네 할 것 없이 동네 전체가 깊은 슬픔에 젖은 사건도 있었다.

 그때는 운 나쁘게 죽으면 그것으로 끝이었다. 유족들에게 무슨 보상 그런 것이 없을 때이니까. 우리들은 매일같이 실제로 전쟁 훈련을 구경하는 셈이었다. 그때까지도 우리 마을은 남쪽 멀리 포항 쪽으로 피난 내려갔다가 아직 돌아오지 못한 집들이 있었다.

 여름 조금 지나 초등학교가 문을 열었다. 나는 3학년을 다시 다녔다. 1년을 묵은 것이다. 학교 가는 길 왼쪽으로는 사령

관덕정 신병 훈련소 터

부 연병장이 있고 오른쪽 야산은 바로 송암산 중턱까지 이어지는 신병훈련장이었다. 우리학교에서 짐미(장산리) 쪽으로 가면 동해바다까지 이어지는 그 넓은 벌판이 모두 '쌕쌕이' 등 여러 가지 비행기가 내렸다 떴다 하는 비행장이 되어 있었다. 지금의 속초비행장이다.

비행기가 한번 뜰 때면 그 요란하고 웅장한 소리가 강현 들판 온 마을을 울렸다. 지축이 흔들리는 느낌이 들었다. 사다리같이 생긴 비행기가 멀리 장산리 비행장 위에서 떠 배회하면 비행기 옆에서 염소 똥 떨어지듯이 공수부대 아저씨들이 낙하산지고 아래 벌판으로 똑똑 떨어졌다. 그 훈련과정이 아슬아슬하지만 구경스러웠고 들리는 말에 의하면 훈련을 받다가 낙하산 줄에 휘감겨 죽는 일까지 있다 하여 쳐다보던 우리는 몹시 조마조마했다.

어떤 때는 사다리 비행기가 한꺼번에 세 대씩이나 떠서 훈련을 할 때도 있었는데 장산리 일대 비행장 꼭대기 하늘이 온통 동글동글한 낙하산으로 덮여 있었던 기억도 난다. 우리는 이렇게 환경이 갑자기 변한 곳에서 학교를 다녔다.

공수부대 낙하산 훈련

넘은들 벌판을 넘어 속초는 이미 국군이 다시 수복하였고 간성 건봉 쪽에서 진부령으로 이어 이어지는 북쪽에서 매일같이 치열한 전투가 벌어졌다. 여름 지나서는 거진, 대진까지 밀고 올라가서 김일성 별장이 있는 화진포까지 진격하였다고 전방에서 우리 동네로 내려온 국군 아저씨들이 말해 주었다. 할머니는 그때마다 원산엔 언제 쳐들어가 올려 미느냐고 지나가는 군인 아저씨들에게 기회 있을 때마다 묻곤 하였다. 사랑하는 아들을 그리는 모습이었다.

그때 우리 학교에 임시 교장으로 친척 집안의 나에게 형뻘 되는 사람이 추대되었다. 나의 아버지와 나이가 비슷한 그 형은 깊은 학식이 없는 분이었다. 어떤 연유인지 모르지만, 어린 우리가 보기에도 어색하기가 짝이 없었다. 농사만 짓다가 갑자기 학교 교장이라니⋯⋯ 매일 아침 조회 시간이 되어 우리가 운동장에 모이면 운동장 구령대 위에 그 교장 형이 올라서서 학생들에게 훈화를 하는 것이 아니라 구령만 붙이고 군인들처럼 호령만 하였다.

뒷짐을 지고 천천히 그리고 느릿느릿하게 아주 커다란 목소리로 목에 힘을 주어 뻐겨가면서 "차렷—! 열쭈웅 쉬어—!" 그러고는 다시 한참 두리번거리다가 "차렷! 열중 쉬어!" 이렇게 여러 번 구령을 붙이다가 한 마디의 말도 않고 훈화도 없이 멀쑥하게 천천히 구령대 아래로 내려갔다. 우리들은 하도 우스워서 복도나 길거리에서 교장 형만 지나치면 속으로 "차렷! 열중 쉬어! 차렷!" 하면서 그 형이 멀리가면 키득거리고 깔깔대고 웃었던 기억이 난다.

한 달 조금 지나 그분은 교장자리를 그만두었다. 전쟁 통에만 있음직한 일이 아닌가 생각된다. 교장이 무슨 역할을 하는지도 전혀 모르고 남이 추대하니 남의 위에 올라서 보고 싶어 분별없이 잠깐 동안 교장자리에 앉아 여러 사람들에게 망신을 당하고 평생 이야깃거리 남기며 두고두고 무안당하는 지울 수 없는 처신을 하였던 것이다. 그때나 이때나 책임질 자리는 함부로 명예만 혹해 탐낼 일이 전혀 아니다.

가을에 우리 학교에서는 운동회가 있었다. 그런데 가관인 것은 백군과 홍군으로 갈라져 달리기 등 여러 가지 순서에 의하여 진행되는 것은 당연히 운동회 때마다 있는 것인데 특이하게도 마지막에 전교생이 백군 홍군으로 갈라져 전쟁놀이를 하였다.

그때 우리들은 동네 형들을 따라 총알을 가지고 장난감 만지듯이 하면서 놀았다. 나무로 총의 여러 가지 형태를 만들어 그 나무총 위에 탄피 길이만큼 홈을 약간 파서 빠져나가지 않을 만큼 한 뒤에 철사로 동그스름하게 탄피 양끝을 감싸게 하고 나무총신 옆으로 꼭 채운다. 그렇게 탄피 껍데기가 앞뒤로, 또는 위로 튀어나가지 않게 한 뒤(탄알을 장전하는 곳을 만든 뒤) 총신 옆에 고무줄을 양 옆으로 걸고. 커다란 못을 구부려 뾰족한 곳은 뇌관 있는 곳으로 향하게 하고 'ㄴ' 자로 구부린 못의 머리 부분은 고무줄에 걸어 옆으로 세쳐 못에 걸면 바로 안전장치가 겸해지도록 되었다.

오른쪽에 건 구부러진 못(방아쇠 역할)이 잘 나가도록 장치를 하고 오른쪽 엄지를 왼쪽으로 튕기며 바로 세우면 쇠못은 고무줄 탄력에 의해 앞으로 나가면서 날카로운 끝이 장전된 총알 껍데기 뒤쪽 뇌관을 치게 만든 우스운 총이었다. 반드시 총알 끝을 돌에 두드리거나 나무 사이에 끼워 흔들어 총알을 빼고 그 속에 있는 화약을 모두 제거하고 뇌관만 살아있는 빈 껍데기 탄피로 그 나무총에 장전하게 한 것이다.

한번 쏘면 딱하고 단발 음이 나지만 여럿이 모여서 일시에 쏘면 제법 전쟁하는 것과 같은 흡사한 총소리를 연상할 수 있었다. 우리 어린이들은 중부전선 양군이 대치한 치열한 전투의 한가운데 들어 총싸움하는 것을 너무도 많이 보았기에 운동회 때 이런 희귀한 백군 홍군의 어린이 전쟁놀이가 있었던 것이다.

전교 남자 어린이들이 백군 홍군으로 갈라서서 "와!" 하고 소리 지르면서 운동장 한복판으로 나가 총을 쏘면 흡사 처절한 전쟁을 보는 것 같았다. 화약 연기가 교정에 자욱하고 화약 냄새가 코를 찔렀다. 결과는 백군이 이기도록 결말이 나 있었다. 그 지긋 지긋한 전쟁 통에 온갖 아픔과 슬픔을 다 경험한 우리들인데 학교가 문을 열자마자 운동회에서 전쟁놀이를 먼저 하다니…….

　실전훈련을 마친 신병들은 계속해서 북쪽으로 투입되어 죽어라고 버티는 인민군을 물리치려고 고성 금강산께로 계속 올라갔다. 그때마다 할머니는 국방군이 어서 빨리 북으로 쳐 올라가 원산과 함경북도 청진을 해방시키고 우리 가족과 청진에 있는 나의 외갓집 식구들을 만나게 해 주었으면 좋겠다고 했다.

27. 전선야곡(戰線夜曲)

　1951년 가을이 되면서부터 할머니는 되찾은 우리 집의 텃밭을 정리하고 농사지을 준비를 하였다. 할머니는 손바닥만 하다지만 "빼앗겼던 텃밭을 되찾으니 일하는 데 힘이 드는 줄도 모르겠다."고 했다. 할머니는 작은 키였는데 우리 집 지게는 아주 커다랬었다. 할머니는 그 지게에 거름 짐을 지고 밭에 날랐다.

　그 해부터 나도 거의 땅에 끌릴 듯한 할머니가 쓰는 지게를 난생 처음 지고 산에 나무를 하러 다녔다. 한번은 동네 친구들과 나무를 하러 가서 지게에 너무 많이 싣고 내려오다가 지게 뿌다구리(지게 다리)가 땅에 닿는 바람에 기우뚱하며 옆으로 쓰러져 언덕 아래로 내리 굴러 하마터면 목이 부러져 크게 다치거나 죽을 뻔도 하였다. 다른 친구들은 우리키에 알맞은 지게를 지고 다녀 좋았는데 나는 어른 지게를 지고 다녀서 아주 불편하고 위험하였다.

우리 고장은 예로부터 가을이면 송이가 많이 나는 곳이다. 한번은 나무를 해가지고 내려오다 지게를 벗어놓고 쉬고 있는데 앉은자리 옆 손이 닿는 곳에 무엇이 잡혀 집어 냄새를 맡아보니 송이였다. 커다란 송이를 몇 개 따 온 경험도 있다. 밤이 되면 할머니는 어유 등잔불을 켜 놓고 구해온 삼을 삼았다. 많은 분량의 삼이었다. 난리가 끝나면 우리 집 온 가족이 만나서 입을 옷감으로 삼베옷을 준비하는 것이었다. 텃밭과 자그마한 뒷산을 넘으면 집 넘어 밭이 두 자리 있었는데 그곳에도 거름을 만들어 날랐다. 할머니는 그 해 회갑의 나이인데도 그렇게 엄청나게 농사일을 하였다.

1·4 후퇴 직후 윗마을 고모할머님 댁에 다녀오다가 갑자기 비행기가 낙산사를 폭격하는 바람에 할머니가 나를 데리고 윗 개울에 있는 우리 집 밭 돌담 쪽으로 급히 피신했었던 그 먼 곳 밭까지도 거름을 지게에 져 날랐다. 내년을 위한 농사준비를 하는 것이다. 그리고 저녁을 먹은 뒤로는 베틀에 올라앉아 밤늦도록 북을 좌우 손으로 받으면서 바디집을 잡아 내려 베를 짜시는데 삐이걱 철거덕, 삐이걱 철거덕 소리를 내었다. 내가 지금도 생각하지만 나의 할머니는 참으로 훌륭하다고 생각한다. 혼자 노력으로 공을 들여 그 노력의 결과로 우리 집을 지켜 나갔으니……

나도 저녁이 되면 낫과 부엌칼을 숫돌에다 갈아 날을 세워 내일 학교 다녀온 뒤에 일하기 위한 준비를 했다. 그때 훈련한 때문인지 그 이후 도시에 사는 지금도 우리 집 식칼 등 아무 칼이나 칼을 가는 것은 나의 몫이고 지금도 낫이나 칼날

세우는 데는 타의 추종을 불허한다.

　전쟁은 간성을 지나 해금강 남쪽에서 양군이 대치하고 서로 겨누고 있으면서 큰 싸움은 일어나지 않는다고 했다. 그러나 우리 마을은 군사령부가 주둔하는 곳이고 전방의 신병훈련소였기에 어떨 때는 야간훈련까지 하였는데 신기한 것은 조명탄이란 것을 공중에 발사하면 온 천지가 대낮처럼 밝아 땅에 기어가는 개미새끼들까지도 다 보일 정도였다.

　그런 가운데 군인들은 밤에도 훈련을 하였다. 관덕정과 정승골 간곡리, 둔전골에는 군인들의 잠자리인 벙커가 만들어져 순식간에 그 속으로 피하면 겉으로는 그 많은 군인들이 주둔한 것 같지를 않고 그저 산과 벌판만 보이는 그런 모양이었다.

　무슨 신호만 있으면 갑자기 그 참호나 벙커에서 뛰쳐나오는 군인들을 볼 때엔 참으로 어마어마한 수의 군대가 주둔하고 있구나 하는 것을 느낄 수가 있었다. 관덕정 우리 5대조 할아버지 산소와 정승골의 4대조 3대조 할아버지 산소에는 벌초고 뭐고 마을사람들까지 모두 그 근처엔 얼씬도 못하였다.

　우리 동네는 매일같이 총성과 포화 속에 군인들이 "돌격 앞으로! 와—!" 하는 함성이 밤낮으로 하늘을 찌르는 가운데 생활하는 처지였다.

　송암산 밑에는 지금도 사격장이 있는데 그 사격장 지나 산중턱까지 개울말로 나가는 좀 넓은 달구지 몰고 가는 길에서 박격포를 쏠 땐 우리도 지나가면서 군인들의 박격포 훈련을 직접 구경도 하였다. 처음 쏠 때만 군인들이 박격포탄을 짧은 포신에 집어넣고는 서너 명의 군인들이 포신 옆에 납죽 엎드리면 '탱!' 하는 소리가 커다랗

개울말 조선해방기념비가 있는 사령관 사택 앞터

게 나고 하늘을 보면 박격 포탄이 날아간 얼마 뒤에 포탄의 꼭뒤를 볼 수가 있었다.

높게 포물선을 그리면서 하늘에 올랐다가 멀리 땅에 떨어지기 직전에는 그 포탄이 보이지를 않다가 갑자기 먼지가 풀썩 일고는 조금 있다가 먼지를 일으키면서 포탄 터지는 소리가 "꾸왕!" 하고 온 송암산 아래 동네를 울렸다. 쏠 때의 "탱" 하는 그 소리도 너무 커서 발사하는 순간은 발사대를 등지고 돌아서서 양쪽 귀를 다 막아야만 고막에 충격이 가지 않았다.

우리들은 그런 훈련 장소 옆을 지나다니면서도 호기심만 가득하였지 훈련 상황에 만성이 되어 점점 무서운 것도 모르고 지나치면서 놀았다. 박격 포탄이 날아가서 떨어지는 송암산 밑엔 우리 동네 먼 친척 된다는 범수 형네 등 몇 집이 살았다. 1·4 후퇴 이후엔 신병훈련장 맨 꼭대기 대포알 떨어지는 곳에 동네가 있어서 아주 위험해 그 때부터 지금까지 그 송암

포사격 훈련과 아이들

포사격 훈련과 아이들

(우리 동네에서 수암이라고 한다) 마을은 아예 없어져 버렸다.

1951년 겨울과 이듬해 3월 초까지 그 해 겨울에도 눈이 아주 많이 왔다. 설날인데도 이웃에 세배 갈 길이 나지 않아 동네에서 눈 가래로 눈을 치우느라고 법석이었다. 나의 키보다 훨씬 많이 왔었다. 모처럼 지나는 설 명절이었다. 전쟁의 포화 속에서 틈만 나면 들판에 나가 농사를 짓고 총소리나 포탄 소리만 나면 벌판에 엎드려 숨죽이고 때로는 쟁기까지 내던지고 산 속으로 들고 뛰어 도망가고, 심지어 온 동네가 피난 보따리 들고 등에 지고 머리에 이고 객지까지 나가서 천대받고 다니면서 피난하던 우리 동네는 잠시나마 평화롭게 설을 쇠는 마을이 된 것이다. .

우리 친구들은 몰려다니면서 이웃 친척집에 모처럼 세배 드리러 다녔다. 부대 안에서 울려 퍼지는 함성도 조용하고 나팔소리도 조용하였다. 모처럼 피비린내 나는 전방에 전쟁 중에 평화가 온 것이다. 밤 10시가 되면 취침나팔 트럼펫 소리가 한밤중을 고요히 그리고 애잔하게 울리는데 군인아저씨들이 잠들기 전에 고향집에 가고 싶은 생각이 얼마나 많이 일어

날까지도 생각해 보았다. 집에 각자의 할머니도 계실 텐데.

28. 내 고향 진달래 피는 마을

  나의 할머니는 담배를 피웠다. 젊을 적에 많은 자식들을 홍역 등으로 잃고 속을 달래느라고 담배를 입에 대었다고 한다. 긴 대나무 대롱으로 만든 담뱃대의 끝에는 놋쇠로 된 담배 꼭지가 있어서 거기에 담배 잎을 꼭꼭 담아 피웠다. 1950년 6·25 전 한번은 나의 바로 아래인 해방둥이 어린 여동생을 안고 담배를 피우다가 담배꼭지가 여동생 목덜미 조금 아래 한가운데에 닿아서 데인 적도 있었다. 지금도 그 흉터가 5백 원짜리 백동전만큼 크게 나 있었다.
  담배 이야기가 나오니 또 빼 놓을 수 없는 기억 하나가 있다. 내가 장티푸스로 숨어 있던 큰 쉴집 아저씨가 큰아들 민태형 내외와 같이 빨갱이 물이 심하게 들어 이북으로 모두 다 도망을 갔는데 그때 그 집은 동네에서 비교적 큰 기와집이었다. 그 댁 아저씨가 6·25 나고도 1·4 후퇴 시 온 가족이 이북으로 없어질 때까지 거의 매일같이 한 차례 우리 집에 들러 담배 말아 피우는 손바닥보다 작은 빈 종이를 들고 문간 앞에서 창호지를 흔들면서 할머니를 멀거니 들여다보곤 했다.
  나는 처음엔 매우 의아해하였는데 할머니 말이 밭에서 기른 담배를 말려 엽초를 썰어 만든 담배를 좀 얻어가 피우기 위해서 저러고 처량하게 서 있는 것이라 하였다. 그런데 알고 보니 그 아저씨가 6·25 나기 전 우리 집에 담배를 얻어 피우러 오는 또 하나의 목적은 행방이 묘연한 나의 아버지가 혹시나 우리 집에 왔는지 어떤지를 감시하기 위해서였다고들 하였다. 지금도 90이 가까운 어머니가 당시를 회상 할 때 그 집 새로 장가간 민태도 그 아버지처럼 얄미울 정도로 우리 집을 감시하였다고 하며 마음속으로 미워서 죽을 뻔했다고 하였다.

우리 동네 아이들은 군인들이 훈련받으면서 행군 시 잠시 휴식하던 곳이나 지나다닌 길에서 피우다 버린 무수히 많은 화랑담배 꽁초를 주우러 다녔다. 나도 자주 주우러 다녔는데 할머니는 그 주워온 꽁초를 전부 까서 펴 말린 다음 두고두고 담뱃대에 담아서 맛있게도 피웠다.

어느덧 우리 동네 형들과 우리들은 모여서 담배 피우는 흉내를 내어 뻐끔 담배를 몰래 피우기 시작하였다. 처음에는 호기심으로 연기만 풀썩 내며 "캑캑." 거리며 피웠으나 나중에는 목구멍 숨통으로 한참 들이마신 뒤에 두 콧구멍으로 재주를 피우면서 자랑삼아 허연 연기를 능숙하게 내뿜어 댔는데 어떤 아이들은 아예 인이 박혀 주머니에 담배꽁초들을 넣고 다니면서 피워댔다.

인지와 중지 사이에 종이로 만 담배를 어른처럼 흉내 내며 멋을 부리며 담배를 피워 양손가락에 담배 연기가 노랗게 쐬어 잘 지워지지도 않았다. 7~8세부터 16세 정도의 사내아이와 청소년들의 담배질이었으니 지금 생각하면 가관인 것이다. 훈련장이나 부대 앞길에만 가면 화랑담배 꽁초가 지천으로 널려 있는 것도 아이들의 흡연에 한 가지 원인이었다. 나도 두어 번 호기심으로 피워 보았는데 콧구멍이 맵고 목이 콱 막히고 기침이 터지는 바람에 피우지를 못하였고 할머니가 그러지 말라고 하여서 친구들과 어울려도 피우지를 않았다.

 봄이 되기 전이다. 할머니가 짠 삼베가 아주 큰 두루마리가 되었다. 할머니 말씀이 이만하면 앞으로 우리 식구의 옷은 문제없이 해결된다 하며 아주 좋아하였다.

 어느 날 사단 사령부 소속의 군인 한 사람이 우리 집에 하룻밤을 묵고 가겠다고 하였다. 그는 후방으로 출장 명령을 받았다고 했다. 밤늦도록 할머니와 내가 있는 데서 전쟁 이야기를 재미있게 다정스럽게 하였다. 그리고는 신세 한탄도 하면서 가지고 온 철모를 방바닥에 내동댕이치면서 빨리 전쟁이 끝나야 된다고 얘기하다가 나와 같이 윗방 베틀 있는 데에서 잠자리에 들었다.

 새벽이 되었을까 갑자기 할머니가 나를 급하게 부르면서 윗방으로 건너왔다. 예감이 이상하고 갑자기 섬뜩하여 윗방 고리를 열고 올라온 것이었다. 그리고 등잔불을 켰는데 내 옆에 자던 그 군인이 없어진 것이었다. 그런데 할머니가 베틀을 보고 크게 놀라며 아무 말씀도 하지 않고 방바닥에 털썩 주저앉았다. 놀랠 일은 베틀에 초가을부터 겨우 내내 할머니가 짜 놓은 삼베가 장도칼로 날카롭게 끊듯이 흉측스럽게 몽땅 끊어져 텅 빈 모습으로 있었다. 바디집 위의 실만 너덜거렸다. 베틀 밑이 아주 흉하게 보였다.

 군인은 할머니가 작년 피난 갔다 온 뒤에 겨우 내내 짜놓은 삼베를 우리가 잠들기를 기다려 무참하게도 몽땅 도둑질해

간 것이다. 할머니는 힘없이 나를 끌어안으면서

"그 망할 놈의 군인이 날카로운 칼로 삼베를 끊을 때 네가 일어났다면 더 큰 일이 일어났을 터인데 하늘이 도왔다."

하면서

"나는 네가 다친 줄 알고 놀랬는데 삼베만 없어져 다행이다."

하고 맥없이 말했다. 그 전쟁 통에도 도둑놈이 있었던 것이다. 한동안 할머니는 허탈해 하였고 나도 분하기가 짝이 없었다.

1950년 6·25가 나던 그해 봄, 야산마다 큰 산까지 진달래꽃이 만발하여 볼 만하였었는데 1952년 봄에도 진달래꽃이 온 산비탈에 붉게 물들었다. 6·25가 나던 해는 김일성 간부 앞잡이들이 동네마다 돌아다니면서 진달래가 저렇게 많이 핀 것을 보니 통일이 될 징조라고 하였다.

그렇게들 떠들면서 6월 25일에 남쪽에 쳐내려갔다가 여름이 지나 반격하는 국군에게 혼쭐이 빠져 통일은커녕 큰코다친 모습을 우리는 날마다 보았다. 볼 때마다 당시의 이북의 나라꽃이라고 내세우던 진달래가 아름답게 피면 필수록 이북은 빨리 망한다는 말이 마을 여기저기서 퍼졌었다.

1952년, 국군의 최전방 신병 훈련장인 우리 마을 앞산에는 진달래꽃이 참으로 아름답게 피었다. 산야가 모두 붉게 물들었다. 우리가 나무하러 갔던 마을 뒷산에도 진달래꽃이 너무 아름답게 피었다. 깨끗한 진분홍빛 진달래꽃을 한 움큼씩 따서 수시로 먹기도 하였고 많이 먹으면 얼굴색이 빨갛게 된다고들 하였는데 우리는 그런 줄도 모르고 새큼한 맛에 많이도 따 먹었다.

　어린 시절이었지만 우리들은, 진달래꽃이 저렇게 아름답게 피었으니 김일성의 인민군대는 모두 다 국방군에게 패해서 도망가고 김일성도 곧 죽을 것이다, 라고 모두들 한 마디씩 하였다. 그때부터 진달래꽃은 이북 김일성 신봉자들에게는 별 볼일 없는 꽃으로 여겨졌다는 국방군들의 이야기도 들었다. 진달래꽃이 아름답게 피면 필수록 흥망이 뒤바뀌는 세상이 되었던 것이다.

　우리 동네는 기쁜 이야기보다 매일 슬픈 이야기만 돌아다녔다. 군인 아저씨들에게서 들었다면서 동네 할아버지들이 슬픈 말을 하였다. 관덕정에서 훈련을 받던 신병 두 사람이 훈련 중 약속을 하고 어느 으슥한 골짜기에 숨어서 서로 상대방의 오른쪽 검지손가락을 총으로 쏘아 자르는 사고를 내었다 한다. 그 손가락이 잘리면 총을 쏘지 못해 후방 병원으로 이송된다 하여 그렇게 사고를 당한 것처럼 했는데 이 사실이 발각이 되어 그 신병 두 사람은 모두 군법에 의하여 즉시 총살형을 당했다는 것이다.

　적군과 싸우다가 죽은 것도 아니었다. 불명예스럽지만 끔찍하고 무서운 이야기였다. 그리고 지난겨울 전투에서 동상이 심하게 걸린 다리 때문에 썩어가는 다리걱정보다 전쟁을 않고 후방으로 이송된다는 바람에 기뻐서 어쩔 줄을 모르는 군인들도 있었다 하였다. 모두 다 마음 아픈 전쟁 안에서의 애처로운 이야기였다.

29. 총기사고

송암산

4월이 지나서이다. 학교가 개학을 하였을 때인데 어느 날 오후 나는 동네 형 두 명을 따라 내 친구 셋 이렇게 다섯이서 정승골로 놀러갔다. 그 곳은 군인들이 신병훈련을 받느라고 총을 쏘며 오르는 훈련장 옆인데 길바닥이나 숲 속을 들여다보면 녹이 슬지 않은 새 실탄이 여기저기에 널려 있었다. 말인즉 군인들이 훈련 받느라 힘이 들어 오르막으로 오를 땐 무거운 실탄 꾸러미를 버리면서 언덕을 뛰어오른다 하였다. 무게를 줄이기 위해서라고 했다.

국방군들의 M1, 칼빈 총알만 있는 것이 아니었다. 우리 집 텃밭 대나무밭 비탈 쪽 감나무 아래엔 인민군 장총인 소위 '딱쿵총' 탄알과 '따발총' 탄알도 한 가마니씩 묻혀 있어서 우리들이 국군에게 알려 국방군들이 수거해 간 적도 있었다. 우리들은 여기저기 지천으로 널려있는 실탄을 많이도 주워다가 돌에다 총알 끝을 두드려 탄알과 탄피 사이가 느슨해지면 총알과 탄피 속 화약을 모두 다 빼버리고 운동회 때 쓰던 나무로 만든 모의총에 탄피를 걸고 사격놀이를 하곤 했다.

그런데 같이 놀러갔던 친척 기명이 형이 탄피에서 총알만 빼고 화약을 넣은 채로 쏘면 소리가 아주커서 더 멋있다고 하면서 화약이 들어 있는 탄피를 장전하였다. 일이 잘못 되느라고 장전된 탄피 방향을 내 얼굴 앞에다 대고 고무줄에 걸린 방아쇠 격인 못을 잡아당기고 있는 것을 나는 그 총구 앞에서 무의식적으로 들여다보고 있는 형상이었다. 그 형이 방아쇠를 안전장치에 잘못 걸어 고무줄이 방아쇠를 잡아당기는 바람에 뇌관이 "탕!" 하고 터지면서 정통으로 내 얼굴에다 대고 불붙은 화약이 발사되었다.

피하라는 예고를 반드시 하게 되어 있었는데 예고 소리가 없어 무심코 들여다보던 나는 순간적으로 "쨍!" 하는 얼음 깨지는 소리와 "탕!" 하는 소리가 겸하여 나는 것만 기억하고 그 화약불이 터져 나가는 위력에 그만 뒤로 벌렁 나자빠지고 말았다. 정신을 잃고 기절하고 만 것이다.

나중에 친구에게 들은 애긴데 축 늘어져 죽은 것 같았다고 했다. 엄청난 일이 벌어진 것이다. 한참 지나 정신이 어슴푸레 드는 것 같았다. 총을 쏜 형과 다른 친구들이 늘어진 나의 네 팔다리를 들고 언덕 아래 물이 흐르는 도랑으로 데리고 가서 피범벅이 된 얼굴과 한도 없이 콧구멍으로 쏟아지는 피를 닦아주는 과정에서 나는 정신이 들었던 것이다.

눈을 떴는데도 앞이 보이지를 않았고 소리만 들렸다. 총을 쏜 형은 그날 새로 입고 와 우리들에게 자랑하던 셔츠를 훌떡 벗어 나의 얼굴을 씻기고 닦았다고 하는데 나는 몰랐다. 언덕 위에 다시 올라온 그 친척 형이 나에게 말하였다.

"찬수야! 오늘 저녁 날이 다 어두워진 다음 집에 데려다 줄 터이니 그리 알고 집에 가면 할머니에게 네가 혼자 밤나무에 올라갔다가 떨어졌다고 해라. 내가 그랬다고 하지 마, 알겠니?"

하고 신신당부를 하였다.

그 경황에도 나는 그 형에게 또래들의 의리를 지키느라고 그렇게 하겠노라고 약속을 하고 날이 어두워진 뒤 내 집까지 데려다 준 친구들과 헤어져 집으로 들어갔다. 밥도 먹지를 못하고 베틀 있는 방으로 올라가 할머니를 등 뒤로 하고 고개를 푹 숙이고 앉았다. 기미가 이상해 할머니는 자꾸 고개를 돌리는 나를 보다가 깜짝 놀랐다. 얼굴이 불에 덴 것처럼 새빨갛게 된 것을 본 것이다. 뒷날 할머님 말씀이 눈알은 양쪽 다 새빨갛고 온 얼굴도 새빨간 것이 사람 같지가 않았고 무슨 빨간 저승아귀 같았다고 했다. 할머니가 다그쳐 물었다.

"찬수야! 어떻게 된 일이냐?"

나는 그 형 말대로 밤나무에 올라갔다가 떨어졌다고 거짓말을 했다. 그때는 밤이 나는 가을철도 아닌데 엉뚱한 거짓말을 하였던 것이다. 사실 그 때나 지금이나 나는 나무를 잘 타기로 소문이 났을 정도였다. 할머니 말씀을 빌리자면 다람쥐처럼 나무를 잘 탄다 하여 항상 걱정을 하셨다. 할머니는 내가 한 말이 사실인 줄 알고 갑자기 회초리를 해 오더니 노발대발하면서 나를 세워 놓고 종아리를 사정없이 내리치기 시작했다.

　나는 할머니에게 난생 처음으로 그렇게 무섭게 매를 맞았다.

　"네 이놈! 다시 나무 꼭대기에 올라갈 테냐, 올라가지 않을 테냐!"

　하면서······. 할머니 생각으로는 이참에 나무 근처에도 가지 못하게 훈계하느라 그렇게 했다 하였다. 나는 두 손을 싹싹 빌며 다시는 나무에 오르지 않겠다고 했다. 그날 저녁 할머니는 어디서 구해 왔는지 내 온 얼굴과 종아리에 약을 발라 주고 밤새도록 울며 밤을 지새웠다.

30. 쌍천(雙川)

　그 이튿날부터 나는 학교엘 갈 수가 없었다. 앞이 보이지 않았기 때문이다. 아무 약도 눈에 넣지 않은 상태에서 생짜로 앓았다. 보름 정도 집안에서 앓았는데 어느 날 햇빛이 들어오지 않을 때 나는 오른쪽 눈을 실눈같이 뜨고 오른쪽 귀 있는 쪽으로 옆으로 보니 옆이 희미하게 보이기 시작하였다. 할머니에게 오른쪽 눈 옆으로 조금 보인다고 말했더니 이제 낫는구나 하면서 좋아하였다. 하루 다르고 이틀 다르고 한 달쯤 지나니까 드디어 양쪽 눈을 뜰 수가 있었고 환한 곳은 눈이 시려 볼 수가 없고 빛이 흐린 쪽으로 시선을 돌려 물체를 볼 수가 있었다. 왼쪽 눈은 손으로 약간 가린 채로 오른쪽 눈은 반쯤 뜬 채로 나는 바깥출입을 할 수가 있었고 한 달 반 뒤에는 하늘을 쳐다볼 수는 없었지만 학교를 오갈 수가 있었다.

다른 애들은 내 얼굴만 보면 구경거리가 생긴 것처럼 우르르 몰려와서 구경하였는데

쌍천

거울에 비친 내 얼굴 전체는 그때 화약 하나 하나가 불덩이가 되어 얼굴에 박힌 것이 까맣게 되어 얼굴 전체가 내 얼굴이 아니었다. 매일 얼굴을 가리고 학교에 다녔는데 두 달 뒤엔 얼굴 전체가 제대로 되었고 신기하게도 약 하나 바르지 않고 내 눈은 원상대로 회복되었다. 참으로 전쟁 통에 총알 가지고 장난하다가 죽거나 크게 장애를 가질 뻔했던 것이다.

그 해 할머니는 소금재 고개 너머 넘은들에 문중 논까지 얻어 부쳤는데 날이 가물어 나도 논둑에서 할머니와 함께 자면서 차례 물을 대어 가면서 벼와 찰벼 농사를 지었다. 넘은들 한복판에 서쪽 설악산께로부터 쌍천 하류 바닷가까지 쳐 있었던 철조망들이 모두 다 걷히고 벌판은 농사짓기에 장애물이 없었다. 그 해 초여름으로 치달을 때 몹시 가물어 논에 차례 물대기를 하느라고 온 벌판에 농사짓는 사람들이 아우성을 쳤다. 차례 물 대느라고 나는 할머니와 여러 번 벌판 논둑

에서 새우잠을 자고 새벽에 우리 차례가 되어 논에 물을 댄 적도 있었다.

장잿터(장자터) 마을 위쪽으로는 농사를 짓다가 미처 제거치 못한 지뢰를 윗동네 아저씨가 밟아 크게 다치고 다행히도 목숨은 건진 일도 있었다. 차례 물을 대고 난 뒤에는 도랑 웅덩이에 옹고지(미꾸라지 종류)가 하도 많아 삼태기로 퍼 올리던 생각도 나고, 특히 벼메뚜기를 많이 잡아 구워먹던 생각이 난다.

벼논에 많이 나서 핀 피를 뽑아다가 핀 피의 끝만 남겨 놓고 모두 훑어낸 다음 그 남겨 놓은 피 끝에 침을 가득 뱉어 벼 고랑에 드리우면 개구리가 피 낚시질에 걸려 피를 물다가 피대궁을 하늘 높이 치켜 올리면 그 개구리가 하늘 높이 올라 갔다가 땅에 떨어지는걸 보고 재미있어 했다. 할머니를 따라 다니면서 넓디넓은 벼논 벌판에서 내가 혼자서 놀았던 그때의 추억이다.

1952년 여름은 비가 오지 않아 아주 가물었다. 중복인가 해서 복숭아가 잘 익을 계절이었는데 우리 동네 농사짓는 어른들이 모두 다 소금재 고개 너머 넘은들 벼락바위 옆으로 흐르는 쌍천 아래께로 가서 천렵을 하였다. 쌍천은 설악산에서 흐르는 아주 맑고 시원한 큰 개울이다. 벼락바위 먼 발치서부터는 설악동에서 내려오는 물줄기가 두 갈래로 갈라져 흘렀다. 그래서 쌍천이라 부른다.

설악으로부터 내려오는 물이라 맑기도 하려니와 한여름인데도 아주 시원했다. 어머니의 말에 의하면 예전 병자년 포락

6 · 25 당시 미군 지프차

(홍수)때까지는 바다에서 연어가 많이도 올라오는 곳이라 하였다. 이런 쌍천에서 한여름 물줄기가 가늘어질 때를 놓치지 않고 아저씨들은 쌍천 한 갈래 저 아래에다가 그물을 기다랗게 건너 쳐 놓고는 그 위에서부터 내려가는 물을 가로질러 막기 시작하였다.

여럿이 지게에 흙을 져다가 연이어서 퍼다 부으니 한나절도 못되어 쌍천 지류 하나는 물이 내려가지를 않고 다른 한쪽으로만 내리 흘렀다. 그러고는 한참동안 물이 다 빠진 뒤에 고인 웅덩이와 굵은 돌을 들추고는 여러 가지 민물고기 뚝저구, 기름종갱이, 빼둘가지, 옹고지 심지어 뱀장어까지 잡았다. 나는 그때 천렵 가서 고기 잡는 것이 어찌나 재미있는지 지금도 설악산 신흥사 쪽으로 올라갈 때면 잠시 멈추어 길 왼쪽 아래로 힘차게 흐르는 전쟁 통에 천렵하던 맑은 쌍천을 내려다보곤 한다. 그때 쌍천 바로 옆은 싸움이 치열한 뒤 양쪽 군대가 대치할 때 쳐놓은 철조망도 미처 다 걷히지 않은 상태였다.

어른들은 지고 온 커다란 검은 솥을 걸어 놓고 잡은 고기들을 거기에 솥에 쏟아 부어 설설 끓이기 시작하였다. 그러고는 막걸리를 마시고 민물고기 탕국을 즐겁게 들면서 놀았다. 우리들은 복숭아 한 덩어리씩을 손에 들고 고기가 갇혀 있는 여기저기 물웅덩이만 찾아 다녔다. 가재 같은 것은 돌만 들추면 지천으로 널려 있었다. 뱀장어를 잡을 때는 여러 친구들과 손에 모래를 한 움큼씩 움켜쥐고 미끄러운 뱀장어를 잡느라고 법석을 떨었다.

전쟁과 평화! 무엇이 전쟁이고 무엇이 평화란 말인가? 나의 슬픈 가슴 안고 이웃과 친척들의 한을 잠시 잊고 지나간 사람들을 잠시 동안 염두에 두지 않으며, 우리 동네 어른들과 아주머니 그리고 어린 우리들은 그렇게 한여름 복날을 해가 설악산 대청봉으로 넘을 때까지 늦도록 즐겼다.

1952년 여름이 지날 때 나는 UN군으로 참전한 미국사람들을 처음 보았다. 관덕정 군부대에서 지프차를 몰고 우리 집 앞 양지마을 도로로 지나가는 사람들을 보았는데 이전까지는 한 번도 본 적이나 기억이 없는(사실은 해방될 때 소련의 로스께들을 많이도 보았다 하였으나 그때는 너무 어려 기억이 나질 않는다) 괴상하게 생긴 외모의 사람이었다. 코가 우뚝하고 뭐라고 쏼라대는데 무슨 말인지 알아들을 수가 없었다.

그들이 지나가고 조금 있으니 같은 쪽 저 아래쪽에서 또 지프차가 올라오는데 역시 앞서 지나간 사람들과 외모가 똑같았다.

이상한 장면이 벌어진 것이다. 쌍둥이 군인들인가 하고 갑자기 나의 머리는 복잡해졌다. 그들도 쏼라대는데 역시 한

마을 보호수 오래된 굴참나무. 이 옆에 6·25때 임시로 지은 우리 집 집터가 있다

마디도 알아들을 수가 없었다. 이번엔 뒷좌석에 얼굴이 새카만 군인이 탔는데 나는 그 검은 사람이 사람 같아 보이지 않았다. 이들이 미국에서 참전한 미국 군인들이었음을 나중에서 알게 되었고 우리 마을에서 물치 내려가는 강선리 강현천 건너께 짐미(장산리) 비행장에 그들이 주둔하는 군부대 막사가 있었다.

한번은 친구들과 물치 장거리에 갔다 오는데 물이 많이 고인 강현천 하류에서 체격이 어마어마하게 큰 미군들 20여 명이 옷을 홀딱 벗고 깊은 물에서 물놀이를 하고 노는 것을 보았다. 서로 편을 갈라 하얀 비누를 서로 던지고 받으면서 놀았는데, 지금 생각해 보니 수구 같은 게임을 편 갈라 하였던 것 같다.

우리들은 해당화가 흐드러지게 피어 있는 천변 강둑에 줄줄이 늘어앉아 미군들이 수영하면서 노는 것을 구경했다. 군인들도 우리들이 보는 것을 개의치 않았다. 뭐라고 저들끼리 떠들면서 재미있다고 웃어가면서 노는데 전쟁 통에도 저런 한가함이 있었구나 하고 지나간 날의 그 장면을 회상해 본다.

여름이 다 지나갈 때 나는 혼자서 집 앞 보호수 굴암나무(굴참나무) 아래에 앉아 수수대궁을 가지고 장난감 만들기에 여념이 없었다. 그런데 갑자기 자동차 경적 울리는 소리가 내 앞에서 일어났다. 조용히 수수대궁을 가지고 노는 나를 지프차 타고 지나가던 미군이 본 것이다. 그들은 자동차를 세우고는 나를 보고 차 앞으로 오라고 하였다. 갑작스런 일이라 주춤하고 망설이는 나에게 그들은 또 오라고 하였다. 그런데 마침 나는 수수대궁 껍질에 손가락을 베어 피가 나는 곳을 다른 손으로 꼭 잡고 있었을 때였다. 그렇지만 자꾸 오라는 외국 군인 아저씨들 앞으로 가지 않을 수가 없었다.

손을 맞잡고 지프차 앞에 서 있는 나를 보고 이상하게 생긴 미군 아저씨는 커다란 손으로 사탕을 한줌 쥐어 나의 작은 손에 얹어 주었다. 받을까 말까 망설이는 나에게 어깨를 토닥여 주면서 여러 색깔이 든 사탕을 주었던 것이다. 그런데 손을 베어 두 손을 맞잡고 있는 내가 문제였다. 어색하게 사탕을 받았는데 어른 손으로 한줌 집어주는 사탕을 땅에 흘리지 않고 다 받을 수가 없었기 때문이었다.

나는 고맙다고 꾸벅 절을 하였고 그들은 손을 흔들면서 "붕—." 하고 떠났다. 그 이후 지금까지 손가락 베지 않았으면 두 손으로 더 많이 받았을 터인데 하는 아쉬운 감정이 남아 있다. 저녁때 할머니 앞에 사탕을 내놓았다. 그 사탕은 참 맛이 있었다. 지금까지 그렇게 맛있는 사탕은 두 번 다시 맛보지를 못하였다.

어느 날 저녁, 동네 어른들이 마을 사람들을 전부 모이라고 했다. 구호물자가 왔으니 집집마다 배당이 있어 타 가라는 것이다. 할머니와 나는 바로 옆집 안기혁 아저씨 댁엘 갔는데 구호물자라는 것이 옷가지들이었다. 그런데 그 옷들이 너무나 커서 체격이 왜소한 시골사람들이 입을 수가 없었다. 미국사람들이 전쟁이 난 우리나라에 원조물자로 모아서 보낸 것들이었다. 그렇지만 옷가지이니까 아주머니들이 서로 골라가면서 이 집 저 집 배당을 주었다.

그런데 묘한 것은 할머니에게는 이상한 옷이 배당된 것이었다. 동네 아주머니들이 고르는데 뒷전에 앉아 처분만 기다리는 나의 할머니에게 배당 준 옷이 아무도 가지려 들지 않는, 내가 보기에도 참으로 이상한 물건이었다. 흡사 머리에 쓰는 모자 같다고 생각했는데, 모자 두 개가 이어져 있었다. 다른 쓸모 있는 옷가지들은 모두 동네 젊은 아주머니들이 서둘러서 차지했고 그 물건은 밀리다 밀리다 개밥의 도토리가 되어 나의 할머니 몫이 되었다.

그리고는 동네 아주머니들이 나의 할머니에게 배당준 것이 하도 이상하고 어디다 쓰는 옷인지도 몰라 어리둥절해 가면서 의견을 모았는데, 여자들 가슴을 싸매는 옷이라 하였다. 그러고서는 이 아주머니 저 아주머니가 돌아가면서 한 번씩 입어보는 시늉을 하였다. 그러고는 집안이 떠나갈 듯이 깔깔대고 웃었다.

내 할머니에게 배당된 아리송한 옷은 여자들이 입는 브래지어였던 것이다. 나는 할머니가 들고 있는 그 옷을 들고서 보니 엎어 놓으면 흡사 산소의 커다란 무덤 봉우리 두기처럼 보였다. 아주머니들이 방바닥에 엎어 놓은 걸 보니 너무도 큰 것이어서 앙상한 나의 할머니에게는 전혀 필요한 것이 아니었다.

어릴 때부터 나는 할머니 품속에서 자랐었고 열두 살 될 때까지도 갈비뼈만 집히는 앙상한 할머니 품에서 잠들었던 나였기에 나의 할머니에게는 전혀 맞지 않는 옷이라 생각했다. 미국에서도 아주 몸집이 큰 여자가 보내 준 가슴 싸매기 옷이었던 것 같다. 필요한 옷가지 나누기가 다 끝난 뒤 할머니는 여러 사람 앞에서 말하였다.

"내 같으면 손수건이라도 하나 있으면 좋으련만 이런 것을 어디에다 쓰랴! 나는 필요 없으니 너 옥화나 가져라."

하면서 이웃집 시집 안 간 누나에게 주니 그 누나가 얼굴이 홍당무가 되어서 부끄러워했다.

그러던 어느 날 8월 말쯤인가 할머니와 내가 밭에 갔다가 돌아오니 동네사람들이 야단법석이었다. 사단 사령부에서 김 상사라는 군인이 이 마을에 찬수란 아이와 그 할머니가 사느냐고 묻고 갔다고 야단들이었다. 할머니는 이상한 일이라고 하면서 한참 궁금해 있었다.

그런 뒤 9월 20일쯤 우리 집 앞에 군인 지프차가 와 서더니만 찬수란 아이가 있느냐고 하면서, 있으면 잠깐 사령부 헌병대 권상사가 만나보고 싶어 하니 이 차에 타고 가자고 하였다. 할머니는 영문도 몰라 의아해 하였고 나도 겁이 덜컥 나서 망설이기만 하였다.

그 서씨라 하는 일등중사 아저씨(후일 거제도에서 다시 만났는데 연초면 한내리라는 곳이 고향이었다)가 웃는 얼굴로 나에게 이상한 경상도 말로,

"야야—! 니, 가 보면 알긋지만 디—게 좋은 일이 있을 끼다. 마 퍼뜩 가자!"

하지 않는가. 그제야 할머니는 나를 보고 차타고 갔다 오라 하였다.

난데없이 나는 생전 처음 지프차를 타고 군 사령부 앞에 지금의 나의 6대조 할아버지 묘소 위쪽에 위치한 땅 속 진지 벙커 사무실로 들어갔다. 그 안에서 얼굴이 둥글둥글하면서 아주 잘 생긴 체격이 큰 헌병상사가 허리에 권총을 차고 나오면서,

"네가 찬수냐?"

하고 물었다. 그리고는,

"내가 권오홍이다!"

하고 소개했다. 이때부터 권오홍(權五弘) 상사는 우리 집안의 은인이 되었다. 내가 얼떨떨하면서,

"네!"

하고 대답하니 그 헌병상사가 갑자기 나를 와락 껴안아 들어 올리면서,

"찬수야! 네가 찬수로구나!"

하면서 몇 바퀴 돌더니만 나를 내려놓고 주머니에서 편지 한 통을 건네주며 뜯어보라고 하였다. 어리둥절했지만 좋은 일이 있을 거라는데 호기심이 일어나 나는 편지의 겉봉투 글

씨를 찬찬히 보았다. 눈에 익은 글씨였다. 눈이 번쩍 뜨였다. 그립고 보고 싶은 내 아버지의 독특하고 다정한 글씨였던 것이다.

"찬수야! 네 아버지가 지금 경상도 기지도 연초중학교에서 교장선생님으로 계시다."

하고 말했다. 경상도? 거지도(거제도)? 교장? 나의 머리 속은 갑자기 종잡을 수 없게 혼란스러워졌고 또 깜짝 놀랐다. 아니 어떻게 북쪽 원산에 있는 아버지의 편지를 이 군인들이 이름도 처음 들어보는 남쪽의 경상남도 거제도에서 가지고 왔다는 말인가?

겉봉투에 '강원도 양양군 강현면 중복리 찬수 받아 보아라.' 라고 커다랗게 쓰여 있었고, 뒷면엔 '경상남도 거제군 연초면 하청중학교 분교 연초 분교장 김종권 씀'이라고 씌어 있었다. 이때부터 나는 흥분하여 한참동안 내 정신이 아니었다. 아저씨들을 두리번거리면서 보다가 아버지 편지를 들어 겉봉투를 보다가……

한참 이러고 있는데 권상사 아저씨가 재미있다는 듯이,

"찬수야! 어서 편지를 펼쳐 보아라."

하였다. 나는 그래도 너무 좋고 흥분하여 꿈인지 생시인지를 구분 못하여 어쩔 줄 몰랐다. 할머니에게 당장 달려가고 싶었다. 폭격으로 원산에서 잘못된 줄로 알고 있는 나에게 아버지의 편지가 친필로 온 것이다! 아버지가 살아 있다니! 그때의 감격스러움은 아직도 생생하다.

여러 아저씨들이 지켜보는 가운데서 나는 아버지의 편지

겉봉투를 뜯어보았다. 여러 장이 겹쳐 있는 아버지 편지를 꺼내어 펴 보니 그립고 보고 싶은 아버지의 글씨 모양이 와락 내 눈으로 들어왔다. 보고 싶고 그리운 아버지 어머니와 두 귀여운 여동생이 모두 원산이 폭격을 받아 재가 된 가운데에서 살아났고 또 그곳에 머물러 있는 것이 아니라 상상도 하지 못하는 저 머나먼 남쪽 끝에 가 있다 하니 그저 어리둥절할 뿐이었다. 편지지 다섯 장의 앞뒷면 가득히 오른쪽으로부터 내려 쓰신 종서였는데 나는 단숨에 다 읽었다.

찬수 받아 보아라!
찬수야! 할머니 모시고 잘 있었느냐? 이 애비를 용서해 다오. 네가 할머님을 모시고 이 참혹한 전쟁 속에서 살아 있다는 소식 들으니 이 기쁨을 어찌 표현하랴! 장하고 장하다. 내 아들아······.

이렇게 시작된 편지는 잉크로 씌어진 글인데 얼룩진 흔적으로 말라 있었다. 당신의 오늘이 있게 하신 어머님과 어린 아들인 나를 생각하며 편지를 쓰는 처음부터 눈물을 흘리며 썼음을 대번에 알 수 있었다.

31. 아버지의 난중일기

여기서 잠시 어머니와 아버지가 그 후에 내게 들려준 원산에서의 이야기를 먼저 해보기로 한다. 아버지는 고향의 빨갱이들을 피해 사람들이 많이 사는 원산의 양조장하는 팔용 아저씨 댁에 의탁하여 가족들과 숨어 지냈다는 이야기는 앞서도 말한바 있다. 아버지는 국군이 북진한 뒤 대한민국 임시 행정요원인 학무과장직을 맡아 근무하였다.

이때에 아버지는 우리 국방군이 진격한 최전방을 방문한 내무부장관 유석 조병옥 선생을 처음 만났다 하였다. 얼굴이 호랑이 상으로 신념이 아주 강하게 보였고 시선이 아주 무서웠는데 목소리는 걸걸하면서도 다정하여 북쪽 임시행정요원들이 감동을 받았다 하였다. 손바닥이 어찌 큰지 악수를 할 때 손을 꽉 움켜잡은 유석 선생의 자세는 대단하였다고 한다.

압록강까지 진군한 우리 국군이 중공군이 북괴 지원군으로 참전을 하여 중공군의 인해전술에 밀려 후퇴를 하게 되었는데 이것이 바로 1·4후퇴였다. 임시행정요원들은 모두 다 가족들을 데리고 항구로 나갈 참인데 아버지는 가족을 데리고 피하라는 말을 못 듣고, 행정요원들만 가족을 남겨두고 잠시 원산 앞 바다 여도라는 섬에 피하여 국군의 전세가 유리해지면 다시 원산으로 되돌아올 것이라는 말만 믿고 있었다.

단신으로 행정요원들과 나가려 했는데 사무실 아래로 내려가 보니 다른 행정요원들은 모두가 가족들을 데리고 모여 있는 것을 보고 소스라치게 놀란 아버지가 중리에 있는 집으로 뛰어가려고 이층에서 계단을 탕 탕 탕 하고 뛰어 내려오던 참이었다. 그 몇 시간 전 아버지가 나가면서 잠시 행정요원들이 피해 여도까지 나갔다 온다는 아버지의 말이 믿기지 않아 출산이 가까운 어머니는 큰 여동생 선화의 손을 잡고 어린 여동생 선희는 등에 업은 채 보따리 하나를 이고 임시 행정사무실

학무과 사무실의 계단을 오
르려 하는데 거기서 어머니
를 찾으러 뛰어 내려오는 아
버님과 계단에서 극적으로
만났다고 하였다. 참으로 아
슬아슬한 순간이었다.

　모두들 항구로 나가니 항
구 전체가 남쪽으로 나가려
는 피난민 행렬이 인산인해
를 이루었다. 커다란 상선은
적군의 포격을 피해 멀리 여
도 쪽 앞바다에 정박해 있었
다. 작은 배로 피난민들을

아버지의 난중 일기장 표지

실어 날라 커다란 상선 옆에다 정박하고 배 위에서 기중기로
화물을 이동하여 적재하는 그물망을 내려 보내면 그물 속으
로 여러 사람들을 화물처럼 담아 한꺼번에 올려 배 위에 쏟아
놓았다고 한다.

　벌써 원산 주변 산 위에서는 적군의 포격과 사격이 시작되
어 포탄이 터지는 소리가 여기저기 진동하고 부두엔 배를 타
지 못한 피난민들이 가족을 서로 부르는 소리, 어서 태워 달
라고 아우성치는 소리, 항구 여기저기에 인민군이 쏜 포탄이
날아와 터지는 소리에 사람들이 두려워 울고불고 우왕좌왕
하면서 외치는 소리에 항구 전체가 처참하기가 형언할 수 없
었다 한다.

아버지의 난중 일기장 내용의 한 면

그때 원산의 북쪽 흥남 부두는 원산 부두의 몇 십 배나 더 했다고 하니 전쟁의 참혹함과 공산주의자들의 악랄함을 피해 남쪽 대한민국을 향해 내려오려는 피난민 행렬을 보면 김일성의 가혹정치의 정도를 짐작할 수 있었던 것이다.

어머니와 두 여동생은 하마터면 원산에서 또 한 번 이산가족이 될 뻔하였다. 이렇게 되어 아버지는 어머니와 두 동생을 데리고 배편으로 부산으로 내려가게 된 것이다. 다시 거제도 장승포 항으로 갔는데 당시의 아버지가 쓴 일기장 겉장에 '난중일기'라 표제를 한 일기 내용 중 몇 가지를 살펴보기로 한다.

아버지의 당시의 일기는 지금도 내가 소중히 잘 보관하고 가끔 당시의 어려움을 읽으면서 1987년 5월 6일(음력 4월 9일)에 세상을 떠난 뒤에도 아버님의 6·25 당시의 고초를 마음 아프게 떠올리면서 그리워할 때가 많다.

32. 선영이의 죽음

아버지는 피난 내려온 즉시 당시 35세 나이에 1951년 1월

아버지의 제2 국민병 신분증

19일 제2국민병 교육대에 입대했다. 군 입대 적령기가 넘었는데도 일부러 제2국민병에 자원하여 입대했다. 입대하면 전방의 전투에 투입될 것이고, 전방에 가면 고향에 남겨져 있는 어머니와 아들을 구출할 수 있다고 생각했기 때문이었다. 아버지의 초초한 심정이 어떠했는가를 이 사실로 금방 알 수 있다.

그러나 교육이 너무 힘이 들었었고 식량지원이 아주 빈약하여 굶으면서 설 명절 달을 지났다고 했다. 3월 5일, 온몸이 무섭게 붓고 너무 굶어 부황이 든 아버지는 교육대에서 제대하여 당시 장승포에 피난 중인 세브란스 병원에 입원하였다. 3월 7일에는 어린 두 여동생 선화와 선희 그리고 태어난 지 3주가 되는 여동생 선영이가 영양실조로 위독하여 세브란스 병원에 입원하였다. 3월 9일, 생후 3주일 된 여동생이 사망하였다. 장승포 국민학교 뒷산에 묻었다고 하였다. 이때의 아버지의 슬픈 마음의 글을 그대로 옮겨 놓는다.

내 피 받은 생명체가 어름인 양 식어간다.
선영아 실오리 같은 영이 있을진대
내 넋마저 빼어는 못 가느냐

반짝이던 동공마저 흐려 커지는 너를
너의 아비 어미가 보고 있다.
오호 3주일의 짧은 너의 생애를
애달파하나 울지 않고 보내련다.
마지막 가는 너의 몸을 묶었다
가냘픈 너 몸을 홀로 안았다
흙구덩이를 파고 묻어 버렸다
멀리 고향 하늘을 우러러 한숨을 쉬었다

3월 12일, 선희 퇴원.

3월 12일, 3월 22일, 문교부 주최 월남교원 재교육 강습.

3월 23일, 오비국민학교 근무 피명.

3월 25일, 단신으로 부임(옥교장의 후원). 3월 29일, 가족 동반 부임(선화 보행 45리). 중학교 입학 지원생 특별 수업도 시킴.

8월 15일, 연초 중학교 설립 착수. 통영군 각 관계기관과 토의. 피난민 중학생을 위하여 헌신키로 각오.

9월 18일, 제1학기말 고사 시작.

12월 14일, 유엔 총사령부 교육국교육관 근무.

10월 2일, 이후 중학교 설립 신축 활발.

12월 15일, 정식 개학. 개교식 성대. 연초중학교장으로 취임.

1952년 1월 13일, 통영중학교 연초분교로 인가.

3월 27일, 하청중학교 연초분교로 변경 인가.

4월 16일, 선화가 자동차에 치였다.

5월 31일, 선희 모녀 고향 출발. 교통관계로 6월 2일 귀가.(어머니와 찬수를 데리러 떠난 것이 여의치 못함). 오호, 고향 소식을 모르는 나의 심사여.

6월 25일, 지방의 요청으로 지방학생 특별 모집(현재의 학생수 309명을 5학급으로)

7월 31일, 하기 방학식 실시(1개월간).

8월 31일, 김상사 편으로 고향 소식을 듣다. 사는 마을은 무사하다고 하니 어머님과 찬수는 모름에 애달프다.

9월 16일 어머님과 찬수가 건재하다는 소식을 들었다(33 헌병대 권상사가 보고 왔고, 찬수도 학교에 잘 다닌다고).

정녕 꿈은 아니다.

4년 참혹한 전화 속에서 어머님과 찬수가 살아났다.

이날이 오려고 기쁜 이 소식을 들으려고 나도 살았나 보다

어머님 불효자를 때려 주옵소서

찬수야 못난 아비를 욕하여 다오

기쁨은 신경으로 스며들어

한줌도 못되는 심장을 툭툭 쥐어박아

모였다 흩어진다.

그립던 얼굴들……

멀리 멀리 고향 하늘을 우러러

삶의 두 손은 넋의 느낌에 떨린 채

힘껏 마주 쥐고
고요히 눈을 감았소.
(어머님 상하의, 찬수 내의 권상사 편으로 보내드리다.)
10월 31일, 찬수가 부산에 왔다는 소식을 듣다(권상사의 노고를 감사한다. 어머님은 언제나 오시려는가? 10월 시향을 모시고 오시겠지).

아버지는 부산에서 교원 채용고시에 합격하고 연초면 오비리의 옥치상 교장선생의 배려로 오비국민학교에 근무했다. 곧이어 고현 포로수용소에서 포로들에게 반공사상을 교육시키는 교육관으로 근무하다가 연초중학교를 설립하여 인가를 받고 피난민 학생들을 가르치며 연초중학교 교장으로 근무한다고 했다. 가족들은 모두 무사하고 잘 있으니 자세한 얘기는 만나서 그때 하자 하셨는데 마지막에도 나에게 '할머니 잘 모시고 있거라, 우리는 곧 만날 것이다'라고 했다.

33. 거제도 인민군 포로수용소

전쟁 통 내내 할머니에게 걱정만 끼쳐 드린 나에게 아버지는 "할머니 잘 모시고 있거라. 부탁한다."고 했다. 어린 아들이지만 나를 대견스레 생각하고 태어나서 그때까지 다 쭈그러들어 주름살투성이인 할머니 뱃가죽만 만지작거리다가 잠드는 어린 나에게 당신 대신에 할머니를 잘 모시라고 편지에 썼던 것이다.

아버지께서 권상사 아저씨를 만난 동기는 이렇다. 나의 아버지는 1951년 늦봄에 같은 1 . 4 후퇴 때의 피난민 가운데 연초면에서 우연히 30대 초반의 오찬명씨라는 분을 만났다. 오찬명씨는 내가 다니는 천주교회의 교우 김한봉(요셉, 1935년생)씨의 매형이었다. 그는 평안북도 서북청년단장으로서 철저한 반공주의자였다. 당시 그는 고현의 거제도 주둔 미군사령부 소속 포로수용소에서 포로들을 심문하며 또 상담 역할을 하는 임무를 수행하는 공무원이었다.

그의 추천으로 아버지도 유엔군 사령부 소속이 되어 한 동안 포로수용소에서 포로들에게 민주주의교육을 시키는 정훈교관이 되었다. 민간인들이 아버지를 부르는 호칭은 '김씨 아저씨'로 통했다. 같은 사무실에 영어를 잘하는 20대 후반의 방치형이란 분과 사환 일을 보는 당시 17세의 김한봉씨 그리고 아버지와 같은 일을 하는 한준명 목사 이렇게 다섯 명이 근무를 했다고 한다.

한준명 목사는 1950년 10월 이후 종교박해로 원산 형무소에 감금되었다가 삼백 명에 가까운 형무소 재소자들이 급히 후퇴하는 인민군들에게 학살을 당할 때(강원도 양양 본당 이광재 디모데오 신부도 이때 순교함) 총알을 빗맞아 두 명만 용케 살아났다. 두 명 중 한 명은 18살인 학생이었는데 그와 함께 구사일생으로 생명을 건진 분이었다.

그런 가운데 아버지는 피난민의 수많은 어린 학생들이 공부를 하지 못하는 현상을 안타까워해서 학교 설립을 구상하였고 곧 이를 추진하는 중이었다.

9월 중순께 반공 정훈교육을 시키는 교관으로 출퇴근을 할 때 미군부대 앞에서 피난민 학생들이 떼를 지어 부대

연초중학교 앵산 소풍기념

근처를 배회하면서 초콜릿도 얻어먹고 껌도 달라고 애걸하고 미군들의 군화를 닦아주고 얻어먹는 전쟁 통의 처량한 학생들을 보고 "아! 이 아이들이 저렇게 공부도 못하고 피난을 나와 거지 떼가 되어 부대 근처에서 배회하니 학교를 반드시 세워 이들을 가르쳐야 되겠다"고 거듭 다짐하고 (당시 거제도에는 육지의 각처에서 30만 명이 훨씬 넘는 피난민들이 내려와 판잣집을 짓고 살고 있었다. 연초면만 하여도 면사무소 중심으로 4만의 인구가 집결되어 산 중턱까지 판잣집을 짓고 살았다) 중학교 설립을 구상했던 것이다. 학교를 세우는 데 미군 사령부의 설립자재 도움이 대단히 컸다고 했다.

하루는 아버지께서 부대 앞을 지나치다 보니 중학교 1학년 정도 되는 똑똑하게 잘 생긴 껌을 파는 아이가 있어 그 학생의 내력을 물어보았다고 한다. 아이의 이름은 권오호였는데,

서울서 가족과 피난을 내려오던 중 부모 형제들과 모두 헤어져 단신으로 피난민 대열에 휩싸여 거제도까지 내려와 이렇게 구두도 닦고 껌도 판다고 하면서 연신 손등으로 눈물을 닦으며 울고 있었다.

어머니께서는 아버지가 데려온 아이를 보니 목에 때가 더덕더덕 끼었는데 완전 거지행색이라고 하셨다. 사실 그 당시 피난민은 모두가 거지이기도 하였던 시대였다. 아버지는 서울이 고향인 권오호와 약속을 하고 저녁 때 집으로 데리고 와서 그 날 이후 우리 가족이 되어 침식을 같이하며 학교가 개교한 뒤에는 학교 급사로 일을 시키면서 공부를 하게 하였다.

오호 형은 학급에서는 반장도 하였다. 나중의 일이지만, 부모님을 만난 뒤에 나는 학교 기숙사 한 방에서 오호 형과 침식을 같이했고 교실 뒤쪽에 있는 탁구대에서 탁구도 같이 치며 즐겁게 보냈다. 이렇게 해서 오호 형은 마침내 우리 집에서 가족처럼 생활하게 되었다.

1952년 4월 말 즈음 어느 날, 오호 형이 학교 운동장에서 배구를 하고 있는데 포로수용소에 공무로 들렀다가 장승포 쪽으로 지나가던 헌병 지프차 위의 권상사 아저씨 눈에 띄어 가까이 다가가서 보니 죽은 줄로만 알았던 동생이 지프차 위에 앉아 있었다는 것이다. 두 형제는 감격적인 재회를 했고, 그리고 아버지에게 감사하다는 이야기를 나누는 중에 전방의 나와 할머니 구출 얘기가 나왔다고 한다.

순간순간의 일들이 전광석화처럼 일어나던 시대였고, 숨이 콱콱 막히는 일이 하루에도 열두 번도 더 일어난다는 옛 말처럼 실제로 있었던 그 당시의 일이었다. 그 이후 오호 형

거제도 포로수용소 유적

은 아들을 잃고 부산에서 슬픔 속에 지내던 부모님의 수소문으로 부모와 다시 만났다.

거제도의 포로수용소에는 항상 긴장감이 감돌았다. 적개심에 불타는 인민군 포로들이 매일같이 그들 특유의 제식훈련을 하였고 총검술 자세 훈련도 하면서 사고를 치고 여기저기서 웅성거렸다. 뒤에 반공포로가 되어 석방된 고향 친척 집의 경수형과 건수형도 수용소에서 만났는데, 무엇이 필요하냐고 물으니 깨소금이 필요하다 하여 어머니가 상당 분량의 깨소금을 만들어 전달하기도 하였다.

경수형은 오래 전에 세상을 떠났고, 건수형은 지금도 부산에 살고 있다. 또 아버지가 해방되기 전에 함경북도 두만강가에서 일할 때 일본인들에게 유난히도 곤욕을 치르며 구박을 받는 급사 일을 보는 소년을 잘 돌보아주고 그를 따뜻이 격려하여 주었는데, 그 형이 청년이 되어 인민군 포로가 되어

그 곳에서 만나서 아주 반가워하였다고 한다.

또 해방 후 고향에 내려오던 해에 속초 위 간성 쪽으로 오호중학교에서 잠시 교편을 잡고 계실 때 아주 똑똑한 쌍둥이 형제가 있어 이들을 잘 지도했는데 그들도 인민군 포로가 되어 수용소에서 반갑게 만났다고 하였다.

아버지가 아주 슬퍼한 또 한 가지 사실은 인구 기사문리에서 전투에 참여하고 주둔했던 포로들도 만나 그들을 통하여 그 마을에 살았던 내 이모부 내외의 생사를 물었는데 두 분 모두 총살형을 당하여 땅속 구덩이에 두 사람이 함께 묻혔다 하여 남몰래 통곡을 했다고도 하였다.

아버지는 세상을 떠날 때까지도 그 슬픈 사실을 어머니에게는 비밀로 하였다. 충격을 받을까봐 그러했으리라…… 그저 난리통에 행방불명이 되었다고만 하였다.

나중에 나의 고향이 완전 수복된 이후에 마을 사람들로부터 자세히 들은 이야기지만, 이모의 사연은 너무도 끔찍하고 안타까웠다. 고의태란 사람에게 시집을 간 이모는 어머니의 4남매 가운데 제일 막내인 하나뿐인 여동생이다. 8·15 해방 전 열여덟 살 때 머일 할머니의 시누이 큰아들인 나의 이모부는 인민학교 선생이었는데 아주 똑똑하다고 머일 할머니께서 소개하는 바람에 시집가기 싫다고 하는 이모를 아버지가 적극 권하여 이모가 울면서 승낙했다.

그 댁 며느리가 되어 그 후 두 아들을 낳았는데 유행병 홍역으로 모두 잃었다. 마침 셋째아이를 임신 중에 6·25가 나서 1·4 후퇴 때까지 잠시 국군에 협조한 일이 있었는데, 이북 사상을 가진 사람들이 고자질을 하여 이모부와 만삭이 된 이모는 인민군들에게 끌려가서 다른 곳에서 잡혀온 여러 사람들과 같이 세워둔 채로 끔찍하게도 총살을 당했다고 했다. 이유는 "인민학교 선생질하던 놈이 감히 인민의 어버이신 김일성 수령님을 배반하고 국군에게 협조하였다"는 죄목이었다.

당시 38선 바로 이북엔 지리적 위치도 있었겠지만, 마음속으로 거의가 남쪽의 민주주의사상을 가진 청년들이 많았다. 이런 일이 동네마다 비일비재하였으니 백성들이 조금 잘못이 있거나 어떻게 고약한 심보를 가진 이웃이 있어 모함질 한 번이면 그 즉시 생명이 왔다 갔다 하는 개미 목숨보다 못한 그런 때였다.

이모는 해방 전 언니인 나의 어머니 집에서 어린 나를 업어 돌보고 어머니의 가사를 도와주면서 나를 아주 귀여워했다고 했다. 뜨개질을 아주 잘하였고 바느질 등 손재주도 뛰어났다고 하였다. 이모가 머리를 곱게 빗고 따 늘인 다소곳한 소싯적 사진을 볼 때마다 지금도 안타깝기 짝이 없다.

이모부는 성격이 활달하여서 6·25 나기 두 해 전인가 해서 우리 집에 찾아온 적이 있는데 마침 우리 텃밭을 작은할머니 댁에서 부쳤었다. 그때 감자 쪽을 쪼개어 심으며 조력하는 이모부를 졸졸 따라다니는 나에게,

"정이월 다 가고 삼월이라네. 강남 갔던 제비가 돌아오며는 이 땅에 또 다시 봄—은 온—다네— 아리랑 아리랑 —"

거제도 포로수용소 전경 모형도

하면서 "온다네—"를 다시 반복하곤 웃으면서 얼굴을 마주보며 가르쳐 주던 다정스런 모습이 생각이 난다. 나는 그때의 봄 노래가 모슨 의미인지도 모르고 그저 따라 불렀다. 그런 나의 이모부는 6 · 25 때 인민군 앞잡이들에게 신고되어 끌려가 깊은 산골에서 여기저기서 붙들려온 다른 마을의 국군 돕기에 참석한 민간인 조력자들과 함께 현장에서 총살을 당했던 것이다. 이모가 잉태한 나의 사촌동생은 세상에 태어나 보지도 못하고 흉악한 총칼에 희생되고 말았던 것이다. 전쟁과 사상의 대립은 이렇게 무섭고 끔찍하였다.

할머니와 나는 1 · 4 후퇴 뒤에 강릉으로 피난을 내려갔다 올라오면서도 이 동네에서 얼마 떨어지지 않은 곳에 산다는 이모의 식구들이 어떻게 되었나 하며 잠시 마음속으로 궁금할 정도였지 그때 벌써 인민군들에게 총살당한 줄은 전혀 모르고 있었다.

34. 포로수용소 폭동과 연초중학교 개교

다시 거제도 포로수용소 이야기다. 포로수용소의 분위기는 흉흉하여 포로 막사마다 꼭대기엔 어떻게 만들었는지 인공기가 매일 나부끼고 지독한 포로들은 손톱들을 일부러 길게 길러 흉기처럼 만들어 흉측스럽기가 이만저만이 아니었다. 깡통을 비워 그 껍데기로 칼과 무기 등 각종의 흉기를 만들고 여기저기에서 크고 작은 폭동이 계속 일어났으며, 유엔군과 민간 교관들 그리고 반공사상을 가진 포로들이 자주 피해를 당하였다.

연일 긴장된 분위기에서 하루는 두만강 옆 만주 훈춘으로 건너가기 전 우리나라 최북단 마을에서 일본인들에게 구박받다가 아버지에게 도움을 받았던 사람과 속초 위 오호중학교 때의 제자 쌍둥이 형제, 그리고 우리 집안 문중의 경수, 건수(건수형은 인공 때 아버지가 양양 정치보위부에 감금되었을 때 집안 일가친척과 형제들을 대동하고 극구 변호한 종순 아저씨의 큰아들이다) 두 형들이 다가와서 아버지에게 조용히 일러주기를, 앞으로 대대적인 폭동이 일어나니까 교육관직을 그만두고 피하라고 하였다. 나의 아버지도 일등급 제거 대상이라고 하였다.

이때의 사실을 어머니는 이렇게 말하였다.

"사람이 악한 끝은 없으나 착한 끝은 있는 법이다."

이 말은 그 이후에도 우리 집안의 가훈 중 하나이다.

나의 아버지는 포로수용소 정훈교관으로 근무하는 한편 연초면에 개설하려는 연초중학교 설립문제로 골몰할 때였다. 그 전해(1951년) 12월 중순부터 포로수용소 내에서 인민군 군가 소리가 하늘을 찌르고 매일 "스탈린 대원수 만세", "김일성 원수 만세" 소리가 계속되는 가운데 중학교 개설을 위하여 포로수용소 교관 임무를 그만뒀고 바로 이튿날 12월 15일 연초중학교가 개교하였다. 1952년 1월 초 아버지 어머니와 두 여동생은 중학교 사택에서 살았다

두만강 가에서 아버지에게 도움을 받았던 그 인민군 형은 아주 새빨간 열렬한 공산주의자였다고 한다. 몇 번 전향하라고 권했으나 자기는 이북 부모가 있는 고향으로 간다고 하며 요지부동이었다고 하였다. 아버지는 그 형의 폭동에 관한 진실된 귀띔을 듣고 그 길로 유엔사 사령부로 가서 대대적인 폭동계획이 있으니 철저히 대비하라 하였다.

어떻게 된 일인지 미군들은 이 말에 귀를 기울이지 않았다. 그 바람에 1952년 5월 초순경에서 6월 중순까지 그 끔찍한 세계적으로도 그 유래를 찾아보기 힘든 폭동이 일어나 가공할 살육이 자행되고, 포로수용소 사령관 도트 준장이 5월 7일 포로들에게 포로가 되어 수모를 당하는 실로 웃지 못 할 아이러니한 일이 벌어졌던 것이다. 반공포로들과 싸움이 붙어 서로가 악귀처럼 할퀴고 서로 죽이는데, 그 끔찍하기란 인류 역사상 가장 처참한 포로수용소의 폭동이었다.

극렬한 인민군 포로가 길게 기른 손톱으로 반공포로의 눈알을 산 채로 파냈다는 끔찍스런 이야기라든지, 나무 창으로 반공포로 가슴을 사정없이 찔러 살해했다든

1·4 후퇴 뒤 인민군 퇴각시 양민 학살한 현장

지 하는 무시무시한 이야기만 온 거제도 일대에 퍼졌다.

 6월 중순이 되어 어머니가 학교 앞길에서 서쪽 연사리 쪽으로 50미터쯤 떨어진 곳 오른쪽 돌담 아래(나도 그 해 수용소 폭동이 난 지 7개월 뒤 1952년 12월 이후부터 이곳에서 아주 조금씩 나오는 샘물을 오랫동안 기다려 물을 받곤 하였다) 우물에서 물을 받을 때 커다랗고 아주 긴 트럭(비행장 활주로에 깔아놓는 구멍이 숭숭 뚫린 철판으로 짐을 싣는 차 울타리를 함)의 행렬을 보았다.

 트럭에는 죽은 시체를 팔다리가 철판 밖으로 너덜대는 채로 진흙더미 싣고 가듯 가득히 적재해서 옥포 고개 넘어 장승포 방향 산비탈 쪽으로 달려갔다.

 옥포 고개 산비탈에다가 가매장하기 위함이었다. 물을 받는 우물 가 큰길로 당시 폭동 중에 희생된 시체가 저녁 으슥

포로수용소 교화위원 증명서

할 때 3, 4대씩 며칠간 지나갔다고 하였고 그때마다 시체 썩는 냄새가 온 동네에 진동하였다. 이 슬프고 끔찍함이란……

후일담이지만, 당시 피난민들에게 입에서 입으로 전해진 포로수용소 이야기는 더욱 복잡했다. 도트 준장은 평화론자라고들 하였고 또 공산주의에 물든 미국 지휘관이라고 말들을 하였다. 이유는 도트 준장은 인민군 포로들을 대우하는데 매우 관대하였다는 사실 때문이었다. 그는 세심한 데까지 포로들에게 각종 편리를 다 보아 주도록 명령을 내렸다 한다.

또 한 가지는 인민군 총좌 이학구란 장군이 붙잡혀 와서 사병인 것처럼 숨어 지냈는데 그 신분이 나중에 들통이 나서 도트 준장이 고현 바닷가에 있는 그의 관저 옆에 인민군 장군 이학구의 숙소를 특별히 따로 마련하여 적의 장군으로 대접하였다고 했다.

후일 포로들의 폭동이 일어나 도트 준장이 어떻게 하다가 인민군 포로들의 포로가 되었을 때 폭동을 주도한 인민군 총좌인 이학구가 자기 부하인 인민군 포로들에게 도트 준장만은 해를 가하지 못하도록 명령을 내려 포로들이 신사적으로 대접했다고들 했다. 도트 준장은 일주일여 만에 풀려났는데 그런 정도로 포로수용소 폭동사건은 뒤죽박죽이었다고 했다.

35. 재회를 약속한 할머니와의 이별

나의 이야기는 다시 양양 고향으로 돌아온다. 권상사 아저씨에게서 아버지가 보내준 물건 보따리를 벙커에서 받아 들고 다시 지프차를 타고 집에 오니 할머니는 그 때까지 집 앞에서 서성이면서 나를 기다리고 있었다. 내리자마자 나는 할머니를 향해 소리를 지르면서 와락 달려들었다.

"할머니! 아버지 어머니가 살아 계셔요! 동생들도 잘 있대요!"

그 때부터 할머니와 나는 너무 좋아서 어찌할 줄을 몰랐다. 보따리를 풀어 보니 할머니 환갑 때 못해드린 옷이라면서 어머니가 손수 만들어 보낸 한복 한 벌과 상하 내의 한 벌, 그리고 내 내의가 있었다. 할머니는 너무 좋아서 덩실덩실 춤을 추기 시작했다. 그러다간 '만세! 만세!' 하면서 동네사람들이 옆에 있거나 말거나 그저 또 연실 춤을 추었다. 할머니는 그 한복과 내의를 가슴에 꼭 껴안고 내가 읽어 드리는 편지 내용을 귀 기울여 들었다. 할머니는 그 이후에 거제도에 내려가서 부모님을 만날 때까지 한복은 한 번도 입지 않고 소중히 보관하고 지니고만 다녔다.

'찬수 받아 보아라!'로 시작되는 아버지의 편지는 그 이후 수도 없이 할머니에게 읽어 드렸다.

"또 한 번 읽어라!"

"다시 한 번만 들어 보자!"

글씨를 모르는 할머니는 아버지 생각만 나면 편지를 읽으라 하여서 얼마 뒤에는 나는 아버지가 보낸 편지를 아예 보지 않고도 모두 줄줄 외웠다. 한밤중에도 불을 끄고 잠자리에 들려다가

"참! 편지 한번 읽고 자자"

하면 어유(魚油) 등잔불을 켜지도 않고 깜깜한 방에 할머니 곁에 누워서

"찬수 받아 보아라!……"

이렇게 줄줄 외워서 편지 내용을 들려 드렸다.

그 이튿날부터 할머니는 일가친척과 마을 사람들에게 축하 인사 받느라 희색이 만면하였고, 내복을 자랑하느라고 들고 다녔다. 먼데 떨어진 집에 가서도 할머니는 아버지가 보내온 옷을 내놓고는 이웃이 물어보지를 않는데도 "이 옷이……" 하면서 자랑하였다. 나도 기가 살아 가슴을 펴고 어깨를 재고 다녔다.

가끔 동네에서 친구들이 너희 부모는 이북에 갔으니까 빨갱이가 되었을 거라고 했을 땐 기가 팍 죽었고 부모가 없다고 얕잡아 보는 것 같은 느낌이 들 때에도 제 풀에 기가 죽어 매우 슬퍼한 적이 한두 번이 아니었다. 그런데 아버지가 대한민국에 내려가셔서 중학교 교장 선생님이라 하였으니 어깨를 재면서 우쭐거리고 다닐 만도 했다. 세상에 좋은 일이 많다지

만 그때처럼 좋았을까…….

　권상사는 곧 부대가 부산으로 이동할 때 너를 데리고 가려 하니 나 보고 떠날 준비를 하라고 했다. 앞서 우리의 소식을 알려고 거제도에서 아버지의 부탁을 받고 진방 진투지에 온 김상사라는 군인이 사병을 통하여 왔다 간 일이 있었을 때는 아버지가 살아 있으면 따라 가겠느냐 했을 때 나는 할머니의 손을 잡고 고개를 가로 저었다. 확실하지 않았기 때문이었다. 그런데 아버지의 편지를 받고 친필을 확인한 뒤에 할머니도 권상사를 따라가는 것을 허락했다.

　"언제 전쟁이 또 터져 죽게 될지 모르니 너는 먼저 군인들을 따라 아버지한테 가라"

　하고 단호히 말하였다. 당시에 나의 고향은 전쟁터였기 때문에 후방에서 민간인들이 함부로 드나들 수도 없었고 통신도 끊긴 상태였다. 군인들끼리의 연락망 이외엔 소식불통인 지역이었다. 군부대가 가는 전투함 대열에 민간인, 그것도 여자들은 절대로 군인 배를 탈 수 없었다. 할머니는 그렇게도 사랑하는 손자, 태어나서 그때까지 조금도 떨어지게 하지 않은 나를 잘 알지도 못하는 군인들에게 맡겨 이 아이의 손목을 저 애비 손에 반드시 넘겨 달라고 군인들에게 신신당부를 했다.

　할머니와 헤어지기 전날 저녁 할머니는 이별이 막연하게 불안하다는 것만 느끼고 잠자리에 든 나를 당신의 앙상한 가슴에다 꼭 껴안아 주면서 잠도 자지 않고 계속 나의 머리만 쓰다듬어 주었다. 할머니의 결심은 무서웠던 것이다. 앞으로 전쟁이 또 이렇게 계속되면 이 아이를 제 애비 품에 넘기지 못할 것이란 두려움 때문에 단호해진 것이다.

1951년 9월 중순이 지나 나는 강릉 피난 때 지고 다니던 하얀 무명천으로 된 배낭에 할머니와 내가 넘은들에서 농사지은 찰벼를 찧어 소두 다섯 되가 넘는 찹쌀을 넣었다. 권상사 아저씨가 보내 준 어른 군복 바지와 소매를 둘둘 말아 걷어붙여 입고 검정 고무신에, 눈앞으로 흘러 내려와 앞을 가리는 군모까지 쓴 아주 우스꽝스러운 모습으로 지프차 뒷좌석에 올랐다. 가을걷이가 완전히 끝난 다음 세월이 좀더 안정되면 민간 차편으로 거제도로 내려온다는 할머니와 헤어져 사령부로 들어갔다.

할머니와 잠시 떨어지는 나는 그날 소리 내어 울었다. 동네 아주머니들과 누나들이 눈물을 흘리고, 친구들은 손을 흔들며 전송해 주었다. 나는 달리는 지프차 위에서 자꾸 뒤를 돌아다보며 할머니를 부르면서 울었다. 12살 어린 내가 태어날 때부터 그때까지 한 번도 떨어져 지낸 적이 없는, 내 생명과도 같으며 사랑 그 자체인 할머니와 갑자기 생이별을 하는 슬픔을 겪게 된 것이다.

그 단단한 마음을 가진 할머니도 눈물을 흘렸다. 무서운 전쟁터에 할머니만 남고 나만 떠난다는 두려운 생각이 왈칵 엄습해 왔고 여기서 또 전쟁이 나면 영영 이별하는 것 같아 나의 울음소리는 더욱 애절하게 커졌다. 급기야는 차에서 다시 내려 할머니에게 가겠다고 지프차 안에서 나대며 울었는데 앞에 탄 권상사 아저씨는 가만히 있는데 뒷자리 내 옆에 있는

얼굴이 우락부락하고 시커멓게 생긴 헌병 군인 아저씨가 참다 참다,

"조금 있다가 할머니는 다시 만날 텐데 아버지 어머니 만나러 가는 게 싫으냐?"

하고 버럭 소리를 지르면서 핀잔을 주는 바람에 그제야 나는 조금 진정이 되고, 또 주눅이 들어 나대지를 못했다.

우리가 탄 지프차는 물치 장거리를 지나 쌍천 하류다리, 대포, 청초호를 거쳐 지금의 청호동 건너편 속초항에 도착했다. 휴전된 이후의 이야기이지만 지금의 청호동은 두고 온 북녘 고향에 가고픈 한 많은 피난민들의 동네로 변했고, 아직도 이북 5도민이 억척스레 삶의 터전을 마련하여 살고 있는 곳이다. 하지만 예전에는 속초항 안에서 '끌배'(양쪽에 연결한 줄을 당겨서 이동하는 뗏목 같은 배)만 오고가는 한가한 갯마을 동네였다.

청초호는 내 아버지의 소년시절 추억이 담겨진 호수이기도 하다. 바닷물과 민물이 만나서 이루어진 석호인데 아버지가 일제시대 소학교 3학년 때 교실에서 공부하는 도중 급우 한 아이가 늦게 등교하여 교실문을 열었다. 담임선생님이 왜 늦게 오느냐고 물으니까 늦게 온 그 학생이 쭈뼛쭈뼛하고 말을 못하자 다시 엄하게 다그쳤다.

그제야 지각한 친구가 베적삼 양쪽 주머니에서 거북이 새끼를 여러 마리 꺼내면서 하는 말이 학교 오는데 청초 호숫가 모래사장에 거북이 새끼가 놀아 거기에 팔려 학교 가는 것도 잠시 잊고 그걸 잡느라고 등교시간 늦었다는 것이었다. 말하

청호동에서 바라본 속초 외항

는 동안에 꺼내 놓은 거북이 새끼 여러 마리가 교실 바닥으로 여기저기 기어다니는 바람에 모든 급우들이 공부하는 것을 다 잊고 거북이 새끼 몰이하느라고 야단법석을 떨었다. 아버지는 생존 시 가끔 나와 고향 여행길에서 청초호 근처만 오면 청초호 거북이 새끼에 얽힌 유년시절의 유쾌했던 추억을 얘기 하곤 했다.

아버지는 서당에서 당시 인제에서 유명한 유학자 정기빈 선생에게 한학을 배웠고, 대포학교를 다녔는데 학교에서 학업성적은 일등만 해서 온 동네의 자랑거리였고, 오래달리기를 잘하여 언젠가 일등을 했을 때는 당시에도 연세가 많으신 나의 고조할머니가 당신의 증손자가 먼 달리기 경주에서 일등을 했다고 대포로부터 쌍천 다리를 지나 물치 5일 장거리께로 춤을 덩실덩실 추어가며 하복골 태봉께로 올라온 적도 있었다.

훗날 우리나라에서 최초로 김부식의 《삼국사기》를 국문으로 완역하고, 당신의 저서인 고등학교 한문2 검인정 교과서로 제자들을 가르친 한학자였으니 학문에 대한 소신과 열정이 대단했다고 생각한다.

할머니는 그 해 12월 25일 오전 11시 우리 가족과 거제도에서 다시 만나기 위해 고향을 떠날 때까지 하루에도 몇 번씩 한나절씩이나 털썩 앉아서 내가 떠난 동해 푸른 바다를 하염없이 내려다보았다고 한다. 내가 가지고 놀던 장난감들을 베틀 방에 모아 놓고 매일 한 번씩 만져 보면서 손주가 보고 싶은 외로운 마음을 달랬다고 했다. 나는 꼬마 군인 행색으로 속초항에 정박한 3000톤 급 LST 전함에 올랐다. 이 어마어마한 크기의 배를 군인들은 '아가리 배'라고 불렀다.

36. 부산 거제리 병영의 하우스보이 생활

1952년 10월 초, 나는 권상사 아저씨의 지프차 뒷좌석에 타고 LST 수송전함에 올랐다. 어떻게 올라가나 하고 궁금했는데 지프차를 탄 채로 배 갑판 쪽에서 내리는 아주 넓은 판이 아래에 닿으니 그 철판 위로 차가 언덕으로 올라가듯이 올라가는 것이었다. 마음속으로 신기하기도 하고 그 배 규모 전체가 놀라울 뿐이었다. 아침부터 몇 시간 동안 그 많은 군인들과 차량이 배 안으로 모두 다 들어간 것이다. 오후 늦게 그 큰 배는 "뿌우웅! 뿌우웅!" 소리를 몇 번 내더니만 항구를 떠났다.

배 안 침대에 있던 내가 권상사 아저씨의 허락을 받고 사다리를 한참 올라 갑판 위로 가 보았다. 배가 속초항을 떠났으니 할머니가 남아 있는 설악산 아래 송암산 근처나마 건너다보고자 함이었다. 배는 벌써 속초 앞바다 동해안 한가운데 들어 기운차게 남쪽으로 항해하였다.

  사실 그때 나는 그 큰 배가 움직이지 않는 줄 알았다. 가끔 넓은 갑판 위에 고인 빗물이 좌우로 약간씩 흘러 쏠리는 것만 보였는데, 난간을 짚고 서서 문득 멀리 서쪽에 있는 태백산맥 쪽을 보니 설악산이나 송암산은 어디에 있는지 위치를 종잡을 수 없었고 해가 넘어간 뒤의 높고 기다란 검은 태백산맥만이 장엄하게 보일 뿐이었다. 그런데도 다시 할머니가 남아 있는 송암산 아래 우리 마을이 위치한 곳을 가늠해 찾으려 했으니…… 아무리 찾아도 보일 리가 없는데 말이다. 마음속으로 고향에 남아 있는 할머니가 자꾸 보고 싶었다.

  큰 배가 지나가니 거센 검푸른 물결만 산더미처럼 일어 허옇게 부서지는 바닷물살만 내려다보았다. 내 집 마을 위치도 찾지 못하고 갑판 아래 침실로 내려온 나는 이튿날 아침 배가 부산항에 도착할 때까지 긴장이 풀려서인지 정신없이 늘어지게 잤다. 부산항에 도착했다는 소리에 짐을 챙겨 권상사 아저씨를 따라 나가니 커다란 뱃고동 소리가 "뿌웅 뿌웅" 하며 온 항구를 울렸다.

  다시 지프차를 타고 '아가리 배'에서 나와 우리 지프차는 지금의 서면에서 동래 방향에 있는 거제리 근처의 부대에 도착했다. 그곳 군부대에서 군인들에게 잔심부름을 하기도 하고 군화도 닦아 주고 짬밥도 나르면서 거의 한 달 가까이 보냈다. 그 당시 말하는 소위 '하우스보이' 같은 그런 역할이다. 다르게 말하면 군부대 안의 마스코트 역할을 잠시 하였던 것이다.

어떤 군인 아저씨가 "어이! 찬수야!" 하면 쏜살같이 뛰어가 그 아저씨의 심부름도 하고, 그런 식으로 나는 군부대 안의 분위기에 점차 익숙해졌다. 한가한 저녁 시간엔 내무반에서 여러 아저씨들이 나를 내무반 복도에 세워 놓고 놀았다. 노래도 시키고 잘했다고 박수도 치고…… 이때 나는 전시에 배운 군가 솜씨를 그 때에 아낌없이 발휘(?)했다. 원래 나는 아주 부끄럼이 많았는데 바뀐 환경에 나름대로 적응하면서 지냈다.

한번은 화장실을 새로 짓는다고 해서 좀 떨어진 곳에 있는 미군 화장실에 갔는데 안에 들어가 보니 모두 이상했다. 양변기를 처음 본 것이다. 변은 마렵고, 어찌해야 할지 몰라서 한참 들여다보고 두리번거리며 망설이던 나는 용기를 내어 그 양변기의 앉아야 할 곳에 고향 정난간(변소) 이용 하듯이 신발을 신은 채로 양 발을 다 올려놓고 앉았다. 그 높고 미끄러운 곳에 아슬아슬한 자세로 쭈그리고 앉아 긴장하면서 변을 보았는데, 여간 고생이 아니었다. 그렇게 못 참았던 변이 자세가 이상하니 오히려 나오질 않아 고생했던 일은 지금도 집안의 양변기를 볼 때 가끔 생각나 실소를 금치 못한다.

권상사 아저씨가 아버지를 만나려면 조금 기다려야 된다고 했는데 나는 한 달간의 군 병영내의 생활이 점차로 재미가 없어져 갔다. 후에 안 일이지만 권상사 아저씨가 거제도 포로수용소 사령부에 출장을 갈 일이 있는데 그 날에 맞추어 나를 데리고 갈 계획이었던 것이다. 10월 말쯤 아저씨가 나의 아버지에게 부산에 왔다는 소식과 11월 1일에 장승포 항에 도착한다는 소식을 전했다.

37. 장승포 항에서의 아버지와 만남

11월 1일 나는 권상사 아저씨의 지프차를 타고 거제리 부대에서 서면을 지나 자갈치 시장 뒤편에 있는 거제도 장승포행 여객선 개찰구에 도착했다. 배 터까지 올 때에 얼핏얼핏 밖을 내다보니 자동차가 길에 가득하고 사람들이 길 양쪽으로 빼곡하게 다녔다. 시골에서는 상상도 할 수 없는 어마어마한 사람들이었다. 하기야 전국 각처에서 피난민들이 모두 다 부산으로 몰렸다 할 정도였으니 북적거리기가 말로 형언할 수 없는 그런 도시였다. 권총을 찬 헌병 권상사 아저씨의 손에 이끌려 개찰 조사도 없이 나는 무임 승선했다. 개찰하는 아저씨가 순간 나를 보고 또 헌병 권상사 아저씨가 내미는 증서를 얼핏 보더니만 검사도 않고 그대로 통과시켜 줬다.

배가 출발하고 여객선 밑바닥 객실 안에 누워 잠만 자는 아저씨 옆에 있던 나는 갑자기 지루하고 호기심이 나서 갑판 위로 슬그머니 올라갔다. 그 날은 파도가 그리 세지 않았고 바다 경치가 좋았다. 하얀 갈매기가 나는 것도 구경하고 우리배 옆을 지나는 배도 구경했다. 지나가는 배 안에 있던 사람들이 손을 흔들어대니 우리배의 승객들도 손을 흔들어대고 있는데 처음 보는 장면이라 재미있었다.

배의 맨 앞에 서서 뱃전에 부서지는 파도 물살을 내려다보는데 갑자기 누가 내 어깨를 툭툭 치는 것이었다. 뒤돌아 쳐다보니 배의 선원인데 나를 보고 배표를 보여 달라는 것이다. '배표?' 배표가 무엇인지도 몰라 아저씨를 그저 멍하니 쳐다만 보

부산 자갈치 항

는데 갑자기 그 아저씨가 커다란 손으로 나의 왼쪽 뺨을 사정없이 때리는 것이다. 눈에서 불이 번쩍 났다. 선원 아저씨가 고함을 치면서,

"야! 이느무 짜슥아! 배표도 없이 배를 타? 너 같은 놈 때문에 통일이 안 되는 기라!"

하면서 내 멱살을 잡고 파도가 부딪치는 뱃전 밖으로 빠뜨릴 기세였다. 갑자기 나는 내가 그렇게 갈망하던 우리나라 통일의 방해꾼이 된 셈이다. 어처구니없는 순간이었다. 그 선원 아저씨는 내가 무임 승선을 전문적으로 하는 아이로 간주한 것이다. 너무 겁이 난 나는 얼른 둘러댔다.

"아저씨! 우리 아저씨가 군인 헌병 상산데요. 저 배 아래 있는데 아저씨가 표를 가지고 있어요."

그러자,

"빨리 가서 가져오너라."

했다. 나는 잔뜩 겁에 질려 선창 아래 객실로 내려갔는데 권상사 아저씨는 여전히 코만 드르렁 드르렁 골면서 깊은 잠이 들어 말도 붙이지 못하였다. 갑판 선원아저씨에게 혼쭐이 난 가슴도 달래지 못하고 하는 수 없이 권상사 아저씨 옆에 쪼그리고 숨는 듯 누워 홀연 잠이 들어 장승포 항까지 갔다.

　권상사 아저씨가 다 왔다고 내 손을 끌었다. 선원 아저씨에게 뺨 맞은 거고 뭐고 금세 다 잊어버리고 아버지를 만나면 드리라고 할머니가 챙겨 준 각종 곡식 주머니가 든 배낭을 허겁지겁 챙기기 시작했다. 조그마한 아이가 어른들이 입는 군복을 아래위로 소매 발목께만 몇 번씩 접어서 입고, 커다란 군인모자에 검정고무신을 신고 흰 배낭을 진 모습이란…….

　참으로 내 행색은 완전히 거지보다 더 이상한 꼴이었다. 군인 헌병 손에 이끌려 선착장에 내린 나는 어리둥절하고 두리번거리다가 또 한 번 크게 놀랐다. 내가 내리는 저 앞쪽 양옆으로 무수히 많은 사람들과 나보다 큰 형들이 죽 늘어서서 나를 향해 박수를 치기 시작하는 것이었다. 열렬히 환영하는 모습으로 웅성거리며 여기저기서 만세 소리도 들렸다.

　권상사 아저씨가 "네 아버지가 저기 계신다"고 했다. 배표 받는 입구에 아버지가 있다는데 사람들이 하도 많아 나는 잘 찾지를 못했다. 보고 싶은 아버지와의 만남을 이 순간 어떻게 표현할 수가 있을까? 저쪽에서 사람들 가운데로 양팔을 벌리고 소리를 지르면서 달려오는 아버지, 만면에 웃음과 눈물을 담은, 꿈에라도 보고 싶었던 아버지가 제지하는 선원을 뿌리치고 개찰구를 타고 넘어 나를 향해 "찬수야—!" 하고 이름을 부르며 달려오는 것이었다.

아버지를 향해 울면시,

"아버지!"

하며 달려오는 나를 와락 끌어안고,

"찬수야, 찬수야, 찬수야, 어디보자!"

장승포 항 여객선 부두

하며 아버지는 한참 어쩔 줄 몰라 했다. 나의 얼굴을 자세히 들여다보며 어루만지다가 갑자기 일어서면서 양팔을 치켜들고,

"만세! 만세!"

소리쳤다. 아버지는 평소의 정신이 아닌 듯했다. 양팔을 치켜든 아버지가 눈물을 흘리며 감격함은 이렇게 대단했다. 부자가 전쟁 통에 까마득한 곳에 생사도 모르고 떨어져 있다가 엉뚱한 객지에서 기적적으로 만나 대성통곡을 하니 갑자기 그 날의 장승포 항의 부두는 피난민들의 눈물바다가 되었다. 박수를 치던 형들과 마중 나온 아저씨들이 박수를 치면서 모두 우는 것이었다.

정든 고향을 두고 갑자기 월남한 피난민 모두의 울음은 참으로 6·25 동란의 상처를 입은 우리나라 남북 이산가족 모두의 눈물이었고, 수많은 의미를 간직한 슬픔과 그리움이 가 득한 울음이었던 것이다. 배에서 일하는 억센 사투리의 경상 도 아저씨들도 모두 눈물을 흘렸고 아마 나의 따귀를 올려붙 인 아저씨도 그때 와서는 다 알고 아마 이해했을 것이라 생각 되었다.

아버지는 나의 손을 꼭 잡고 눈물만 흘리면서 연초 면으로 가는 버스를 탔다. 아버지는 고향에 남아 있는 할머니 안부를 여러 차례나 물었다. 할머니가 얼마나 보고 싶으면 그러했을 까. 많은 어른들과 학생들이 나를 환영하러 장승포 항까지 왔 다가 모두 함께 연초 면으로 돌아왔다.

38. 피난민 집합지 거제도 연초면

연초 면에만 4만이 넘는 피난민들이 있었다 하니 좁은 마 을의 정황이 어떠했는지를 상상하고도 남는다. 밤에 보니 주 변 언덕과 높은 곳에 불빛이 휘황찬란하여, 개발하기 얼마 전 의 서울 돈암동 산꼭대기의 판자촌 야경같이 높은 빌딩이 가 득 들어서서 불을 켜 놓은 듯한 그런 모습이었다.

이튿날, 건너다보니 산꼭대기부터 너무도 좁게 다닥다닥 붙어 있는 판잣집들 천지였다. 연초면 들판도 빼곡히 다 판잣 집 촌이었다. 연초면의 서쪽인 연사리에는 초가집들이 많았 다. 간혹 기와집도 있었지만 이런 집은 모두 다 거제도 본토 박이(원주민)들이 사는 곳이고 피난민들의 집은 가는 데마다 규모가 일정치 않은 판잣집 일색이었다. 지금 생각하면 숨이 막힐 지경이었다.
　날이 어두워 시장께 중앙극장이 있는 곳에 도착해 아버지를 따라 차에서 내리니 내 소문을 듣고 시장통에 모인 연초면 피난민들이 웅성

연초면 피난민 거주터

거리며 여기저기서 나를 구경하려고 고함을 지르기 시작했다."
　"교장 선생님이 북에 두고 온 아들을 찾았다!"
　"38 이북의 전쟁터에서 아들이 살아 내려왔단다!"
　"전쟁 통 한가운데서 살아 왔다고?"
　"이북에서?"
　"전방에서 싸움하던 군인이 찾아서 데리고 내려왔대요!"
　하고 외치면서 야단들이었다. 사람들이 많이 모인 시장터에서 소문을 듣고 모두가 나를 찾아 다가왔다. 지금은 평범한 일일지 모르지만 그 때는 예삿일이 아니었다. 온 연초면 피난민들의 피맺힌 한이 들끓기 시작하여 나에게 시선과 관심이 집중됐던 것이다. 할아버지, 아저씨, 아주머니, 누나, 형들이 나를 중심으로 이성을 잃은 것처럼 에워싸며 다가오는데 나는 그야말로 숨이 막혀 갑자기 압사를 당할 지경이었다. 사람들은 나를 만져 봄으로써 얼마 전에 이북 각처에서 급하게 피

난할 때 남겨두고 온 사랑하는 그리운 가족들을 만나는 것과 같은 심정을 느껴 보고자 함이었다. 머리를 쓰다듬고 손을 만지고 등을 토닥여 주면서 어떤 아주머니와 할머니들은 땅바닥에 주저앉아 나의 손을 잡고 통곡을 하고…….

소문을 듣고 우리 집 사정을 안 사람들은 할아버지 할머니 아주머니 할 것 없이 무조건 나의 볼이나 머리를 쓰다듬어 주고 등을 토닥여 주면서 눈물을 흘렸으니 이처럼 슬프고 애처로운 장면이 어디에 또 있겠는가?

나를 집으로 먼저 데리고 오는 줄 알고 두 여동생과 기다리던 어머니는 내가 오지를 않아 중앙시장 쪽으로 달려오는 중이였다. 그런데 정작 아들을 제일 먼저 만나야 할 어머니는 나에게 다가올 수가 없었다. 사람들이 인산인해를 이루고 있었기 때문이었다. 한참 뒤 사람들이 그제야,

"교장 선생님 사모님이 저기 오신다! 길을 비켜라!"

하면서 사람들이 갈라선 가운데로 감격의 눈물을 흘리면서 어머니가 달려왔다. 어머니를 본 나는 가슴속 가득히 담고만 있던 눈물을 흘리며 소리를 내어 울면서,

"어머니!"

하고 울부짖으며 어머니 품에 안겼다.

"찬수야!"

"어머니!"

나와 어머니가 서로 부둥켜안고 한참 울다가 어머니가 조용하여 내려다보니 어머니는 실신하여 땅바닥에 쓰러졌다. 사람들이 어머니의 손과 발을 주무르고 더운 물을 입에 넣어

주고 손과 발을 씻기고 하는 북새통에 정신을 차린 어머니는 나의 얼굴을 쓰다듬으면서 붙들고 또 통곡하면서,

"할머니는…… 할머니는?"

거제도 연초면 중앙극장 앞터

하고 물으면서 하염없이 눈물을 흘렸다. 지나간 공산주의 학정과 공포의 세월, 전쟁의 한스러움 그리고 가족에 대한 그리움이 어찌 이 울음으로 다 풀리랴! 기쁨의 통곡! 구경 나온 피난민들의 슬픔의 통곡! 부러움의 통곡! 무모하게 일으킨 6·25 전쟁의 쓰라린 흔적이 피난민의 한이 여기 한반도의 남단 거제도에 산더미보다 더 높게 쌓여 있었다.

늦게야 진정하신 어머니를 보고, 아버지는 쌀가게에서 갈쭉갈쭉한 알랑미(안남미)를 외상으로가 사가지고 보고 싶은 두 여동생이 기다리는 집으로 갔다. 그곳에도 동네 사람들과 시장에서 따라온 사람들로 북적거렸다. 우리 집에 온 나는 부모님 앞에서 큰 절을 드렸다. 얼마 만에 드리는 큰 절인가? 모두 흐느끼기 시작했다. 사택에 같이 기거하는 이기순, 이만영 선생님에게 큰 절로 인사를 하고 어린 두 여동생의 손을

잡았다.

　두 여동생은 낯이 설어 별 표정이 없이 멀거니 쳐다보기만 하다가 큰 여동생이 좀 컸다고 내게 다가와 쳐다보며 손을 잡았다. 어머니가 급히 저녁을 차려 들여오는데 두 여동생이 밥상 양옆에 착 달라붙어 내가 밥을 먹는 것을 쳐다봤다. 처음에는 의식 못했는데 내가 밥숟가락으로 밥을 뜨면 고개를 내려 떠지는 밥을 보고 입으로 숟가락을 올리면 고개를 들어 쳐다보는 것이었다. 내가 두 동생들에게 같이 먹자고 했더니 어머니가 "얘들은 먹었으니 너만 먹어라"고 했지만 동생들이 자꾸 걸려 고집을 부려 같이 먹었다.

　이튿날, 나는 두 동생들이 왜 그러는지를 알았다. 놀랍게도 피난민 전체가 거의 굶으면서 생활했고 끼니때마다 목구멍으로 잘 넘어가지도 않는 억세고 껄끄러운 메수수만 삶은 걸 먹는 게 전부였다. 숟가락에 잘 담아지지도 않는 그런 밥이다. 중부전선 고향에서의 전쟁 통에서도 구경해 보지 못했던 그런 밥이었다. 동생들이 하얀 알랑미 쌀밥을 보고 밥상 옆에 바싹 다가앉아서 군침을 흘리고 숟가락이 오르내리는 것을 따라 고개를 올렸다 내렸다 하며 쳐다본 이유가 거기에 있었던 것이다.

　이틀 정도 식사 때마다 나의 밥만 하얗고 다른 식구들의 밥들은 새빨갛게 된 수수 삶은 것뿐이었다. 3일 뒤부터 나도 본격적으로 목구멍으로 잘 넘어가지도 않는 메수수 밥만 먹기 시작했다.

39. 생이별한 이산가족

중부전선 진쟁터 한가운데서 식량난으로 고생한 것과는 비교도 할 수 없이 더 심각한 피난민 생활이 시작되었다. 이튿날부터 연초

피난민 판자촌

중학교 운동장과 우리 집은 나를 보려고 오는 사람들의 면회 장소가 되었다. 그리고 이후 나의 소문은 거제도 전역에 있는 피난민들에게 퍼져 나갔고 멀리 육지에까지 퍼져 나갔다 한다. 모두들 와서 나의 손을 잡고 머리를 쓰다듬어 주고 엉엉 울며 눈물을 쏟고, "교장 선생님 댁은 전생에 무슨 좋은 일을 해서 이런 축복을 받느냐"고 부러워했다.

띄엄띄엄 통영, 마산, 부산, 진해, 진주 등지에서 아버지를 아는 사람들이 소문을 듣고 우리 집을 일부러 찾아와 나를 만나는 피난민도 있었다. 나의 부모와 피난시절 친했던 장갑송 아저씨와 아주머니는 어린 딸 명숙이를 데리고 통영에서 배를 타고 거제도로 건너와 나를 만나고 며칠을 우리 집에서 묵고 간 일도 있다.

아저씨 가족은 성진에서 부모와 세 딸을 두고 피난을 왔다고 했다. 나의 어머니와 동갑인 그 아주머니는 공부를 많이 한 분인데 이북 이야기만 나오면 두고 온 세 딸 때문에 눈물을 흘리면서 한숨을 내쉰다. 참으로 가슴 아픈 일이다.

그 댁 어른들과 자녀들과 우리 형제들은 피난시절 정이 들어 지금까지 가까운 친척 형제처럼 지내고 있다. 또 얼마나 답답했으면 어린 나에게 "통일이 언제 된다고 하더냐?"고 시국에 대하여 묻는 사람들도 있었다. 그 분들은 그때의 응어리진 가슴이 이제까지도 풀리지 않고 있을 테니 이산가족의 삶이란 이렇게도 모질기만 하단 말인가…….

40. 대한민국이 배척하는 마르크스 레닌 사상

들리는 말에 의하면 역사 바로 세우기니 뭐니 하면서 그것을 핑계로 이미 우리가 다 경험하고, 다 알고 있는 6·25라는 그 생생한 사실까지도 엉뚱하게 거짓으로 뒤집어 성장기의 청소년들에게 두려움 없이 대한민국이 북침했다고 가르치는 사람들이 있다고 하는데 이런 현실에 놀랄 뿐이다.

국민들의 민주주의에 대한 갈망은 순수한 것이다. 그렇기 때문에 6·25의 아픔을 안고도 민주주의 국가를 이룩하려는 국민들의 실천 행위는 이제껏 값졌던 것이다. 국민 모두가 도처에서 각자의 위치에서 실망을 딛고 열심히 일하면서 희망에 찬 목소리가 우렁찼고 전쟁터에서 우리 국군의 열정이 남달랐던 것을 모두는 깨달아야 한다.

거제도에서 만난 김성천이란 친구가 있다. 그의 아버지는 목사였는데 함경남도 함흥에서 개신교 목회활동을 하였다. 그런데 공산주의자들이 어떻게나 종교를 탄압하고 목사들을 못살게 하는지 목회활동을 함께 하던 친구 목사 두 명은 이북에서 사상범으로 붙들려 어디론지 행방불명되었고 그때부터 친구 가족들은 슬픈 운명의 나날을 살게 되었다고 한다.

내 친구는 마침 1·4 후퇴시 부모를 따라온 가족이 같이 김일성 치하를 피해 거제도로 피난 왔다. 성천이 아버지에게 납치된 가족들이 말하기를 우리도 남쪽으로 가고 싶은데 잡혀간 가장의 생사를 몰라 어떻게 남겨두고 우리만 피신하겠느냐면서 망설이다가 그만 나오지 못했다. 성천이 아버지는 이 사실을 안타까워하면서 자주 이야기했다고 한다.

성천이 아버지는 피난 중 너무 쇠약해져서 거제도 장목에서 세상을 떠나 그곳 어느 곳 남의 땅에 산소를 정해 모셨는데 자식들이 숨을 좀 돌릴 만하여 얼마 전까지 여러 차례 아버지 묘소를 찾고자 여러 차례 찾아갔으나 어떤 곳인지 산소의 흔적을 찾을 수 없었다 했다. 1955년도에 부산으로 나와 제2송도의 고아원에서 세 남매가 크고 그의 어머니는 고아원(지금은 보육원)에서 밥 짓는 일을 하면서 지냈다. 내가 간혹 찾아가면 친구 어머니는 가슴에 맺힌 한을 털어 놓느라고 듣는 나로 하여금 숨도 미처 내쉴 수도 없을 정도로 틈도 주지 않고 말을 쏟아 놓았다.

성천이는 음악지식과 미술지식이 아주 깊었다. 특히 학창시절에는 클라리넷을 잘 다루었고 일어 공부를 파고들어 그

분야에서 일가견이 있다. 어린 시절 이야기가 나오고 어머니가 이북에서의 일을 이야기 주제로 삼으면 친구는 도망가듯이 하며 듣지 않으려 했다. 어머니의 한이 너무 안쓰러워서였고 밤낮으로 들어서 어머니 아픈 마음을 통달하였기에 이제는 오히려 듣기 싫어하는 마음이 먼저 생겨나기 때문이라고 했다.

어머니 이야기의 맨 처음 이야기 시작은 가짜 김일성의 무모하고 못된 개신교도 탄압 이야기로부터 시작된다. 나도 몇 번 들었지만 말을 한번 꺼내시면 앞에 앉은 세 남매가 꾸벅꾸벅 졸 정도로 끊임이 없었다.

나의 외가는 아직도 함경북도 청진에서 북괴에게 모진 시련을 당하고 있을 생각을 하니 마음이 아프다. 90을 바라보는 내 어머니는 지금도 헤어질 당시 청진에 있었던 친정집 형제들을 그리워하고 북쪽에 관한 이산가족 뉴스만 나오면 당시의 김일성을 욕하면서 눈물을 흘린다. 그 때의 이산가족들의 애절한 정황을 생각하면 이제까지도 평생의 슬픔을 가슴에 지니고 이제나 저제나 하다가 아까운 긴 세월을 다 놓치고 지낸 사람들에게 안타까운 마음 이를 데가 없다.

다시 거제도로 돌아가 본다. 이때 아버지의 일기장에 쓰인 글이다.

아버지! 부르며 달려드는 자식의 얼굴
4년 풍진 속에 몰라보게 큰 자식을
안아보는 부모 된 마음

찬수야! 얼마나 불러보고 싶은 이름이었던고
못난 아비 어미를 얼마나 그리워 저렇게도 눈물이 용솟는가
어머님 홀로 고향에 두고
우리 모두 한자리에 앉아
고향 이야기로 꽃을 피우다
11월 2일 권상사 가족을 불러 식사를 하다. (맺어진 인연은 인생에 추억을 남기고)

내가 배낭으로 지고 온 찹쌀은 한동안 조금씩 조금씩 수수밥에 소중히 섞어 밥상에 올려졌다. 연초에 와 보니 고향에서 전쟁으로 피해 다니면서 끼니를 해결하는 것보다 훨씬 어려워 고생이 말이 아니었다. 피난민 생활은 참으로 처참했다. 매일같이 초등학교 운동장 서쪽으로 커다란 텐트를 친 우유죽 배급소에서 우유 배급표를 내고 점심때는 피난민 학생들이 모두 줄을 서서 끓인 우유죽 한 사발을 후루룩 마시는 것으로 한 끼를 때우는 정도이니…… 한참 성장할 나이에 얼마나 배들이 고팠을지 짐작할 수 있을 것이다.

나는 즉시 연초 초등학교 4학년 2반(담임 김근자 선생님)에 편입되어 학교에 다녔다. 각 학년 1반은 본토박이 자녀들로 편성되어 있고 2반, 3반, 4반은 피난민 자녀들만으로 학급이 편성되었다. 이때부터 나는 강원도 양양지방의 사투리는 쓰지 않고 함경도 피난민 아이들과 어울려 함경도 사투리만 써서 지금도 함경도 억양이 내게서 떠나지를 않는다.

41. 할머니 거제도 도착, 이산가족 상봉

 당시 아버지의 기쁨과 슬픔이 교차하던 일기장을 더 살펴보기로 한다.

 12월 24일(음 11월 8일) 부친 제사
 12월 25일 어머님이 오셨다(오전 11시)
 오랜 세월(4년)을 두고
 가슴 웅크려 쥐고 그리워하던
 어머님 오시었네
 검은 머리에 흰 가락 섞이어도
 옥체 건강하심에 더욱 기뻐라
 아들 며느리 손자들이
 무릎을 꿇고 엎드렸어도
 머리 쓰다듬어 주시며
 아무 말 없는 그 모습 장엄하여라
 울지도 말하지도 않는 어머님
 아마도 그 마음속엔
 혈관이 부서져 피눈물 머금었으리
 오직 자손들 보시려는 일념으로
 62세의 노령으로 무거운 짐을 지고
 다만 홀로 천리 먼 길 오셨나니
 오! 거룩한 나의 어머니여

기쁨 없는 평생 고애 속에
만고풍상을 낱낱 겪으시어
더욱 그 몸 괴로우시련만
도리어 자손들 위로하시는
그 마음 믿음직하여라
진정으로 희열에 찬 반생의 오늘이여

1953년 1월 6일 선화 모가 부산을 다녀옴{모친이 가져온 돈으로 재봉틀 한 대 구입 110만 원(圜 : 화폐개혁 이전의 화폐단위)}

2월 7일 권상사(오홍) 내방. 어머님과 오래간만에 상봉함을 기뻐하면서 저녁을 즐기다. 고향 박소령에게 소식을 전하다.

2월 14일 우리의 명절 '설날' 오전 8시~10시간 일식(日蝕)을 하다. 수년 만에 모친을 모시고 온 가족이 기쁘게 새해 계해년을 맞다.

풍진 속이나 나는 행복하다.

3월 6일(음 1월 21일) 오전 4시 18분 선심 출생 산모와 함께 건강. 어머님이 오셨으므로 모든 것이 안심.

5월 14일 고향에서 서종원 중사 옴. 내가 오래간만에 그리운 고향 사람들의 소식을 듣다.

어머님의 희열에 넘치는 얼굴을 보다.

5월 17일 서종원 중사 편에 고향에 소식을 전하다.

수복 후 대한민국정부가 발행한 할머니의 도민증. 할머니는 1952년 12월에 이 도민증을 지니고 육로로 거제도까지 내려왔다

어머니는 할머니가 고향에서 농사지어 장만한 돈이 금방 없어질 것을 염려해 그 돈 모두를 가지고 부산으로 나갔다. 재봉틀을 사서 삯바느질을 하기 위함이었다. 배를 타고 부산으로 나갈 때는 날씨가 괜찮았는데, 부산 국제시장에서 재봉틀을 사는 과정에서 차질이 있어 같이 간 두 분(아버지와 같은 학교에 재직하였던 박선생의 어머님과 젊은 부인)과 헤어져 시장을 본 뒤에 늦게야 만나자고 한 부두엘 갔다. 그런데 파도가 일면서 바다 날씨가 심상치 않았고, 같이 온 두 분은 어머니를 기다리다가 한 시간쯤 전에 창경호(?)라는 큰 여객선으로 먼저 떠났다.

어머니는 다른 배를 기다리면서 자갈치 시장에 머물러 있었는데, 뒤늦게 창운호라는 70톤급(?) 목선에 올라 재봉틀을 싣고 장승포 항을 향해 출발했다. 태풍이 몰려와 파도가 산같이 일어나는 가운데 창운호는 낙동강 하구로부터 바다로 흘러 내려오는 거대한 강물결에 크게 흔들리고, 태풍까지 겹치니 한 조각 나뭇잎처럼 금방 침몰할 지경이었다고 한다.

파도가 폭포수같이 몇 차례씩이나 배 안으로 덮쳐 들어와

배 밑바닥에 있던 승객들이 모두 일어나 난간과 계단을 붙들고 바닷물에 빠진 생쥐처럼 쫄딱 젖어 무서운 추위와 싸우면서 버티는데 그 와중에서 어머니는 할머니가 주신 돈으로 장만한 재봉틀이 파도에 휩쓸려 갈까봐 계단에 무명 띠로 붙들어 매고, 어머니도 그 옆에 매달려 사투를 벌여 평소에는 4시간 정도면 갈 뱃길을 8시간이 넘게 표류하면서 버티다가 가까스로 장승포항에 도착했다.

마중 나온 인파가 어마어마하게 많은 가운데 모두 울고불고 아우성인 사람 속을 어머니는 무사히 재봉틀을 지고 나와 아버지와 만났다. 안타깝게도 앞서 떠난 창경호는 수백 명이 넘는 승객과 바다 속으로 침몰하여 아직까지 연락이 두절이고 남은 식구들이 부두에 나와 저렇게 아우성을 치고 있었던 것이다. 아버지도 그 속에서 절망의 눈물을 흘리다가 기적적으로 살아 재봉틀을 지고 나오는 어머니를 만났다.

낙동강 하구는 지금도 큰 장마가 지면 파도가 거세기로 유명하여 배가 이곳을 항해할 때는 항상 조심한다고 한다. 창경호 사건으로 살아난 사람은 단 한 사람뿐이었는데 들리는 말에 의하면 몇 대 독자라고 했다. 어머니와 부산에 같이 나갔던 두 분은 시체도 찾지 못했는데 박선생 어머니는 영영 시체를 찾지 못하였고 부인의 시체만은 멀리도 떨어진 부산 해운대 앞 바다에서 연락이 와서 찾았다.

배 안에서 난간을 붙들고 어찌나 애를 썼는지 고기들이 살을 뜯어 먹어서 그런지 양 팔목에 살은 없고 뼈만 앙상하였다고 하면서 박선생이 우리 집에 와서 방바닥을 치면서 통곡을 하던 생각이 난다. 이 창경호 사건도 피난민들의 애환으로 기록된 일이다. 거제도 연초면은 이 사건으로 또 한번 슬픔에 싸였다. 바느질 솜씨가 좋으신 어머니는 그 재봉틀로 우리 집 생계를 위해 삯바느질을 하기 시작했다.

42. 명견 에쓰와의 만남

하루는 이웃에 사는 내 친구 명훈이의 아버지가 경북 안동으로 이사 간다면서 키우던 셰퍼드 새끼를 아버지더러 맡아 달라고 해서 얻어 왔다. 미군부대에서 가지고 나온 개였는데 생후 5개월쯤 된 강아지(수놈)였고 이름이 에쓰(S)라 하였다. 아버지는 나에게 강아지를 선물했다. 자라면서 내 말을 잘 알아듣고 체구가 커 갈수록 용맹하기가 동네 일대에 소문이 났다. 그 후에도 여러 종류의 개를 키워 봤지만 에쓰처럼 똑똑하고 충성스러우며 용맹한 개는 보지 못했다. 평소에는 순하기가 이를 데 없으나 밤에는 학교 주변을 지키는 번견(番犬)으로서 과연 명견의 소리를 들을 만했다.

당시엔 집집마다 개를 풀어놓고 키워서 개들끼리 무리지어 다녔는데 그 중에서 에쓰는 대장노릇을 했다. 낯선 개가 우리 동네에 들어오면 다른 놈들은 꼬리를 내리거나 슬슬 피하는데 에쓰는 상대의 크기와는 관계없이 어깨 위의 갈기를 세우면서 낯선 개에 서서히 접근한다. 그러면 대부분의 낯선 개들은 그 위세에 눌려 냄새를 맡거나 혀를 내밀어 핥아가며 복종을 표시하는데 그런 개들은 가만 놔두고, 덤비려는 의사를 표시하는 개들은 사정없이 공격했다.

　빠르기가 전광석화 같았고 또 내가 그 옆에서 고함을 지르며 위세를 북돋아주기 때문에 지는 경우가 한 번도 없었다. 동네에서는 당연 왕초 노릇을 했고 10여 마리의 개늘을 거느리고 다녔다. 아버지가 피난 와서 처음 근무한 오비국민학교가 있는 오비리 마을에 다녀온다든지, 고향 소식을 전해 주던 한내리의 서종원 중사 아저씨 댁엘 갈 때면 반드시 에쓰를 데리고 다녔다.

　간혹 집에 먼저 가라고 보내면 에쓰는 그 먼 길을 혼자 집으로 돌아갔고, 저녁 늦게 아버지와 내가 집으로 돌아오면 한밤중에도 우리 집에서 멀리 떨어진 동구 밖까지 나와 앞발을 가지런히 하고 떠억 버티고 앉아 내가 오기만을 기다리고 있었다.

　이때 할머니는 전쟁 통의 머나먼 객지에서 당신 마음을 안정시키느라 그랬던지 나에게 이런 이야기도 해 주셨다. 내가 지금까지 잊어버릴 수 없는 함경도 행영에 살 때의 전 포수 이야기다.

　전 포수는 1935년경 함경북도 일대에서 가장 유명한 사냥꾼이었다고 한다. 전 포수가 살던 마을이 함경북도 종성군(鍾城郡) 행영면(行營面) 영리(營里)인데, 그 마을 53번지가 내가 출생한 곳이기도 하다. 조선조 세종 때 절재(節齋) 김종서(金宗瑞) 장군(일명 호랑대신)이 6진을 개척할 때 진영(오늘로 말하면 사령부)을 친 자리가 있었던 동네라고 한다. 그래서인지 나는 그곳에서 출생하였다는 자긍심이 지금까지도 대단한 편이다.

　1941년 그곳에서 나서 다섯 살이 될 때까지 거기서 살았으니 꽤 오래 산 곳이지만 나에게는 그때의 희미한 기억이 아련하게 남아 있었다. 그 때의 일들은 대개 할머니와 부모님이 들려주신 옛날이야기 속에서였다. 단지 네 살 때부터 서너 가지 어렴풋이 기억이 나는 정도인데, 다만 전 포수에 관한 이야기는 내가 여섯 살 가을쯤 말귀를 알아들을 때부터 나이 40이 다 될 때까지 할머니에게서 수도 없이 많이도 들은 이야기이고, 오래 전에 돌아가신 아버지가 가끔 들려 주셨고, 지금 생존해 계시는 기억력 좋기로 소문난 어머니의 경험담 이야기이니 이 일화는 내 마음 속에서 영원히 간직될 수밖에 없는 아름다운 이야기다.

　전 포수의 집은 영리(營里)의 우리 집으로부터 바로 한 집 건너에 있었다. 내가 태어나던 해 전 포수는 30세가 갓 넘었고 미모가 뛰어난 부인과 8살, 6살 난 두 아들 형제를 두었는데 특이한 것은 만주벌판에서 구해 왔다는 호개(胡犬)라는 새까만 색의 사냥견이 전 포수 가족과 한 방에서 침식을 같이한다는 것이었다.

　그 호개의 크기를 말만 하다고 했지만, 아버지께서 말씀하기를, 커다란 망아지 정도는 족히 된다고 했으니까 대략 짐작할 수가 있고, 그 집 아이들이나 어린 나를 등에 태울 정도였다고 하니 꽤나 큰 사냥개라고 짐작된다.

　내가 태어나기 전, 전 포수 댁을 처음 알았을 당시 어머니는 갓 스물도 안 된 새색시였는데, 전 포수가 부인과 두 아들 앞에서 자기가 기르는 사냥개를 가리키면서, "이 개를 누가 달라고 하면, 내 아들애를 주면 주었지 개는 절대로 줄 수 없다"라고 말하는 바람에 너무 어처구니가 없었고, 한편으로는 듣는 순간 가슴이 철렁 내려앉고 또 섬뜩한 느낌마지 가졌었다고 하였다.

당시엔 어떻게나 그 개가 유명한지 함경북도 일대엔 전 포수만큼이나 호개 이야기가 널리 퍼져 대단한 이야깃거리였다고 한다. 표범, 곰, 멧돼지 등 맹수만 눈에 띄면 사생결단으로 용맹스럽게 대들어 해치우고, 노루나 토끼같이 약한 짐승이나 동네 개들을 보면 거들떠보지도 않는 순하디 순한 양과 같았다 하니 그 용맹성과 호개의 기질을 알 만하다.

이웃의 어린 내가 겁도 없이 호개를 붙잡고 털가죽을 잡아당기고 귀퉁이를 때려주어도 그저 눈만 끔벅거리며 양쪽 귀를 뒤로 젖히고 꼬리를 치는 순둥이였다고 한다.

전 포수는 마음이 아주 순하고 붙임성이 있고 또 사냥을 할 때면 비호같이 이산 저산을 치닫는데, 보통사람들은 따를 수 없는 지혜와 용력의 소유자라고 했다. 이름난 전 포수가 유명한 호개를 데리고 함경북도 북방 백두산 두만강 유역을 누비며 골짜기 휘파람 소리로 엄동설한의 쨍하는 공기를 날카롭게 가르는 모습은 지난날 우리의 옛 역사 속에서 이 지역에서 맹활약하던 선조들의 삶을 다시 한번 상상해 보게도 한다.

전 포수는 계절이 바뀔 때마다 산짐승과 날짐승의 이동경로와 그 짐승들의 특징들을 너무나 잘 알아 포수로서의 전문성이 남달랐다고 한다. 한번 사냥을 나가면 사격술이 너무 정확해 빈손으로 돌아오는 일이 없고, 사냥해 온 꿩이나 짐승들은 반드시 먼 지역일 때는 그 지역 사람들과 산짐승 고기를 같이 나누는 기쁨의 시간을 가졌고, 우리 동네 사람들과 함께 잔치를 하여 나누어 먹었다고 한다. 이렇게 이웃뿐만 아니라 멀리 백두산 근처 주민들까지 전 포수 덕에 한 해 동안에도 몇 차례씩이나 호강을 하였다고 한다.

어느 해 눈이 많이 오는 겨울에 있었던 일이다. 자정이 조금 지났을 때다. 호개가(개의 이름을 잊어버렸다) 마당으로 뛰어 나가려 해서 전 포수는 개가 오줌을 누려고 하는 줄 알고 문을 열어 주었다. 한참이 지나도 나갔던 개가 문 밖에서 기척을 내지 않아 이제나 들어오나 저제나 들어오나 하고 기다리다 선잠이 들었는데, 새벽녘에 잠을 깨어 보니 그때까지도 호개가 옆에 없었다.

전 포수는 문득 불길한 예감이 들어 부리나케 사냥채비를 하고 밖으로 나와 두만강 중류 쪽으로 가는 상상봉 산 쪽으로 향해 새벽공기를 가르며 달려가면서 손가락을 입술에다 대고 휘파람 소리를 연달아 길게 빼며 호개를 불렀다. 산과 들 온 천지는 고요한 데다 호개가 뛰어가며 남긴 발자국마저도 새로 내린 눈으로 덮여 희미해지다가 없어지고, 호개가 짖어대는 기척은 사방 어디에서도 전혀 들을 수가 없어 초조한 마음으로 세 시간 가까이 이 골짜기 저 골짜기를 헤매 다녔다. 웬만하면 멀리서도 휘파람 소리를 들으면 컹컹대고 짖어대는데 그날은 도통 반응이 없었다고 한다.

먼동이 터올 무렵, 저 멀리서 어렴풋이 호개가 짖어대는 소리가 컹컹 하고 났다. 전 포수는 소리 나는 쪽 방향으로 산중턱까지 정신없이 달려 올라갔다. 마침내 눈앞에 호개의 모습이 들어왔다. 호개는 기세등등하게 큰 소리로 연신 사납게 짖어대면서 아름드리 소나무 주변을 뱅뱅 돌며 주인이 왔는데도 껑충 뛰어 오르면서 반기지도 않고 앞발로 땅을 긁으면서 나무 꼭대기를 쳐다보며 계속 짖어댔다. 그리고는 주인을 보고 낑낑거리면서 나무 꼭대기를 쳐다보고 번갈아가며 짖어댔다. 전 포수가 그때 호개를 보니 얼굴은 온통 퉁퉁 부어 눈을 가릴 정도였고, 어깨며 옆구리 할 것 없이 흘린 피가 낭자하더라는 것이다.

얼마나 나무 밑동 주변을 양 앞발로 팠는지 실히 한 자 정도는 빙 둘러 패여 있을 정도였고, 고목나무 꼭대기 여기저기를 살펴보니 나무 저 높은 끝 쪽 큰 가지에 눈빛이 새파란 표범 한 마리가 웅크리고 숨어서 경계하는 눈빛으로 아래를 내려다보고 있었다. 전 포수는 신속하게 표범을 겨냥하였고, 단 한 방에 표범은 아래로 털썩 하고 떨어지는 순간 호개는 사정없이 달려들어 표범의 목덜미를 물고 한참 흔들어대자 드디어 표범은 숨이 끊어졌다.

상황 추리는 이러했다. 산속에서 먹을 것을 찾지 못한 표범이 야밤에 동네로 내려와 가축을 잡아먹으려 했다. 마침 전 포수의 집 앞에서 방안에 있는 호개의 감각에 들켜 도망을 치게 되었다. 끈질기게 쫓아간 호개가 표범에게 덤벼들어 몇 차례 싸움이 붙었는데, 오히려 표범이 호개를 당해내지 못하고 기진해서 도망치다가 마침내는 산중턱 나무 꼭대기 높은 곳으로 도망쳐 올라갔다. 기세등등한 전 포수의 사냥개 호개는 나무를 쓰러뜨려 표범을 떨어뜨리려고 기세 좋게 마구 밑동을 파가며 새벽이 되도록 밑에서 경계를 늦추지 않고 지키면서 망을 보던 중에 전 포수가 달려온 것이었다. 일반적으로 개들은 주인이 곁에 있을 때 더욱 사납고 주인의 위세를 앞세워 용맹을 떨치는데, 호개는 달랐다고 한다.

전 포수는 잡은 표범을 마을까지 옮겨 왔는데, 그 표범의 등 위에 태어난 지 백 일 된 나의 형을 앉히고 어머니가 양손으로 붙들고 찍은 사진이 아직도 남아 있다.

또 한 번은 어느 늦가을, 호개를 데리고 사냥하는 도중 커다란 곰을 만났다. 전 포수의 사냥 순서는 호개가 먼저 곰이나 멧돼지와 싸우다 휘파람을 길게 불면 싸우던 호개가 옆으로 비켜서서 도망치듯 거리를 띄어 놓으면 전 포수는 전광석화같이 총으로 맹수를 사격하고 쓰러지는 맹수를 확인하는 즉시 뒤따라 다시 호개가 달려들어 맹수의 목덜미를 물고 한참 흔들어대면 사냥은 끝나는 것이라 하였다. 그런데 그 날은 호개가 전 포수의 사격과 거의 동시에 곰에게 달려들다가 총알이 곰의 가슴께를 스치고 그 옆 호개의 어깨를 거의 동시에 관통하는 일이 벌어졌다.

아무리 호개를 살펴보아도 가늘게 숨만 내쉴 뿐 죽은 듯이 늘어져 있었다. 당황한 전 포수는 정신이 없어 직감적으로 호개가 죽어 간다고 판단했다. 호개는 마침내 눈까지 감았고 전 포수는 너무 슬프고 절망하여 반 미친 사람이 되어 총이고 뭐고 다 팽개치고 엉엉 울면서 집으로 내려왔는데, 자신도 어떻게 산에서 내려왔는지도 몰랐다고 하였다. 집으로 와 대성통곡을 하니 온 가족이 같이 울고 하여 영리 사람들이 마치 사람이 세상 떠났을 때처럼 술렁댔다고 한다.

밤새도록 통곡한 다음날 아침, 전 포수는 쟁기를 가지고 이웃들과 함께 호개를 세상 떠난 사람 염하듯이 삼베 필까지 준비 하고 장례를 치르러 산으로 올라가는데, 일행이 보니 저 멀리서 팔을 내저으며 황급히 걸어오는 한 노인이 있었다고 한다. 그는 전 포수가 사냥을 오갈 때마다 들렀다 쉬어 가는 주막집 주인이었다.

노인은 화급하게 전 포수를 향해 "아, 이 사람아! 자네가 정신이 있는가? 그래 그렇게 아픈 호개를 놔두고 어딜 갔다 오는가?" 하고 책망하면서 말을 잇는데, 노인이 한밤중에 주막 밖에 이상한 기척이 있어 나가 보니 평소 잘 알고 있는 호개가 거의 쓰러지듯이 낑낑대면서 주막으로 기어 들어오더라는 것이다.

주막 주인은 어떻게 된 영문인지 생각할 겨를도 없이 온 몸이 피투성이가 된 호개를 따뜻한 물로 씻기고 고약을 발라 주고 물도 먹여 주며 밤새도록 간호하다 날이 밝아서야 전 포수 집으로 급히 내려오는 길이라고 하였다.

이 말을 듣고 정신이 번쩍 든 전 포수는 쏜살같이 앞서 달려가 보니, 호개는 주막집 안방 아랫목에 이불을 덮은 채 누워 있었다. 주인이 온 것을 알고 다 죽어가는 모습으로 반갑다고 간신히 꼬리만 흔드는 호개를 보고 전 포수는 너무 감격하여 와락 달려들어 호개를 끌어안고 어린아이처럼 엉엉 소리를 내며 울었다. 호개는 고통 속에서도 낑낑거리며 주인 얼굴을 힘없이 핥으면서 반가워 눈물을 흘리더라는 것이다.

뒷날 전 포수가 이때의 상황을 이야기할 때면 항상 흥분하곤 했다. 그는 세상에 태어나서 그렇게 기쁘기는 처음이라고 하였다. 그 뒤 호개는 다 나았지만 앞 다리를 조금씩 절뚝거렸다. 전 포수는 호개가 다시 다칠까 안쓰러워 사냥개 조수격인 작은 호개만 데리고 사냥을 나갔는데 그럴 때마다 하루 종일 밥도 먹지 않고 울어대는 바람에 얼마 뒤엔 그 호개도 예전처럼 데리고 다녔고 호개는 예전보다 더 용감하게 앞장서서 사냥을 한다고 자랑을 하였다고 했다.

43. 할머니의 발병과 동생 선심이의 죽음

아버지를 따라 본토박이들의 집에 자주 가 보았는데 대부분 아래 위 흰 옷을 입고 있었다. 우연히 부엌을 지나쳤는데 부엌의 천정에 시커먼 그을음이 붙어 기다랗게 거미줄 늘어지듯이 늘어져 있었다. 불을 때면 아궁이의 연기가 장독대 뒤뜰로 나가는데 문 바로 옆에 굴뚝이 만들어져 있어서 연기가 부엌 안으로 다시 들어가기 때문이었다. 어린 나의 눈에도 집 구조가 이상해 보였다.

내 고향집의 구조는 부엌에서 불을 때면 그 화기가 안방 윗방 등의 구들장을 모두 통과하고 집 뒤쪽 끝에 있는 높다란 굴뚝으로 연기가 나가게 되어 있는데 내가 본 몇몇 본토박이 집은 고향 집들과 달랐다. 그러니 흰옷이 금방 검게 되기 마련이다.

　손님이 왔다고 사발에 누르스름한 쌀을 가득 담아 내놓고 먹으라고 하는데 아버지는 그 쌀을 손으로 한 움큼 집어 먹는데 나는 좀 이상해서 망설이고 있었다. 어서 맛보라고 해서 입에 넣고 씹어 보니 쌀이 구수한 것이 맛이 괜찮았다. 그 쌀을 '찐쌀'이라 불렀는데 가을에 햅쌀을 특별히 쪄서 저장해 두고 육지 사람들이 손님에게 과일이나 다과를 대접하듯이 찐쌀로 대접한다고 했다.

　한번은 죽토리 다리께에서 본토박이와 피난 내려온 어른 두 사람이 싸움을 했는데, 그 옆에 있던 본토박이들이 고함을 지르며 야단이 났다고 하면서 동네방네 떠들며 외쳐대기를,

　"야! 저기 사람과 피난민이 싸우고 있다!"

　하고 말했다. 이 말이 삽시간에 연초 면에 퍼져 피난민들이 모두 분개했었다. 우리 학교에도 이 소문이 파다하게 퍼졌다. 어려운 풍상을 겪어 사나워진 피난민 아이들이 그 말에 격분하여 얌전한 본토박이 아이들을 여기저기에서 이유 없이 패주는 바람에 학교 선생들은 비상이 걸렸고 한동안 연초 면 어른들이 긴장했던 적도 있었다. 이 소문이 거제도 전체에 퍼지고 육지까지 알려져서 '사람과 피난민이 싸우고 있다!'라는 어처구니없는 말은 한동안 사람들 입에 회자되었다.

　1953년 5월 25일 우리 집에는 너무도 큰 일이 벌어졌다. 앞에서 아버님의 일기에 잠깐 나왔지만, 할머니가 정신을 놓은 것이다. 가족 상봉의 기쁨은 잠시뿐, 하늘에서 벼락이 떨어진 형상이었다. 할머니는 순간 기절한 것이 아니고 혼이 빠진 것

이었다. 전쟁 와중에 할머니는 가는 데마다 사람들 앞에서 나를 가리키면서,

"애를 제 부모의 손에 쥐어 놓으면 누가 당장 그 자리에서 죽으라면 당장 꼬꾸라져 기꺼이 죽겠다"

하면서 이리 밀리고 저리 밀리면서 내내 애절하게 말해 왔었다. 할머니의 소원이 이루어지니까 모든 긴장이 풀어졌기 때문이리라! 온 가족의 놀람은 이루 말로 다할 수가 없었다. 아버지의 애통함은 너무나 애절해서 매일 눈물로 지냈다. 학교에서 틈만 나면 집으로 달려와서 어린아이가 된 것처럼 눈물을 흘리며 간호하다가 수업종이 울리면 교실로 분주히 달려갔다.

할머니는 그간 온 가족을 만나 기쁨에 넘쳤으나 차차 말이 줄어들더니 갑자기 식기를 집어 내던지며 고함을 지르고, 걷잡을 수도 제지할 수도 없는 지경에 이르렀다. 할머니는 그동안 가슴속에 응어리진 것을 다 털어놓지 못하고 한 많은 난리통의 답답한 원한들이 가슴에 꽉 차서 풀어져 밖으로 쏟아내지 못한 것이라 생각되었다. 나는 학교도 가기 싫고 할머니 옆에서 울기만 했다. 우리 가족은 너무 놀라고 슬퍼서 울며 어찌할 바를 몰랐다. 이때의 아버지의 일기에는 이렇게 적혀 있다.

5월 25일 오호! 저주스런 오늘이여, 태산같이 믿어온 어머님 병이 나다.

한 일주 동안 천막교회 부흥회 철야기도에 다니시더니 결

국 발병하셨다.

  오후 5시 내내 소란.

  의사를 불러 진단 결과 광증(狂症)이라 하였다.

  철야 간호하다. 점점 더하다.

  오후 4시 목사 집사들 4명 내가(來家). 맥박은 정상. 체온은 36.7도, 기도로써 안정되지 않음.

  조금도 차도 없으매 자식들 속 애달파라.

  5월 31일, 병세 여전. 의사와 상의하고, 교회 만류도 무릅쓰고 어머님을 집으로 모셔 옴.

  6월 1일, 덕도리 한의사 김성헌씨를 모셔와 치료.

  6월 14일, 저녁부터 차도가 있는 듯하였으나 새로운 징후가 나타남.

  6월 15일, 휴전 반대 면민 궐기대회 개최. 어머님의 소란으로 의사치료를 일시 중지.

  6월 16일, 1학기 중간고사 시작 각 학급을 통하여 엄격히 감독키로 함. 금일부터 농구대 제작착수. 모친 병은 여전.

  6월 18일, 중간고사 완료 채점시작. 오늘 오후 6시부터 어머님 병이 돌아섰다(2시간 동안). 반공포로 석방.

  6월 25일, 6·25 3주년을 북진통일 대회로 체육대회 출전. 선수단 훈련.

  오늘부터 어머님 병환이 덜하는 것 같다. 기쁜 일이다.

  7월 3일, 어머님 병이 쾌차 일로, 희열.

  7월 10일, 어머님의 병은 완쾌하시다. 아! 기막힌 1개월의 가환(家患)이여.

7월 26일, 덕도리 김성헌 한의를 찾아 모친 병 치료에 사례. 병 치료 완료.

선화 발열. 찬수와 함께 고기 잡으러 가는 것을 중지시켰으나 몰래 갔구나.

7월 27일, 휴전 조인 성립. 한국 남북통일 없는 휴전을 나는 반대한다. 국가 민족을 위하여 슬픈 일이다.

8월 12일, 가아(家兒) 선심이가 치명적 부상. 인근의 이씨댁 여자아이가 몰래 업고 돌아다니다가 넘어져 두부(頭部)를 크게 상함. 뇌가 상하고…… 오호, 기막힌 노릇이다. 조모와 어미가 타아(다른 집 아이)에게는 잠시간 손 못 대게 하던 선심이를 자는 사이 몰래 훔쳐 업고 다니다가 치명상을 당하다니 제 딴엔 귀여워한 일이지만…….

9월 15일, 선심 병 악화.

9월 19일, 찬수 부상(얼굴).

9월 20일, 선희 부상(낭떠러지에서 떨어져 어깨, 가슴).

오호! 금년은 왜 이다지도 가환(家患)으로 연속 불상사인고. 불행한 해여.

9월 28일, 흉통으로 쓰러짐.

9월 29일, 병세 여전, 사지(死地)로 갈 것만 같구나.

9월 30일, 선심 사망.

불행한 선심이는 기어이 가는구나!

너무도 기막힌 주검. 병으로 죽어도 한이 되는데 타인에 의한 부상으로 최후의 숨을 거두다니! 가상(加傷)한 아이나 그 가족에는 일체 불쾌한 말 아니했으나 천추의 한이 될 일임은 사실. 인생인 고로 병후 어머니의 비통해 하시는 것 자식으로 차마 못 볼 일 위로해 드리다.

오호 통재라 선심이의 죽음.

10월 1일, 시무식 거행 가을바람과 함께 심사 종일 쓸쓸. 중략.

1954년 1월 25일, 개학식 거행.

할머니의 발병과 쾌유 그리고 거제도 연초 면에서 태어난 내 귀여운 동생 선심이의 갑작스런 부상과 사망으로 6·25 동란 전화와 더불어 이후 엄청난 가족의 액운은 내 부모로 하여금 정상적인 삶을 포기할 정도로 심각한 지경에 이르렀다.

6·25 동란 후 거제도에서 사랑하는 나의 두 여동생 선영이는 태어난 지 3주만에, 선심이는 태어난 지 5개월 만에 다쳐 한 달 넘게 앓다가 6개월 남짓 살다가 하늘나라로 가고 말았다.

선심이가 나를 보고 평화롭게 웃던 모습이 눈에 선하다. 온 가족의 상심과 할머니 아버지 어머니의 상심은 너무 심했다. 그러나 내 아버지의 의지는 남달랐다. 피난민 중학교 학생 교육에 온 몸을 투신하여 전란 중 고통 받는 2세 교육에 쏟아 붓는 열정으로 주변에서 일어나는 모든 정신적 고통을 이겨내기 시작하였다.

44. 한 많은 내 할머니의 애환(哀歡)

　한 달 만에 다시 병환이 완쾌된 할머니는 점차로 밖의 출입도 종전과 같았다. 병환이 나았다지만 그런데 또 들이닥친 손녀딸의 안타까운 죽음으로 깊은 상심에 젖어 어머니와 온 가족들과 함께 슬픔 안에서 버티며 지냈다. 나의 할머니의 모든 생애는 이때까지의 이 땅 모든 어머니들의 애환이라 생각한다.
　할머니는 구룡령 아래 미천골 부근의 '양양군 서면 서림리 황이'라는 곳에서 평창 이씨 가문의 맏딸로 태어났다. 17세의 어린 나이에 70리 떨어진 강현 면 복골에 사는 마마로 박박 얽은 나의 할아버지와 혼인했는데 남설악 산골의 삶은 그대로 강현의 농촌으로 이어져 찢어질 듯이 가난했다. 하지만 그 가운데서 착하고 부지런하게 노력하면 모든 것은 해결된다는 생활신조 속에 4대가 사는 집의 며느리가 되어 우리 가문에 그 강인한 발을 내디딘 것이다. 그때부터 우리 집은 지금까지도 항상 4대가 북적거리고 산다.
　할머니는 어린 나를 품에 안고 항상,
　"너의 할아버지는 박박 얽었고 일자무식이었지만 심성이 착하고 행실이 곧고 부지런하며 농사짓는 데 동네에서 가장 치밀하고 신의와 형제 일가 친척간의 우애가 남다른 분이었다."
　라고 얘기해 주었다. 일제시대 때 할아버지는 강현 면 정암리에서 온 동네 사람들이 신작로를 닦을 때에도 제일 열심히 일을 했다고 한다. 한 해엔 작은댁 어린 아재가 부엌 아궁이 앞에서 솔 검불을 가지고 장난하다가 불이 아궁이 밖의 솔 검불로 옮아 붙는 바람에 온 집이 다 타고 어린 아재까지 생명을 잃는 큰 슬픔이 있었다. 할아버지는 실의에 찬 동생을 달래느라고 그 해 겨울 내내 함경도에 가서 이듬해 봄이 될 때까지 열심히 일을 해 후하게 받은 품삯을 모아 두었다가 그 돈 모두를 동생의 새 집 짓는 몫으로 주기도 했다.

할머니는 농사를 지으면서 7남매를 출산했으나 6남매를 홍역 등 유행병으로 잃었다. 할머니와 할아버지는 누에 기르기에도 남달리 뛰어나서 고을 일대에서도 항상 으뜸이었는데 한 해는 양양군 누에고치 품평회 심사에서 할아버지 할머니가 제출한 누에고치가 상등(上等)으로 뽑혔는데, 군에서 상품을 준다고 인적사항을 적어내라고 했다. 글을 모르는 할아버지는 글 잘하는 동년배의 집안 친척 조카 되는 아저씨에게 부탁했는데 아저씨 집은 가세가 부유해서 집안 모두가 글을 읽고 쓸 수 있었다.

그러나 나의 할아버지 이름을 써 넣을 자리에 그 아저씨가 자신의 이름을 적어 놓아 정작 상을 탈 때엔 누에고치를 잘 키우지 못해 등급에도 오르지 못한 그 아저씨가 상을 타는 일이 발생했다. 상등 상품은 자명종시계, 한란계(온도계), 그리고 뽕나무 전지가위였다. 당시엔 어마어마한 상품이었다. 요새 말로 하면 남의 이름을 도용해 자기가 타먹는 문서 위조를 한 것이다. 할아버지는 어안이 벙벙하여서 분해 하는 할머니를 위로하면서 "다 무식한 탓이니 어찌 하겠나"라고 한탄했다.

　공부는 많이 할수록 모든 사람에게 더 많이 봉사하라고 배웠을 터인데 공부 좀 했다고 그것도 친척 아저씨인 내 할아버지의 몫을 가로챈 것이다. 동네 사람들도 이 사실을 다 알고 있었지만 그 집 위세에 눌려 모두 함구하고 있었다.

　나의 아버지는 그 때 일곱 살이었는데 그 집에 들를 때마다 할머니 치맛자락을 붙들고,

　"어머니 저기 있는 자명종 시계와 한란계는 우리 것이니 가져가요!"

　하고 울며 몇 년간 떼를 썼다. 나의 할머니는 무식이 억울하여 속으로 울면서 아무 말도 못하고 되돌아오곤 했다. 할아버지 상품을 가로채 대신 타간 아저씨가 미안했는지 나중에 뽕나무 전지가위만 할아버지 몫이라고 어물거리며 줘서 할아버지는 뒷말 날까 하여 거절 못하고 마지못해 그 가위만 받아 왔다. 지금으로부터 84년 전 일이다.

　할머니는 그 가위를 보거나 사용할 때마다 가위에 얽힌 이야기를 반드시 나에게 해주었다. 할머니는 피난통에도 그 가위를 항상 지녔고 나중에 부산에 나온 뒤 서울로 이사할 1961년까지 보관했다. 하잘 것 없는 뽕나무 가위 하나지만 할머니가 대포에서 가마니를 짜다가 숯불 가스에 중독되어 일찍 돌아간 남편을 어떻게 그리워했는지 짐작하고도 남는다. 나는 원예를 좋아하는 아버지를 도와 항상 그 가위를 자주 사용했다. 나는 그 가위를 쥘 때마다 가위 속에 얽힌 이야기를 떠올

렸다.

"두고 보자! 공부 못한 일자무식의 할아버지를 모욕 준 그 못된 집구석! 나는 열심히 공부할 것이다!"

참으로 무서운 일이다. 그러나 지금 생각하면 무슨 한풀이를 대단히 할 것도 아닌데, 그저 쓴웃음만 나온다.

할머니의 병은 언제 그랬느냐는 듯이 그 이후엔 평생 아무렇지도 않았다. 또 하나의 태풍은 이렇게 지나갔다. 그러나 아버지는 조금도 긴장을 풀지 않았다. 어려운 피난살이, 굶기를 손바닥 뒤집듯이 쉽게 하는 그 시절에 할머니에 대한 아버지와 어머니의 정성은 지금도 우리 자식들의 마음을 숙연하게 한다.

어머니의 삯바느질 솜씨는 온 동네에 소문이 났는데 바느질삯으로 과자나 쌀이나 과일 등 맛있는 것을 푸짐하게 가지고 오면 할머니보다 우리가 먼저 기웃거리기 마련이었다. 그러나 우선 할머니의 의중이 어떠한지 여쭈어 보고 할머니가 허락하면 그 후에야 우리 몫으로 돌아오곤 했다.

45. 아버지의 가정교육

나는 태어나 14개월 만에 연년생인 남동생이 태어나는 바람에 할머니 차지가 되어 그때부터 할머니 앞에서 응석만 부리고 위함만 받았다. 12살 때 부모님과 거제도에서 상봉한 뒤에 비로소 어른들이 할머니를 어떻게 모시는지, 즉 어른을 어떻게 대해야 하는지를 매일 보고 배우게 되었다. 함께 모여 사는 가정의 분위기를 체험한 것이다.

아버지는 할머니 앞에서 당신이 어른인데도 나와 같은 어린 모습으로 뵈었다. 매일 아침 코앞에 닿을 만한 거리의 교무실로 출근할 때에도 반드시 "어머님 제가 다녀오겠습니다." 저녁때에도 돌아올 때는 "어머님 잘 다녀왔습니다. 어디 편찮으신 데는 없으셨습니까?" 하였다. 할머니가 아니 된다 하면 될 만한 일도 당장 그만두었다. 아주 철저했다.

나도 지금까지 집 앞 문방구에 잠시 나갔다 올 때에도 아버지 생전에 할머니를 대하던 모습으로 어머니께 인사를 드린다. 아내가 처음엔 너무 그렇게 하니까 좀 가끔 인사드리는 것이 어떠하냐고 하더니만 이제는 온 가족이 습관이 되어 어른께 인사드리지 않으면 오히려 어색하다. 이것이 아버지가 남긴 우리 가정의 전통이다.

피난민의 숫자가 많아질수록 학교의 학생 수도 늘어났다. 연초 중학교도 교사(校舍)가 모자라서 사택 뒤로 신축을 했다. 황토 진흙을 운동장에 산같이 쌓아놓고 볏짚을 작두로 '쏭덩 쏭덩' 썰어 황토 흙과 섞어서 흙벽돌을 만들었다. 교장인 아버지가 바지를 걷어붙이고 온 학생들과 선생님들이 물을 뿌리며 밟은 황토 흙을 되게 뭉쳐서 늘어진 새끼줄에 안팎으로 붙이면서 교실 벽을 세웠다. 이렇게 학교 건물을 만들었다.

나도 일요일이면 아버지와 같이 나가 미끈덕거리는 황토 진흙에 섞인 볏짚을 맨발로 많이도 밟았는데 발바닥이 물에 풀리는 짚과 황토 진흙에 닿아 간질간질하던 기억이 난다. 교사를 다 지은 뒤 방과 후면 교사 안에서 아버지와 탁구를 치곤 했는데 이때의 연습 덕분인지 나이가 많이 든 뒤에도 내가 근무하는 학교에서 교사 탁구대회를 개최하면 가끔 우승을 힌 쩍이 있다.

교사(校舍)가 부족하기는 내가 다니던 연초 국민학교도 마찬가지의 상황이었다. 피난민의 증가로 인해 학생 수는 늘어나고 교실은 모자라서 본관 동쪽 빈터에 임시 교실로 텐트를 높다랗게 치고 그 안에서 공부를 했다. 땅바닥에 각자의 깔개를 준비하고 엎드려 필기하면서 공부를 했는데 비만 오면 낭패였다. 밖으로 흐르는 물이 텐트 안으로 조금씩 새어 들어와 빗물이 고이는데 몽당연필로 땅을 파고, 실오라기처럼 물이 흘러나가도록 작은 도랑(?)을 내어 옆 아이를 놀래어 주려고 친구와 엎드려 장난을 치며 킥킥대던 생각도 난다.

46. 절약정신

그때엔 모든 물자가 부족했었다. 몽당연필도 손가락 한 마디 정도가 될 때까지 가느다란 대나무를 연필 길이만큼 자른 뒤 대나무 구멍에 끼워 나머지 몽당연필을 사용했다. 모두 원조물자였다. 공책도 미군부대에서 쓰레기 처리장에다가 버린 종이들을 다시 정리하여 골라 가져와 가게에서 파는 것을 사용했다. 한쪽 면은 인쇄된 면이고 다른 빈 면만을 사용했다. 종이의 질은 아주 좋았다. 그 공책에 글씨가 깨알같이 빼곡하게 씌어져 있어야 아주 잘 사용했다고 칭찬을 받았고, 좀 듬

피난민 학교

성듬성하게 칸을 많이 남기고 다음 면으로 넘어가면 어른들께 물건 아낄 줄 모른다고 크게 지적을 받았다. 모든 공책은 철끈으로 꿰매서 사용하였다.

저녁에 숙제를 할 때에도 호야 등불을 사용했다. 석유등인데 석유 심지를 얇은 유리 호롱으로 가려서 사용하는 것이었다. 마을 이웃에서 자칫 잘못하여 호야 등이 엎어져 화재가 나서 한 밤중에 집을 태우는 사례가 너무도 많았다. 주먹이 작은 우리들이 유리로 된 갓을 맑게 닦아야 되는데 깨지기가 일쑤여서 어른들께 꾸중도 가끔 들었다. 얼마 뒤 나는 호야를 깨끗이 닦는 데는 타의 추종을 불허하는 선수가 되었다.

요즈음 들은 이야기이다. 누가 아들에게 6·25 이야기를 하면서 그때 배가 고파 혼났다는 이야기를 하니까 아들이 말하기를,

"아버지! 참 딱하기도 하셨네요. 잠깐 구멍가게에 가서 라면을 사다가 물을 끓인 뒤 얼른 라면을 넣어 3분만 있으면 해결되는데 그때 사람들은 이상하네요?"

하더란 것이다. 일부러 꾸며낸 말인지는 모르지만 물건이 지금처럼 흔한 줄 알고 그때 어른들은 게으르다는 투의 이야기이다. 6·25가 무엇인지 가난이 무엇인지를 모르고 있고 알려고도 하지 않는 것 같다.

시대가 이렇게 모든 것을 바보로 만들어 덮어 두려나? 우스갯소리로 그냥 넘어갈 이야기가 아닌 것이다.

우리 동네는 연초중학교 옆인데 내 또래의 아이들이 많이 살았다. 4살쯤 더 먹은 농아 형도 살았는데 그 형이 우리들의 대장이었다. 그 형은 성격이 아주 서글서글하고 용감하여 우리 모두가 좋아했다. 친구들이 모여 그 형을 빙 둘러싸고 그 형처럼 떠들어대며 수화도 곧 잘하며 의사소통을 하였다. 집집마다 기르는 개들을 데리고 연사 앞 논둑길을 신나게 달리면서 뛰어다녔다. 잠시이지만 이때가 너무도 신나는 때였다.

같이 모여서 노는 것 이외에 아주 아슬아슬한 일도 있었다. 고현 미군부대에서 쓰레기를 싣고 MP 다리 쪽으로부터 오는 트럭을 멀리서 보면 대장 형은 연초중학교 운동장 뚝 위에 대기하다가 트럭이 아래로 지나갈 때 서부활극에서 카우보이가 달리는 말 위에 올라타듯이 트럭 뒤로 재빠르게 타고 올랐다.

쓰레기 중 형의 손에 잡히는 것이면 무조건 차 밖 뒤쪽으로 내던졌고 키가 작은 우리들은 우르르 몰려나가 길바닥에 내던져진 물건들을 집어와 한쪽 구석에 모아 놓았다. 요새로 말하면 대형 마트 같은 곳에 지천으로 있는 포장용 종이박스 같은 것들과 미군부대에서 쓰다 버리는 잡동사니 쓰레기들인 것이다.

최근 확장된 M.P 다리. 지금의 연초대교

어른들이 시킨 일은 아니었으나 그 당시 아이들은 그렇게 영악(?)하였다. 아주 좋은 물건도 있고 잡지책도 있었다. 연초 초등학교 쪽으로 차가 멀리 가면 그때서야 형이 내려와 모아둔 물건들을 나누어주었는데 우리는 형이 주는 대로 배급(?)을 받아 집으로 가져갔다.

한번은 내가 종이 박스 하나를 배당받았는데 그날 저녁 아버지가 그 물건을 낮에 떨어진 곳에 직접 가져다 놓고 오라고 말했다. 그리고 다시는 그 아이들처럼 따라 하지 말라고 엄히 타일러 주었다. 그 이후엔 나는 형들과 같이 놀다가도 "쓰레기차가 온다!"라고 누가 고함을 치면 나는 멀찌감치 떨어져 구경만 하였다.

한번은 참다못한 미군들이 차를 세우고 내려와 친구들을 모두 오라고 해서 다 모이게 하고선 알아들을 수 없는 말로 말하면서 한참 손짓을 하더니만 우리 친구들을 한길 옆에서 한참 동안 손을 들고 벌을 받게 한 적도 있었다. 그러나 놓아 형이 우리 친구들을 데리고 쓰레기차에 대드는 일은 막무가 내로 한참 동안 계속되었다. 얼마 후 쓰레기 처리장 주인이 이 사실을 알고 우리 동네에 항의하는 바람에 문제가 되어 그 위험한 짓은 중단되었다.

우리 집에 부시무시한 일도 생겼다. 어느 날 밤, 온 식구가 곤히 자는데 도둑이 들어와서 없는 살림에 옷가지 몇 개밖에 없는 것을 몽땅 집어 갔다. 모두들 말도 못하고 놀란 가슴을 쉬쉬하면서 진정한 일도 있었다.

거제도에는 옥씨 성을 쓰는 주민들이 아주 많았다. 5학년 때 우리 담임선생님도 옥근석 선생님이고 월남 교사인 아버지에게 대한민국 첫 부임지로 많은 도움을 준 오비 초등학교 교장 선생 이름도 옥치상씨이다. 거제도는 옥씨 집성 지역인 것 같았다. 들은 말에 의하면 고려가 망하고 조선이 건국한 뒤 왕씨 왕족이 모두 거제도로 피난을 가서 그곳에서 정착해 살았는데 그때 임금 왕자 오른 쪽 아래에 점 하나를 찍어 구슬 옥자를 성씨로 하여 행세하며 은둔하여 산 곳이라고 했다.

47. 가고파

거제도의 바닷가 마을이나 뒷산에 가면 내 고향에서는 구경할 수 없는 아름다운 꽃나무가 많았다. 겨울에도 내 고향처럼 춥지를 않았고 눈이 내리는 것을 거의 보지를 못하였다. 양양 속초 등 영동 해안 중부지방엔 음력설 가까이서부터 보름 넘기까지 함박눈이 참으로 많이도 온다. 1951년 1·4 후퇴 뒤에 우리 고향에 엄청나게 많은 눈이 왔었다. 나중에 들으니 그때 거제도에도 안 오던 눈이 너무나 많이 와서 원주민들이 말하기를 "피난민들이 이북에서 폭설까지 몰아 가지고 왔다"고 했다. 나의 고향은 그맘때가 되면 눈이 하도 많이 와서 어떤 때는 밤낮 3일씩 눈이 내려 마을 사람들이 대포 항 바닷가에 볼일을 보러 갔다가 집으로 돌아올 때 줄기차게 내리는 눈에 홀려 멀미도 나고 또 방향을 잃고 엉뚱한 곳으로 가다가 구렁텅이에 빠진 인명사고가 난 일도 있다고 어른들이 말하였다.

또 눈이 너무 많이 와서 먹을 것이 없는 산짐승들이 마을로 일시에 무리지어 몰려 내려올 때도 있었다 하였다. 어떤 때는 동네끼리 서로 연락도 되지 않고 이웃집과 가래나 삽으로 쌓인 눈을 치우고 이동 참호 같은 기다란 길을 내야만 이웃끼리 서로 다닐 수가 있었는데 그 곳 남쪽지방은 참으로 기후가 많이도 달랐다.

겨울인데도 얼지 않고 잎이 반짝반짝 윤이 나고 추울 때 꽃이 피는데 동백꽃이라 했다. 나는 그 동백의 홑겹으로 된 동백꽃을 참으로 좋아하였다. 봄이 지나면 우리학교 운동장 끝엔 치자나무로 울타리를 했는데 치자 꽃이 필 때면 하얀 꽃의 향기가 너무 좋아 친구들 모두는 가까이 가서 자주 그 냄새를 맡았다.

학급엔 한 교실에 형과 아우가 같은 학년인 경우도 있었고 한 학급인데도 나이 차이가 아주 많이 나는 경우도 있었다. 그 형들에게도 한 학년이라고 반말 짓거리를 하였고 이 자식 저 자식 하며 터놓고 철없이 지냈다. 형이나 누나를 한 학급에 둔 아이들은 형과 누나가 항상 동생을 지켜 주기 때문에 제일 안전하였다. 선생이 나와서 산수 문제를 풀라 했는데 동생이 지켜보는 앞에서 형이 풀지를 못하여 절절매며 얼굴이 벌겋게 될 때도 있있다.

한 번은 어떤 애를 장난꾸러기들 몇이 골탕을 먹였는데 그 친구가 형에게 일러 놀린 아이들이 모두 학교 뒤 으슥한 곳으로 불려가서 주먹으로 얻어맞고 아주 혼쭐이 난 때도 있었다. 또 한 번은 매 맞은 아이의 누나가 교실 안에서 때린 아이에게 고래고래 소리를 지르면서 야단을 쳐 이유를 안 담임선생이 때린 개구쟁이를 교실 앞 구석에 반 아이들이 보는 앞에서 하루 종일 손들고 서 있게도 하였다. 난리 통이라 모든 것이 뒤죽박죽이었다.

우리들은 가끔 마을 극장에도 갔었다. 그 극장에는 흑백 무성 영화만 상영하였다. 영화 상영을 하면 남자 변사가 직접 해설하는 식으로 그럴듯하게 육성으로 영화를 엮어 가는데 아주 멋이 있었다. 출연 배우 남녀노소의 목소리를 혼자 다 흉내를 내는 것이다. 여자의 목소리나 아이들의 목소리를 낼 때엔 어울리지도 않았으나 아주 재미있게 본 기억이 난다.

내가 젊은 시절 직장 회식 자리에서 그 변사의 능숙한 목소리를 한참 흉내 내어 좌중이 모두 배꼽을 잡고 웃었던 일도 있었다. 그 변사는 연초 면에서 인기가 있는 유명인사 중 한 사람일 정도였다. 우리들은 변사가 거리를 지나가거나 변사가 친구들과 어울려 개울가에서 쪽대로 고기를 잡는 모습을 볼 때면 아주 훌륭하고 높은 분을 존경하는 눈초리로 쳐다보기도 했다.

우리 반에는 김영희 라는 여자애가 인기가 있었다. 고생스럽게 가난 끼가 가득한 피난민답지 않게 얼굴이 귀티가 나고 뽀얗게 예뻤었는데 미군부대에서 나온 국방색으로 된 우리 모두가 부러워한 아주 좋은 바지를 입고 다녔다. 그 아이가 입어서인지 아주 돋보였다. 그래서 그 아이의 별명이 '사지즈봉(서지즈봉)'이라 하였다. 천이 사지(?)로 된 것에서 비롯되었다. 사지즈봉은 노래를 잘 불렀다. 특히 노산 이은상 선생이 지은 시조이고 김동진 선생이 곡을 붙인 우리 민족의 가곡 「가고파」를 너무도 아름답게 아주 잘 불렀다.

그 애가 부르는 노래는 온 교실에 울렸고 교실 밖 교정으로도 넓게 저 멀리로 울려 퍼졌다. 이 노래만 불렀다 하면 어린 우리들이지만 교실 안은 너무도 조용했다. 우리들이 마구 뛰어 놀았던 북녘의 그리운 고향의 동산이 어른거렸기 때문이다.

누가 먼저랄 것도 없이 조용한 가운데 어느덧 우리들도 따라 불렀다. 이 곡이 단연 최고의 노래였고 김영희는 우리 반 최고의 가수였다. 피난시절 학교뿐만 아니고 거제도 전체에서 랭킹 1위 곡이 바로 우리 가곡 「가고파」였다. 내가 결혼 초기에 가고파 이야기와 그 예쁜 사지 즈봉에 대하여 아내에게 열심히 열을 내어 그 때의 일을 말하였는데, 내 아내는 시큰둥해 하는 것 같았다.

48. 고현 미군부대 위문활동

많은 피난민 친구들이 인초 초등학교 앞 벌판에 있는 개신교 중앙교회를 다녔다. 크리스마스 전에 우리들은 노래도 연습하고 연극연습도 했는데 이 합창곡과 연극을 가지고 고현 포로수용소 미군부대에 가서 외국인 장병들 앞에서 위문공연을 했다. 그때 부른 노래 중 우리 애국가를 먼저 부르고 「고요한 밤 거룩한 밤」을 우리말과 영어가사로 불렀다. 또 「성조기여 영원 하라」라는 미국국가도 영어로 불렀다.

지금도 나는 그때의 사실에 놀란다. 그때 어설프게 부른 우리들의 영어 노래였지만 미국 국가가 무대 위 우리들 입에서 합창으로 흘러나오자 갑자기 좌석에 자유롭게 앉았던 미군들이 구두 소리를 땅바닥에 뚜루룩 하고 내면서 무섭게도 빠른 속도로 모두 벌떡 일어나 차렷 자세로 꼿꼿이 서 있는 것이 아닌가? 나는 그들의 장엄한 국기 국가 사랑에 어떤 때는 우리나라 현 세태를 생각하고 부끄러워할 때가 있다.

미국 국가가 끝나자 그들은 조용히 앉았다. 후에 내가 군복무 시 전방 보병사단에서 미 8군으로 차출되어 18개월간 평택 K-6에서 근무하며 대민 상담을 할 때 대민 담당 장교들의 통역병 역할을 한동안 하였던 때가 있었다. 2년간 미군들과 침식을 같이 하면서 생활을 했는데 그 때에도 그들의 기강은 어렸을 때 본 그대로였다.

서울 미 8군에 출장 왔을 때이다. 그때 8군 영내에서 국기

게양식 때나 국기 하기식 때는 펑 하는 신호음의 포소리가 난 뒤 트럼펫 나팔소리가 울리면 동작을 멈추고 어디에서든지 차렷 자세를 취한다. 영내를 지나던 차도 멈추고 차안의 병사들이 밖으로 나와 차렷 자세를 취하고 국기 있는 곳을 향하여 거수경례를 하는 것이다. 트럼펫 소리가 다 끝나면 차도 사람도 그 때서야 다시 움직였다. 참으로 국가 충성의 장면이 멋스러웠다. 물론 세계적으로 씩씩하고 용감하기로 소문난 그 때의 우리 국군의 기강과 정신도 대단했다.

6 · 25동란 이후 10년이 더 지난 1963년 가을 나는 미 8군에서 모범 사병(Soldier of the month)으로 뽑혀 나에 관한 프로필이 기사화되어 미 8군 신문에 소개된 적도 있었다. 그때 우리 대대 파견대장이 권완동 소령인데 우리들에게 훌륭한 말을 한 것이 특히 기억난다. 그가 말하기를,

"여러분들은 지금 관직 없는 외교관 역할을 하고 있다. 그러므로 제군들의 일거수일투족이 모두 외국인에게 비쳐지는데 대한민국의 남아로서 긍지를 가지고 활동하고 외국인에게 얕잡히지 말라. 그들은 제군들의 행동을 보고 대한민국 국민을 평가한다. 이것이 곧 나라 사랑이다!"라고 하였다.

4병기대대 전 장병을 대상으로 미 8군 연병장에서 중거리 달리기 대회가 있었다. 나는 내 뒤를 끝까지 따라붙는 미군 흑인 PFC 양거(Younger)를 제치면서 이를 악물고 '한국 군인인 내가 너희들에게 처질 수 없다'고 마음을 독하게 먹으면서 간발의 차이로 일등을 한 일이 있다.

열심히 응원을 하던 많은 우리 한국군 장병과 미군 전우들

에게 박수를 받고 칭찬을 받았다. 거품을 물고 악착같이 뒤따라 왔던 양거(Younger) 일병도 악수를 청하면서 쌩긋이 웃고 나의 어깨를 토닥이면서 축하의 몸짓을 해주던 생각도 잊혀지지 않는다. 내가 전방에서 보병 훈련을 무섭게도 받아 그때는 고생스러웠지만 따지고 보면 그 훈련 덕이라 생각했다. 그 이후 한 번도 미군 병사들과 장교들에게 책을 잡혀 본 일이 없고 오히려 내가 그들을 지적하여 잔소리를 할 때가 많았었다.

미군들은 개인적으로는 자유롭고 생활이 느슨하고 군기가 빠진 것 같으면서도 또 일면에는 인종차별 문제로 밉기까지 한 그들이었지만 군기를 지키고 상급자의 명령을 듣고 업무를 수행하는 데는 누가 보던 안 보던 철두철미했다. 이런 점은 우리가 본받아야 될 그들의 장점 중 장점이라고 생각한다.

지금도 크리스마스 때 교회에서 포로수용소 미군 사령부 장병 앞에 가서 부른 영어 노래들을 기억한다. 연극에서 나는 구두쇠 영감 스크루지 역할을 했다. 복장은 머리 꼭대기가 아주 긴 검은 모자를 쓰고 검은색 양복에 스틱을 지닌 모습이었는데 무대 위에 올라간 나는 구경하는 이상하게 생긴 코가 큰 사람들이 많이도 웅성거려서 그만 대사를 까먹어 "밥 먹여 주란 말이냐?"라고 큰 소리로 해야 될 대사를 "밥 먹어 주란 말이냐?"라고 했다고 연극을 지도한 교회 사무장 아저씨가 연극이 끝나고 내가 내려오자마자 다짜고짜로 구둣발 끝으로 나의 왼쪽 정강이를 걷어차며 나무라는 바람에 너무 아파 위문 분위기고 뭐고 기쁘기는커녕 까지고 부어오른 정강이 만

지느라 정신이 하나도 없었던 생각이 난다.

　그 이후 한동안 연극소리만 나면 나는 어디서든지 옛날의 그때가 생각나 습관적으로 그쪽은 쳐다보지도 않은 때가 있었다.

　세월이 한참 지난 뒤에도 사무장을 생각하면 "그때 미군들은 우리의 말도 모를 터인데 그냥 넘어가고 말 일이지……." 하면서 씁쓸히 웃고 그 때의 실수를 생각했다.

　내가 교사 시절엔 아이들의 실수를 그 자리에서 야단치기보다 조용히 따로 불러 전후관계를 말하고 잘못된 것을 고치도록 일러주었는데 그 연극 때의 실수 덕분이라고 생각해 보기도 한다. 그나마 다행스럽다 할까? 나중에 가고파의 김영희라는 친구애가 많은 미군들이 예쁘고 노래를 잘한다며 많이 준 사탕 과자 초콜릿 껌 등 남몰래 나에게 초콜릿 한 개를 웃으며 집어준 것 때문에 나는 넋을 잃고 사지즈봉 만 쳐다보았는데 지금까지도 그 일을 기억을 하고 있다.

　궁색이 가득 든 피난시절이었지만 한편으로 아름다운 소년시절이기도 하다. 66년에 중앙극장 명동 입구 건너편 교회에서 초등학교 피난시절의 친구 박영천이 결혼을 했었다. 결혼식 피로연 때 많이 모인 함경도 친구들과 대화할 때 19살에 일찍 결혼했다는 영희도 왔었다. 아이가 둘이 있다고 하였다. 내가 군 복무를 마치고 복학하여 학교엘 다닐 때였다. 반가운 마음에 지나가는 말로 고현 미군부대 위문활동을 갔을 때 영희가 나에게 초콜릿을 남몰래 준 이야기를 했는데 한참 기억을 더듬더니 그 교회에서 위문을 간 것은 기억나는데 초콜릿을 너에게 준 기억은 나지 않는다고 했다.

　기억이 날 턱이 없는 것을 바보스럽게도 내가 물어 본 것이다. 나는 그 때나 지금이나 너무 단순한가 보다.

49. 친구 영희 언니의 애절한 이야기

　영희에겐 바로 위로 연초 중학교에 다니는 영회라는 오빠가 있었고 그 위에 언니가 있었다. 그 언니의 이름은 김영옥이다. 피난시절 나의 부모와 장승포에서부터 친하게 지냈는데 그 누나는 거제도 피난민 중에서 제일 미인이라 했다. 누나가 거리에 나가면 지나가는 사람들이 넋을 잃고 뒤돌아 멀리 갈 때까지 몇 차례씩이나 다시 쳐다본다고 했을 정도였다.

　이북에서 결혼을 하였고 남편이 인민군 장교로 전쟁터로 나갔는데 인편으로 남편이 남쪽에서 행방불명이 되었다는 소식을 들었다 했다. 1·4 후퇴 때 피난을 나와 눈물로 남편을 그리다가 놀랍게도 남편이 거제 고현 포로수용소에 포로로 있다는 기쁜 소식에 깜짝 놀라 달려가 보았다. 인민군 장교인 남편은 포로 신분이었다. 영옥 누나는 고현 포로수용소 '진들'이라는 곳의 천막 막사 근처까지 여러 번 달려가 철조망을 사이에 두고 면회하고 반공포로 대열에 들라고 목을 놓아 애절히 울며 간청했는데 누나의 남편은 적개심에 불타는 눈초리로 완강히 듣지를 않고 오히려 "무엇 하러 여기까지 내려왔느냐?" 하고 크게 꾸짖더라는 것이다.

　그래도 여러 차례 만나러 가서 철조망 밖에서 애절하게 남편 이름을 불렀는데 만나러 한 번도 나오지를 않고 나중에는 운동장에서 포로들끼리 배구 시합을 하는 도중인데도 철조망 밖에서 만나자고 애절하게 부르는 사랑하는 아내 영옥 누나에게 한 번의 눈길도 주지 않고 외면하더라는 것이다. 그로부터 수용소 안은 점차로 험악해졌고 드디어 수용소 안에서 공산포로들의 폭동이 나고 포로 교환 때 남편은 사랑하는 아내도 외면하고 냉정하게 이북으로 갔다 하였다. 사상이 무엇인가? 젊은 시절에 일단 세뇌가 되면 장교도 이 정도가 되고 만다니…! 몸서리쳐지는 일이다. 전쟁과 대립이 이렇게도 무서운가? 그 뒤 풍문에 마산인가 어디에서 포로들을 석방했는데 아는 사람이 있어서 누나의 남편인 듯한 사람을 육지에서 봤었다고 하여 영옥 누나는 그 혼란기에 배를 타고 혹시나 하고 다시 마산으로 쫓아가 눈물의 세월을 보내면서 사랑하는 남편을 찾아 나서서 마산 일대를 샅샅이 헤매고 뒤졌으나 남편의 자취는 흔적도 없었고 나중에 들리는 말은 남북 포로 교환할 때 맨 처음에 이북으로 벌써 넘어갔다고 했다.

영옥 누나는 우리 집 학교 사택에 자주 왔다. 어머니 앞에 와서는 잠시나마 남편을 만나 행복을 찾았다고 했는데 이렇게 뿌리치고 이북으로 돌아간 그 매정한 남편의 마지막 모습을 수도 없이 말했다. 몇 걸음 떨어진 사이에서 철조망을 사이에다 두고 다정하게 서로 손도 한번 만져보지 못하고 헤어져서 영영 만나지 못하게 된 아쉬움, 다시 찾을 수 있는 행복이 다 날아간 허탈하고 서운한 심정에서 방바닥에 엎드려 어깨를 들먹여 울기도 많이 울면서 "나는 이제 어떻게 하란 말이냐!" 하며 슬프고 격한 마음에 하루에도 여러 차례나 내 어머니 앞에서 답답한 가슴 속을 풀지 못해 까무러칠 때도 있었다고 한다.

이 슬픔! 어이 다 이야기하랴! 예쁜 영옥 누니와 같은 일이 온 나라에서 어찌 이 한가지뿐이었겠는가? 아직도 많은 이들이 말도 못하고 가슴으로 울고 이 땅에 파뿌리가 된 머리로 세월이 지나감을 한탄하고 있다. 누나는 그 뒤 정신이 멍하니 흡사 깎아 놓은 석고상 조각처럼 표정도 없이 마을을 오갔고 내가 다니는 학교 위 뒷산 쪽으로 샛길이 있는데 그 길로 고개를 멍하니 쳐들고 혼자 오가는 것도 여러 번 보았다.

그 뒤로 부산으로 이사 나간 뒤 곧 서울로 가서 산다 했다. 나는 내 어머니에게 알려 드리려고 명동성당 앞에서 사지즈봉을 만났을 때 언니의 안부를 물어 보니 벌써 외국으로 이민 갔다 하였다. 벌써 40년 전의 이야기이다. 그리고 친구 영희네도 오래 전 미국으로 이민 갔다는 소문을 들었다.

앞서도 이야기했지만 나의 이모와 이모부의 애절한 사연도 가슴이 아프다. 전방에 내려온 군인들로부터 기사문리의 이모 내외의 총살 소식을 자세히 듣고 아버지는 어머니 몰래 교무실에서 대성통곡을 하였다 했다. 이모부와 이모의 결혼은 아버지가 주선하신 것이기에 아버지의 슬픔은 더하였던 것이다. 이때의 아버지의 일기에는 다음과 같은 글이 적혀 있었다.

비보를 듣고서

나로 더불어 젊은 그대들의 백년가약을 맺었고 수륙 양천리 길을 줄여 청홍수를 놓아 화촉의 불을 밝혔음이라.

한해 꽃다운 청춘의 단꿈은 무르녹아 8년 설상이 흘렀고 귀한 열매 쌍반(雙半)을 얻은 기쁨이 슬픔으로 사라졌음을 알았노라.

애처롭다.

그대들 못 본 채 7년의 허무한 세월이 갔는가.

38도선의 저주로운 숙명은 천추에 원한을 빚어 너 나의 심장에 불길을 질렀고 6·25 동란으로 강토와 민족을 불바다로 휩쓸어 적은 사정도 없이 인륜마저 끊어 버렸구나.

그래도 살아 만날 한 오리 실마리를 당겨 그윽한 희망에 잠겼고 기뻐 만날 그 장면을 얼마나 그려 애를 태웠는가.

그리운 사람들아.

허나 이 무슨 운명이기에 그대들 소식을 듣는 날 희망의 꿈이 조각으로 흩어질 줄이야.

그대들이 죽다니.

아— 슬픔은 넘쳐 피를 얼구고 아픔은 신경을 끊어 6척 못되는 내 육신의 넋을 뺀다.

비보— 이는 정녕 꿈 아닐진대 충혈된 눈을 멀리 멀리 그대들 있던 곳을 응시한다.

신묘 섣달 그믐날 야반에 거제도 한 모퉁이에서.

우리 가족의 가까운 친척들까지도 전쟁의 와중에서 이렇게 비참한 슬픔을 당하였다.

50. 기초학업 손실

1954년 4월 나는 6학년이 되었다. 제대로라면 중학교 1학년이 되었어야 하는데 1950년 6월이 지나면서부터 6·25 전쟁의 한가운데에서 난리 통에 1년을 쉬었기 때문이다.

사실 나는 동란 전후해서 피난을 다니다가 처음부터 나중까지 이북 정치바람이 든 사람들에게서 눈치 보며 감시를 받는 처지였으니 신통하게 공부가 되었을 리 없는 격동의 시절이었다. 6·25 나던 그 한 해만 하더라도 학교의 아까운 1년의 세월은 완전히 허공으로 날아간 셈이다.

전쟁 통에서 잠시 멈칫한 학생도 있으나 곧 정상적인 학습을 한 학생들이 많이 있지만 중부전선에서 전쟁 통에서 쫓겨 다니면서는 못 볼 것만 수두룩이 보고 경험하고 다닌 나 같은 아이들은 나중에 이를 극복하느라고 또 다른 몸살을 앓았다. 전쟁으로 이 나라의 모든 것은 따뜻한 자연 이치와 함께 어깨 동무하지 못하고 멈춰 섰다. 아니 뒷걸음질을 친 것이다.

그 뒤 나는 수학을 전공하였고 명색이 평생 수학교사였지만 한 가지 고백을 해야겠다. 초등수학을 공부할 때도 중등수학, 고등수학을 공부할 때도 내 자신도 알 수 없는 이상한 불안 심리현상이 내 마음 안에서 작용했다. 열등의식도 아니고 참으로 이상한 심리였다. 아무에게도 말하고 싶지 않고 경우에 따라서는 창피하기까지도 하였다. 어려운 문제를 풀 때나 남들처럼 계산을 쉽게 해 정답을 구할 때도 그 언뜻 지나가는 이상한 심리상태는 마찬가지였다. 무엇이 부족한 듯한 두려움 비슷한 그런 불안한 심리가 있었던 것이다.

수학은 수의 이치를 연구하여 실생활에 이를 적용시켜 유익을 창출하는 데 목적을 두는 학문이라 나름대로 간단히 말하고 역시 그 수학을 시작하는 기초 수단이 산수 즉 계산(셈)을 하는 것이라 간단히 정해 놓은 가운데 나의 말을 해 보고자 한다.

기초적인 뺄셈 계산문제를 만날 때 나는 몹시 불안해하는 습관이 있었다. 예를 들자면 $5 + 2 = 7$, $9-3 = 6$, $15-2 = 13$의 계산은 거침이 없고 불안하지도 않았으나 $12-5 = ?$, $16-9 = ?$ 의 문제가 나오면 아주 불안한 마음의 동요가 순간적으로 스치고 지나간 뒤에야 마음을 가다듬고 그 계산을 올바르게 하게 된다는 사실이다. 그저 처음부터 자연스럽게 편안한 마음으로 하는 것이 아니었다. 나에게서 이러한 마음이 왜 생겨나는 것일까? 모르는 문제도 아니지 않은가?

참으로 내 자신이 생각해도 이상한 일이었다. 그것보다 더 어려운 문제를 척척 풀이하는데 왜 이러한 뺄셈에서 두려움을 가지는가? 상급학교 진학을 할 때도 어려운 시험에 통과했을 때도, 중등학교에서 학생들을 가르칠 때도 마찬가지였다. 1954년 거제도에서 국민학교 6학년 초에 산수 경시대회에서 제일 잘했다고 선생님이 칭찬을 해 주었던 경험도 있는데 이상한 일이었다.

계산을 못하는 것이 아니라 그 뺄셈만 나오면 멈칫하고 두렵다는 것이다. 요즈음은 유치원생도 쉽게 푸는 이 기초과정에 왜 나는 두려움의 심리가 발동하는가? 중등교사인 내가! 심리적 원인은 나중에 내 스스로 진단하면서 해결되었다. 모든 과정을 체험한 것과 체험하지 않은 것 바로 그것이 문제점이었던 것이다.

51. 학습 불안심리

1984년 44세 되던 해 겨울방학이 시작되던 12월, 서울대학에서 나는 상담(카운슬링) 지도교사 자격 취득을 위한 강습을 겨울 내내 받았다. 이때가 교사로서 새로 태어난 내가 되었던 해이기도 하다. 심리상담 교사로서 아주 시야가 넓어진 일생에서 가장 중요한 전환기를 맞은 것이다. 상담강습을 받는 그 안에도 내가 겪은 6·25 관련 이야기가 있으니…….

상담과 심리치료 과목을 공부할 때였다. '상담을 받으러 온 사람은 자기가 고민하는 문제를 스스로 책임을 지지 않는 심리인데 카운슬러가 이 같은 태도를 인정(**recognition**)하고 명료화(**clarification**)하게 됨에 따라 학생은 점차 선생과 자기와 공동책임을 지는 방향으로 변하고 마침내 자기 결정에 책임을 지게 귀착된다는 것이다. 이 같은 타의와 자의의 차이가 상담과 심리치료에서는 극히 중요한 뜻을 내포한다'는 내용과, '어떤 경우에서든지 경험하지 않고 뛰어넘은 것(손실된 것)은 반드시 그 손실된 때로 돌아가서 스스로 발견하고 채워지도록 도움을 주어야 된다'는 상담에 관계되는 전문서적의 내용을 읽고 나는 아하! 하고 순간 뇌리에서 스치는 것이 있었다.

　이는 바로 여태껏 마음속으로 지녀온 나의 두려움에 관한 것이다. 교사가 되려고 교육학을 공부할 때도 상담과목을 공부했을 때 다 집고 넘어간 내용인데 이제 와서 새삼스레 깨닫게 되다니! 나는 당장 동대문 평화시장 헌책방에 가서 초등학교 1학년부터 6학년 산수책을 모두 구입했다. 다음날 강습을 다 받은 뒤 곧장 집에 온 나는 내 방문을 닫아걸고 들어앉아 스스로 상담교사가 되었고 또 동시에 피상담자의 신분으로 책을 펴고 그 뺄셈 부분을 찾아 확인한 뒤 전쟁 통에 잃어버리고 경험하지 못한 나의 세계 속으로 천천히 들어갔다.

　잃어버린 나의 시간을 되찾기 위하여 내 스스로 마음속의 정다운 그 때의 내 교실 안에 스스로 앉았던 것이다. 그리고 나는 나에게 말했다. 스스로 자문자답하였던 것이다. '찬수야! 이제 책을 폈지?', '네' 하고 대답하면 '그러면 이 문제를 한번 생각해 보자!' 조금 있다가 나는 마음속으로 또 '네!' 하고 대답을 하고 천천히 문제를 보았다. '자! 여기를 한번 보고 생각해 보자!' 하고는 조금 있다가 문제 풀이 과정을 보고…… 대충 이런 식으로 접근했다. 강습 도중 지도 교수님의 숙제이기도 하여 나는 내 자신을 사례로 상담 연습을 아주 열심히 하였던 것이다.

$$15 - 6 = (10 + 5) - 6$$
$$= (9 + 1 + 5) - 6$$
$$= (9 + 6) - 6$$
$$= 9 + 6 - 6$$

$= 9 + (6-6)$

   $= 9 + 0$

   $= 9$

- 노는

   $15-6$

   $= 10 + 5-6$

   $= (4 + 6) + 5-6$

   $= (4 + 5) + (6-6)$

   $= 9 + 0$

   $= 9$

이런 풀이 과정으로 나름대로 쉬운 방법을 택하는 형식을 취하여 진행했다. 6·25 당시 이북에서 우격다짐으로 손가락 발가락 다 동원해 가며 학교 선생이 지도하던 원시적 주먹구구식 지도방법을 택하지는 않았으나 어찌 되었거나 누구든지 다 아는 뺄셈 과정과 다른 손실된 학습과정은 이렇게 자연스럽게 다시 채워져 갔다.

52. 상담 심리치료 방식으로 학업 상실감 해소

'자! 이제 이해되었으면 문제를 하나 풀어 볼까?', '풀이할 수 있겠지?' 이런 방식으로 스스로 묻고 대답하고 계산해 가면서 진행되었다. 처음에는 다 아는 것을 가지고 혼자서 이렇게 하니 매우 어색하고 우습기가 짝이 없었다. 그 때의 수준으로 그때의 연령과 환경으로 천천히 다시 되돌려 경험시켜 주어야 한다는 지도교수의 말에 따라서 내가 직접 실천해 본 것이다.

　싱겁기가 이를 데 없었으나 나는 인내심을 가지고 초등학교 과정을 계속했다. 그러나 가장 중요한 것은 심리적으로 내가 잃어버린 초등학교 그 시절로 다시 되돌아가서 교실에 앉아 공부하고 있는 나를 서서히 인식했다는 사실이었다. 나는 어린 시절 경험했던 뺄셈을 할 때 다음과 같은 의식으로 우선 해결하려는 습관이 앞섰던 것이다.

　'13-6 = ?' 두 손바닥을 내 눈앞에 펼쳐놓고 왼쪽 엄지손가락 옆에 상상으로 세 개의 손가락을 허공에 머릿속으로 더 그려 놓아둔 뒤 오른쪽 엄지손가락부터 차례로 여섯 손가락을 꼽아 놓고 일곱째 손가락부터는 접히지 않은 손가락까지 상상으로 아래턱을 끄덕대면서 차례대로 세어 나간 뒤 헤아린 숫자 '7' 이런 식만이 초등학교 2, 3학년을 떠올릴 때마다 내 머리에 남아 있는 고정관념 전부였다.

　매번 수학문제를 풀 때도 쉬운 뺄셈이 간혹 나오면 초등학교 생각을 두려운 마음으로 먼저 하고 떨쳐버린 다음에 내가 아는 대로 계산하고…… 이 얼마나 번잡스러운 억눌린 잠재의식인가.

　나는 스스로 자신의 선생이 되고 학생이 되어 내 자신을 6·25 전쟁 때의 내가 경험하지 못한 잃어버린 과정을 아주 천천히 단계적으로 되찾아 채워 놓았던 것이다. 이 이외의 손실된 초등학교 산수의 다른 과정을 경험하는 데 1주일 정도 걸렸다. 그리고 그 과정을 다 경험한 뒤에 나는 내 자신에게 말했다. '찬수야! 너는 이제 다 배웠으니 초등학교 때 배우지 못한 그 교실에서 자신 있게 나와도 된다! 다음 학년으로 올라가도 된다!' 사람의 심리가 참으로 무섭고 놀라운 것이라 생각되는 며칠간이었다.

나는 이 사실을 지도교수에게 보고했다. 그 이후에 나는 6·25로 인해 마음 안에 쌓인 불안 요인이 비로소 말끔히 없어졌다. 모든 계산 과정에 나는 멈칫하는 두려움이 말끔히 없어지고 자신감이 생겼다. 마음이 상쾌하였다. 이렇게 6·25 때 잃어버린 초등학교 때의 그 소중한 1년을 35년이 지난 뒤에서야 비로소 되채웠다. 채우지 못한 그때의 경험을 나이가 많은 내가 그 때로 다시 되돌아가서 채워 놓았던 것이다. 내가 경험한 '상담의 신비'였다.

전쟁은 이렇게 우리나라 전역에서 모든 사람의 여러 가지 발전의 기회를 앗아갔던 것이다. 모두를 뒷걸음치게 하여 불안 심리를 깊이 안겨준 것이라 할 수 있다. 전 국토의 어린이 마음 안에 이런 여러 가지 손실이 있었다면 국가적으로 따지면 엄청난 손실이 아니겠는가.

이것 말고도 우리나라 전 지역의 모든 것은 하나도 남기지 않고 파괴되고 다치게도 되었고 슬픔의 사연을 남기게 했고 또 아까운 목숨을 매몰차게 빼앗아가기도 했으니…… 이로 인해 6·25 동란 이후 지금까지의 모든 사람들이 얼마나 황폐해지고 응어리진 모습으로 살아왔던가. 그러고도 지금도 그때 이후의 응어리가 풀려지기는커녕 또 더하게 이어지는 공포와 불안 속으로 들어가려 하고 있으니…….

53. 우선해야 할 교육풍토 확립

6·25의 시련을 통해서 본 그 이후의 우리 교육 실정을 한 번 떠올려 본다. 사실은 우리나라의 모든 교육의 문제가 지금까지 위정자들의 그때그때의 상황에서 맴돌고 뒤바뀌고 하는 그런 전시행정 쪽으로 이끌리어 왔다. 교육담당 장관이 수시로 바뀌고 바뀔 때마다 교육정책과 심지어 국가 교육의 방향까지 달라지는 현실이 놀라울 뿐이다. 이런 국가적 교육풍토에서 청소년들의 사회관 국가관이 어떻게 바르게 정립될 수 있겠는가.

6·25가 일어났을 때 전 국토에서는 교육활동이 중단되다시피 되었다. 갑자기 이북에서 침략해 내려온 인민군들과 정치 보위부 사람들이 점령지 마을마다 우선적으로 정치선전 영화를 상영한다, 노래를 가르친다 하며 어른 아이 할 것 없이 사람들을 모아놓고 매일같이 김일성의 사상을 고취시키는 교육을 시켰다. 교육이라기보다 그들의 정치적 선전이었다.

1950년 9월 15일 UN군 사령관 맥아더 장군의 인천 상륙 진두지휘 이후 남한 각지에서는 점차로 피난민들 자녀들 있는 곳마다 그들을 모아놓고 도처에서 노천교실을 운영하면서 아동 교육을 실시하였다. 국가가 계획적으로 교육을 주도한 것이 아니고 민간인들이나 심지어 전투 중인 군인 장교들이 자발적으로 피난민 아동을 가르쳤던 것이다. 당시의 대한민국의 교육현장은 이렇게 비참하였다.

내가 거제도 피난시절에 우리 친구들과 공부한 내용 중에 제일 잊히지 않는 것은 김일성의 무모한 공산주의가 이 땅을 망쳐 놓았다는 사실에 모두들 공감한 것이다. 국민 모두가 6·25를 통하여 뼈저리게 체험하고 또 느꼈기 때문이있다. 교육행위란 단순한 지식 전달이나 습득에 그치는 것이 아니다. 교육이라는 활동을 통하여 심오한 지식을 얻고 사회 흐름의 옳고 그름을 배우는 것이다.

스스로 판단할 수 있는 능력을 계발하고 발전시켜 서로 간에 도움을 주고 나아가서 내가 속한 국가의 이념을 바탕으로 하여 사회에 이바지하고 인류 평화에 기여하는 능력과 정신을 심어주는 활동 개념이 되는 것이다. 그러기에 국가에서는 나라 건국이념을 분명히 한 가운데 홍익인간의 정신을 살려 모든 국민들로 하여금 그 이념에 동참하는 애국심 고취가 우선되어야 하는 것이다.

그러므로 국가 교육목표는 절대로 흔들림이 없어야 되는 것이다. 지금 우리나라는 나라통치개념도 다시 흔들려 제2의 6·25가 오지 않는가 하여 모두들 좌불안석인 현실임에 우려감을 크게 느낀다.

54. 아버지의 용단 부산으로 이사 결정

1954년 새 학기가 시작되면서 거제도 전역에서 국회의원 선거열풍이 불었다. 선거라는 것을 내 생애 처음 구경했는데 동네 담벼락이나 판잣집 외벽에 뽑히려는 사람들의 얼굴이 든 벽보가 나란히 붙여져 있었다. 차 위엔 확성기가 있어서 아주 커다란 소리로 누구누구를 지지해 달라고 외쳐 밤낮으로 거제도 전체가 요란스러웠다.

아주 젊고 잘 생긴 청년 한 사람이 입후보 했는데 바로 이 사람이 1992년 우리나라 대통령으로 뽑힌 김영삼 이란 정치가였다. 당시에 야당에서는 정치계에서 알아주는 채모 의원이 또 입후보했었고 김영삼 입후보자는 이승만 대통령의 양자라고까지 소문내면서 여당인 자유당으로 입후보했다. 두 사람이 아주 유력하였는데 피난민들에게는 당시 이승만 대통령이 국부라고까지 널리 알려졌기에 이승만 대통령과 저렇게 가까우니 김영삼을 전폭적으로 지지하자며 개신교회에서도 그렇고 학교에서도 그렇고 하여 전국에서 몰려든 6 · 25 피난민의 몰표 행사로 김영삼은 국회의원에 당선되었다.

우리나라에서 당시 제일 젊은 나이로 국회의원에 선출되었다고 하였다. 한번은 김영삼이 유세 중 우리들이 다니는 중앙교회에 왔는데 어린이들과 일일이 악수를 하면서 자상하게도 머리를 쓰다듬어 주었던 생각도 난다. 가까이서 보니 참 멋있게 생겼다 생각했다. 서울대학교를 나왔고 당시 장택상이 총리를 하였었는데 그의 비서로 일했다고도 했다. 그의 아버지가 거제도 일대에서는 큰 재력가여서 소문에는 물건을 실어 나르는 트럭이 70대나 있고 소유한 배가 200척이나 된다 하였다.

피난민들로서는 입이 딱 벌어지는 아주 부러운 귀공자로 보였다. 그런데 이상한 일은 그런 그가 당선되고 나서 우리가 부산으로 이사를 나온 몇 달 뒤 그가 양자라고 내세우면서 가깝다고 자랑하던 이승만 대통령을 갑자기 배반하고 당시 야당 입후보자 채모 씨의 민주당인가 뭔가 하는 당으로 옮겨 앉았다. 만나는 어른들 사이에 김영삼이란 사람이 저렇게 젊은데 벌써부터 저러하다니 하며 몹시도 의아해 하는 말들이 자주 오갔다.

1954년 새 봄이 되면서 우리 집은 또 한 번 엄청난 변화가 생겨났다. 할머니가 이 거제도 섬에서 살기 싫다는 말을 하고 고향으로 빨리 되돌아가든지 아직 수복지구여서 어려우면 고향 가까운 육지 부산이라도 나가서 살자는 것이었다. 여기 분위기 때문에 당신의 병이 또 생겨날 것 같다는 말을 아버지 어머니에게 한 것이다. 며칠을 고민한 아버지가 크게 용단을 내렸다.

여기 연초 중학교에는 다른 훌륭한 선생들이 열심이고 원주민들도 많은 관심을 가지고 있으니 계속 발전할 것이라 하면서 나는 하나뿐인 어머니를 잃고는 도저히 세상을 살 수 없으니 고향 가까운 부산으로 나가야 한다는 것이다. 그리고 부산을 다녀왔다. 우리 가족이 거주할 곳과 아버지의 직장을 구하러 나갔다 온 것이다. 마음의 결정을 하고 이 문제를 학교 선생님들과 지방 유지와 피난민 연락사무소의 관계 인사들과 통영군과 경상남도 학무과에 알린 것이다.

거의 한 달을 여러 기관에서 사람들이 아버지에게 와서 학교를 떠나는 뜻을 거두어 달라는 설득을 만류를 하고 학생들이 울면서,

연초중학교 제 1회 졸업기념

"교장선생님 떠나지 말아주십시오. 저희들이 더욱 공부를 열심히 할 터이니 여기 계셔서 저희들을 지도해 주십시오!"

하며 학교 사택엘 매일같이 드나들면서 아우성들이었다. 그런데 아버지의 결정은 단호했다. 할머니 소원 때문이었다. 아버지는 효도를 택한 것이다.

"너희들은 다른 훌륭한 선생들이 계셔서 배울 수 있지만 나는 떠나야 할 사정이 있다"

했다. 이곳에 있으니 또 병이 날 것 같다 하는 할머니의 말에 아버지는 마음을 굳힌 것이다.

학생들에게는 차마 당신의 어머니 말을 하지 못하였지만 마음속에는 오직 할머니만 자리하고 있었던 것이다. 포로수용소 앞에서 학교를 세워 배움의 전당을 꾸밀 구상을 하고 갑자기 고향을 떠나 하루아침에 거지가 다 되어 미군들에게 초콜릿을 달라고 손을 내미는 아이들을 모아 배움의 터전을 마련하려고 관계기관에 탄원을 하고 서류를 준비하느라 밤낮으로 고생하던 아버지가 어찌 이들 제자들과의 헤어짐이 아쉬움이 없고 가슴 아프지 않았으랴.

아버지의 일기 속에 자세하게 적힌 하청중학교 연초 분교를 세우고 분교장의 직책을 맡아 이끈 사도 실천의 사연은 후일 내가 교육활동에 임하는 생활철학의 뿌리가 되었다. 연초중학교와 관련된 아버지 일기의 내용 몇 가지이다.

 1951년 8월 15일, 연초 중학교 설립 착수(통영군수와 각 관계기관과 토의) (피난민 중학생을 위하여 헌신키로 각오)
 12월 15일, 정식개학 개교식 성대(명칭 연초중학교. 교장으로 취임)(교사 4명 채용 3학급)
 1월 3일, 신축교사 건축 상량식 거행
 1월 13일, 통영중학교 연초분교로 인가 신유년 복잡한 해의 다단함이여, 내 뜻은 끝내 성공하여 학생들은 자란다.
 1952년 2월 15일, 문교부차관 본교 시찰
 3월 27일, 하청중학교 연초분교로 변경 인가
 3월 30일, 국가 보조금 실현(도, 문교부 출장 해결)(3월 8일부터 신 교사에서 수업 실시)
 1953년 4월 16일, 학생 책상 의자 제작(20일 완료. 운동장 확장) 5학급 340명 분의 수업시설 완료
 햇수로 3년
 일마다 괴로운 벌칙이었다.
 욕이란 욕 다 먹으면서도
 오직 하나의 신념과 인내로써
 빈 터전에 학교가 섰고

나 혼자의 힘은 아니었으나
　　모든 시설을 위하여 얼마나 힘을 썼던고
　　하면 되고야 마는 것을
　　피 저린 풍진 속에
　　오늘에야 시설 완비되어 마냥 기쁘네.

　우리 집이 부산으로 이사해 나오기 직전 잊히지 않는 사회상이 하나 있었다. 연초중학교에 윤씨 성을 가진 젊은 영어선생님이 있었는데, 학생들이 아주 좋아했고 인기가 많아 여학생 누나들이 졸졸 따라다니다시피 했다. 어느 날, 그 윤선생이 입대를 하게 되었다. 주위에서는 송별연을 여는 등 난리법석이었다.

　학교 앞 행길을 지나는데 많은 사람들이 올라탄 트럭 한 가운데에서 얼큰하게 술에 취한 듯한 벌건 얼굴의 윤선생이 '군 입대'라는 굵은 글자가 씌어 있는 어깨띠를 두르고 이마에는 태극기가 새겨진 천을 질끈 동이고 오른손을 세차게 흔들면서 옆 사람들과 함께 군가를 하늘이 떠나가라 목청 높여 힘차게 불러대는 모습이 눈에 띄었다. 참으로 영웅적인 모습이었다.

　많은 학생들이 눈물을 흘리면서 이별을 슬퍼하며 선생님의 무운을 빌었고 격려의 박수를 보냈다. 그렇게 하루를 지나고 그 윤선생은 입대를 하였다. 그런데 열흘 정도 지난 어느 날, 그 윤선생이 학교로 슬며시 다시 돌아왔다. 군 입대를 하여 적군을 무찌르려 훈련을 받고 전방으로 가지 않고 되돌아온 것이다. 무슨 사유인지 모두들 궁금해 했다. 그리고 얼마간 학교에 다시 근무하기 시작하였다.

그런데 이상한 일은, 그렇게 따르던 학생들, 특히 여학생들이 아침 등교시간 정문에서부터 인사조차 하지를 않고 외면하는 것이었다. 이런 쌀쌀한 분위기가 점점 학교 전체로 번져가자 이를 눈치 챈 윤 선생은 얼마간 더 있다가 소문도 없이 연초중학교 교사근무를 그만두었다. 나중에 들리는 말에 의하면 군대를 갈 수 있는데도 무슨 이상한 수를 써서 군 입대를 면하였다고 했다. 학생들이 이 사실을 알고 매섭게 싹 돌아섰던 것이다. 6·25 이후 휴전되기 전 이때의 사회 상황은 어디를 가든지 대체적으로 이러했다.

55. 명견 에쓰와의 이별

아버지는 가족들에게 아는 사람을 통하여 부산에서 살 집을 마련했으니 6월에 이사한다 하며 짐을 꾸리라고 했다. 부산으로 나갔다가 그때는 아직도 전쟁터의 한가운데인 고향이 안정되면 재빨리 그리운 고향으로 돌아가 할머니를 기쁘시게 해드리자는 말이었다. 학급친구들에게도 부산으로 나간다고 이별을 고했다. 나는 지금도 만나는 거제도 친구들이 있다. 그들과는 6·25때 모진 피난생활을 같이하면서 가슴속에 간직한 서로 통하는 이야기들이 너무도 많다. 함경도 아바이 모임이다.

사투리 억양이 어떻게나 억센지 예전이나 지금이나 마찬가지다. 우리가 만나서 떠들면 다방에 있는 다른 손님들이 귀를 막아야 될 지경이다. 만나면 고생스럽던 일들이 재미있는 듯한 추억 속의 얘기로 변한다. 학급 친구들에게도 부산으로 나간다고 이별을 고하였다.

아버지는 평생 사명감을 가지고 일에 몰두하는 것을 좋아하였다. 어떤 직책이나 자신만의 이익을 도모하는 일엔 항상 초연하였다. 그런 때문인지 할머니 말 한마디를 듣고 따르는 데도 단호했다.

30년의 세월이 지난 뒤 1985년 9월21일 토요일 오후 3시 30분 내 형제들은 아버지의 출판기념회를 열어 드렸다. 그간 아버지의 학술, 고전, 저서가 무려 38책 64권이었다. 전국에서 피난시절 연초 중학교를 나온 남녀 제자들이 많이들 참석했고 2차로 밤늦게까지 우리 집 뒤뜰에서 지난 이야기를 했다. 이별의 눈물을 흘렸던 그때 일들을 상기하면서 사제지간에 오래간만에 다시 다정히 눈물을 흘리던 광경을 보았다.

거제도에서 부산으로 이사하기 며칠 전 아버지는 나의 든든한 친구 사랑하는 에쓰를 처리하자고 하였다. 가슴이 철렁하였다. 개는 배에 태울 수 없어 부산으로 데려갈 수 없다고 했다. 그때부터 난 엄청난 고민이 생겼다. 후에 안 일이지만 개백정에게 팔기로 약속을 하였다는 것이다. 더 놀라운 사실은 이사 가기 7일 전 에쓰가 홀연 없어진 것이다. 아무리 찾아봐도 수소문해 봐도 어디를 갔는지 알 수 없었다. 에쓰는 주인 말에 눈치를 챈 것이다.

우리 집이 부산으로 떠나는 날 이른 새벽 어디를 갔는지 모르던 에쓰가 집에 나타났다. 오랫동안 굶어 기운이 다 빠져 나에게 꼬리를 치는데 힘이 없었다. 개백정 영감이 왔을 때 에쓰는 그 영감을 보고 어깨의 갈기를 세우면서 공격 자세를 취하고 으르렁거리기 시작하였다. 영리한 에쓰는 벌써 알았던 것이다. 동네 아저씨들과 선생들이,

"찬수야! 에쓰가 너의 말을 잘 들으니 네가 이끌어 개백정 할아버지께 넘겨 드려라!"

하고 나를 설득시켰다. 나는 완강히 거부하였다. 절대 그렇게 못하겠다고 발버둥을 쳤다. 그리고 에쓰를 붙들고 소리 내어 울기 시작했다.

왜 부산으로 데리고 가면 안 되냐고 하면서 난리를 쳤다. 그리고 개백정 말고 다른 사람에게 잘 키우라고 주면 안 되느냐고 외쳤다. 학교 운동장에 모인 학생들에게 이임 인사를 하는 아버지가 뻘겋게 된 눈으로 나를 보면서 말했다.

"부산 나가면 이보다 더 좋은 진돗개를 사줄 테다. 그러니 어서 개백정에게 넘기자"

하고 나를 달래면서 울고 있었다.

나는 아버지 말이 끝나자 부둥켜안고 누구도 접근하지 못하게 하던 에쓰를 개백정 철조망 수레 안으로 데리고 갔다. 에쓰는 반항하지 않고 목을 느리고 순순히 걸었다. 그때 에쓰도 울고 있었다. 연초 면 연사리 벌판과 MP 다리까지 뚝방 길을 달리며 위용을 떨치던 명견의 위세는 어디로 가고 눈자위로 눈물을 흘리고 있었다. 이별을 각오한 듯이 아무런 반항도 하지 않았다. 우리 속으로 들어간 에쓰가 한번 끼잉 하였

고 뒷 철문이 닫혔는데 들어가면서 나를 흘끔 뒤돌아보는 에쓰의 눈초리가 나를 몹시 원망하는 것 같았다.

지금도 에쓰와 같이 찍은 사진을 가지고 있다. 그때의 생각을 하면 지금도 미안하다. '나를 믿고 집으로 다시 왔는데 개백정에게 넘기다니!' 에쓰는 그렇게 생각했겠지…… 나는 비정하게 에쓰와 헤어진 일을 떨쳐 버릴 수가 없고 지금까지도 이별한 순간만 생각하면 마음이 몹시 아프다. 미안하기 짝이 없다. '그때 그냥 풀어놓아 벌판으로 도망가게 내버려 둘걸……' 두고두고 이렇게 생각했지만 이미 지나간 일이다.

사람이 되어서 그렇게 나에게 충성하는 너를 의리를 지키지도 못하고 보호도 못했다니…… 우리 속으로 에쓰를 들여보내 놓고 나는 땅바닥에 주저앉아 대성통곡을 했다. 할머니가 이때의 슬픈 사실을 두고두고 말하기를,

"전교 학생들은 운동장에서 울지, 아범 울지 선생님들과 학부형들과 이웃동네 사람들이 이별을 슬퍼하여 여기저기서 울지, 찬수는 개 끌려가 죽는다고 대성통곡을 하지, 그야말로 학교 전체가 울음바다였다"

라고 했다.

이때의 또 다른 헤어짐은 그렇게 눈물바다를 이루었다. 지금 생각해 보아도 아버지의 결단력은 대단했다. 일전 한 푼 없는 우리 집의 이삿짐은 옷 몇 가지와 재봉틀 하나 양재기 그릇 수저가 전부였다. 앞날을 예상 못하는 피난민의 객지에서의 이동인 것이다.

이산가족이었던 우리 집 여섯 식구는 저 처참한 전쟁 속의

풍비박산 속에서 아슬아슬하게 다시 거제도에서 합쳐졌다.

한 많은 슬픔의 사연, 고난의 사연, 숱하게도 많은 고마움의 일들을 거제도 여기저기에 모두 남겨두고 장승포 항에서 부산행 목선 여객선을 나고 거제도를 떠났나.

거제도! 전란 속에서 평화를 실천하며 몸살을 앓은 장한 거제도!

네가 따뜻이 보듬어 주었기에 우리가 대한민국 자유에 편히 안길 수 있었고 너 없었으면 우리 가족은 만나지도 못했다! 고마운 거제도야! 네 고마움 잊지 않고 지금 떠나지만 내 기필코 다시 너를 찾아오리!

1954년 6월 초 장승포 항 앞바다 바닷물은 떠나는 뱃전을 때리고, 바다 위를 나는 흰 갈매기들이 전쟁의 무서움과 피난민의 애환을 알기나 하는지 그저 자유롭고 평화롭게 우리 가족 머리위로 배회하고 있었다. 배 밑창 객실에 들어간 나는 그래도 허전하여 멍하니 앉아 에쓰 생각만 하고 있었다. 모든 것을 다 잃어버린 것 같은 느낌이 들었다.

56. 자갈치 시장과 청구중학교

부산 자갈치 부두에 내린 우리는 리어카 한대에다 배에서 내린 간단한 이삿짐을 옮겨 싣고 리어카 끄는 아저씨를 앞세웠다. 손에 손에 보따리를 든 우리 모두는 아버지를 따라 걸어서 한국전력회사를 지나 토성동을 거쳐 아미동 산 중턱에 있는 판잣집으로 올라갔다. 부산대학교 사범대학 병설 중학

보수공원 산비탈 청구중고등학교 터 전경

교와 담을 하나 사이로 두고 건너다보이는 바로 남쪽 비탈 언덕배기에 있는 판잣집으로 올라갔다. 6평 정도 되는 새로 지은 아주 작은 방 두 칸의 집이었다. 초장동과 아미동의 경계지역이었는데 나무도 없는 산비탈에 판잣집이 다닥다닥 붙어 있었다. 나중에 안 일이지만 집장사가 남의 땅에 불법으로 지어 피난민들에게 싸구려로 분양한 집이었다.

거제도에서 아버지가 급히 부산에 나와 아는 사람의 소개로 임시방편으로 장만한 집이 불법으로 지어 싸구려로 파는 무허가 판잣집이었던 것이다. 당시 전쟁 통엔 삶의 기준이 단순한 윤리 도덕 관습에만 의지했지 나라가 세운 법조문 등은 백성들이 구체적으로 모르거나 정확한 준거에 의하여 지켜지지도 않을 뿐더러 정상적으로 이어지지도 않는 상황이었다. 우선 살고 봐야 하니까 피난민들은 모두 그랬었다고 볼 수 있다.

부산 도처의 산비탈의 판자촌은 모두가 무허가로 지어졌고 집장사들이 단속을 피하여 낮에는 조용하다가 밤이면 후닥닥 툭탁 소리가 난다 싶어 이튿날 아침 일어나 주변을 둘러보면 어제까지 못 보던 집들이 하룻밤 사이에 여기저기에 몇 채씩 생겨나곤 하였었다. 그날부터 우리 가족은 부산 사람이 되었다.

처음 배에서 첫발을 내디디자마자 엄청난 사람들이 움직이는 곳임을 느낄 수가 있었다. 자갈치 뒤편 바다와 송도 쪽으로 나가는 남항동 축항이 있는 그 안에 엄청난 배들이 꽉 들어차 있었고 오가는 배도 아주 다양했다. 사람들이 사느라고 외쳐대는 소리에 정신이 없었다. 복잡한 큰길 한복판으로 커다란 전차가 땡땡 소리를 내며 지나가는 것도 흥미로웠다. 눈이 휘둥그레졌다. 과연 부산은 우리나라의 대도시였다. 엄청난 사람들이 사는 곳이고 피난민들이 전국에서 몰려와 살았으니 그때의 사회상이 어떠하였겠는가 가히 짐작을 하고도 남는다.

집안에서 짐을 풀고 그날 밤 창문을 열고 부산 시가지를 내려다보니 그야말로 야경이 화려했다. 이튿날 아침 촌뜨기인 내가 처음 보는 대도시 부산의 광경은 어마어마했다. 시가지뿐만 아니라 산꼭대기 전체가 온통 다양한 건물로 꽉 차 있는데 건너편으로 바라다 보이는 산 쪽(보수산), 우남공원(용두산), 영도다리 너머 멀리 오른쪽 위로 고갈산 중턱 영선동 일대 왼쪽으로,

임시정부청사가 들어서 있던 경상남도 도청 옆 이승만 대통령이 있던 부민동 대통령 관저, 병설 중학교 바로 왼쪽으로

청구 중고등학교 정문 사진

조금 가면 보이는 높다란 굴뚝의 아미동 화장터, 저 멀리서 대신동, 동대신동이 모두 한눈에 들어왔다. 영도다리 왼쪽으로 시청 옆 제5육군병원 건물, 당시 부산에서 제일 높은 건물 너머로 부산항과 그 너머로 적기, 신선대 쪽 오륙도 부근까지 훤히 내려다 보였다.

물론 이런 지명은 부산에 살면서 차차 안 이름들이다. 부산 한가운데 우남공원(용두산 공원) 쪽으로 국제시장 헌책방 골목으로 빠져나가면 바로 이어지는 전시에 가장 유명했던 국제시장, 그리고 광복동 남포동 미문화원이 있는 대청동 동광동 거리 등이 시내 한복판에 있는 부산의 중심인데 손 안에 잡힐 듯이 다 보였다.

우리가족은 이웃들과 인사를 했다. 모두가 피난민이었고 함경도 평안도 황해도 사람들이 제일 많았다. 경상남도 하동 창원 산청 사람들도 있었다. 전국에서 온 피난민들이 다 모였으니 사투리도 가지각색이고 각자 풍기는 성품과 관습 그리고 기질도 아주 다양하였다. 그 어려운 삶 속에 서로가 내놓는 이야깃거리도 다양하였다.

나는 바로 아버지를 따라 아버지가 새로 근무하게 될 보수산 공원 오른쪽 언덕에 있는

부산 시가지 전경

피난민 학교 청구중·고등학교로 갔다. 그런데 이상한 것은 아버지가 아미동 바로 아래에 있는 토성국민학교나 보수산 아래에 있는 보수국민학교에 데리고 가지 않고 아버지가 근무하게 될 청구중학교로 간 것이다. 교무실에서 간단한 수속이 끝나고 나는 갑자기 국민학교 6학년이 아니라 중학교 1학년 교실에 덜커덕 앉아 있게 된 것이다.

그날 6월부터 나는 국민학교 6학년생이 아니고 1년 2개월을 건너뛰어 중학교 1학년 학생으로 바뀌게 된 것이다. 예고도 사전 준비도 없이 바로 중학생이 되어서 한편으로는 중학생 모자도 쓰고 그럴 듯하게 보이기에 약간 우쭐대려는 심리도 있었지만 그때부터 나는 아주 심각한 고민과 당황 속에 그해 겨울방학 지날 때까지 몸살을 앓았다. 매일같이 나는 학교 생각만 하면 무엇에 쫓기는 듯 모든 것이 부족한 듯 하루도 마음이 편할 날이 없었다.

평소 친구들처럼은 하는 공부인데 갑자기 공부에 대하여 그렇게 몸살을 앓아 보다니…… 경험해 보지 못한 사람들은 상상하지 못할 일들이 너무 많이 생겼다. 어린 나로서는 갑자기 일시적으로 6·25 전쟁만큼이나 감당 못할 큰 일이 생긴 것이다. 조금만 노력하면 다 이해된다는 아버지의 소싯적 생각만 하고 나의 능력을 살피지 않은 것 때문에 일어난 일이라 생각한다. 그리고 재직하는 학교의 교사이면 자녀의 등록금이 면제된다는 그때 상황으로 따지면 가장 중요한 문제를 해결할 수 있다는 것 때문이었으리라 여겨진다.

또 한 가지는 아버지가 근무하는 학교엘 매일같이 나를 데리고 다닐 수가 있어서 혼란한 세태 속에서 보호할 수 있겠다는 동기도 있었으리라 생각된다. 그러나 전쟁 뒤의 가난이라고는 하지만 내 입장에서 본다면 천재도 아닌 내가 크게 흔들린 것이다. 지금도 그때를 생각하면 아주 불안한 마음이 생긴다.

57. 학습 지진아 열등생

다시 생각해 본다. 6·25로 1년이 늦었다 하더라도 늦는 대로 자연스럽게 절차를 밟아 토성국민학교 6학년에 가고 그 다음해에 중학교 시험을 보고 옆에 있는 경남중학교에 시험을 쳐 볼 기회도 있었는데…… 평생의 안타까움으로 남아있다.

초등학교 땐 제일 우수하지는 않았으나 그래도 교과를 이해하고 따라갈 정도는 되었었는데 그해 6월부터는 하루 사이에 나는 우리 학급에서 그야말로 하루아침에 가장 열등생이 되었던 것이다. 고민이 한두 가지가 아니었다. 피난민의 애환과 가난의 서러움이 나에게 또 다른 이런 모습으로 운명적인 것처럼 다가왔다.

특히 영어와 수학이 문제가 되었다. 우선 알파벳도 모르는데 수학 속에 기호가 나오는데 무엇이 어떻게 된 것인지 아무리 보아도 모르겠고 영어시간에 독본 읽을 때는 한 줄도 읽지 못하는 멍텅구리가 되었다. 용어나 잘 이해할 수 없는 뜻도 모르는 단어가 나오고 문법까지 나오는데 참으로 견디기 어려웠다.

자존심은 삽시간에 다 무너지고 갑자기 부끄러워 남의 눈치나 슬금슬금 살피게 되고…… 옴짝달싹도 못한다더니 너무나 커다란 짐이 나를 내리누르고 있었다. 심리적인 압박을 배겨내지 못한 이유이기 때문이었다.

이때부터 한동안 나는 갑자기 손톱을 깨무는 습관이 생겼다. 손톱뿐만 아니라 손톱 근처의 피부까지도 이빨로 물어뜯어 손가락 끝이 벌겋게 되어 피부병이 생긴 것처럼 되었다. 이 현상은 욕구불만이라 했다.

그 해 여름방학과 겨울방학엔 나 혼자 집에서 마음을 독하게 먹고 공부하였다. 기초부터 다시 시작하는데 그게 말대로 쉽게 되는 것이 아니었다. 어린 내가 혼자 극복할 수밖엔 없기 때문이다. 한문이나 역사나 국어는 아버지께 배운다손 치더라도 새로운 말과 문자와 기호가 나오는 영어·수학! 나중엔 영어·수학책은 거들떠보기도 싫었다. 자연스러운 심리현상이었으리라…….

　무슨 가정교사나 선배가 있어서 물어볼 데도 없었다. 또 1년 밀린 새로운 공부를 하는데 눈에서 불이 났다. 그런데 공부라는 것이 마음대로 잘 되지도 않았다. 친구들과 어울려 놀아야지, 집안 심부름도 해야지, 또 그 사이 자꾸 쌓이는 그날그날의 교과 과정도 해결해야 되기 때문이다. 학교에서의 열등의식! 이는 경험해 보지 않은 사람은 그 심리를 잘 모른다. 내가 30년이 넘도록 교사 생활을 했으니 이 어린 시절의 나의 경험이 어찌 그냥 넘어갈 수 있었으랴. 상담실에 있을 때도 어린 시절의 쓰라린 경험은 나의 스승이었고 학생 지도의 길잡이가 되었다.

　한동안은 아버지와 같이 학교에 다녔지만 친구들이 생기고 도시생활에 적응도 하게 되어 나는 그 뒤부터 집에 올 때는 나대로 친구들과 어울려 다녔다. 이때 김상일을 만났다. 사귄 친구들이 많았는데 특히 상일이는 지금도 친 동기간처럼 지낸다.

　1학년 우리 담임선생님은 장학수 선생님이었다. 키가 자그마하고 얼굴이 둥그스름하고 안경을 끼었는데 수학 교과 담당 이었다. 나는 선생님의 귀여움을 받을 기회가 애당초 없어진 셈이다. 왜냐하면 수학공부를 못했기 때문이다. 내 친구 상일이는 머리가 명석하고 아주 부지런해서 그때 모든 학과에서 성적이 뛰어나 학급에서 공부를 제일 잘했다. 특히 수학 시간은 그의 시간이었다. 수학을 너무 잘하였다. 잘하는 정도가 아니라 수학의 귀재라 할 수 있을 정도였다. 내가 2학년 때 수학을 어느 정도 따라붙었을 때였는데도 2~30분을 끙끙거리고 생각하고 난 다음에 해결할 문제를 그 친구는 3분도 걸리지 않아 원리를 쉽게 적용하여 긴단하게 척척 해결해 버리고 말 정도였다.

그리고 그는 매사에 너무 성실하였다. 그도 수학교육을 전공했는데 평생을 그렇게 진지하고 열심이더니 나중엔 교장 임무도 충실히 하였고 서울에서도 교육의 중심지라고 할 수 있는 곳에서 교육청의 교육장 임무도 아주 훌륭히 해냈다.

책임이란 것이 근거 없이 아무 사람에게 아무렇게 대충대충 맡겨지는 것이 아니라는 것을 나는 평생의 경험으로 또 다정한 나의 친구를 통하여 자신 있게 말할 수가 있다.

그가 나와 만나기 전의 피난 이야기는 이렇다. 상일이는 연평도가 고향이다. 6·25가 일어난 직후 그의 부모는 상일이의 누나와 갓 태어난 여동생 상복이를 데리고 다섯 식구가 배편으로 인천으로 피난을 나왔다. 인천에서 살다가 인천상륙작전과 9·28 서울 수복 이후 우리 국군이 진격하여 북으로 올라갔을 때 상일이네는 국군을 뒤따라 다시 연평도 고향으로 들어갔다고 했다.

그런데 중공군이 참전하여 인민군이 다시 남쪽으로 미는 바람에 1·4 후퇴 때 온 가족과 동네 사람들 모두는 다시 인천으로 나왔다고 했다. 그리고 인천에서도 위험하다고 하여 피난 보따리를 챙겨들고 다시 육로로 걸어 수원에서 피난민 기차를 타고 남으로 남으로 경상남도 울산까지 내려갔다가

피난민 기차

다시 부산으로 피난을 했고 그곳 피난민 학교에서 우리가 서로 처음 만났다.

어른들을 따라 피난 내려올 때의 고생을 너무도 많이 해서 그는 피난길에 대한 말도 하기 싫어했다. 피난 도중에 갑자기 알지도 못하는 사람들을 만날 때마다 말초신경을 곤두세웠고 굶주림에 지치고 늘어져서 여기저기 같이 피난 가던 사람들이 병으로 낙오되어 주저앉아 꼼짝 못하는 사람들도 많이도 보았다고 한다.

피난길이 뱃길이라면 목적지까지 단숨에 바다로 내려갈 수가 있었지만 육로로 피난하는 사람들은 북을 뒤로 하고 남으로 내려가는 더딘 걸음걸이였기에 허구한 날 등 뒤에서는 "적군이 쫓아온다" "적군이 또 쫓아온다" 북으로 올라가는 국군을 볼 때마다 "곧 싸움이 있겠구나" 하였고 연합군 비행기만 뜨면 혹시나 적군으로 오인하고 기총사격이나 포탄을 떨어뜨리지 않나 하며 꽁지가 빠지게 몸을 숨기며 전전긍긍하는 가운데 짐들을 지고 어린아이들 돌보면서 내려갔다.

말로 하기는 쉽지만 당시의 고초가 어떠했을까? 말이 아니었다. 상일이네처럼 이렇게 우리 국민들 모두는 그러한 상황에서 목숨을 부지하느라고 처절하고 끔찍한 삶을 이어갔다.

58. 멍드는 동심

내가 다니던 학교의 전신은 서울에서 피난을 왔다가 수복 후 귀경한 무학여고였다. 보수공원 중턱을 넘어 보수산 꼭대기로 올라가는 곳에 있었다. 그 뒷자리에 들어선 문교부에서 인가도 나지 않은 사립중학교가 내가 다니는 학교였다. 1954년 가을 제일 송도 쪽에 있는 함남 중·고등학교에서 학급을 재편성할 규모의 엄청난 학생들이 한꺼번에 전학을 왔다.

1학년 때 생긴 일이다. 두 학교가 갑자기 합쳐지니 학생들 간에 세력다툼이 생겨났다. 우리 학교에 이승욱 이라는 친구가 있었다. 같은 반이지만 우리보다 나이가 많았다. 나와는 거제도에서부터 한 학급에서 공부했는데 피난을 왔는데도 그의 아버지가 광복동에서 명시당이란 시계 보석상 가게를 운영하여서 경제적으로 넉넉한 가운데 학교엘 다녔다. 그는 그 당시부터 학업에는 힘쓰지 않고 권투도장에 다녀서 다른 학생들이 그의 위세 앞에서는 꼼짝도 못했다. 그의 주먹이 무서웠기 때문이다.

함남중학교에서 온 학생 중에는 박태구라는 아이가 있었다. 역시 그도 나이가 많은 아이였다. 키가 후리후리하게 크고 목이 긴 새까만 구두를 반짝반짝하게 약칠을 하여 신고 재면서 다녔는데 몸이 날렵하고 우리 학교에 전학 오는 학생 중

주먹이 세기로 벌써부터 소문이 나 있었다.

 이 두 거물이 미리 한판 붙자고 약속을 하고 방과 후 꼭대기 운동장에서 맞붙게 되었다. 우리가 양쪽 학교 출신 학생들이 지켜보는 가운데 둘이서 이승욱이가 갑자기 손에 들고 온 운동 가방을 천천히 땅에 내려놓더니만 아주 느긋한 동작으로 가방에서 권투선수가 시합 전 입에 끼우는 마우스피스를 보란 듯이 천천히 꺼내어 자기 입술 안에 끼워 넣으며 오물거렸다. 갑자기 입술이 평상시보다 두툼하게 튀어나왔는데 거기에 삼각형 눈매에 거무튀튀한 얼굴의 승욱이가 입술을 씰룩대며 세모눈까지 날카롭게 쏘아보는 듯 상대를 쳐다보니 고약한 인상이 더 고약하고 험하게 보였다.

 긴장한 가운데 승욱이가 취하는 여유만만한 행동과 날렵한 권투선수 동작과 거기에 무서운 얼굴을 하여 씰룩대며 싸울 태세를 취하니 멀거니 건네다 보던 태구가 싸움 동작을 맥없게 슬그머니 허물었다. 그러더니 싸우려던 기세는 다 어디로 사라지고 기가 폭삭 죽어 눈물까지 글썽거리더니 갑자기 "누가 싸운댔어! 누가 싸운댔어!" 하며 죽어 들어가는 자세로 소리지르며 순식간에 꼬리를 내리고 말았다. 전학 온 함남 중 패거리들이 판정패로 끝났다. 세력의 기 싸움은 우습고 싱겁게 끝났으나 큰 싸움이 되지 않아 서로가 다치지 않았으니 다행이었다.

 싸움은 이렇게 싱겁게 끝났는데 다행히 승욱이가 싸움도 없이 이기는 바람에 얌전한 우리학교 학생들은 안도의 숨을 몰아쉬고 이후 집단으로 전학 온 함남중학교 출신 학생들과 사이좋게 지내게 되었다.

　이 사건 바람에 승욱이의 위세와 무용담은 출싹거리고 부풀리기를 잘하는 대포가 센 친구들 입을 통하여 더욱 부풀려 퍼져 나갔다. 실싱 그들은 싸우지도 않았는데도 "권투선수 승욱이가 번개같이 태구에게 한방 놓으니 태구가 저만치 나가 떨어졌다" 이런 식이었다. 승욱이는 권투도장에만 다녔지 권투선수로 한번도 출전한 적이 없었는데도 그러했다.

　그 이후 세월이 조금 지나 친구 승욱이는 유명한 부산의 칠성 깡패단 창설 초기 두목이 되었고 태구는 칠성파보다 약한 영도섬 제2송도 지역의 백조 깡패단 두목이 되었다. 당시 부산은 깡패 그리고 온갖 범죄행위의 박람회장 정도의 도시였다. 서대신동의 20세기, 초량 수정동의 라이온스, 마라푼다, 교통부의 자이안트, 영도의 백조파…… 등등. 그리고 그 당시는 지금의 고아원(보육원)에 해당되는 아이들이 한떼로 몰려 다니면서 아주 사납게 설쳐대어 여기저기서 나쁜 소문이 나 있었다.

　학생들의 제일 큰 고민은 깡패 등살이었는데 그 공포감 정도가 이만저만이 아니었다. 웬만한 골목마다 지켜서서 지나가는 착한 아이들을 불러 돈을 빼앗는다든지 수틀리면 주먹질하며 상해를 입히는 깡패들 등살에 밥맛을 잃을 정도였다. 전쟁 후 피난시절 청소년들이 안고 있는 고민 중 가장 커다란 고민 덩어리였다.

　부산의 중심가에 있는 국제시장, 보수동 헌책방 골목, 부산극장, 동아극장, 남포극장, 보림극장, 미화당 백화점, 광복동

거리, 동광동 거리, 우남공원(용두산 공원), 부산 본역앞, 부산진역앞, 서면극장앞, 국제극장앞, 초량극장앞, 제1송도, 자갈치 등등 그 일대 중심 거리는 구경할 만한 곳도 되지만 동시에 아주 무시무시한 공포의 거리이기도 했다.

청소년들이 골목길을 지나가다가 수틀리게 잘못 걸려들기만 하면 얻어맞거나 돈을 빼앗기기가 일쑤이고 이렇게 매일 여러 장소에 지켜 서서 위협하는 바람에 청소년들은 심지어 시내를 거쳐 학교 가기를 꺼려 할 정도였다. 부산일보, 국제신문, 민주일보 등 일간지 사회면 신문지상엔 6·25 전쟁의 상처 아픔에 대한 기사만큼이나 깡패들의 패거리 싸움과 그 피해상황이 뻔질나게 기사화되어 실려 있을 정도였다. 6·25 동란 직후의 험난한 또 다른 사회상이었다.

당시에 부산에는 '뽕끼'라는 별명을 가진 전설적 깡패대장이 있었다. 다른 학생들보다 나이가 훨씬 많이 든 그런 어른 같은 학생이었다. 피난민학교 함남고등학교 출신인 그는 아주 점잖고 그들끼리의 의리를 다지는 데 수완이 놀라웠다. 그의 부하들은 함경도 난다리(또는 기계다리), 원산돼지, 평안도 박치기, 북청 물장수(내가 그때 보기엔 성격이 아주 순하고 성실해 보였음) 오산 돼지 등 우리 청소년들의 입에 오르내리는 무용담(?) 속의 주요 등장인물들이었다. 모두 '뽕끼'라는 거물을 두목으로 하여 뒤따르며 충성을 다하는 무서운 무리들이었다. 주로 제1송도와 자갈치 시장 남포동 광복동 남항동 남부민동이 그들의 설치는 무대였다. 그러나 그 용맹(?)은 부산 전역을 휩쓸었다.

이들의 일화는 너무 터무니없이 부풀려져서 마치《수호지》나 여러 가지 무협지 이야기를 듣는 듯했다. 함남고등학교 모자엔 하얀 줄이 두 줄 둘려져 있고 앞에 교표로 고(高)자가 해서(楷書)체로 씌어져 있었는데 이 모자만 쓰고 다니면 부산에서는 집적거리거나 건드리는 아이들이 없을 정도로 유명한 깡패가 많은 학교였다. 경찰들은 그들을 잘 파악하고 있을 정도다. 전시 피난시절에 부산에서는 함남고등학교를 모르는 사람이 없을 정도로 소문이 나 있었다.

59. 깡패천국

그 뒤 2학년쯤 되어서는 우리 학교에 있던 공부에 뒷전인 건달패들이 결속이 되어 칠성파라는 깡패 단체를 조직했는데 초창기 이들의 행패는 부산 일대에서 우리 청소년들의 공포 대상의 제1호 무리들이었다. 그들은 중학교 2학년이라지만 전시 피난 중이라 나이들이 우리보다 대부분 두세 살 많았었다. 이승욱, 김전일, 황호, 이상조, 이종일, 김제호…… 등이 주동이 되었는데 남포동, 광복동, 자갈치시장, 국제시장, 보수동 헌책방 골목, 대청동, 용두산 공원, 영도다리 옆, 시청 앞, 부산 본역 앞 까지 그 깡패 세력이 설쳐대며 청소년들을 괴롭혔고 그 악랄하기가 점차로 부산의 일간신문(부산일보, 국제신문, 민주신보)에 사회면 기사로 오르내릴 정도였다.

일을 크게 저지르고 있는 사회적으로 문제아들이 된 것이다. 그들이 싸우는 것을 한번 보았는데 서로가 날카로운 돌을 들고 상대의 얼굴이고 머리고 가리지 않고 찍어대는데 선혈이 낭자하게 싸웠다. 잔인하기가 이를 데 없는 행동들을 하였다. 당시 들리는 말에 의하면 깡패들이 자전거 체인을 들고 다니면서 싸움이 붙으면 그 자전거 쇠줄을 마구 휘둘러 상대에게 상해를 입힌다 하는 소리도 널리 퍼졌으니 이 얼마나 잔인하고 철딱서니 없는 행동이었겠는가?

그들은 3학년이 되던 여름 졸업도 못하고 모두 자동적으로 제적 처리가 되었다. 경찰서에서 수배하는 바람에 모두 잠적해 버렸기 때문이었다. 특히 그들은 남포동 거리 서쪽 입구 부산극장 주변이 그들이 자주 모이는 장소였는데 그들 부하들(소위 똘마니)에게 친구 상일이가 끌려가서 곤욕을 치를 뻔하였던 것을 나의 임기응변으로 무사히 풀려난 경우도 있었다.

이들의 행패는 점점 난폭해져서 어른들에게도 피해를 줄 정도가 되었는데, 부산지역의 사회문제가 되어 그들을 체포하라는 경찰의 수배가 내려졌고 특히 우두머리 승욱이와 나머지 6명은 당시 전국적으로 경찰 수배 대상이 되었었다.

이들과 나는 같은 학교를 다녔기 때문에 무척 잘 아는 관계였고 그들은 나를 무시하거나 깔보지를 않았다. 내가 그들과 어울리지 않았지만 때로는 내가 그들에게 충고를 하고 그들이 내말을 어느 정도 듣곤 하는 편이었는데 그들의 근본 성격을 되돌리기는 어려웠다. 그 흉포한 청소년들이 나의 동심의 벗들이라니…… 그들 중 한 사람은 지금 70이 다 되었는데도 처자식 먹여 살리느라고 아직도 항구에서 뱃일을 하며 엄청나게 고생을 많이 한다 하였고, 승욱이는 이민을 갔고 나머지는 어디에서 어떻게 사는지 모른다.

　내 친구 이영일이도 함남 고등학교를 다녔다. 거제도 피난 시설부터 한반 친구였는데 마라돈을 잘하여 교내 중거리 마라톤 대회 땐 우승도 한 친구인데 남포동거리 중간 지점의 남포극장 주변과 광복동에서 설치는 패거리 중 주먹으로 두각을 나타냈었다. 역시 그 친구도 권투도장엘 다녔는데 몸이 빠르고 성격이 강하기로 유별스러웠다.

　영일이와 승욱이와 나는 거제도 연초 국민학교에서 모두 한반이었다. 영일이는 20세기 깡패단 안에서 두목 성도와 쌍벽을 이룰 정도였는데 칠성의 승욱이와 어울리는 깡패단 패거리가 달라 서로 패거리들을 거느리고 다니다가 마주치면 서로 눈짓하여 모르는 척 비껴 다니곤 하였다 한다.

　영일이는 그 뒤 1959년에 서울로 와서 일찌감치 마음을 바로잡아 평화시장에서 장삿길로 들어서서 평생 성실히 일하면서 지금은 남부럽지 않게 잘 살고 있다. 아주 성실한 가장이 되어 장성한 자기 자식을 호되게 훈계하는 것을 보면 격세지감을 느낀다. 지금까지도 영일이는 70이 가까운 세월이지만 나의 다정한 벗이다. 그러나 그 강직한 인상은 언뜻 여전해 보이나 불교신자인 그는 세상을 넓게 보고 대범하며 또 아주 유머 감각도 뛰어나고 겸손하기가 짝이 없다.

　가끔 그와 우리 몇이 산정호수 등에 바람을 쐬러 다녀올 때면 자연히 추억담이 있게 마련인데 지난 그때의 철없던 어린 행동들을 이야기하면서 쓸쓸하게 웃곤 한다. 당시 세월이 지나 한참 못 보던 칠성의 승욱이를 고등학교 1학년 때 몇 차례 더 만났는데 만나 볼 때마다 얼굴 인상이 어릴 때의 순수함은 이미 없어졌고 눈초리가 희번덕대는 것이 아주 불안하고 무엇에 쫓기는 모습인 데다 또 그전에는 없던 잔인한 인상의 느낌을 읽을 수 있었다. 그래도 거제도 피난 시절의 정리가 있어서 승욱이의 명령으로 그 직속부하(?) 들은 나와 나의 친구들은 건드리지 않는 편이었으나 내가 보기에는 이미 그들은 범죄자들 같은 인상이 뚜렷했다.

순수한 동심의 친구들이 저렇게 변하다니…… 가정적으로 살펴보면 그들 부모들과 가정은 모두 다 좋으신 분들인데 친구 잘못 만나고 6·25동란 뒤에 질서 유지조차 어려운 혼탁한 사회에서 청소년들의 이상과 희망을 드높일 교육 목표점이 뚜렷하지 못하니 자연 그들은 전쟁 후유증에 휘말려 혼동 사회에 무방비로 내던져져서 그들 스스로 해결 못할 험한 동물적 의식만 키워졌던 것이라 생각해 본다.

사회질서가 무너졌을 때는 정치에 종사한다는 사람들과 공직자의 처신이 가장 모범되어야 함은 필수 조건이 되는 것이고 나라를 안정시키는 제일의 기둥이 되어야 한다. "공직자, 정치가들이 법을 어기고 처신이 바르지 못해 저렇게 뻔뻔스레 아무렇게나 하는데 우리 국민들이 그들처럼 못할 게 뭐냐?" 하는 식의 국민정서가 팽배한 나라는 그저 퇴보하는 나라가 될 수밖에 없는 것이다. 사람들이 사회질서를 지키고 국가기강을 확립하는 데 동참한다는 것은 법을 잘 지키는 정신으로부터 모든 행실을 똑바로 해 나가는 데 있다고 본다.

이런 고생과 슬픔이 김일성 불법남침 6·25로 인해 된 것이니 김일성이나 그 추종자들이 책임을 져라 하고 책임질 위치의

아미동 판자촌터

사람들이 아무것도 하지 않고 퍼져 앉아 있으면 그 누가 맥없이 일 놓고 퍼져 앉은 사람들을 돕겠는가. 김일성 불법남침으로 이 난리 통이 되었으니 어떻게 하든지 아직까지도 반성할 줄 모르고 더욱 나대는 김일성 추종 무리들을 경계하고 우리 스스로는 이를 극복할 힘을 키우기 위하여 허리띠를 졸라매고서라도 국가발전을 위하여 다시 용감하게 일어설 생각을 해야 되는 것이다. 김일성의 만행이 언제 있었던 일이냐 하면서 마냥 잊고서 산다면 지금 우리나라 국민들이 내 나라 대한민국을 어떻게 다시 일으켜 세우겠다는 말인가?

60. 부산 거인 노장군

나의 집이 있는 아미동 산꼭대기는 부산 시내 전경을 내려다보는 데는 아주 적격인 곳이었다. 오른쪽으로 경남중학교

용두산 공원

너머 한전 굴뚝이 높이 보이는 그 아래를 지나쳐 나는 할머니를 따라 가끔 자갈치 시장에 구경을 가곤 하였다. 사람들이 어떻게나 많은지 서로 부딪칠 지경인 시장거리였다. 구경거리가 한두 가지가 아니었다. 부두에서 화물을 내리면 손수레를 끄는 사람들이 수레를 끌며 "짐이요! 짐이요! 짐! 짐!" 하고 외쳐대고 지게에 짐을 진 사람들이 지나간다고 소리를 지르지, 시장에서 장사하는 사람들이 손님을 부르느라고 고함을 질러대지 참으로 거대한 사람의 물결 속에 자갈치 시장은 국제시장과 더불어 외국을 드나드는 뱃사람의 입을 빌리자면 동양에서 제일 유명한 곳이라 했는데 과연 그런 것 같았다.

한번은 자갈치시장을 지나는데 사람들이 웅성거리며 저 사람 보라고 지나는 사람들이 손가락질을 하여 그 곳을 바라다보았다. 내가 처음으로 보는 아주 커다란 거인이 어슬렁어슬렁 천천히 지나가는데 다른 사람들의 머리가 그 커다란 사람의 옆구리에도 못 미치는 정도였다. "노장군이 지나간다. 노장군!" 하는데 사람들이 지나가던 걸음을 멈추고 모두 웃으면서 감탄을 하며 쳐다보았다.

과연 그 노장군이란 아저씨는 크기도 하였다. 거인이라 할 만하였나. 알고 보니 소문난 씨름꾼이라 하였다. 더 우스운 것은 그 노장군의 친구 한 사람이 머리를 쳐들고 노장군을 쳐다보며 말을 하며 같이 걸어가는데 친구 되는 아저씨가 흡사 고개를 하늘로 쳐들고 허공을 보며 자빠질 듯한 자세로 말을 하는 것 같았다. 우습게도 여느 행인보다 더 작아 두 사람이 대조가 되어 모두가 손뼉을 쳐가며 웃으면서 손가락질을 하며 저거 보라고 하는데 잊혀지지 않는 구경거리였다.

시장바닥은 행인이 많아 비좁을 지경이었으며 고기를 파는 상인 아주머니들끼리 서로 소리지르며 싸움까지 하는데 알아들을 수 없는 전국의 사투리는 다 튀어나오는 것 같았다. 할머니를 따라 자갈치시장에서 쌀장사를 하는 원산 출신의 아주머니 댁을 찾아갔는데 그 댁은 우남공원(뒤에 용두산 공원이라 함) 중턱에 있었다. 좁은 골목을 비집고 올라가는데 좌우로 판잣집이 가득하여 어린 내가 보기에도 가관이었다. 요즈음으로 상상하면 동남아를 다녀온 분들의 현지 관광사진에서나 볼 수 있는 희귀한 광경이었다.

가느다란 막대기를 기둥으로 세우고 그 위에 물위에 떠 있는 집 같은 모양의 판잣집이 언덕 비탈에 다닥다닥 붙어서 이어졌는데 지금 같으면 그런 곳에서 도저히 살 엄두도 낼 수 없는 그런 곳이었다. 오히려 아미동 언덕배기 여섯 평 남짓한 우리 판잣집은 시내를 내려다볼 수나 있어 숨통이 트이고 고급에 속하는 편이었다.

　나는 그 아주머니 집과 붙어 있는 한마당의 옆집에서 거제도에서 같은 반에서 공부한 여자애 김영길을 만났다. 나중에 안 일이지만 그는 부산에 나와서도 초등학교 6학년을 그대로 다녔다고 한다. 1965년 내가 군 복무를 마치고 복학하여 서울에서 학교에 다닐 때 김영길을 학교 앞에서 우연히 만나 그가 취직하여 약사로 있는 약국에 가끔 들르곤 하였다. 약국에서 나는 옛날 부산에서의 기억을 말한 적이 있었다. 부산에 살 당시 그 여자애는 나를 거들떠보지도 않고 무슨 숙제를 하는지 방바닥에 엎드려 열심히 공부만 하고 있었다.

　그 여자아이는 거제도 연초 국민학교 우리 반에서 공부를 제일 잘하였고 얼굴이 둥그스름하며 예쁜 편이었다. 한번은 그 해 봄 부산으로 이사 나오기 전 거제도에서 산수 경시대회가 있었는데 내가 그 애를 앞질렀다고 선생님이 칭찬을 하여서 기분이 좋았다. 그런데 그 여자애는 그때의 나를 아는지 모르는지 쳐다보지도 않고 안경을 연신 추켜올리면서 공부만 하고 있었다. 중학생 교복 입고 모자를 쓴 나를 한번 흘끔 보아 줄 수도 있는데 그 때의 아쉬웠던 나의 심정을 훗날 말했더니 "너는 뭐 그렇게 고리타분한 것까지 다 기억하느냐?" 하며 핀잔까지 주며 웃곤 하였다.

61. 부산 대화재

　한 여름에 우리 가족은 모두 감천 바닷가에 있는 섬 쪽 앞으로 해수욕을 갔다. 부산 임시청사 경상남도 도청 옆 이승만 대통령이 피난시절 있던 관저 옆을 지나 서대신동의 언덕을 넘어 길고도 긴 뙤약볕 길을 걸어 내려가면 있는 곳이다. 그 감천 앞바다는 해류의 간만의 차가 심하여 물이 들어오면 앞의 동산이 섬이 되고 물이 나가면 사람들이 걸어다녔던 걸로 기억이 된다. 그 후에 화력발전소가 생기는 바람에 섬이 폭파되어 없어졌다고 하는 소문을 들었는데 그 이후로 한 번도 가 보지 못하여 어떻게 되었는지 잘 모르겠다.

아버지는 그 어려운 가운데에서도 우리 가족들을 모두 데리고 나와 여동생들을 위해 물놀이를 갔다. 나는 어려서부터 물가에서 자랐기에 물에 대한 두려움이 없어 그 날은 감천 바닷가에서 할머니와 부모님이 보는 앞에서 아주 신나게 헤엄치며 놀았다.

그 해 초겨울에 우남공원(용두산) 판자촌에서 불이 났다. 그냥 한두 집이 타는 불이 아니라 산에 덮인 판자촌 전체가 일시에 타는 불이었다. 밤 10시경에 났는데 온 부산 시내가 대낮같이 밝았다.

무섭고 두려운 저 불! 그리고 시내 한복판에서 아우성 소리가 부산 시내를 울리는 모습에 나는 1·4 후퇴 시 민병대 아저씨들이 동네마다 몰려다니며 촌에 있는 초가집이란 초가집은 작전상 후퇴라는 명목으로 모두 불을 질러 강현과 양양 일대가 온통 불바다가 되었던 때가 떠올라 두렵기만 하였다. 불은 밤새도록 탔었고 그곳에 살던 피난민들은 모두 기진맥진하였다. 새벽이 되니 천지가 다 지친 듯 고요했다.

용두산 남쪽으로 빼곡히 들어선 판잣집이 반 이상 타서 재가 되어버렸다. 그 이후 얼마 있지 않아 용두산 북쪽에서부터 또 한 차례 불이 나 용두산에 있던 판잣집들은 모두 타서 완전히 잿더미가 되었고 피난민들은 모두 뿔뿔이 흩어져 다른 곳으로 옮겨갔다. 다른 곳에 가서 피난민 설움 겪으면서 눈칫밥 먹는 생활을 하였던 것이다. 누가 일부러 불을 놓았다는 유언비어까지 나돌고 당시의 분위기는 아주 흉흉하였다. 이런 불이 그 해 겨울에 부산 도처에서 일어났다.

어른들은 부산의 부(釜)자가 불 부자, 가마솥 부자여서 그렇다고 부자를 다른 글자로 바꾸어야 한다고 하였다. 또 잇달아 불이 났다. 저 유명한 국제시장의 두 차례나 큰 불이었다. 우남공원(용두산 공원) 불에 못지않은 처참한 불이었다. 밤새도록 타는데 새벽녘엔 사람소리도 지쳐서인지 조용하고 불만 계속 타올랐다. 정말로 몸서리쳐지는 끔찍한 불이었다. 그 이후에 부산 본역의 대화재와 영주동 산꼭대기 판자촌 대화재 신선대 쪽으로 나가는 적기(아카사키)의 그 어마어마한 판자촌 대화재는 피난민들의 슬픔을 더욱 부채질하였다.

62. 이별의 부산 정거장

6·25 동란 통에 전쟁 치르는 것보다 더한 고통이 피난민들의 몸과 마음을 아프게 하는 재해가 끊임없이 일어났다. 피난민의 살림은 살림이 아닌가! 목숨 하나 달랑 가지고 자유 찾아 대한민국의 품에 안긴 피난 온 모습이 이렇게 처참하였

다. 이들을 위한 특별한 구호활동 같은 것이나 캠페인 같은 것은 꿈도 못 꾸는 그런 시절이었다. 서울 수복 이후 휴전협정이 된 뒤에 점차로 고향으로 돌아가는 사람들이 늘어만 갔다. 부산 본역 광장은 보따리를 싸들고 나온 사람들로 매일같이 붐볐다.

 멀쩡히 이웃에 살다가 어느 날 갑자기 고향집으로 이사 간다는 친구들이 늘고 있었다. 그리고는 이사 간 집엔 그 다음 날 어디서 왔는지 먼저 살던 사람들의 말씨와는 아주 다른 엉뚱한 사투리의 사람들과 친구들이 또 새로 생겨났다. 오가는 사람들이 여기저기에서 줄을 이었다. 판자촌 이웃이라고 그 동안 서로 이웃간에 정이 들어 살았는데 헤어질 땐 다시 만나자고 하면서 눈물을 짓고 엉엉 울기도 하였다.

 이때에 저 유명한 가수 남인수의 「이별의 부산 정거장」 노래가 그 피난민의 애환을 말해 준다. 우리들은 그때 멋도 모르고 책가방을 어깨에 둘러메고 다니면서 그 노래를 신나게 불러댔다. 참으로 철없는 어린 시절이었다.

 '서울 가는 십이열차에 기대앉은 젊은 나그네
 잘 가세요 잘 있어요. 눈물의 기적이 운다.
 한 많은 피난살이 설움도 많아
 그래도 잊지 못할 판잣집이여!
 경상도 사투리에 아가씨가 슬피 우네
 이별의 부산 정거장'

 이 노래가 단순한 노래가 아닌데 그 이후 때와 장소를 가리지 않고 사람들은 막걸리 한 사발 들이켜 가면서 젓가락 장단 박자 맞추어 2절까지 신나게 상다리 두드리며 흥을 돋우어 불러댔으니 전쟁의 뒤안길은 그렇게 슬프게 가려지고 노랫가락에 실려 망각 속으로 사라져 갈 뿐인가?

63. 아미동 판자촌

한 겨울이 되니 따뜻하다던 부산도 몹시 추웠다. 바닷바람은 왜 그렇게도 몰아붙이는지 살을 에는 듯하였다. 유담프(양철로 울퉁불퉁하게 만들어 물을 담는 흡사 수통을 확대해 쭈그려 놓은 것 같은 물통 기구)에 물을 펄펄 끓여 두터운 천이나 담요로 싸서 잠을 잘 때에 발밑에 놓고 자야 잠이 올 정도로 전쟁 이후 피난민 생활의 겨울은 춥기만 하였다. 토성국민학교 쪽으로 내려가서 구공 연탄을 사오는 것은 나의 담당이었다. 나는 기운이 세어서 오른쪽 어깨에 빨래판을 얹고 처음에는 미숙하였지만 나중에는 익숙해져서 나무판대기 빨래판 위에 구공탄 12장까지 석 줄로 얹고 거뜬히 아미동 언덕길을 올라올 정도였다.

중학교 1학년 때의 연탄 지는 습관은 아주 몸에 배어 그 이후에 수없이도 많이 한 이사 때마다 나는 무거운 짐을 한쪽 어깨에 올려놓고 짐을 나르는 데 큰 몫을 하였다. 짐을 꾸리는 데에도 전문가 못지않은 선수이다. 그래서인지 이삿짐 꾸리는 것은 이제껏 나를 평생 따라다니는 영원한 일거리 친구처럼 되었다.

전쟁 뒤에는 이상한 모습도 많았다. 경남중학교 아래 한전 울타리 쪽으로 내려가면 거지들이 수두룩하니 노숙을 하기도 하고 그곳에 움막을 치고 사는 사람도 많았는데 대부분 아편쟁이들이었다. 그곳에는 한두 사람이 아니고 대낮인데도 수두룩하게 늘어져 하늘만 쳐다보고 멍청하니 있는 모습들을 많이도 보았다. 놀라운 것은 그 무리 속에서 나의 고향 먼 친척 아주머니 한 분도 보았던 것이다. 그 아주머니는 크게 다쳐 병원에 가서 진통제를 자주 맞은 것이 습관이 되어 아편중독이 되었다고 내 할머니에게 말하는데 그 표정이 아주 불안해 보였고 처량하게 울 때는 아주 불쌍했다. 그 해 겨울 이후론 나보다 어린아이들을 데리고 어디로 갔는지 아주머니 가족 전체가 모습이 보이질 않았다. 참으로 안쓰러웠다.

우리 집 왼쪽으로 부산사범 병설중학교 담을 끼고 한참 언덕을 올라가면 꼭대기에 공동묘지가 있었는데 일제 때에 마련된 곳이라 하였다. 해골이 노지에 나뒹굴어 여기저기서 발에 밟히고 채이고 하여 우리들은 처음엔 무서웠으나 나중엔 그곳이 장소가 넓어 동네 개구쟁이들의 놀이터가 되기도 하였다. 생명이란 무엇이고 인간이란 무엇인가를 생각하는 장소가 되었다.

동네 친구 정상기는 축구공 가지고 놀 듯이 널려 있는 해골들을 발로 차고 몰고 다녔으니 얼마나 우리들이 철부지였던가? 그 공동묘지 아래 개신교 교회가 하나 들어섰는데 부흥회가 열릴 때면 밤낮으로 신도들이 울고불고 하면서 어두운 얼굴로 우리 마을 앞을 오르내리면서 연신 "할렐루야! 할

렐루야!"라고 독백하면서 찬송가도 불러댔다. 어떤 때는 정신이 이상한 사람들도 무척 많이 왔다 갔다 하였는데 나는 이 장면 하나 하나도 전쟁의 슬픔과 무관하다고 생각하지 않는다.

그 해 겨울에 나의 아버지는 우리나라의 역사책 내용 중 국난극복사의 효시라 할 수 있는 《국난사개관(國難史槪觀)》이란 책을 집필하기 시작하였다. 직장에 다녀오면 밤낮으로 원고를 썼다. 그때 만년필이 보물같이 귀하고 볼펜이 없는 시절이어서 잉크병에 펜촉을 찍어 글을 썼는데 우리들도 학교에서 연필을 사용했지만 잉크병을 가지고 다니면서 펜촉을 잉크에 찍어 글씨를 썼다. 지금 생각하면 불편한 것이 한두 가지가 아니었다.

경남중학교 앞 전차가 다니는 큰길을 마주보고 위치한 토성국민학교 운동장에서는 주일날 가끔 권투시합이 있었다. 그 당시 우리들에게는 최고 인기 운동경기였다. 아니 당시 욕구불만이 가득한 어른들에게도 그러하였다. 권투시합 광고가 부산 시내 여기저기 담벼락에 나붙여졌는데 그 권투선수들의 멋진 폼 잡은 인쇄물만 보아도 우리들은 신바람이 났다. 중량급에는 송방영과 강세철 선수가 아주 소문이 났었고 경량급으로는 이일호, 백용수 선수가 우리들의 영웅들이었다. 가끔 덩치가 큰 흑인선수도 등장하였는데 재빠른 우리나라 선수에게 배를 몹시 얻어맞고 절절매던 모습도 생각이 난다.

백용수 선수는 남포극장에 근무하였다 하는데 당시 부산에서 최고의 인기 권투선수였다. 부산의 체면을 지키는 그런 입

부산 중심 시가지 토성 초등학교 자리

장에 있는 운동선수였다. 어려운 시절이라 우리들은 입장료가 있을 턱이 없었다. 나와 친구들은 동네 형들이 하는 대로 따라 학교 뒷담으로 몰래 돌아가서 감시원의 눈을 피해 다람쥐처럼 튀어 잽싸게 담을 넘어가 슬슬 사람 많은 곳 링 앞에 다가가서 쪼그리고 앉아 관람하였다.

　몇 번의 일이지만 권투시합을 보는 데 정신이 팔려 몰래 담을 넘는 것에 대해 크게 죄의식도 느끼지 않고 못된 짓을 하였던 것이다. 그리곤 그 이튿날 학교에 가서 권투시합을 본 이야기를 친구들 앞에서 신나게 떠들어댔다.

　1954년 겨울 이야기가 이어진다.

　가을이 지나 늦겨울까지 우리 집 식구들은 남녘이라 춥지도 않다는 부산에서 참으로 춥게 지냈다. 거기다 연이어 일어나는 대화재와 부산 여기저기에서 터지는 연탄가스 누출로 일가족 모두가 생명을 잃어가는 현상이 비일비재했다. 우리 집 가족도 예외는 아니어서 세 차례의 무서운 가스 중독으로 다 늘어져 생사의 갈림길에서 왔다 갔다 하면서 겨울을 지나는데 그 겨울은 참으로 길게도 느껴졌다.

　지금은 수도자인 둘째 여동생은 가스에 완전 녹초가 되어 온몸이 뼈도 없는 엿가락처럼 흐느적거렸고 창문을 열고 모두 부엌문으로 엉금엉금 기어나가 차가운 문 밖 땅바닥에 줄줄이 늘어져 있었다. 나는 그때 콧구멍으로 들어오는 바깥바람을 쏘이면서 '아! 참으로 공기가 시원하고 신선하구나!' 하는 느낌을 이제껏 잊지를 못한다. 또 나는 그 이후 지금까지 그렇게 무섭게 일어난 큰 불들은 보지를 못하였다.

　피난민의 처지에서 보면 사상의 갈등 속에서 올바른 선택을 해야 됐었고 또한 용기를 내야 되었다. 전쟁의 틈바구니에서 생사를 넘나드는 말초신경을 매일같이 건드리는 숱하게도 많은 초조함과 공포 속에서 참으로 길게도 버텨왔던 시기였다.

　보따리 하나 달랑 들고 정다운 고향 그리운 사람들을 삽시간에 모두 애간장 끓이며 이별하고 와 얼마 있으면 다시 만나게 될 것이라던 소박한 행복의 꿈은 점점 멀어져 어처구니없는 객지생활 삶의 현장에서 밤낮으로 아우성치면서 살아야 했다. 바라지도 않은 이 원수 같은 화마는 애처롭기만 한 피난민들을 비켜가지도 않았다.

　매일같이 슬픈 사고 소식이었다. 배가 고파 쓰레기통에 버려진 복어알이 먹음직하다 하여 온 가족이 끓여먹고 몰살을 한 신문기사도 더욱 슬픔을 자아냈다. 하루가 멀다 하고 여기저기서 생의 의욕을 잃고 자살했다는 소식도 파다하게 퍼졌다. 1955년 초봄이 오는 시기에 계절적으로 2, 3월의 부산 바닷바람은 세기도 하였다. 살을 에는 차가운 바닷바람이 손바닥보다 얇은 판잣집 벽을 뚫고 낯선 곳을 찾아 살아 보려는 사람들을 온통 서럽게만 하였다.

누가 국민들을 잘 살게 해준다며 무슨 주장을 하는가. 누가 정의를 위한다면서 백성들을 이 고생 시키며 큰 소리들을 내는가. 정치가들은 사람이 소중하고 귀하고 존엄한 존재들이라는 것을 알기는 알고 있는가.

"전쟁이 난 것은 정치가들 책임이 아니니 전쟁터엔 국민들 너희들이나 나가서 국가를 위하여 죽든지 살든지 마음대로 하고 닥쳐온 고생들은 알아서 해결하라. 지금 우리는 그때를 당해보지를 않아서 잘 모르겠다."

이것이 우리나라 위정자들 자세의 본질이 전혀 아닐진대. 참으로 우리 국민들은 정치가들의 방향과 소신 없이 나대는 것에 그저 착잡하기만 할 뿐이다.

4월 개학하고 큰 여동생과 새로 입학한 둘째 여동생은 나와 함께 아버지를 따라 매일 걸어서 시내 건너편 청구 중학교와 보수 초등학교에 다녔다. 아버지는 학교의 재정 상태가 넉넉하지 않아 박봉인 데다 그마저 봉급을 제때에 받아오지 못하였다. 삯바느질을 하던 어머니가 이 때부터 가끔 지나가는 말로 하도 고생스러우니까 나에게 말했다.

"너는 이담에 커서 선생질은 절대 하지 말거라!"

하고. 얼마나 전쟁에 시달리고 가족을 이끌기에 힘이 들었으면 교직생활을 보람으로 여기고 저술활동으로 글만 쓰는 아버지 앞에서 나에게 저렇게 말하였을까……

그런 말을 들었는데도 내가 후일 아버지 뒤를 이어 교직에 평생을 봉직하였으니……. 온 가족의 생계가 어머니의 삯바느질의 일거리가 많이 들어오느냐 어떠냐에 달려 있었다. 이때 어머니는 만삭의 몸으로 바느질도 하기 힘이 든 때였으나 바느질을 하지 않을 수 없는 상황이었다.

64. 판잣집 철거 수난

　어느 날, 학교에 다녀오니 온 동네가 웅성거리기 시작했다. 어른들이 모여 대책회의를 하자고 하면서 밤낮으로 회의를 하였다. 회의의 내용은 우리 동네가 병설중학교 사정으로 모든 집을 철거하고 땅을 내어놓아야 될 형편이란 것이다. 우리 동네 판자촌의 자리는 사범 병설중학교 땅이라 하였다. 그러나 피난민이 당장 대책도 없이 어디로 가야 되는가? 시 당국에서 피난민이 옮겨갈 자리를 마련해 주고 서서히 철거하여야 되는 게 아닌가 하여 시청에다가 진정을 하고 병설중학교 당국에 진정을 하고 난리가 났다.

　당장 철거하라는데 그 많은 전쟁 피난민들이 어디로 일시에 옮겨가라는 말인지 그때의 나의 느낌은 이러하였다. '너희들의 집을 우격다짐으로라도 헐어 근거를 없애놓으면 아무 곳에 가서 비벼대고 살기 마련이다. 우리의 통치방법은 이런 방법밖엔 없다!' 그런 식의 처사였던 것같이 느껴져 참으로 답답했다.

　나는 이때의 상황을 하필이면 훗날 서울로 이사 와서 상황은 약간씩 다르겠으나 여기저기에서의 철거민의 애환과 정경들을 평생 지금까지 수도 없이 많이도 목격하고 있다. 아미동 우리 마을 사람들은 사실상 대책이 없었다. 따지자면 이 마을 입주한 피난민들은 놀래 집을 지어 피난민들에게 돈 몇 푼 받고 잽싸게 팔고 종적을 감춘 집장사를 통하여 들어온 사람들이 전부였기 때문이다. 별다른 뾰족한 대책이 있는 것도 아니고 그저 어떻게 행여나 잘되겠지 하고 날짜만 가는데 시청에서는 아무 소식도 없었다.

5월 초 음력 윤달 3월 3일(곧 비가 올 듯이 흐림), 그날 시청의 철거반이 들이닥쳤다. 건장한 아저씨들이 작업복을 입고 손에 망치·해머·빠루 등을 들고 저 아래 동네에서부터 철거하면서 꼭대기로 치달았다. 판잣집이라 허깨비 같아서 한두 번 꽈 당당 하고 내리치고 흔들어 놓으면 잘도 쓰러져 갔다. 그러나 이것을 당하는 피난민들의 마음은 분노하고 슬프기만 하였다.

정다운 고향집을 다 내버리고 자유를 찾아 대한민국의 품에 안긴 38 이북에서 월남한 사람들과 남한에 살다가 난데없이 불법 남침한 김일성의 폭거를 피해 남으로 부산까지 살려고 온 사람들이 이 서러운 봉변을 당하니 억장이 무너질 지경이었다. 집집마다 아우성이고 우리 또래의 청소년들은 집안의 가재도구를 끄집어내느라고 여념이 없었다.

철거반 아저씨들은 피난민 주민의 아우성엔 아랑곳도 하지 않고 그저 씩씩하게 무자비하게 내리 부수기만 하였다. 부수는 것이 신명이 나는지 키득거리면서 저들끼리 눈짓하면서 웃기 까지 하는데 나는 두렵기도 했지만 분노의 마음이 솟아올랐다. 여기저기서 집주인들과 철거반들의 싸움과 실랑이가 벌어졌다. 살림살이나 밖으로 다 내놓은 다음에 부수지 이게 무슨 불한당 짓이냐 하면서 이웃집 할아버지가 호통을 쳤지만 철거반 아저씨들에게는 그런 말이 들릴 턱도 없고 들었다 해도 외면하고 무시할 뿐이었다.

큰 쇠망치를 높이 쳐들었다가 판잣집 나무기둥을 들이치면 꽈당당 하고 판잣집이 허깨비같이 여기저기서 주저앉았다. 아주머니 동네 누나 할머니들이 울며불며 통곡을 하였고 기가 센 아저씨들이 철거반원 아저씨들과 몸싸움도 하였다. 드디어 철거반이 우리 집 앞에 당도하였다. 온 식구들이 철거반 아저씨들을 바라보고 있는 가운데 아버지가 그들에게 말하였다.

"우리 집 사람이 곧 출산을 할 것 같은데 아이를 낳고 며칠간 말미를 주면 곧바로 자진 철거하겠다."

하며 여러 차례나 간곡하게 사정사정을 하였다. 멈칫거리던 몇 사람 가운데 성질이 사납게 생긴 사람이 썩 나서면서,

"우리의 철거를 방해하면 곧바로 고발하고 경찰들이 붙들어가게 조치를 취하겠다."

하고 엄포를 놓았다. 그래도 아버지가 다시 사정하고 할머니와 만삭이 된 어머니까지 나서서 사정했지만 그들은 우리들을 밀치고 무자비하게 우리의 보금자리 6평밖에 되지 않는 판잣집을 삽시간에 우당탕 퉁탕 와지끈 하며 쓰러뜨려 부셔버렸다.

나는 너무도 분해 갑자기 철거반 아저씨들에게 고함을 지르고 눈물을 흘리면서,

"못해요! 못해요! 안돼요!"

하며 정신없이 달려들었다. 건장한 아저씨가

"이누마가 정신 나갔나? 니 죽고 싶나? 저리 안 비킬래?"

하면서 나의 멱살을 움켜잡고 밀쳤는데도 나는 고래고래 고함을 지르고 분을 삭일 수 없어 씩씩거리면서 대들었다. 열다섯 살 되던 해 봄 사춘기 때 내가 나의 집 재산과 가족들을 지키려고 외부사람에게 거세게 대항해 본 첫 번째 경험이었다.

65. 남동생 웅수 출생

아―! 이것이 그렇게도 그리워하고 전쟁 통에 저 김일성 공산마수에서 목숨을 걸고 탈출하여 우리가 안기려는 자유 대한민국의 따뜻한 처사인가? 순식간에 없어진 우리 집, 그곳을 내려다보는 우리 집 식구들의 허탈하기만 한 슬픔, 철거반원들은 모두 철수하고 온 동네가 폭격 맞은 것 같은 폐허 속에서 집집마다 사람들은 가재도구를 챙기느라고 집터 주위를 처량하게 어슬렁거리면서 맥 빠진 모습으로 돌고 있었다. 모두 다 북쪽에 두고 온 그리운 고향집이 눈앞에 선하게 떠올랐을 것이다.

우리 집도 당장 어디로 갈 수도 없어 철거반들이 철수한 뒤에 집터 방구들 가운데에 기다란 각목 하나 세우고 아버지와

나는 텐트를 얹어 사방 네 귀퉁이에 말뚝을 박고 줄로 이어 엉성한 비 가리개 텐트 집을 만들었다. 그날 저녁부터 내리던 빗줄기가 굵어지더니 밤이 점점 깊어지면서 장대비로 변했다.

그런데 큰 일이 벌어졌다. 어머님께서 출산의 통증이 시작된 것이다. 할머니와 아버지는 어머니 옆에 꼭 붙어 있고 어린 두 여동생은 두려움과 어찌된 일인가 하여 텐트 안 한구석에서 빗물이 안으로도 흘러내리는 텐트를 손으로 쳐 받들고 두리번거리기만 했다. 나는 방바닥으로 흘러 들어오는 빗물을 막느라고 비가 억수같이 쏟아지는 밖으로 나가 온몸이 생쥐처럼 옷이 흠뻑 젖어 덜덜 떨어 가면서 뒤늦게 나온 아버지와 함께 삽으로 텐트 주위에 도랑을 쳤다. 그야말로 뭐 이런 경우가 있을까 하는 상상도 하기 어려운 상황이 벌어졌다.

저녁 9시가 채 못 되어 어머니는 순산을 하였다. 70년대 중반 고등학교 때는 서울 지역예선에서 제법 우수한 타격과 타점 상까지 받은 보성고등학교 야구 주장 선수였고, 지금은 프로 골퍼인 남동생 웅수는 그렇게 어려운 때 슬픈 장소에서 태어났다. 마침 집을 철거한 뒤라 마른 판자들이 많아 땔감이 많았다. 할머니는 방이 차면 안 된다고 군불을 때기 시작하였다. 다급한 김에 군불을 너무 때어 텐트 속에 너무 열기가 가득하여 뜬 김이 서려 마치 요새 말로 하면 스팀 사우나 같은 텐트 속이 되었다.

그날 밤을 뜬눈으로 새우다시피 했는데 안타깝게도 금방 태어난 소중한 내 남동생의 그 어린 물 같은 살결의 왼쪽 발뒤꿈치가 뜨거운 방바닥에 데어 밤톨만하게 머룽머룽 물집이 생겨 빨갛게 되어 있었다. 참으로 통곡할 일이었다. 아버지가 쓴 원고 뭉치가 다 빗물에 젖고 옷가지가 다 젖어 눅눅하게 되고…….

이튿날, 철거당한 이웃 할머니와 아주머니들이 그분들 고통은 생각지 않고 우리 집 안부를 묻느라고 아래윗집에서 나를 부르면서 간밤에 아기 우는 소리가 났는데 뭘 낳았느냐고 하였다. 내가 남동생이라고 하니 모두들 집 철거되어 밤새도록 고생한 것은 생각하지 않고 활짝 웃으면서 "잘 되었다, 네 남동생이 없던 차에 열네 살 차이로 남동생이 태어났구나!" 하면서 축하를 해 주었다.

그날 나는 친구들과 함께 등교를 하면서 온 동네가 쑥대밭이 된 모습을 보면서 "내가 열심히 공부하여 이담에 성공하면 이 분통터지는 설움을 꼭 갚고 어려운 사람들을 돕는 사람이 될 거야"라고 어린 나이지만 분한 마음에 어금니를 깨물어 가면서 마음속으로 웅얼거렸다.

지금 생각하면 그때나 지금이나 공직의 자리에서 국민들의 삶을 정성을 다해 살피고 또 모범을 보이고 사표가 되어야 할 지도자들이란 사람들이 겉으로는 국민들을 위한다 하면서 권력의 테두리에 생명을 걸고 찰싹 붙어가면서 더 나은 자리다 툼이나 하는 모습이 어느 때나 마찬가지이다.

교활한 말재주나 늘어놓으면서 저들 안위와 뱃속만 채우고 온갖 부정을 저지르면서 선량한 국민들의 어려운 생활을 해결시켜 주려고 진실되게 마음도 쓰지 못하고 그저 쉬운 방법으로 허공에다 대고 막연하게 법이나 지키라고 엄포나 놓고 있는 모습으로 비쳐져 국민 된 우리는 마음만 울적하다.

66. 영도 청학동 후생주택 27호

5월 중순 우리 집은 또 이삿짐 보따리를 싸가지고 영도구 청학동에 임대 주택으로 지은 후생주택 27호로 이사를 하였다. 그 당시엔 철거민에게 정부에서 무슨 보상비 그런 건 꿈에도 생각할 수 없었다. 우리 집뿐만 아니라 아미동 철거민들은 그렇게 대책 없이 보따리를 싸들고 모두 쫓겨나 부산 전역 이웃 구석으로 6·25 피난길보다 더 처량한 모습을 지닌 채 뿔뿔이 흩어졌다. 할머니와 갓난 남동생을 안은 어머니는 얼굴이 퉁퉁 부은 가운데 두 여동생을 데리고 버스를 타고 먼저 떠나고 아버지와 나는 이삿짐 리어카를 뒤따라 걸어서 갔다.

남포동과 자갈치시장 사이의 길을 거쳐 영도다리를 건너 봉래동을 지나 조선소 그리고 코스코 석유 탱크 있는 회사 앞을 거쳐 청학동 천막촌 너머 먼 길로 후생주택에 도착하여 우리 집은 그렇게 해서 동쪽으로 오륙도를 바라다보는 위치에서 청학동 생활을 시작하였다.

리어카를 뒤따라 뒤에서 밀면서 아버지가 마련한 새 집으로 갈 때 영도다리 넘어 왼쪽 봉래동 바닷길을 돌아 나가면서 나의 손을 잡고 말하였다.

"찬수야! 아미동 임시 판잣집은 우리가 집장사에게 돈을 주고 산 집이지만 무단으로 집 지어서 팔고 하는 사람에게 산

집이란다. 따져 보자면 법을 어기고 1년간 지낸 집이었다. 앞으로 그러한 일이 다시는 없어야지! 그 동안 그 사범 병설중학교 측이 참으로 고맙게도 우리에게 자리를 빌려 주었구나!'

하였다. 청학동 버스 종점에서 고갈산 쪽으로 비스듬한 경사 길을 한참 올라와 후생주택 맨 끝쪽 못 미쳐 로터리에서 왼편으로 틀어 돌계단을 내려와서 우리는 청학동 후생주택 27호에 짐을 풀었다. 돌계단을 내려오면서 왼쪽으로 23호, 24호, 25호 그리고 25호 오른쪽 옆으로 26호 그 위가 27호 우리 집 위쪽이 28호였다. 여섯 집이 후생주택 거대단지와 동떨어져 아늑히 모여 있어서 윗동네 사람들이 우리 동네 여섯 집을 가리켜 별장 마을이라 하였다.

새로 이사 온 집은 좁은 부엌 하나에 안방 하나 건너 마루방 하나 이렇게 된 9평 규모의 집이었다. 요새로 치면 일곱 식구가 살기엔 좁은 집이었지만 나는 우리가 오래 살 수 있는 새 집이었기에 너무도 좋았다. 그렇게 좋은 집은 피난 도중 그때까지 처음이었다. 더더구나 집 앞에 서서 동쪽을 향하여 바라다보면 아래에 이 지역 사람들이 부르는 '넓섬 바위'가 있는 해군 신호 대 저 건너편 너머로 시원한 푸른 바다가 눈앞에 광활히 전개되고 바로 마주보이는 좀 떨어진 신선대에서 오른쪽으로 띄엄띄엄 늘어진 작은 돌섬이 선명히 보였다. 처음엔 무슨 섬인지 이름도 몰랐으나 그 섬이 노산 이은상 선생의 시조에도 있을 만큼 유명한 오륙도라 하였다.

이삿짐을 푸는 둥 마는 둥 아버지는 나를 데리고 나지막한 뒷동산으로 갔다. 그리고 집 뒤 공터를 이용할 구상을 항시

청학동 후생주택 27호가 있던 곳

나와 의논하였다. 자그마한 바윗돌이 험하게 쌓이다시피 한 뒷동산은 그 다음날부터 틈이 나는 대로 아버지와 나의 황무지 개간 일터가 되었다. 돌담 울타리를 만들고 왼쪽 너머엔 고갈 산으로부터 내려오는 계곡물이 흐르고 내 집을 가꾸면서 일한다는 것이 너무나 신나고 재미가 있었다.

집 뒤로 40미터 넘게 떨어진 곳에 묘소가 하나 있었는데 그 묘소 앞 오솔길 앞까지를 경계로 하여 아버지와 나는 본격적으로 돌담 울타리를 쌓기 시작하였다. 주변에 널려 있는 바윗돌이 울타리 쌓는 데 좋은 재료가 되었다. 한 달이 조금 넘는 동안에 내 허리 위까지 올라오는 꾸불꾸불한 길이가 30미터 정도 되는 돌담장이 나타나 우리 집의 경계는 정하여졌다.

돌담 안으로 잔돌들은 모두 다 치우고 땅속에 있는 돌까지 거의 파내고 보니 2단 정도의 밭이 생겼고 밭 위 높은 곳은 그대로 야산으로 두었다. 그리고 그때부터 여러 가지 씨앗을 구하여 밭에 뿌리고 야산엔 온통 코스모스 씨를 뿌려 가꾸었다. 고구마도 많이 심었는데 이때에 고구마 넝쿨도 꽃이 핀다는 사실도 알았다.

집 앞 마당은 동네 사람들이 공유하는 길인데 우리 집 앞쪽으로 타원형의 화단을 만들어 꽃씨란 꽃씨는 닥치는 대로 구해 가리가 모자랄 정도로 뿌렸다. 내 일생 온갖 꽃을 좋아하고 지금도 꽃밭 가꾸기를 좋아하는 습관은 온전히 아버지가 몸소 나와 동행하면서 가르쳐 준 가정교육의 결과였다고 생각하고 있다.

우리 집 남쪽 바깥벽에는 널찍한 광을 지었다. 아버지는 구상만 하고 톱질 못질 등은 내가 다 하였다. 아버지는 망치만 들었다 하면 못대가리를 내리치는 것이 아니라 급하신 마음에 당신 엄지손가락부터 먼저 내리 때려서 멍이 퍼렇게 들기가 일쑤였다.

그런데 나는 양양 간성 인제 일대에서 절만 짓는 대목인 외할아버지를 닮아서인지 연장을 가지고 나무를 다루는 일은 참으로 재미있고 지루해 하지 않았다. 개집과 잡동사니 넣어두는 커다란 광을 짓는데도 그럴 듯하게 지었다. 아버지께서 거제도에서 에쓰를 판 뒤 나를 달래느라고 부산 나가면 진돗개를 사 준다고 한 그 진돗개는 우리 형편에 너무 비싸서 구하지 못하고 똥개 잡종 암캐를 하나 구하여 키웠다. 거제도 연초에서 헤어진 내 친구 명견 에쓰가 자꾸 생각이 났다.

67. 내 아버지의 자녀교육(동행)

아버지는 집안일을 처리할 때 항상 나를 데리고 다녔다. 그

때 아버지가 가사 일에 나와 동행함은 내가 장성한 뒤 자식을 키워보며 생각하여 보니 아버지는 참으로 이웃 모든 어른처럼 자식 키우는 데는 훌륭한 지도 방법을 택한 분이었다 라는 생각이 들었다. 그때는 불가항력이었지만 그 이후에도 아버지는 분수에 없는 재물에 집착하기보다 당신이 직접 열심히 노력한 결과에 만족하고 명분과 순리에 즐겨 따르는 모습을 자식에게 보여주었던 것이다.

세월이 조금 지난 이야기이지만 지나칠 수 없는 아버지의 자식 가르침을 한 가지 이야기해 보고자 한다.

1961년 서울로 이사를 와서 대한극장 앞 충무로 4가 인현시장 골목(지금은 세운상가)에서 살았는데 찢어질 듯이 가난한 것은 따라다니는 우리 집의 운명이었던지 여전하였고, 1962년 늦봄에 성북동으로 이사를 가서 참으로 긴 세월 만에 법적으로 등기가 난 14평짜리 우리 집 소유인 집이 생길 때까지 아버지는 참으로 많은 방황의 생활을 하시면서 가족을 이끌었다.

1964년 구정 때가 가까울 무렵 내가 평택에서 카투사로 군복무할 때였다. 설날이 임박하여 3일 외출증으로 집에 왔는데 아버지가 나를 부르시더니,

"찬수야! 네가 복무 중 모처럼 외출을 하였는데 수고를 좀 해야겠다"

하였다. 아버지의 부탁은 이러하였다. S대 사대 부속국민학교에 책임 맡는 지위에 있는 학부형이 우리 집에 정리로 소갈비 한 짝을 사람을 시켜 가져왔는데 이 물건을 되돌려 주어

야겠는데 너의 수고가 있어야 되겠다 했다. 그 이튿날 아침 새벽에 아버지는 나에게 그 댁 약도를 그려 주었다. 내가 군복을 입고 갈비 한 짝을 신문지로 잘 싸서 어깨에 메고 혼자 언덕길을 따 내려서려는데 집에 있겠다고 힌 아버지가 못 미더웠는지 같이 가자고 따라 나섰다.

  삼선교까지 걸어 내려가 돈암동 사거리에서 정릉으로 넘어가는 아리랑 고개를 한참 올라 오른쪽에 그 댁이 있었다. 아버지가 먼 발치로 저기 저 집인 것 같다 하였다. 그 댁 앞에 도달해 문패를 보니 오씨 그 댁이 맞았다. 문을 두드리고 주인어른이 나와서 나는 차렷 동작을 취하여 거수경례를 하고

  "아버지의 심부름으로 이것을 되돌려드리려 가져왔습니다."

하였다. 교감선생인 그 집 주인이 붙들면서

  "아니 정리로 내 마음을 표시하였는데 이렇게 하면 어떻게 되느냐? 너무하신다."

하시면서 되가져가기를 원했으나 나는 고맙다는 아버지 말만 전하고 그 댁 문 앞을 떠났다. 골목길에 숨어서 기다리던 아버지는 돈암동 뒷길 삼선교로 걸어오면서 나에게 말하였다.

  "찬수야! 참 수고했다. 그 댁의 성의는 고마우나 너무 예의가 지나쳤다. 학교 선생에게 담배나 한두 갑이면 몰라도 갈비가 무어냐? 지나친 예의는 사람 대하는 행실이 아니다. 그러니 찬수야! 학교 교사를 하는 아비를 이해해 다오. 미안하다"

하였다. 나는 평소의 아버지 성품을 알고 있었지만 갈비를

어깨에 메고 집에서 나올 때 집의 식구 분위기가 떠올랐다. 할머니는 아무 말도 하지 않았으나 어머니는 무엇 하러 되돌려 주는가의 의미가 안면 표정에 가득한 기색이었고 어린 동생 넷도 가져가지 말았으면 하는 표정이 아주 역력하여 지금까지도 그때의 동생들 표정은 지워지지를 않는다. 당시 나보다 16살이나 아래인 7살 막내 여동생은 지금도 그 얘기만 나오면 그때의 아쉬움으로 열을 낸다.

그 때의 지워지지 않는 추억 때문이어서 그런지 막내는 명절 때만 되면 친정어머니에게 꼭 갈비를 사 보내어 어머님과 온 식구가 들게 한다. 나도 아버지의 말은 거역할 수가 없었지만 속으로 그만 놔두고 집에서 한번 동생들을 먹게 하시지 하는 말이 목구멍까지 나오려 했으나 그 말은 하지 않았다.

그 갈비 사연은 지금도 명절 때 모이면 동생들이 빼놓지 않고 말하며 한바탕 웃으면서 아버지를 추모하는 자식들의 단골 이야기 한 토막이다. 그러나 지금도 어머니의 생각은 아직도 그때의 고생스러움을 생생히 기억하고 있다.

"찢어질 듯 가난한 마당에 무슨 체면치례냐. 명절인데도 고기 한 근 없이 지낼 판에! 너희들 아버지 바람에 나는 항상 죽을 판이었다."

하였다. 어머니가 손자들에게도 말한다.

"세상이 누가 알아주는 것도 아닌데 먹을 알도 없이 무엇이 좋다고 저러는지 모르겠다. 사람은 팔자를 타고 나는가 보다. 네 할아버지를 자세히 알려면 지금 너들 애비를 보면 된다."

라고 말한다.

그 학부형이 과분하게 선물한 사유를 나중에 들어서 알게 되었는데 교감선생의 아들이 학교에서 말썽을 피워 퇴학(요즈음은 퇴학감도 아님)을 맞게 생겼는데 내 아버지가 사정회의 석상에서 의견을 내어 학칙도 중요하지만 어린이가 지금 이 보성고등학교 명문학교에서 퇴학당하여 나가면 그 앞날이 어떻게 되겠는가 하면서 담임 입장에서 완강하게 퇴학을 반대하였고 그런 사유로 그 학생은 무사히 공부하여 나중에 명문대학에 진학하였다 한다.

아버지의 이러한 생활 소신은 곧 나의 평생의 교직생활에서 나의 신조가 되었고 우리 집안의 전통이 되었다. 후에 교사를 하면서 아버지를 항상 생각하는 자식이기에 평생 나도 아버지처럼 되지 않을 수 없었다.

분명히 말하지만 나는 학교에서 나이를 떠나 동료교사들에게 참으로 많은 모범된 자세를 배웠다. 대부분의 교사들이 말은 없었지만 아버님 같은 신조 속에 묵묵히 교육활동에 임하는 모습을 참으로 많이도 보곤 하였다. 그들에게서 내 마음을 붙들어 주는 묵시적 표양을 만나곤 하였는데 나는 항상 감사했다. 정규 이동으로 학교를 옮길 때마다 나는 가는 곳마다 훌륭한 선생들을 많이도 만나 그때마다 머리를 숙였다.

수신(修身)이 덜 된 교사들이 간혹 있어서 경우에 따라 고약할 정도로 촌지나 의도적으로 밝히고 교육풍토를 흐리면서 애꿎은 선배, 동료교사들이 쌓아놓은 사도의 명예로운 길에 먹칠이나 하는 경우가 있을 땐 아주 속이 상하였다. 심지어는

영도다리

더 못된 정치교사 성향의 떠들기 좋아하는 교사들이 교육계가 모두 다 신뢰할 수 없이 부정하다는 식의 저들 식으로 선전하는 명분이나 제공하여 교육계 전체를 불명예스럽게 인식시키고 지탄을 받게 만들어 사회전체에 불신풍조나 조성하는 모습들을 대할 때는 책상을 치고 통탄하기도 했다.

그런 사람들은 한 가지 재주는 있어서 자기 목적을 위해 무조건 남의 비위를 잘 맞추어 환심을 사고 이 꼬임에 넘어간 학교 경영자들이 그 못된 자를 오히려 두둔하여 교육현장 안에 위화감을 조성할 때는 답답하기가 이루 말할 수가 없었다. 사람들은 정의로움을 실천한다는 면에서 참으로 약한 존재이구나 라고 생각해 보기도 했다.

아버지는 경향신문사에서 주관하는 사도상을 수상한 일이 있다. 허문도씨가 신문사 사장으로 재임할 때이다. 이런 사도 상이 아무렇게 수여되지 않는다는 것임을 나는 확실하게 말할 수가 있다. 아버지는 자식을 인자로이 키웠으나 이런 문제에서는 그렇게 단호하였다. 촌지는 분수에 맞게 표하면 미풍양속이

청구 중고등학교교사 전경 일부

될 수 있고 스승 존경 교육 풍토에도 일조가 될 수 있으나 지니칠 때에 문제가 생겨나는 건 예나 지금이나 마찬가지라 여겨진다.

68. 1955년도(6·25 5년 뒤) 부산 거리

우리 집에서 큰 마을 쪽으로 계단을 오르면 부산 항구가 한눈에 들어온다. 제1부두, 제2부두, 제3부두……. 참 배도 많고 항구 경치가 그만이었다. 청학동에서 긴 방파제가 나가고 적기에서 긴 방파제가 마주보고 들어와 부산항을 싸고, 배가 지나는 방파제 양 끝으로 하얀 등대 위에서 깜박거리는 불빛도 이채로웠다.

청학동 종점에서 동삼동 아치섬(조도) 태종대로 넘어가는 차가 지나가면 진흙먼지가 부옇게 일곤 하는데 밤에는 먼발치 왼쪽 넓섬 바위 꼭대기 야산에 있는 해군기지 위의 깜박거리는 안테나도 구경거리였다. 부산항은 청학동에서 내려다보는 야경이 제일 볼만했다.

밤낮으로 배가 정박하며 출항하는데 그럴 때마다 울리는

다양한 뱃고동 소리는 각계각층의 사람들의 마음을 흔들어 놓곤 했다.
 "뿌우웅—! 뿌웅! 빠앙— 빠아아앙—!"
 크고 작은 배마다 소리도 가지각색이었다. 낮에 떠나는 배보다 심야에 떠나는 커다란 배의 고동소리가 더 웅장하여 부산항과 영도섬 고갈산 꼭대기를 뒤흔들었다. 낮에 들어오는 커다란 배는 돛대마다 다양한 색깔의 깃발이 한 방향으로 나부끼는데 주변을 맴돌아 한가로이 나는 하얀 갈매기 떼와 어우러져 항도 부산의 아름다운 모습이 더욱 빛났다.
 해군기지 너머로 바다 건너 바라다 보이는 왼쪽으로 적기(일본어로 아카사키라 불린 곳), 오른쪽으로 신선대 해변의 아름다운 모습은 액자에 넣을 수 있다면 그대로 한 폭의 아름다운 그림이 되었으리라. 왼쪽으로 '넓섬 바위', 오른쪽 저 멀리 '아치섬' 그 사이로 전개되는 부산 외항의 아름답고 오륙도 너머 광활한 바다 푸르른 기상은 이후 내가 추구하는 이상에 항상 청운의 꿈을 그려주는 동기가 되었다.
 이 전경은 오륙도를 너머 하늘과 맞닿는 바다의 수평선과 더불어 남해안 경치의 진수라 생각된다. 넓섬 바위 건너편 동삼동쪽의 해변의 조약돌 속엔 나의 사춘기의 꿈들이 고스란히 묻혀 있다.
 1965년 이후 친구와 몇 차례 그 해변을 찾았는데 서로가 들추는 돌마다 그 자리에서 동심의 묻어 놓은 이야기 사연들이 마구 뛰쳐나오는 것은 어이된 일인가?
 두 여동생은 청학 초등학교에 다니고 나는 아버지와 버스도 타지 못하고 걸어서 먼 보수동 청구 중고등학교까지 매일 왕복하였다. 코스코 길은 평지였으나 멀리 돌아가는 길이였고 지름길인 청학 국민학교 옆으로 언덕을 넘어가서 조선소를 지나 봉래동 부둣가 길을 지나 영도다리를 건넜다. 오후에 돌아올 때 영도다리의 다리 올리고 내리는 모습은 과연 우리나라에서 볼 수 있는 별난 구경거리였다.

다리가 오르면 이때를 맞추어 중형급의 배들이 다리 밑 바다로 지나가고 많은 사람들과 차들이 멈춰 서있고 전차들도 쉬어 기다리다 배가 줄을 지어서 다 지나가고 나면 그 커다랗고 웅장한 다리가 서서히 내리면 기다리던 차들은 길이 미어지도록 오가고 덩치 큰 전차들도 '댕 댕 댕' 소리를 내면서 지나고 인도엔 사람들이 빼곡히 난간을 붙들어 가며 양쪽에서 오갔던 아름다운 영도다리 모습은 지워질 수 없는 나의 추억이다.

보수동 헌 책방 골목 앞에서 국제시장으로 들어서는 사거리는 사람과 차들이 많이 지나 부산에서 제일 복잡하고 번화한 거리라고 하였다. 이곳에서 수신호로 교통정리를 하는 경찰들의 동작이 아주 절도가 있고 다양하여 지나가는 차에 탄 사람들에게 구경거리가 되었고 커다란 즐거움을 주었다.

빨리 동작을 취하여 수신호로 방향제시를 하는지 웬만한 사람들은 흉내도 못내는 전광석화란 말이 딱 어울리는 그런 동작이었다. 또 판단이 정확하여서 어른들이나 지나가던 사람들 남녀노소 할 것 없이 상당수가 넋을 잃고 한참 동안씩이나 구경하곤 지나갔다.

자갈치시장을 향하여 국제시장의 한복판 큰길 우측 서편 골목으로는 달걀을 파는 골목이 있었는데 그 골목 초입 왼쪽에서 내 친구 무궁이의 어머니가 좌판에서 달걀장사를 했다. 내가 일생 동안 만나 본 어른 가운데 이분처럼 인자하면서 위엄까지 갖춘 분은 드물었다. 친정 고향이 경남 하동이었고 키가 작으면서 어린 내가 보기에도 미모와 인품이 대단하였는데, 비유하여 말하자면 궁중 역사 이야기에 나오는 덕이 많은 그런 느낌의 인상이었다. 우리들에게도 항상 공부 열심히 하라고 격려말도 해 주었고,

 "학교에서 선생님 말 잘 들어야 이담에 훌륭히 된다."

하고 말했다. 국제시장 장거리에서 장사를 하는 다른 어른들이 모두 다 내 친구의 어머니를 어렵게 여겼고 또 예의를 갖추어 존대했다. 오가다가 자주 인사도 하면 아주머니는 나를 아주 반갑게 대해 주었다.

69. 최의준 선생

1919년 9월 2일 일본의 사이토(齋藤實)가 3대 총독으로 서울에 부임할 때 서울역에서 폭탄을 던져 사이토를 저격하는 대 사건이 있었다. 이를 주도한 분이 당시 65세인 강우규(姜宇奎) 선생이었는데 선생과 함께 비밀리에 거사를 준비한 분 중 지학(志壑) 최자남(崔子南) 의사란 분이 있었다. 무궁이 어머니가 바로 최자남 선생의 며느리다. 당시 최자남 선생은 강우규 선생의 모든 거사자금 담당이었고 투척할 폭탄까지

모두 비밀리에 준비했다.

　선생은 당시 원산에서 여관업을 크게 해서 재력이 있었는데 그 재력을 조국 독립운동에 몽땅 바쳤다고 한다. 그리고는 아무것도 모르는 양 생업에만 열심히 종사하는 조용한 모습이었다. 아무도 지학 열사가 조국을 위해 어마어마한 일을 하는 줄 몰랐던 것이다.

　비밀리에 준비한 폭탄을 선생이 거주하는 원산(元山) 자택 천장에 숨겨놓고 강우규 의사와 함께 상경하여 9월 2일 당일에는 거사 일행들과 서울역 현장에서 강우규 의사의 투척을 목격하고 원산으로 피신했다. 그러나 곧 체포되고 징역 3년으로 확정 판결되어 서대문 감옥, 함흥 감옥을 전전하며 옥살이를 하다가 출옥 후 요시찰인으로 온갖 고초를 겪었다. 1928년경 협성학교 이사로 육영사업을 하였으며 옥고의 후유증으로 1933년 병사한 분이다.

　거사 이후 지학 선생의 형량이 낮은 이유는 강우규 선생이 폭탄 준비 등 모든 것이 단독 범행이라고 우기고 끝까지 다른 분들을 두둔하였기 때문이라 하였다. 그리고 강우규 선생은,

　"젊은 당신들은 앞으로 할 일이 많기에 이번 일은 늙은 내가 앞장서는 것뿐이고, 이후로 잡히더라도 왜놈들에게 함구할 터이니 당신들은 앞으로 나라 독립을 위하여 더 큰 일을 많이 하라"

　고 하였다 한다. 참으로 감동스런 말씀이었다. 무궁의 아버지는 지학 최자남 열사의 맏아들인 최의준(崔義駿) 선생이다. 연세가 나의 아버지보다 10년 정도 위였다.

1947년 **38**선 이북에서 김일성 우상화가 한창 진행될 때 이에 못 견딘 내 친구 가족은 함경남도 안변에서 아버지를 따라 강원도 장성탄광 마을로 이사를 내려왔다. 어린 나였지만 나는 아버지와 최의준 선생을 통하여 일본의 모든 것을 그 때에 상세히도 알았다. 일본의 식민지가 되어 피눈물 나는 민족의 애환에 대하여 그때부터 눈이 떠졌다. 이때부터 아버지가 틈만 나면 구해오는 책 중 독립혈사, 항일운동가 등 우리나라 독립을 위하여 일본에 항거한 독립운동 기록에 관한 책을 많이도 읽었다.

　최의준 선생은 참으로 나라를 사랑하는 분이었다. 선생은 후생주택 **25**호에 살았다. 키가 크고 체격이 아주 거대하고 배가 많이 나왔는데 이웃에 마실을 갈 때는 파자마 바람에 오갈 때 가 많았고 주로 우리 집에서 아버지와 담소를 많이 나누었다. 우리 집에 올 때는 뚱뚱한 배 앞 파자마에 각종 신문을 무협지에 나오는 짧은 칼을 허리둘레에 꽂듯이 빙 둘러 꽂고 왔는데 의준선생의 아버지와 함께 안변 원산 등지에서 조선일보 지국장을 할 때의 사실을 말하곤 하였다.

　양팔 소매를 걷어붙이고 일본 놈들이나 그들의 앞잡이들을 혼내던 무용담을 하는데 당시의 그놈들에게 삿대질을 하던 것처럼 방바닥에 앉아서 원고를 쓰는 아버지 턱을 향하여 삿대질을 하였다. 자칫하면 얼굴을 맞을 것 같은 아버지가 "네, 네!" 하고 같이 맞장구를 치면서 선생의 주먹을 피해 고개를 연신 옆으로 피하면서 원고를 쓸라치면 피하는 자리에서 더욱 바짝 다가앉으면서 더욱 아버지를 향하여 기세 좋게 두 주먹을 휘두르던 모습은 지금 생각해도 너무 우스웠다.

최의준 선생은 원산 안변 등 함경남도 지역에서 조선일보와 동아일보 지국장을 하면서 우리 민족 신문을 열심히 보급하는데 심혈을 기울였다. 당시 왜경이 조선인 앞잡이들을 내세워 민족지 동아·조선의 신문 보급을 못하게 너무 방해를 놓아 허구한 날 그들과 끈질긴 싸움을 하였고 때에 따라서는 서로 맞붙어 선생의 유도실력으로 업어치기해 못된 놈들을 땅바닥에 매다 꽂았다 하였다. 의준 선생은 이 이야기 대목이 되면 입가에 허연 거품을 내 보이면서 굵은 양팔의 옷소매를 걷어붙이고 방안 천정이 떠나갈 듯이 당시의 실제 상황처럼 아버지를 향하면서 "네 이놈들!" 하고 호령호령하면서 말했다.

나의 할머니는 "조용조용히 해도 방안에서 다 들을 수 있는데 왜 저렇게 방바닥에 앉아서 궁둥이를 쉴 새 없이 앉았다 떼었다 하면서 고함을 치는지 모르겠다" 하면서 웃었다.

당시 아버지는 부산의 민주신보에 연재하는 글 선열비록(先烈秘錄 : 후일 이 연재물의 책 제목을《이것이 한국인이다》로 출간), 민속기담(民俗奇談 : 후일 정동사에서《우리 뿌리의 풍속도》란 제목으로 출간) 연재 원고를 집필하였다. 최의준 선생은 바로 앞에 앉아 있는 아버지를 일본사람으로 가상하고 당장 때려눕힐 기세로 털어놓으면서 마음을 달랜 것이다.

어머니도 할머니 말이 떨어지자마자 같이 거들면서 "참! 말을 온 몸으로 저렇게 하는지 모르겠다. 무궁이 아버지는 기운도 좋으시다" 했다. 지금도 나의 어머니는 그때의 사실을 확연히 기억하고는 웃는다. 최의준 선생은 열사 집안의 아들답게 의롭고 순수한 애국의 열정을 지니고 있었다. 선생의 많은 자제분들도 모두 이러한 애국의 기상을 가졌고 후손들 모두가 지금도 그러하다.

독립운동 근처에도 가지 않은 부류들이 해방 이후 남들의 위에 양심을 수단 방법을 가리지 않고 우격다짐으로 조상 족보까지 조작해 가며 행세하려 들고 있는데 이들에게 아주 냉소적이다. 그런 부류들과는 근본적으로 다른 집안의 꼿꼿한 분들이고 대한민국의 건국이념을 높은 기상으로 지키려 하는 분들이다. 어떤 때 아버지가 출타 중일 때도 손재봉틀로 삯바느질을 하는 어머니 옆에 다가 앉아서 또 그러는 바람에 어머니는 편히 일도 할 수 없었다고 그때를 회상한다. 선생은 가끔 무슨 중대한 일이 있는지 기차를 타고 서울에 다녀오곤 했다.

70. 독립운동가 후예

한 동안 서울에 다녀온 뒤에는 반드시 나의 아버지를 찾았다. 때로는 참으로 오랫동안 서울에 머물다 오기도 했다. 그리고 서울에 가서 무슨 일을 하고 왔는지 팔을 걷어붙이면서 아버지에게 전부 다 말하였다. 방이 좁으니 나도 옆에서 안 들을 수가 없었다. 의준(義駿) 선생이 서울에 가서 한 일은 나라의 독립을 위해 헌신한 분과 그분들의 자손들이 참여하는 친목 모임 결성과 후생에 관한 것이었다.

　가칭 선열유족회(先烈遺族會)라는 이름으로 활동을 하였는데 후일 보사부에서 정식으로 인가가 나서 부회장직을 맡아 3년간 활동하다가 무당한 이익과 자리 싸움 일반 추구하는 이상한 모리배꾼들과의 부닥침이 자주 있어 여기에 크게 상심하여 부회장 직위를 내놓았다. 영도 청학동에서 오리만 키우겠다고 하면서 아예 내려왔는데 지금의 광복회와는 연관이 없는 그 전에 있었던 단체라고 생각된다.

　최의준 선생이 처음에 선열유족회를 결성할 때에 일제시대에 수많은 독립운동 단체에 비밀리에 독립자금을 조달한, 겉으로는 좀처럼 나서지 않는 거대한 후원자로 유명한 독립운동의 거목 장형(張炯) 선생(단국대학교 설립자)과 의논하고 장형선생의 지원을 받아 시작하였다. 당시 보사부에서 작성된 독립운동자와 그 후손의 명단을 입수하여 이를 기초로 하여 시작되었다 했다.

　그런데 시작부터 선열유족회 결성이 삐거덕거렸다. 어디서 소문을 듣고 갑자기 찾아왔는지 회의에 참가한 독립유공자와 그 후손들이란 사람들의 상당수가 보지도 듣지도 못한 정체불명의 독립운동 했다는 자들이었고, 더 쉽게 말하면 완전히 깡패집단이나 다름없는 부류들이었다고 했다.

　국내에서 독립운동 했다고 저 나름대로 목소리 높이는 사람, 자기 자신들이 활동한 지명도 잘 모르면서 내세우는 사람, 일본에서 독립운동 했다는 사람, 만주 아래 중국 본토에서 독립운동 했다는 사람, 러시아에서 독립운동 했다는 사람,

미국에서 독립운동 했다는 사람들의 후손, 그 외에도 알지도 못하는 곳에서 독립운동 했다는 사람들과 그 후손이란 사람들이 한꺼번에 몰려들어 소란을 피우면서 싸움박질과 삿대질, 고함소리가 오가면서 나서는데, 시작부터 혼란스럽기가 말이 아니었다 하였다.

 정작 숨어서 누가 알세라 비밀리에 독립운동을 체계적으로 지도하고 옥고를 치르고 온갖 고생을 다하면서 그때까지 살아있는 이들과 유족들은 한 옆으로 밀려나서 말도 못하고 독립운동가 취급도 못 받는 위치에 있었고, 선생이 보기에 순 가짜들이 날뛰는데 목숨을 걸고 대드는 전쟁터를 방불케 했다고 한다. 심지어는 독립운동을 하는 사람들을 추적하고 그 가족들을 끈질기게 감시하던 왜놈 앞잡이들까지 자기 신분을 숨기고 독립운동가의 자손이라고 뛰어드는 데는 할 말을 잃었다고 했다.

 당시는 별 신통히 일한 것 없이 남의 머리꼭대기에 앉아 남을 제압하는 수단 방법이 자기 집안이 독립운동 했다는 것을 내 세우는 시대였기도 하였다. 가장 두드러진 독립운동가 사칭은 공산주의자들이었다. 따지고 보자면 북쪽은 독립운동만 했던 국민만 있었고 남쪽은 친일파만 있었던 것도 아닌데 독립운동이 유독 공산주의를 내세우며 통치하는 김일성 집단의 전유물처럼 여기기에 이른 것도 한 번쯤 깊이 생각해 볼일이다. 저명 독립운동가나 독립운동 사례는 우리나라 전 국토에서 그리고 오히려 남쪽에 더 많이 있었던 것인데도 말이다.

 사실 일제하에서 한국인 치고 일본인들을 좋아한 사람들이 얼마나 되었겠는가? 모든 국민들이 다 독립운동의 마음을 가지고 있었던 것이다. 이 상황이 그 시대 흐름이다.

그런데 요즈음은 거꾸로 한술 더 떠서 친일파의 후손이면서 앞에 나서서 친일파를 몰아내자고 떠들면서 상본인들이 정부요직이나 국회의원을 하며 정작 독립운동가의 후손을 오히려 훈계하려 드니 참으로 가관이고 어이가 없는 세상이다.

우리나라의 선각자요 위대한 시인이고 승려인 만해 한용운 선생의 딸, 우리 집과 가깝게 지내던 한영숙 여사도 그 후에 3·1 운동 기념일이나 광복회 얘기가 나올라치면 그 때마다 분개하면서 볼멘 말씀으로,

"우리 같은 유족들은 그 광복회에서 안중에도 없으니 분하기가 짝이 없다"

하는 말을 자주 했다. 요즈음은 광복회가 어떠한지 잘 모르겠다.

최의준 선생의 말에 따르면 해방이 된 뒤에 선생처럼 38 이북에서 거주하던 독립운동가와 그들의 후손이 많이도 있었다 하였다. 김일성 우상화 작업이 한창일 무렵 이북의 공산주의 주창자들은 김일성 우상화로 몰고 가는 과정에서 조선시대의 천민, 소작인, 각종 노동자, 일자 무식자, 유교인습에 억눌린 여성들을 교묘히 부추겨 모두 김일성 왕국을 만드는 저질스러운 짓거리에 몰두하게 만들었다고 한다. 가정의 어른들을 작두질하는 데 완장을 채워 앞장을 서게 하였는데 특히 젊은 여성들을 이용했다고 하였다.

당시 독립운동가와 그의 후손들과 마르크스 레닌 사상에

솔깃했던 많은 지식인들이 있었는데 김일성 집단의 행태를 보고 혼비백산하였다 했다. 소련의 앞잡이 김일성 무리들이 저들을 따르지 않는 사람들과, "종교는 아편이다"라고 어린이들까지 동원하여 외쳐대게 하면서 김일성 신격화에 걸림돌이 되는 각종 종교, 특히 천주교 개신교 불교 신앙인들과 성직자들을 말살시켜 은둔케 하고. 대대로 열심히 노력하여 생활이 여유로운 사람들을 성실 유무를 떠나서 무조건 착취의 무리라 폄훼하며 부르주아지라고 몰아붙여 가혹하게 탄압했고 또 공산주의를 이용하여 내세우며 저들에게 반대하는 세력들을 억압했다. 이는 당시 38 이북에 산 사람들은 모두 다 아는 사실이다.

이렇게 과거에는 보지도 듣지도 못한 수법으로 몸서리치는 탄압행위를 자행하고 일제청산이라고 내세우는 구실로 지식인들까지 몰살시키고 심지어 그들에 동조하지 않는 항일운동 자손들까지 반대세력으로 탄압하는 짓거리에 커다란 충격을 받았다. 지식인들은 "앞으로 머지않아 또 다른 우리 민족의 비극이 시작되겠구나." 하고 공산치하에서 일찌감치 앞으로 일어날 비극을 모두들 예측했다 하였다.

선생은 온 가족들을 모두 이끌고 1947년 김일성 마수에서 천신만고 끝에 탈출하여 강원도 장성 탄광지대에 남하했다가 김일성의 6·25 사변 남침 발발이 일어나자 부산으로 피난 와서 온갖 고초를 겪었다. 그러면서도 민족의 정기를 드높이는 데 이바지하자는 취지로 독립운동 선열유족회를 결성하여 수복 후 애썼는데 선생의 애국하는 가슴에 무식하고 험한 말뚝들이 새로 박혀오는 꼴이 되었으니 선생의 마음은 어떠하였겠는가!

나는 생각한다. 김일성 우상화작업을 핑계로 저들 무리 이외의 정적들을 몰아내는 행위가 친일 청산이라는 미명하에 자행되던 6·25 전 38 이북의 징후들이 아직도 잔존해 지금 대한민국에서 새삼스럽게 일어나는 모습을 만나는 느낌이 와 닿으니 세상은 왜 이러하며 이 나라는 도대체 어떻게 돌아가는 것인가 회의를 가진다.

최의준 선생은 그때의 상심이 아주 커서 지병인 해소가 도져 수년을 고생 했다. 1961년 서울에 치료차 왔을 때 내가 선생의 거처를 찾아가 큰절을 드리니 선생은 내 어깨를 두드리면서 숨이 턱에 닿아 있는데도 우리 집 안부를 묻고는 "공부를 열심히 하여 훌륭한 사람이 되라." 하였다. 그 이듬해에 내가 군 복무 중 선생은 그 주자동 큰아들 집에서 타계하여 문상치도 못하였다. 그때 찾아 뵌 것이 마지막이었다.

71. 휴전 반대와 영도다리 난간

1955년 여름 이후부터 우리 학교 전교생은 선생들과 같이 여러 차례 시국 궐기대회에 나갔다. 대한민국 국민들의 의사와는 관계없이 모두 반대하는 휴전 조인이 1953년 7월 27일에 이루어졌는데 이로부터 훨씬 뒤까지도 북진통일을 왜 하지 않느냐고 어른들은 말끝마다 성화를 낼 때인데 무슨 휴전 감시단인가 뭔가 하는 적성국가 체코 폴란드의 꼴값 떠는 대표들이 우리나라에 파견되었다 하여 이들을 물러가라고 전국적으로 궐기대회를 할 때였다. 우리들도 선생님들과 함께 부산 구덕 공설운동장에 나가 "물러가라! 체코 폴란드!" 하고 소리쳐 외치면서 부민동 경남 도청 앞 전찻길을 따라 시청 앞까지 행진했다.

우리학교에 지리 선생님이신 박덕순 선생이 있었다. 함경도 사투리를 아주 억세게 쓰는 선생이다. 이분이 오른팔을 치켜들며 주먹을 불끈 쥐고 "물러가라! 체코! 폴란드!" 하면 우리가 그 선생님을 따라 더욱 목소리를 높여 외치던 생각이 나는데 박선생은 평소 수업 중 체코 폴란드를 우리들에게 가르쳐서인지 그때 일이 인상 깊게 남아 있다.

나는 박선생님 때문에 지리 공부를 열심히 하여 지금도 눈을 감고도 세계지도 구석구석의 모습까지 머리 속에 훤히 그려져 남아 있다. 박덕순 선생님은 "성공해야지!" 하는 말을 억센 함경도 사투리로 "성공해라지!"라고 해서 우리들이 웃곤 하였다.

학교를 파하고 하굣길엔 교회에서 보수동 헌책방 길로 이어지는 긴 계단 층층대를 친구들과 경주 하듯이 아슬아슬하게 뛰어 내려가던 기억도 생생하다. 국제시장을 건너 남포동 골목길로 하여 영도다리 쪽으로 걸어갈 땐 길 양쪽 전축가게에서 흘러나오는 전쟁 유행가를 듣고 금세 배워 따라 부르던 일도 지울 수 없는 추억이다.

이때 「단장의 미아리고개」란 노래는 어른 아이 구분 없이 많이도 불렀던 애절한 노래였다. 나는 그때에 유행가 가사를

2, 3절까지 잘도 외워 구성지게 불렀는데 더욱 가관이었던 것은 남포동을 지나면서 노래의 1절이 끝나고 2절 시작 전 사이에 말로 하는 대사를 구성지게 엮어대었다. 전축가게 주인 아저씨가 가게 문 앞에 서 있다가 나의 연기하듯 하는 대사 넋두리를 듣고 손뼉을 치며 마구 웃어대어 내가 쑥스러워하던 생각이 나기도 한다.

여하튼 그때 유행가도 많이 쏟아져 나왔다. 「굳세어라 금순아」, 「서울 가는 십이 열차」, 「흥남부두」 등 피난민의 애환이 철철 넘치는 노래들이 많이도 불렸다. 특히 흥남부두는 지금도 내가 가끔 부르곤 하는데 부를 때마다 가사에 얽힌 내용과 6·25 전투, 거제도 부산의 피난생활의 고생이 뒤얽혀 눈물이 안 나올 수 없는 그런 노래이다.

흥남 부두 울며 새던 눈보라치던 그날 밤
내 아내 내 자식 잃고 나만이 외로이
한이 맺혀 설움이 맺혀 남한 땅에 왔건만
부산항구 갈매기도 노래조차 슬프구나
영도다리 난간 위에서 누구를 기다리나

1·4 후퇴 때 김일성 집단으로부터 억압받던 이북 주민들이 국군이 후퇴했다가, 20일이나 늦어도 한 달 후면 다시 돌아올 수 있다는 말에 피난 보따리를 간단히 싸가지고 고향에 친척들을 남겨두고 잠시 피한다는 것이 56년의 이 지경이 되었으니 얼마나 안타까운 일인가? 남아 있는 월남가족의 그 가혹한 고생은 또 어디에 가서 호소하겠는가. 풍문에 들은 말

이지만 월남 피난 민의 이북 잔류 가족은 공산 집단들로부터 인간 이하의 취급을 받거나 희생되었다고 하니 이 얼마나 슬픈 비극인가! 생각만 하여도 끔찍하고 밤잠을 자다가도 헤어진 가족 생각만 하면 모두들 소스라쳐 놀라 잠이 깨어 몇 번씩이나 벌떡 하고 일어난다고 하였다.

72. 대연동 UN 공원

1956년 10월 23일, 우리학교 학생 간부들은 부산시내 초중등학교의 간부학생들과 학교를 대표하여 문현동 고갯길을 넘어 대연동에 있는 재한 UN 공원 묘원(속칭 유엔군 묘지)에 참배를 갔다. 유엔의 날은 1945년 10월24일에 UN 기구가 창설된 날인데 이를 기념하여 우리나라도 공휴일로 정해진 날이다. 유엔의 날 전날에 부산의 학생간부들은 선생님 인솔 하에 유엔군 묘지를 찾았다. 헌화를 하고 묵념 뒤 공원을 한 바퀴 돌며 참배했다. 모두들 엄숙했다.

그들은 김일성의 불법남침으로 야기된 우리나라 전국토의 초토화 가운데 자유민주주의 우리나라를 지켜 주겠다고 참전한 용사들이다. 국군들 못지않게 먼 이국땅에서 와서 우리나라를 위해 용감하게 공산주의자들과 싸우다가 장렬하게 전사한 영혼들이 잠들어 있는 곳이었다.

묘지에 고이 잠든 영령들이 우리의 자유를 지켜준 것이다. 고맙고도 고마운 참전 용사들의 숭고한 정신이 우리학생들의 가슴에 담겨졌다. 나는 참전 용사들 중 전사한 군인들이 많구나 하고 놀라기는 하였지만 뒷날 다시 그곳에 가서 자세히 참배해 보니 엄청나게 많은 외국 군인들이 모셔져 있었다. 호주 281명, 캐나다 378명, 프랑스 44명, 네덜란드 117명, 뉴질랜드 34명, 노르웨이 1명, 유엔군에 속한 한국군 36명, 터키 462명, 영국 885명, 미국 36명, 무명용사 4명, 기타 11명 모두 2,300명이었다. 이 이외에 참전국으로 콜롬비아, 이디오피아, 룩셈부르크, 태국, 그리스 이렇게 16개 나라에서 파병군이 왔었고 그들이 희생되었던 것이다.

또한 전란에 휩쓸려 입은 상처가 만신창이가 되어 말이 아닐 때 우리 국민들의 마음과 몸의 상처를 어루만지려 의료지원단을 보내온 북유럽의 노르웨이, 스웨덴, 덴마크, 지중해연안국 이탈리아, 그리고 인도 같은 나라의 은혜도 잊어서는 안 된다. 그 밖에도 전란의 아픈 상처를 돕고자 모금을 하여 세계 각국에서 많은 나라 국민들이 상당한 지원금을 보내왔다.

1950년 6월 25일 공산주의자 김일성이 불법으로 남침하여 대한민국 국민들을 못살게 굴 때 우리를 도우러 왔던 16개국 나라 국민들은 이때의 인연으로 우리나라를 형제의 나라라고 칭하여 부르는 국가의 국민들도 있다. 우리도 지금 이 순간 우리의 자유를 누리게 됨을 그들 국민들에게 감사해야 된다. 희생해 가면서 우리를 지켜준 그들에게 감사할 줄 모르는 국민성이라면 세계 평화에 동참할 자격과 존재가치도 없는 국민이 됨을 깊이 깨달아야 한다.

자유를 수호하려고 대한민국을 돕고자 와서 이렇게 아까운 목숨을 우리나라에 바친 것이다. 모두들 외국군 참전용사 전사자에게 감사하며 묵념을 바쳤다.

　여기에 6·25때 희생된 모든 것을 살펴보니 더욱 가슴이 아팠다. 국군만 보더라도 전사자가 84만 4천명, 부상병이 178,632명, 실종 및 포로가 82,310명, 확실한 숫자는 아직도 모르지만 대략 319만 명이고 연합군 중 미군 전사자가 54,229명, 부상이 103,228명, 실종이 8,142명, 포로가 3,746명, 약 164,173명, 영국군이 6,000명, 유엔군이 8,800명, 민간인 사망학살이 370,599명, 부상이 229,625명, 실종이 303,212명, 납치당하기를 84,532명, 피난민이 240만 명, 전쟁미망인이 20만 명, 전쟁고아가 10만 명······! 요즈음 사람이 한 명만 억울하게 희생되어도 온 나라가 분을 삭이지 못하고 아우성일 때가 많은데 공산괴뢰 김일성 놈이 저지른 결과는 이렇게 엄청났던 것이다.

　이것뿐이랴. 이북 인민군과 주민의 희생은 어떠했으며 또 참전한 중공군까지 합친다면 대한민국 전역은 죽은 시체로 벌판을 덮었던 것이다. 한 사람의 잘못은 이렇게 무서웠다. 우리가 쫓겨 다니며 고생한 전쟁이라는 참혹한 결과를 우리 학생들은 비로소 알게 되었다. 김일성에 당하고 57년간 살아오는 사람들의 심정은 어떠했겠는가!

73. 영도다리 아래 점보는 집

　1957년, 내가 열일곱 살 때 동아일보 신문배달을 했다. 시청 쪽에서 영도다리를 건너 대평동으로 갈 때 영도다리 근처에 새벽부터 술이 취해 늘어져 있는 사람들을 많이도 보았다. 단순한 취객으로 보면 그만이지만 고단한 피난민들의 애환을 떠올려 보면 그들이 쓰러져 있던 모습은 마음 아프게 다가온다. 영도다리 난간 위에서 바닷물로 뛰어 내리는 자살 사건도 꽤나 많았다. 오죽하면 6·25 전쟁 통에 남쪽으로 피난 온 사람들이 영도다리 난간 위에서 고향과 가족들을 그리다 못하여 목숨을 던졌겠는가? 슬픔이 가득히 얽혀 있는 영도다리이다.

올라갔다 내려갔다 하는 영도다리 바로 밑에는 점(占) 보는 집이 아주 많았다. 유명 점술가들이 다 모였다고 할 정도로 많았었는데, 답답한 심사를 달래고자 피난민들의 오가는 사람들이 점을 보는 집마다 줄을 지어 문전성시를 이루었다. 대개 점 보러 오는 이들의 공통된 궁금증이 요즈음 같으면 돈을 잘 벌 수 있겠느냐, 남녀 결혼사유가 어떠한 것이냐 등 대개 생활윤택을 위한 것이 관심사일 것이다. 하지만 그때는 "언제 통일이 되느냐?"와 "언제 우리 국군이 6·25를 일으킨 김일성을 쳐 죽이고 우리가 고향마을에 가게 되느냐"와 "부모, 자식, 아내, 남편이 살아 있느냐 죽었느냐?"가 점괘 보는 주된 관심사였다고 한다.

김일성이 저지른 커다란 전쟁의 후유증이 이렇게 서민들의 애환 속에 가슴을 멍들게 한 것이다. 땅을 치고 통곡해도 시원한 구석이 한 군데도 없는 시절이었다.

이웃에 예배당에 나가는 평안도 할머니가 있었는데 하도 답답하여서 영도다리 점보는 집엘 자식들 몰래 가셨다가 점을 보니 곧 통일이 된다고 하면서 오더니 얼굴에 희색이 가득한 모습으로 나의 할머니를 보고 찬수 할머니도 점을 한번 보라고 하였다. 얼마나 답답하였으면 개신교 신자였던 그 분이 언제 통일이 되어 가족 만나게 될까 하고 점집에 갔다가 그 점쟁이가 영험하다면서 할머니 보고도 점 한번 보라고 권유까지 하였겠는가……. 그때가 벌써 50년 전이다.

해방 후 61년이나 지난 지금까지 정치가들이 국민들 앞에서 정치 잘하겠다고 하면서 구체적으로 통일할 생각은커녕 통일을 핑계로 임의대로 사회상을 더욱 혼란스럽게 만드는 듯한 현실은 심히 두렵기만 하다.

74. 상표 없는 밀가루 포대

부산 초량역 앞이나 부산진역 앞 등은 매일같이 사람들로 붐볐다. 어른들 말에 의하면 부산에서 대구까지 고향 가는 사람들의 이삿짐 보따리가 피난 내려올 때처럼 이어졌다고 했다. 보따리 싸들고 이고 개찰구로 드나드는 사람들로 매일같이 붐볐고, 이별을 슬퍼해서 눈물짓는 광경은 수시로 구경할 수 있었다.

수복 후 이제는 이북과 휴전상태여서 싸움은 멈춘 상태라고 인식되어 고향으로 고향으로 물밀 듯이 열차타고 올라가는 귀향행렬이 있었다. 하지만 함경도, 평안도, 황해도, 강원도 북부 피난민들은 갈 곳이 없었던 것이다. 역 광장 앞엔 고향에 못 가서 서럽고 그리운 사람을 만나지 못하여 애타는 사람들이 매일같이 술에 취하여 늘어져 있었다.

 그저 남들이 고향으로 향하는 모습만 멀거니 보면서 부러워했고, 그 때부터 통일이 언제 오는지 빨리 이북으로 쳐 올라가서 김일성 패거리를 몰아내고 그리운 가족들을 다시 만나게 될 날은 언제인가 하면서 이제껏 기다렸다. 56년의 한 많은 그 긴 세월 속엔 그렇게 슬픔의 피멍이 들어 있는 것이다.

 아버지는 역사서 저술을 하는 사이사이에 민주신보(후일 폐간)에 선열비록(先烈秘錄), 민속기담(民俗奇談) 이란 역사 인물과 풍속에 관한 연재물을 기고하였다. 가끔 나에게 신문사 편집국장에게 가서 원고료를 받아오라는 심부름을 시켰다. 하굣길에 신문사 편집국장 아저씨 옆에 오래도록 기다려 경리과에 가서 원고료를 받았다.

 민주신보 편집국장 아저씨가 추운 방 책상 앞에 앉아서 원고를 쓰는데 추워서인지 습관이 되어선지 왼쪽 발을 달달달 떨면서 콧물 방울이 코끝에 대롱대롱 매달려 금방 떨어질 것 같은데 그래도 원고에 온 정신을 집중하던 모습을 유심히 쳐다보던 생각이 난다.

 아버지 글의 원고료를 타라는 통지가 경리과에서 오면 편집국장 아저씨가 반색을 하면서,

 "찬수야! 오늘은 참 운이 좋다. 경리과에서 돈 타러 오라고 선선히 연락을 하니 나도 기쁘다"

 라고 했다. 당시의 신문사는 작가들의 원고료도 못 줄 정도로 가난한 가운데서 신문을 내고 있었다. 원고료를 타면 나는 바로 국제시장으로 올라가서 밀가루를 샀다. 어머니가 일러

주는 대로 가게에서 가장 싼 상표도 없는 밀가루 한 포대를 사서 둘러메고 늦게야 집으로 돌아오곤 했다.

상표가 없는 가장 싼 밀가루! 반죽을 하여 수제비를 만들어 온 가족이 빙 둘러앉아 먹을라치면 수제비 색깔이 거무스레 하였고 모래가 지금지금 씹히는 것이었는데 온 가족이 배가 고픈 때라 그것도 일등 음식이어서 국물까지 훌훌 불면서 다 마시고 더 먹었으면 하였다. 한참 성장기인 나는 돌멩이라도 소화시킬 수 있는 때였고, 동생들은 배가 고파서 끼니때마다 절절 매었으나 어찌할 수 없는 삶이었다.

이런 자식들을 매일같이 보는 할머니와 부모의 마음이 과연 어떠하였겠는가? 게다가 그뿐인가. 나의 친구들이 매일같이 우리 집에 와서 내가 먹는 밀가루 반죽 수제비를 같이 나누어 먹곤 할 때가 많아 그 인자하고 나누기를 좋아하는 할머니가 "친구에게 갈라주어 너도 못 먹고 하여 배고플 터인데 앞으론 친구들 데리고 오지 말라"고 조용히 일러 말씀할 정도였다.

75. 장갑송 아저씨의 피난 이야기

1955년 후생주택에 우리보다 조금 늦게 이사 온 장갑송(張甲松)이란 분이 있었다. 이 분은 거제도 피난 시절에 우리 집과 친하게 지냈고 거제도에서 아버지가 양양에서 내려온 아들을 만났다는 소식을 듣고 통영에서 나가 살다가 온 가족을 데리고 거제도 우리 집에 찾아와 나를 보고 며칠 묵어 간 이다. 키가 크며 안경을 끼었고 곱슬머리였는데 항상 호탕하게 웃어 모든 이들이 다 좋아하는 멋진 아저씨였다. 또 아저씨는 약주 마시기를 아주 즐겨했다.

아저씨는 함경북도 성진이 고향인데 장씨 가문의 3대 독자였고 선대부터 가세가 넉넉하여 대부호 소리를 들을 정도로 그 지역에서는 지체가 있는 집안의 장손이다. 함북에서 가장 입학하기가 어렵다는 나남의 북 경성고보를 나왔고 사회봉사 활동을 많이 했다. 해방이 되고 사유재산을 인정하지 않는 김일성 치하에서 이 댁도 모든 토지는 몰수를 당했다. 그리고 가진 자의 집안이라고 탄압을 받기 시작했다.

당시 아저씨 부부의 가족은 부모와 딸이 넷이 있었는데 갑자기 배급으로 근근이 연명하는 초라한 지경에 이르렀다. 하루 이틀도 아니고 몇 년간을 이렇게 구박을 당하고 집안에서 일하는 머슴들과 소작인들이 큰 목소리를 내면서 베풀어준 은혜도 아랑곳하지 않고 외면했다. 공산주의를 내세운 김일성 패거리들의 앞잡이 노릇을 하느라고 그들이 오히려 주인을 구박하면서 은혜를 원수로 갚으면서 설쳐대니 갑자기 어이없게 뒤바뀐 세상에서 지옥 같은 삶을 살게 되었던 것이다.

이 댁은 대대로 인근에 많은 덕을 베풀어 사람들로부터 칭송이 자자한 집이었다. 그러나 김일성 우상화 작업엔 이 댁이 덕 베푼 은혜들이 오히려 눈엣가시가 되어 이유를 불문하고 감시와 핍박의 제1호 대상이 되었다. 부자이고 학식을 많이 갖춘 것 또한 그들이 아저씨 집안을 핍박한 큰 이유였다. 이북 도처에서 이런 현상이 일어나니 모든 사람들은 어안이 벙병하고 삶의 의욕을 잃었던 것이다.

그런 상황에서 잘 살려면 김일성 무리들을 열심히 쫓아다니면서 무고한 이웃을 그들과 같이 난도질하듯이 밀고하고 뒤엎고, 공산주의자들의 비위를 맞추어 주어야만 되는데 정신 똑바로 박힌 순박한 국민들이 갑자기 그런 행위가 나올 수 없지 않은가? 다만 공산주의자들에게 세뇌당하고 또 억울하다고 스스로 생각했거나 게을러 남의 잘되는 것만 보면 비위가 상하고 긁어내릴 놀부 심보 같은 자들만 체면 불구하고 나대는 것이었으리라. 보통 사람의 처세로는 배워 보지도 못한 새로운 인간상으로 갑자기 살라 하니 보통 심장으로는 그 짓을 절대로 할 수가 없었던 것이다.

공산치하에서는 이렇게 비정하고 정상적인 방법이 아닌 짓거리로 김일성 우상화작업이 시작되었다. 하루아침에 사람의 관계가 홀러덩 뒤바뀐 것이다. 공산주의 분배 소유의 개념을 억울하고 가난한 사람을 구한답시고 우격다짐으로 잘 사는 사람들의 재산이나, 저들에게 미운털이 박힌 사람들의 재산을 인민재판이란 엉터리 방식으로 설치면서 우격다짐으로 빼앗았다. 빼앗긴 사람들은 이북 사회에서 하루아침에 적응 못하는 무능력자로 전락케 하였던 것이다.

이북에 들어온 공산주의란 게 이렇게 엉터리였고 생각만 해도 몸서리쳐지는 것이었다. 매일 저녁 동네에서 자아비판 회의를 했고 나 정도의 어린아이들도 모두 모여 새로운 사회질서 흉내를 내기도 했다.

나도 6 · 25가 나기 전 1949년 겨울에 고향에서 동네에 또

래와 공산당 앞잡이 집안의 형들이 개울말로 모이라고 하여 갔더니 형들이 어른들 흉내를 내면서 어린아이들은 뜻도 모르는 자아비판을 하라 했다. 자아비판이라는 것을 어떻게 하는시 방식을 몰라 쑤뼛쑤뼛 하니 그늘은 나에게 "나는 반동분자 아들이다"라고 외치라 했다.

두 차례나 소리치니 다음엔 나에게 시렁 위에 얹어둔 잘 익은 호박을 내려 머리 위에 올려놓고 구석에 벌을 서고 있으라고 해서 무거운 호박을 머리에 이고 찔찔 울고 서 있던 생각도 난다. 아버지가 공산주의자들의 지목을 받았으니 나는 소위 저들이 말하는 '반동분자의 새끼'라는 것이다.

6·25 때 남조선을 해방시키러 나간다고 큰 소리 쳤던 인민군들이 패잔병이 되어 내륙의 우리 마을 뒤쪽으로 쫓겨서 북쪽으로 도망들을 치니 억눌렸던 사람들이 얼마나 생기가 났었겠는가? 얼마 있지 않아 국군이 만주 벌판에서 인해전술로 밀려오는 중공군 때문에 한 20여 일 해상으로 후퇴하였다가 다시 진격한다고 하면서 남자들만 모두 피하라고 하는 소문이 퍼지면서 이산가족의 비극이 더욱 더 심하게 이루어진 동기가 되었었다. 대부분 아내와 어린 자식들은 집을 지키는 노인들 품에 남겨두고 먼 산골에서 쏘아대는 포격소리를 들으면서 장정들을 중심으로 허둥지둥 보따리를 싸들고 대책 없이 피했다.

장갑송 아저씨의 부인 되는 신동룡 아주머니는 회령 보흥(普興) 여학교를 나오고 소학교의 교사로 재직하다가 해방을 맞은 그 동네 일대에서 소문난 재원이었다. 아저씨가 성진에서 먼저 흥남부두로 이웃 청년들과 내려가다가 주변을 보니 모두 온 가족들을 끌고 함께 가는 광경에 놀라 일행을 벗어나 다시 성진 쪽으로 치달아 왔다.

아주머니는 어릴 때부터 장갑송 아저씨 댁에서 은혜를 입고 살았던 조덕송 아저씨의 보호와 도움으로 아주머니는 어린 딸 명숙이만 데리고 위로 있는 세 딸 성옥, 성진, 성숙이는 집에 남은 할아버지(당시 46세)와 할머니(당시 48세)께 남겨두면서 잠시 뒤에 다시 돌아온다고 약속을 하고 피난길을 떠났다.

성진에서 출발하는 마지막 남행열차 안의 터져나갈 정도로 많이 탄 피난민들 사이에 화물칸에서 간신히 매달려 올라타고 어린 명숙이는 조덕송 아저씨의 양팔 위에서 떠받혀서 희생적인 보호 아래 퇴저라는 곳으로 내려가서 머물렀다. 다시 어린 명숙이를 조덕송 아저씨가 업고 눈보라가 몹시 치는 길을 50여리나 걸어서 흥남부두로 가다가 아주머니는 남편 장갑송 아저씨와 기적적으로 다시 만나서 부두에서 배를 타려고 3일을 초조히 기다렸다 하였다.

12월이 다 지나갈 혹한기 무렵 살을 에는 모진 북풍한설이 몰아치는 부둣가에서 함경남북도 주민 수만 명이 몰려들어 자유를 찾아 남쪽으로 내려가겠다고 하는 아우성 속에서 하늘의 도우심인가 군함 수송선도 아닌 미국 상선에서 피난민 실으라는 소식이 있자 너도 나도 이제는 살았다 하면서 물건을 실어 끌어 올리는 그물에 쌀자루 포개듯 많은 사람들이 차곡차곡 배에 실렸다 한다. 갑자기 몰려든 군중 속에서 잠깐 사이에 서로의 손을 놓쳐 가족을 여기저기서 불러대느라고 아우성이었다고 하였다.

흥남부두에서 서로 먼저 배에 타겠다고 발버둥치는 피난민들의 아우성은 역사적으로 가장 비참하면서도 가장 희망찬 자유에로의 행진이었던 것이다.

벌써 인민군들이 흥남부두를 향해 포격을 가하여 흥남 항구 도시 시내 이곳저곳에 포탄이 터지고 아수라장인 지경이었다 하였다. 상선을 탈 수 있어서 다행이었지만, 먼 바다에 나아가 머물러 있다가 사흘 뒤엔 다시 고향으로 갈 줄 기대한 사람들도 꽤 있었는데 인민군과 중공군의 포격이 심하고 또 위세가 대단했다. 이제는 내 동네 가기는 글렀다 하고 그래서 부평초처럼 먼 바다에 잠시 머무르기는커녕 배가 쉬지 않고 밤낮으로 남쪽을 항해하여 도착한 곳이 부산이라 하였다.

아저씨 가족은 다시 거제도로 통영으로 그리고 부산 영도 청학동으로 객지를 헤매 옮겨 다니면서도 고향에 남은 부모님과 딸 셋 때문에 평소 명랑한 아저씨가 눈물을 흘릴 때면 나의 부모를 비롯하여 온 가족이 안쓰러워서 같이 손을 붙들고 운 적이 한두 번이 아니었다고 했다. 그래도 한 가닥 희망은 우리 국군이 어서 북으로 진격하여 다시 이북을 수복하는 것이었다.

그런데 국민의 의사와는 관계없이 앞서 1953년 7월 28일에 휴전이 조인되니 그 이후 피난민들은 한 가닥 희망마저 다 날아가서 골목마다 저자 거리마다 술에 취한 사람들이 더욱 많아졌고 이리비척 저리비척 하는 모습이 비일비재하였다.

피난민들의 판잣집 집집마다 짜증내는 소리와 울음소리와 한탄소리가 끊이지를 않았었다.

영도다리 난간 위에서 이북에 두고 온 부모 자식을 그리다가 시퍼런 바닷물로 뛰어들어 아까운 자기 목숨을 내던지는 사람도 비일비재하였던 때가 휴전조약 조인 이후였다고 한다. 장갑송 아저씨는 영도 청학동 바닷가에 두 딸 명숙, 경숙이를 데리고 가끔 나가서 가지고 온 술병을 갯바위 위에 놓고 한잔 들고 바다를 내다보고 또 한잔 들고 바다를 내다보면서 명숙에게,

"애야! 이북에 있는 네 언니들 이름이 무어지?"

"성옥이, 성진이, 성숙이지?"

하고 슬프게 말하곤 했다. 지금은 세상 떠난 그리운 아버지를 회상하는 59세 된 남쪽의 그 집 형제자매 중 맏이인 명숙이가 내 앞에서 눈물을 흘릴 땐 같이 눈물이 나지 않을 수 없었다.

그 이후 아저씨는 슬하에 딸 경숙이와 아들 철이와 호 이렇게 셋을 더 두고 큰 무역회사 책임 간부로 활동하면서 지냈다. 배에서 사용하는 물품들을 세탁할 일이 생기면 인근 세탁업소에 맡기지 않고 나의 할머니와 어머니에게 일거리를 주어 우리 온 가족은 여러 차례 배에서 나오는 빨래거리 일을 열심히 하느라고 여념이 없었다.

긴 커튼에 풀을 먹여 침대 이불 호청 세탁물의 양귀 끝을 잡고 어머니와 나 또는 할머니와 내가 멀찍이 떨어져 앉아 호청을 대각선으로 세차게 잡아당기면서 세탁한 커튼이 바르게

늘어나도록 했었다.

　내가 신혼 초 춘천에서 이불 호청을 풀 먹여 길게 늘어뜨리고 멀찍이 떨어져서 호청 양귀를 대각선으로 해서 야무지게 잡아당기는 깃을 아주 익숙하게 잘하는 것을 본 아내가 어떻게 된 일이냐고 의아해 하면서 너무 우스워서 잡아당기던 이불 호청을 놓친 일도 있었는데 내가 호청을 잘 잡아당기던 연유를 말해 주고는 둘이서 또 한바탕 웃었던 일이 생각난다.

　그 댁 신동룡 아주머니는 지금도 나의 어머니와 절친한 친구이다. 학교시절이나 지금이나 항상 여류 활동가라고 할 정도로 생활력이 뚜렷하였다. 보흥 여고보를 나온 뒤 소학교에서 후학을 가르치는 데도 열과 성을 다한 분이었다. 6·25때 육군참모총장이었던 정일권씨와 초등학교 동창이라고도 했다.

　일찍이 12세 되실 때 회령에서, 독일에서 함경남도 원산 옆 덕원에 설립한 베네딕토(분도) 수도회에서 파견된 힐라리오 수사 신부(그 뒤 힐라리오 수사 신부는 6·25가 나고 그해 10월 8일에 원산 형무소에서 김일성 일당에게 총살당했다. 1·4 후퇴 뒤 덕원에서 내려온 피난민의 증언이다)가 있는 천주교회에 다녔는데 사제관엘 처음 갔을 때 까만 건포도와 빵 굽는 기계가 참으로 잊혀지지 않는 추억거리였다 하면서 그 해에 마리아라는 세례명으로 영세를 받았다고 했다.

　아주머니는 학생 때 보흥여학교의 선생님 한분으로부터 도산(島山) 안창호(安昌浩) 선생의 민족 각성운동에 감화를 받아서 졸업 후에 그 지역에서 우리의 글을 모르는 이들을 열심히 가르쳤다. 이웃으로 하여금 일제로부터 자주적으로 일어서는 정신을 지역사회에 심은 훌륭한 여성 선각자였다.

그런데 김일성 우상화 시절 소작인들과 집안일 마름일 하는 자들의 배 아파하는 모함을 받아 일찌감치 대지주라 낙인찍어 놓고 또 공부한 계급이라고 따돌림을 받아 모든 것은 몰수당하고 알거지 신세로 그들의 감시대상 1호인 신분이 되었던 것이다. 김일성은 그 추종자들로 하여금 이러한 선각자들을 제거시키면서 그들만의 사회를 건설한 것이다. 부지런히 일하여 재산이 많고 열심히 공부하여 학업성적이 좋아지는 것이 도대체 무슨 죄가 된다는 말인지…….

지금 생각해 보면 그 때에 김일성이 부리던 완장부대를 지금쯤은 모두 다 잘 살게 해 주어야 되는 것이 정당한 공식일 터이다. 그런데 그 완장부대는 일찌감치 다 이용해 먹고 종처럼 부리는 신분으로 전락시키고 노동당 당원들만 특수 귀족계급으로 행세하고 부를 누리고 있으니 정권을 잡으려 하는 자들의 속성은 세계 도처에서 항상 이러한 것 같다.

해방 후 김일성이 그렇게 권력을 잡으려고 겉으로는 친일파 없앤다는 명분으로 저들의 정적이 될 만한 대상들을 깡그리 숙청한 것이 민족을 위한 길이었고 민족을 살리는 행위였단 말인지. 이러한 이북의 공산주의가 지금도 이북 주민들을 도탄에 빠뜨린 것인데 과연 그렇게도 자랑스럽게 내세울 수 있는 제도란 말인지?

그래서 지금의 이북 동포들이 저렇게 깡통 차고 중국으로 탈출해 가면서 행복해 하고, 광대 노릇만 해 가면서 김일성 내원수 만세! 김정일 장군님 만세를 소리 높여 아직도 외쳐 대고 있게 되어야만 그들의 인도주의가 빛나게 되는

인민군의 이북주민 집단학살

건지 도대체 알지도 못하겠다.

76. 원산 형무소

원산형무소에 있었던 사례를 얘기하기에 앞서 전국의 학살 피해 상황을 먼저 알아보았다(김필재라는 분이 1952년에 발간한 대한민국 정부 통계연감을 근거하여 기록 발표한 내용 등 여러 경로로 조사된 자료이다). 끔찍한 애기만 듣다가 실제 이런 기록을 이제야 이렇게, 전쟁 당시 김일성의 주민학살 사례를 여러 경로로 기록된 것을 참고자료로 다시 알아보니 참으로 끔찍했다. 인간으로서는 있을 수 없는 마귀같이 악착스런 짓이었다. 시기적으로 보면 인민군이 남쪽 대한민국 국민을 해방시킨다고 밀려 내려왔다가 유엔군의 참전과 국군의 반격이 이루어진 1950년과 1951년 중공군이 밀려왔다 퇴각할

때 있었던 대부분의 만행은 너무 끔찍했다. 다음은 김일성의 명을 받은 무리들의 학살 사례를 조사한 것이다.

〈학살 민간인 총 122,799명, 납북자 수 84,532명〉

6·25 당시 북한 인민군과 좌익(左翼)분자의 학살 유형은 주로 비무장한 적(敵)에 대한 대량의 보복 처벌이었다. 그 형태는 대개 '인민재판' 혹은 '공개처형'의 형태였다. 특히 인민군 점령 지역에서는 인민군의 전폭적 후원을 받은 지방 좌익들이 활개 치면서 우익 인사 및 그 가족들을 인민재판을 거쳐 죽창이나 칼·낫과 같은 원시적 무기로 난도질하여 처형하거나 고문 및 학살을 자행했다.

한국전쟁 기간 동안 인민군과 좌익에 의해 학살당한 민간인은 총 122,799명(1952년 발간 《대한민국통계연감》)에 이른다.

서울을 점령한 인민군의 경우 미처 피난을 가지 못한 경찰이나 군인 그리고 이들의 가족들을 체포해 그 자리에서 인민재판에 회부했으며, 체포를 거부할 시에는 즉결처형을 했다. 인민군은 공무원, 군, 경찰, 학자 등 소위 인텔리 계층을 최우선 대상으로 학살했다. 그 대상에는 부녀자와 어린이들까지 대거 포함되었고, 반동분자로 낙인찍히면 가족은 말할 것도 없고 먼 친척까지 몰살당했다.

1950년 9월 20일 김일성은 이용가치가 있다고 판단해 살려둔 수감 인사들에 대한 '제거' 조치를 전체 점령지역의 행정기구에 하달했다. 후송을 하되, 후송 곤란 시에는 즉결 처치하라는 것이 주 내용이었다. 그러나 당장 먹을 군량미도 다 떨어져가는 마당에 어떤 인민군이 우익을 먹여가며 재워가며 후송하겠는가. 이것은 사실상 '전면적 학살'을 지시한 것이나 다름없었다. 남북지는 총 84,532명이었다.

전라남도에서도 800여 명의 양민이 무참하게 학살당했으며, 전북 무안에서는 퇴각하는 인민군이 주민 80명을 묶어 장작더미 위에 올려놓은 후 태워죽이기도 했다. 목포 시 연동에서는 미곡창고에서 300명의 무고한 사람들이 살해되었으며, 전남 임자도의 경우 전 주민의 절반 이상이 인민군과 지방 좌익에 의해 처형되었다.

총 4권으로 간행된 《6·25 사변 피살자 명부》(공보처 통계국. 작성일 1952년 3월 31일)에는 59,964명의 피살자 명단이 실려 있다. 이 명부는 범례(凡例)에 "6·25 사변 중 공무원 및 일반인이 잔인무도한 괴뢰 도당에 피살당한 상황을 조사 편찬하였다"면서, 대상을 "군경(軍警)을 제외한 비전투자에 한하였다"고 밝혀, 인민군 등 좌익에 의해 피살된 사람들의 명단만 실려 있음을 알 수 있다.

'전라남도' 지역 피살자만 43,511명(전체의 72.6%).

명부에는 59,964명의 피살자 가운데 전남지역에서 피살된 사람이 43,511명으로 전체의 72.6%를 차지하고 있다. 다음으로 전라북도 5,603명, 충청남도 3,680명, 경기도 2,536명, 서울시 1,383명, 강원도 1,216명 순이다. 그 밖에 경상남도 689명, 충청북도 633명, 경상북도 628명, 제주도 23명, 철도경찰 62명이 좌익에 의해 피살된 것으로 기록됐다. 전체 피해자 가운데 남자가 44,008명, 여자가 15,956명이다.

여성 피살자 15,956명 가운데 13,946명이 전남지역에서 희생되었다. 피살자가 집중된 전남지역에서도 특히 영광군의 피해가 가장 컸다. 전남지역 피살자 43,511명 중 절반에 가까운 21,225명이 영광군에서 피살됐다. 영광지역 여성 피살자는 전국 여성 피살자의 절반 가까운 7,914명이다.

영광군 인근지역의 피해도 컸다. 전북지역 피살자 5,603명 중 2,364명이 피살된 고창은 행정구역은 전북에 속해 있지만 영광과 이웃해 있는 지역이다. 전남지역에서도 영광과 이웃한 나주(3,596명), 장성(4,306명), 함평(1,954명)군 등에서 피살자가 많았고 영암지역에서도 7,175명이 피살되었다.

이 밖에도 6·25 당시 소위 '바닥 빨갱이'들에 의해 가장 큰 피해자 집단 중 하나는 종교인들이었다.

지금까지 정리된 학자들의 조사에 의하면 6·25 당시 인민군과 '바닥 빨갱이'들에 의해 학살당한 목사·신부·장로·수녀들은 신원이 밝혀진 사람만 174명에 달한다. 또한 인민군이 퇴각하며 납북된 종교인들도 184명에 달하는 것으로 확인되고 있다.

기독교인에 대한 집단학살은 전남 영암읍 교회 사건 등 3개월 이하의 인공치하에서 조직적으로 자행됐다.

전남 영암읍 교회에서는 신도 24명이 집단 학살됐고, 옥구에서도 20여 명의 신도가 학살됐다. 전남 서쪽바다 임자도에서는 150여 명이 구덩이를 파고 양민과 교인이 학살되었고, 충남 논산 병촌 교회에서는 한 살짜리 어린아이부터 육순의 노인에 이르기까지 60여 명의 교인들이 학살됐다.

한편 미군이 38선 이북으로 진격하자, 인민군은 북으로 후퇴하면서 북한지역에서도 숱한 학살극을 벌였다. 김일성은 6·25남침 때에 북한지역에서 이른바 북한 내 불순분자 색출을 모토로 '예비검속(豫備檢束)'을 했는데, 이들에 대한 성분조사는 악명 높은 '정치보위부'에서 실시했다. 김일성은 미군이 압박해 들어오자 모조리 이들을 학살했다.

국군과 미군의 평양 입성 후에야 확인된 사실이지만, 김일성의 북한 정권은 사람들을 쇠사슬로 묶어 총살한 다음 시체를 우물 속이나 창고, 방공호에 차곡차곡 쌓아놓았다. 구체적으로는 평양의 칠골리에서 2,500여 명, 평양 승호리 인근의 사도리 뒷산에서 4,000명 정도가 학살당했고, 평양의 기림 공동묘지 터와 용산 공동묘지에서도 학살이 있었다.

함흥에서는 함흥 감옥에서 700명, 충령탑 지하실에서 200명, 정치보위부가 있는 3곳의 지하실에서 300명, 덕산의 니켈 광산에서 6,000명, 반룡산 방공호에서 8,000여 명이 학살당했다. 또한 함흥 시에서만 모두 12,000여 명이 퇴각하는 김일성의 지시에 의해 학살당했다. (출처 : 《자유공화국 최후의 날》, 《지옥유폐 130일-원산 대학살 사건의 전모》 박계주 著)

이처럼 만인이 보는 앞에서 학살을 당한 민간인이 122,799명이고, 납북자 수는 84,532명, 전쟁 중에 죽은 민간인이 244,633명이다.

〈자료 1〉 김일성의 대량학살 책임을 보여주는 전시(戰時) 하 김일성의 발언 및 지시

—후방을 철옹성같이 다져야 한다. 도피분자, 요언(妖言) 전파분자와 무자비하게 투쟁하며 밀정 및 파괴분자를 적발, 가차 없이 숙청하고 반역자는 무자비하게 처단해야한다. (1950년 6월 26일, 방송을 통한 김일성의 지시 하달. 출처 '남북한 관계 사료 집 22권')

—반동분자, 비협력분자, 도피분자를 적발하여 '무자비'하게 숙청하라. (1950년 6·25 남침 직후 서울시내에 뿌려진 김일성의 호소문, 출처 '꽃피는 산하－6·25의 흔적을 찾아서')

—국군장교와 판검사는 무조건 사형에 처하고, 면장, 동장, 반장 등은 인민재판에 부친다. (1950년 6월 30일 포고문, 출처 '정치범은 자수하라'와 '반동분자 처리지침')

—숨어 있는 반동 도배들이 자수하기를 기다리면서, 그 반동분자들과 투쟁하지 않는 경향이 당 일꾼들에게 만연되고 있는 현상은 극렬히 비판해야 한다. (1951년 1월 21일, '적에게 일시 강점당하였던 지역에서의 반동단체에 가입하였던 자들을 처리함에 관하여'라는 군사위원회의 결정 3개항을 설명하면서)

—악질 반동에 대해 복수하려는 것은 극히 정당한 일입니다. (1950년 조선노동당 중앙위원회 제3차 정기대회에서 진술한 김일성 동지의 보고.《한반도 분단의 재인식》신일철 著)

〈자료 2〉 남한 지역에서 발생한 북한군 양민 학살 현황
(출처 : 공보처 통계국 '6·25사변 민간피해조사표')

지역 : 사망, 학살, 납치 순 (단위 : 명)
서울 : 29,688   8,800   20,738
경기 : 62,621   7,511   16,057
충북 : 24,320   3,409   6,312
충남 : 23,707   5,562   10,022
전북 : 40,462   14,216   7,210
전남 : 14,193   69,787   4,171
경북 : 35,485   6,609   7,534
경남 : 19,963   6,099   1,841
강원 : 17,122   6,825   10,528
총 : 사망 244,663   학살 28,945   납치 84,532
(교전이 직접 벌어지지 않은 제주는 제외)

〈자료 3〉 북한지역에서 발생한 북한군 양민 학살

다음은 주로 UN군의 북진으로 전황이 불리해지자 인민군 주력부대가 퇴각하며 발생한 학살이다.

① 함남 원산(元山) 학살
　　발생장소 : 원산 시 시내, 신풍리 여왕산, 원산 앞바다, 원산 인민교화소
　　방법 : 4명 1개조로 묶어 방공호에 집어넣고 집단총격으로 사살

희생자 수 : 1,700여 명.
② 함남 함흥 학살
    발생장소 : 함흥인민 교화소, 충령탑 지하실, 정치보위부 지하실, 함흥 북쪽 덕산 니켈광산반 용산 방공호
    방법 : 집단 무차별 총살, 방공호의 경우 폭사, 우물 생매장, 투석
    희생자 수 : 12,000여 명 (납치자, 실종자 포함되지 않은 수임)
③ 강원 고성(高城) 학살
    발생장소 : 교외 저수지
    방법 : 저수지로 몰아넣은 후 폭사
    희생자 수 : 800명
④ 함남 영흥(永興) 학살
    발생장소 : 영흥국민학교 운동장, 영흥 방공호
    방법 : 무차별 난사
    희생자 수 : 1,520명
⑤ 함남 순천(順川) 학살
    발생장소 : 순천 북서쪽 터널
    방법 : 무차별 난사
    희생자 수 : 200명
⑥ 함남 신고산(新高山) 천주교도 학살
    발생장소 : 인근 과수원(사과밭)
    방법 : 장작 몽둥이로 집단 가격 후 살아남은 자는 총살

희생자 수 : 190명
⑦ 황해 해주(海州) 학살
발생장소 : 해주형무소 등
방법 : 독살, 해주지역 우물에 집단 생매장 후 돌로 무차별 가격, 소사(불 태워 죽임)
희생자 수 : 아이 업은 부녀자들 포함 1,200여 명 (이 학살은 종군기자들에 의해 UN에 보고됨)
⑧ 함북 갑산군(甲山郡) 학살
발생장소 : 양유리 줄버드나무 밑, 부흥리 굴, 지경리 느티나무 밑, 읍내 우물 다수
방법 : 총살, 우물에 집단 생매장
희생자 수 : 420명
⑨ 함남 고원군(高原郡) 학살
발생장소 : 운곡면 차탄다리 밑, 관평역과 흑토령 중간 저지대, 성내리 뒷산 공동묘지
방식 : 무차별 총살
희생자 수 : 800명
⑩ 황해 수안군 학살
발생장소 : 운곡면 차탄다리 밑, 관평역과 흑토령 중간 저지대, 성내리 뒷산 공동묘지
방법 : 무차별 총살
희생자 수 : 1,100명

(이상의 구체적 피해상황 자료는 김필재라는 분이 조사 발

표한 글 내용에서 인용하였음)

　여기에서 또 한 가지 빼놓을 수 없는 기막힌 사연이 있다. 소위 말하는 '죽음의 행진'이란 만행 이야기다. 대한민국 각처에서 인민군과 소위 말하는 바닥 빨갱이의 행패는 종교인들에게 있어서도 예외는 아니었다. 오히려 더 한층 끔찍했다. 인민군이 철수할 때, 그러니까 1950년 10월에 들어서서 그들은 천주교인들을 악랄하게 처형하였고 또 수많은 사제 수도자들을 납치해 끌고 갔다.

　목격자들에 의하면, 처음 시작은 서울의 영천고개, 혜화동 고개, 미아리고개서부터 강제행진이 있었다고 한다. 이른바 '죽음의 행진'이었다. 특히 '죽음의 행진'은 1950년 10월 31일부터 11월 17일 사이에 700명의 미군 포로를 앞세우고 수도자 사제들 그리고 민간인들을 뒤따르게 한 처참한 도보의 고난의 길이 대표적 '죽음의 행진' 길이었다. 평안도 만포와 고산 길을 지나 중강진에 이르는, 우리나라에서 가장 험로인 압록강변의 산길에서 일어난 행진의 대명사이다.

　눈보라가 치는 혹한의 280km 강제행진! 북쪽 땅은 이미 기온이 영하 30도로 떨어진 한겨울에 들어섰는데, 인간으로서 가장 참기 어려운 고통의 길을 공산주의자들이 700명 미군 포로와 사제, 수도자, 그리고 양민들을 개돼지처럼 끌고 행진한 만행의 길이었던 것이다.

　사람의 목숨이 모질기도 하고 또 신앙인이기에 기도의 힘으로 버텼을 터이지만 그 가운데 아사자가 속출하였고, 그래도 끝까지 살아남아 오늘에 와서 그때의 사실들을 증언한 사제 수도자들이 있으니 이런 행적을 읽을 때마다 눈물을 흘리지 않을 수가 없다. 공산주의자들은 이렇게 악랄했다. (참고 : 《동토에서 하늘까지》 2009. 11. 21. 마오로 뜨릭 빌행)

《동토에서 하늘까지》를 읽어보면 우선 너무나 슬프고 애잔한 마음이 가슴 속에 가득 차게 된다. 그리고 신앙인의 굳건한 표양이 무엇인지를 묵상하게도 된다. 김일성의 공산당, 그들은 착한 목자의 길을 걷는 사제와 정결(貞潔), 순명(順命), 청빈(淸貧)의 삶을 사는 수도자 등 가릴 것 없이 이렇게 인간으로서는 감히 저지를 수 없는 만행을 수도 없이 저질렀던 것이다.

개신교의 원산 명사십리 교회 담임목사로 목회활동을 하던 한준명이란 훌륭한 성직자가 있었다. 김일성의 종교탄압이 극렬했을 당시, 한준명 목사는 원산 형무소에서 죄수생활을 하고 있었다. 죄명은 김일성 어버이를 따르는 인민들에게 예수를 알렸다는 것이 죄목이었다. 한목사가 형무소에서 감금당해 생활을 할 때 그곳에는 250여 명의 다른 이북 주민들도 있었다고 했다.

1950년 6·25 이전 이야기다. 공산주의자들이 지목한 사상에 관련된 사람들과 대다수 종교인들이 느닷없이 죄수가 되었다. 형무소 생활은 그야말로 인간 이하의 생지옥이었다고 증언했다. 견디다 못한 수형자들은 몸은 병들어 늘어져 죽어가기 직전이었고, 형무소 내의 노동은 감당해 내기 어려운 혹독한 형벌이었다고 했다.

　저녁이면 감방마다 널브러진 사람들의 신음소리가 처량하였고, 희망도 없는 공포의 삶 속에서 모두의 의지는 꺾여가기만 했다. 그런데 형무소 안에서 한준명 목사의 눈에 홀연 천사 하나가 보였다고 했다. 그 천사는 다름 아닌 강원도 양양군 양양읍 소재의 천주교회 주임 신부인 이광재 디모테오 신부였다고 했다. 당시 형무소 생활이 너무 참혹해 성직자인 한 목사나 다른 신앙인들도 겉으로 드러내 놓고 하느님께 기도를 드리는 행위도 버거웠다고 할 정도였는데, 이광재 신부는 자신의 지친 몸을 이끌고 중얼거리며 지쳐 늘어진 다른 수형자들에게 일일이 손수 물을 떠다 입에다 넣어 주었다고 한다.

　처음에는 그러려니 했는데, 유심히 보니 시간이 지날수록 점점 더 신부의 정성은 자신보다도 같이 감금된 옆 사람에게 변함없이 더욱 지극하였다고 했다. 하루도 거르지 않고 인자한 웃음을 띠고 한결같았다고 했다. 아픈 상처를 어루만져주고 얼굴도 닦아주고.

　1950년 6·25가 나고 그 해 10월 1일 대한민국 국군이 38선을 돌파한 뒤 계속 진격하여 빠른 속도로 북진할 때 원산 형무소에 감금되어 있는 사람들 250여 명은 다급하게 후퇴하는 인민군들에 의하여 모두 무참히 총살당했다. 거기에는 목사와 신부도 여럿 있었고, 외국인 수도자와 불교 승려도 있었다. 기적적인 사실은 세 사람만이 총에 맞아 피투성이가 되었지만 구사일생으로 살아났는데, 그 중 한 사람이 한준명 목사라고 했다.

후일 한목사가 형무소 안에서 있었 던 이야기를 할 때 어디 서 한 번도 본 적이 없 는 천주교 이광재 디모 테오 신부의

참혹한 희생

행적을 원산 형무소에서 처음 보고 뒷날 목회활동 때마다 모든 사람들에게 신앙 간증으로 널리 소개해 비로소 이광재 신부의 순교는 세상에 알려졌던 것이다. 기적적으로 살아난 한목사는 그 이후 거제도 포로수용소에서 포로가 되어 온 인민군들에게 반공교육을 시켰고(이때 나의 아버지와 같이 포로들을 가르치는 교육담당관이 아니었나 추측해 본다. 당시 인민군으로서 반공포로로 전향한 사람들은 7,000여 명이 훨씬 넘었다고 했다) 그 이후 한목사는 일부 반공포로들과 같이 호주로 넘어가서 거기서 살았다.

한목사가 고국에 오면 그때마다 신앙 간증을 할 때 이웃사랑과 기도에 대하여 강론할 때면 반드시 이광재 디모테오 신부의 순교 모습을 예로 들어 말한다고 했다. 이광재 신부가 형무소 안에서 중얼중얼거리면서 다니는 것을 나중에 알게 되었는데 사제가 바치는 성무일도 기도문이었고 묵주신공 기

도였다고 했다. 인민군에 총살을 당할 때도 250명 다른 이웃과 또 한 사람의 신부와 같이 하느님께 자신의 몸을 온전히 맡기더라는 것이다.

한목사는 이신부가 하느님을 믿고 의지하는 모습을 보고 대번에 알 수 있었다고 했다. 한목사가 천주교회에 대해서 잘 몰랐지만 이때 베네딕또(분도) 수도원 덕원 관구의 힐라리오 수사 신부 일행도 원산형무소에서 순교하였던 것이다.

이광재 디모테오 신부는 1909년생으로 1950년 10월 8일에 세상을 떠났다. 고향이 강원도 북부 이천군이고 포내 본당 출신인데 노기남 대주교의 후배이다. 1939년도에 강원도 춘천 교구 양양군 천주교회 주임 신부로 소임을 받아 1950년도 6·25가 나기 얼마 전까지 나의 고향에서 사목활동을 했다.

그때 마침 강원도 평강의 신자들을 돌볼 일이 있어 그곳에 잠시 갔다가 인민군에게 붙들려 곧바로 원산형무소에 감금되었다고 했다. 공산주의자 김일성의 만행은 도처에 이런 슬픔을 안겨 놨다.

이광재 디모테오 신부의 순교를 기리는 기념관은 지금 강원도 양양군 양양읍 천주교회 뜰 안에 있다.

77. 친구 김승엽의 피난 이야기

승엽이는 함경남도 흥남시에서 피난을 내려왔다. 거제도 연초 초등학교에서 같은 반이었었고 후일 육지 부산에 나와 그는 덕원 중고등학교를 다녔다. 우연하게도 62년도에 논산 훈련소에 나 와 같이 입 대를 하여 훈련소 한 내무반에서 지냈다. 승 엽이네 가족 의 6·25 경 험과 피난 내려올 때까

그라나다 폭격기

지의 사연은 애달프고 또 슬펐다. 나와 동갑인 그도 인민학교 3학년 때 전쟁이 났다. 6·25 동란 6개월 전부터 흥남 유정리 마을에서는 인민군 신병 훈련이 하루도 끊이지 않고 계속되 었다고 한다.

6·25가 난 직후 함경도 일대의 학교에서는 선생님들이 학 생들에게 말하기를 38선에서 국방군과 여기저기서 작은 전 투가 벌어져 서로 밀고 밀리는 가벼운 전투가 있었다고 말했 다. 그러면서 은근히 계획된 불법 남침이 아니고 북침이 먼저 라는 느낌을 심어 주었다고 하였다. 승철이 친구들은 모두 그 렇게 알고 있었다고 했다.

38 접경지역 말고는 이북 전역의 학생들이 그렇게 알았다 고 했다. 지금은 역사적으로 누가 불법으로 사전 전투 계획을 하여 남침했는지 세계만방에 다 증명된 사실이지만 그때는 그러했다. 그런 가운데 참다못한 인민군이 강하게 내리 밀어

남쪽으로 남쪽으로 진격해 갔다고 설명하였다고 했다.

전쟁이 우연하게 일어난 것처럼 이북 주민과 어린이들에게 가르쳤던 것이다. 그들의 불법남침을 정당화하기 위하여 이북의 어린 소년들에게 남쪽이 나빴다는 핑계를 대어 제 잘못을 남에게 뒤집어 씌워가면서 거짓 교육을 시켰던 것이다. 지금도 이북의 빨치산 교육은 제 잘못을 무조건 남에게 뒤집어 씌우는 억지 전술을 구사한다.

내가 있던 38선 바로 이북에서의 생생한 경험 상황과는 아주 다르게 들은 6·25 발발상황을 꾸며서 설명했던 것이다. 시간이 지나고 나면 거짓말은 곧 들통이 나기 마련이다. 요즈음은 6·25가 북침이다, 라는 말이 쏙 들어갔지만, 한동안 정치 운동권 사람들이 권력을 잡으려고 이북 예찬을 하면서, 실상은 그들이 대한민국 국민이면서 6·25가 북침이라고 청소년들에게 거짓 교육 행위로 일선학교 안으로부터 다가간 사례가 아주 많았던 시절도 있었다.

1945년 당시 소련군 연해주 부사령관이었고, 1953년까지 평양 주재 소련대사를 역임한 스티코프의 비망록과 소련 공산당 서기장이었던 니키타 후르시초프의 회고록에서, 6·25는 김일성이 계획하고, 소련의 스탈린이 승인, 그리고 중국 모택동의 군사지원 밀약으로 북이 도발한 사실이 만천하에 공개된 뒤에도 그랬다 하니 참으로 한심스럽다. 더욱이 1996년 7월 중국에서는 종래의 대한민국의 북침 설을 수록한 교과서를 모두 개정하여 조선민주주의인민공화국 김일성이 모택동의 지원과 스탈린의 승인으로 북한이 1950년 6월 25일 새벽 4시에 기습 남침하였다는 사실을 수록한 것이 세계인에게 이미 다 알려졌다.

이어 얼마 있다가 방학이 되었고 8월 중순이 넘어 학교에서 말하길, 얼굴이 시커멓고 무섭게 생긴 괴물 같은 사람들이 진격해 올라오는 바람에 인민군이 후퇴를 한다 하였다. 이러기를 여러 날을 지나니 갑자기 흥남에 수도 셀 수 없는 B-29 비행기가 새카맣게 떠서 도시 전체를 융단 폭격하는데 시민들이 모두 방공호에 숨어 숨을 죽이면서 가슴 졸였다고 한다.

당시 원산항도 며칠씩이나 그러하였다. 승엽이는 호기심이 나서 마을 뒷산 방공호에서 나와 하늘을 덮은 비행기들을 구경하였다고 하였다. 비행기에서 흥남시를 향해 폭탄을 물 붓듯이 떨어뜨리는데 시가지 전체에서 폭탄 터지는 소리가 천지를 진동했다. 이때 흥남시 여러 곳의 주요 공장들이 모두 다 폭파되었고 시가지는 불바다였다고 한다. 아버지가 나에게 말해준 원산이 폭격 받을 때와 똑같은 상황이었다.

낙동강에서 인민군이 패퇴하고 후퇴한 뒤 국군이 원산을 거쳐 흥남 함흥으로 진격하였고 이때 유엔군들을 처음 보았다고 한다. 그들의 물자 제공과 베푸는 여유를 보고 이북 주민들은 비로소 김일성에게 속고 있었다는 것을 알았다고 하였다. 승엽이네는 흥남에서 부유하게 살았었는데 김일성 통치하에서 전 재산을 몰수당하고 배급받는 최저의 생활을 하였다 한다. 그는 국군이 진격했을 때 함흥의 외갓집에 가 있었다고 한다. 외갓집에서 집으로 올 때 청천강 변 여기저기를 보니 강변마다 죽은 시체가 나뒹굴었고 보기에도 끔찍하였다고 했다.

　공산사상을 가진 사람들이 모두 다 북으로 피신을 하였고 승엽이네 집은 폭격 당해 없어졌기에 인근 유정리에 집을 비우고 도망간 공산당 간부 가족들이 들어 살던 일본인 연립주택 같은 빈 집에서 넉 달 가까이 거제도로 내려오기 전까지 그곳에서 살았다고 하였다. 10월 중순에 국군이 진격해 들어오고 학교를 다녔는데 그때까지 한 번도 배워 보지 못한 한자 공부를 처음 하였다고 한다.

　이북 주민은 다 알고 있는 사실이지만 8.15 해방이 되고 나서 김일성은 이북 전역에서 한문 교육을 일시에 철폐시켰다. 주체성에 걸림돌이 된다는 것이다. 국군이 들어와 한자교육 받는 것도 잠시이고 새로 들리는 소문에 의하면 중공군이 개입하여 인민군대와 같이 또 진격해 내려온다는 것이다. 마을 민심은 흉흉하였고 미처 피난가지 못하고 남아있던 공산당원 가족들이 다시 설치는 바람에 아주 불안하였다고 한다.

　대한민국 정부 하에서 학교공부를 한 지 한 달여 흥남 함흥 등 이북 주민들은 대한민국이 잘산다는 확실한 소문을 듣고 또 확인도 했기에 서둘러 가며 피난 보따리를 싸기 시작한 사람이 많았다고 했다. 11월 초부터 이북 전역과 특히 항구도시인 흥남지역은 모진 바람이 북쪽으로부터 내려오고 벌써부터 눈이 오기 시작했다.

　해방을 맞아 자유를 찾았다고 기뻐했던 각처의 이북의 주민들은 북으로부터 인해전술로 내려 미는 중공군의 공격을 알고 12월 10일이 조금 지나서부터 흥남부두로 꾸역꾸역 밀려오기 시작하였다고 한다. 유정리 뒷산에서 보니 12월 13일 인가부터 잠자리비행기(헬리콥터)들이 연달아 하늘을 날고 산기슭을 향하여 기총사격이 뻔질나게 일어났다고 한다.

그때 승엽이는 헬리콥터 비행기를 처음 보았다고 했다. 피난민들이 평양 쪽에서도 오고 함경북도 쪽에서도 내려와 눈보라 치는 흥남부두는 배를 타려는 피난민 행렬에 발 디딜 틈도 없었다고 하였다. 승엽이네는 흥남부두에서 얼마 떨어져 있지를 않아 그 사이에 승엽이 아버지와 형이 피난을 떠나느냐 마느냐 정세 돌아가는 것만 살피고 좀 여유를 가졌는데 중공군이 개입하고 여기저기서 벌써부터 야간 포격이 심해지는 것을 보고 아무래도 안 되겠다 싶어서 짐을 챙겼다고 한다.

어느 날 대대적인 공산군 집중 사격이 있어 이에 놀라 외갓집에 보따리 찾으러 갔다가 오지를 않은 누나를 기다리지 못하고 12월 23일 피난길에 올랐다고 한다. 흥남부두가 인산인해였는데 승철이 가족은 개신교 교회 일행이 죽 늘어선 줄에 끼어 배를 타게 되었다고 했다.

어머니는 누나를 기다렸다가 같이 가야 된다고 했고 아버지는 외갓집에 있으니 오히려 안심되니 한 달여 동안만 잠시 배타고 나갔다가 오자고 하는 바람에 배를 탄 것이 누나와 영영 이별이 되었다고 한다. 마침 흥남부두에서 다른 곳에서 사는 삼촌 가족도 만나 같이 배를 탔다.

사흘 동안 배에서 생활을 했는데 그 배는 일본 상선이었고 만여 명을 태울 정도의 아주 큰 배라고 하였다. 부산에 도착하기 전에 같이 타고 오는 개신교회 신자들이 오늘이 크리스

마스라고 하면서 배 안에서 그들끼리 모여 우리 국군이 중공군을 물리치고 어서 다시 집으로 돌아가게 해 달라고 하느님께 예배를 드리더라는 것이다.

부산항에 도착한 배는 부산에 피난민이 너무 많아 올라갈 틈도 없다면서 호주로 가야 된다고 떠났는데, 부산도 모르는 승엽이가 호주는 또 어디냐고 의아해 했다고 한다. 다행히 배는 호주로 가지를 않고 거제도 장승포 앞바다에 정박하였다. LST 군용 수송선이 상선에 타고 있던 피난민을 여러 차례 조심스레 부두로 날라 피난민 모두는 심신이 지친 몸으로 걸어서 우리가 나중에 만난 연초 면에 도착하였다고 한다.

많은 세월이 지난 그 이후 우리나라에서 세계 올림픽이 열리던 88년도 그 해에 삼촌이 미국 살다가 미국시민 자격으로 함흥엘 방문한 일이 있었는데 그때까지 누나는 외갓집에서 자랐었고 6·25때 가족이 남쪽으로 피난 간 사실을 숨기고 전쟁 통에 흥남에서 폭격으로 부모 형제 모두 잃었다고 거짓 핑계를 대고 외갓집에서 살았다고 하였다.

88년도 당시도 가난으로 인한 승엽이 누나의 비참함은 이루 말을 할 수가 없다고 하였다. 결혼을 하였는데 남편과 사별하고 아들 하나를 두었다는 소식도 들었다고 하였다. 삼촌을 만날 때 누나는 허름한 복색이었는데 그것조차도 남의 옷을 빌려 입고 왔다고 하였다. 승엽이 3형제가 누나를 그리는 애처로움과 이북에 두고 온 딸을 두고두고 그리다가 세상을 떠난 부모님의 한이 어떠하였겠는가. 전쟁의 비참했음은 세월이 지나도 나라 도처에서 이렇게 이어져 오고 있는 것이다.

78. 친구 이영일의 1·4 후퇴 직후 피난 이야기

앞서도 영일이 이야기가 있지만 함경남도 흥남 서호에서 피난온 이영일이라는 친구의 피난시절 고생 이야기도 마음 아프다. 나와 피난민 시절 거제도 연초 국민학교에서 만난 친구이다. 김승엽이와 나 그리고 이영일은 4학년 2반 같은 반 급우였다. 세월이 지난 지금도 우리는 서로 보고 싶으면 서울에서 가끔 만난다. 영일이네는 1·4 후퇴 때 흥남부두에서 다른 피난민들과 큰 배로 나오지를 못하고 보름이나 지난 뒤에 서호 항에서 머구리배라는 작은 선박을 타고 온 가족이 나왔다.

함경도 일대에서 모든 주민들이 공산치하에서는 도저히 살 수 없다고 살던 집 살던 이 동네 저 동네를 텅텅 비우고 피난길에 올랐다고 한다. 영일이네도 피난을 가려다 배타는 기회를 놓치고서 어떻게 하려나 전전긍긍하다가 마침 서호 항에서 과거 배를 운영했던 이모네(이모부는 그때 벌써 작고했음)와 비밀리에 연락이 닿아 이모와 사촌형 그리고 영일이네 부모와 다섯 남매가 어두워지는 초저녁 항구에서 남쪽을 향하여 출발했다고 한다.

벌써 흥남부두는 중공군과 인민군으로 점령을 당하였고 멀리서 가끔 함포사격으로 시가지 여기저기서 포탄이 터질 때만 섬광이 번쩍 하고 주변이 밝아질 뿐이었다고 하였다. 그런데 배안으로 들어가 보니 놀라운 것은 작은 머구리배에 이 동네 저 동네에서 몰려든 피난민들이 거기도 150여 명 정도가 되었다 하였다. 작은 배에 너무 많은 사람들이 타고 있으니 모두들 과연 배가 온전하게 한바다로 나가 항해를 할 수 있을까 하고 걱정을 하였다고 한다.

출항하기 직전 어떤 청년이 부두에 급히 달려오며 자기도 배를 타겠다고 애원하였는데도 먼저 승선한 사람들이 어서 떠나자고 고함을 쳐 그 청년은 배를 타지도 못하고 보따리만 지고 부두에 멀거니 서서 발만 동동 굴렀다고 한다. 어떤 아저씨는 배를 타려다가 미끄러져서 바다로 빠지기도 하였다 한다. 살고자 하는 모습들이 위기를 당하니 매몰차고 안타까운 장면들도 수두룩하였다.

배는 부두를 떠났고 포격소리 총소리가 끊이지 않는 흥남시가지는 슬픔 속에 점점 멀어져만 갔다. 승객을 가득 실은 머구리배가 원산 앞바다를 지나는데 한겨울인 바닷바람으로 이는 파도가 높기만 하였고 휘몰아치는 진눈개비는 갑판 위에 웅크리고 있는 피난민을 옷 속까지 사정없이 적셨다. 영일이는 그때 젖은 옷을 입은 채로 배 밑 객실에 천막 쪼가리 같은 것을 뒤집어쓰고 쭈그리고 덜덜 떨고 있었는데 들이닥치는 파도가 배 안까지 뿌려 옷이 또 몽땅 젖어 살을 에는 한파로 인해 다리 한쪽이 얼어 동상을 입었다고 하였다. 그리고는 영일이는 아버지께 누가 자꾸 내 다리를 누르는데 다리가 이상하여 못 견디겠다고 하였다고 한다.

주변에서 영일이를 건드리는 사람들이 없었는데도 나중에 알고 보니 동상이 걸린 다리가 무감각해짐을 그렇게 하소연하였다고 한다. 원산을 지나 배는 남쪽을 향해 계속 항해를 하는데 승객을 너무 많이 태운 배의 기관실 기계에 과부하가 생겨 갑자기 한밤중에 기관실에서 불이 나니 파도에 이리저리 쏠리던 승객들이 더욱 몸을 가누지 못하면서 우왕좌왕하며 웅성대니 배가 당장 가라앉을 것만 같았다고 했다.

이때까지 가만히 있던 젊은 승객 몇 사람이 대가 세게 나오면서 배 안의 질서를 잡느라고 소리소리 지르고 겁에 질려 왔다 갔다 하는 이 사람 저 사람들을 후려치는데 이 또한 무섭기도 했으나 그로 인해 승객들은 비로소 냉정을 찾아 조용했다고 했다. 이때 영일이 아버지가 나섰다. 영일이 아버지는 흥남에서 제련소에서 근무했는데 마침 기계를 다룰 줄 아는 기술이 있어 기관실에서 이는 불을 여럿과 협동해 잡고 다행히도 기계를 다시 고칠 수가 있어서 항해를 계속했다고 한다.

영일이 말에 의하면 고함치던 몇 사람의 사나운 승객은 피난민들이 아니고 얼핏 보기에 민간인 복장을 하였지만 대한민국 국군의 특수부대 요원 같았다고 하였다. 이렇게 하여 배는 묵호 항에 도착하였고 모든 피난민들은 그곳에 내리니 비로소 대한민국 품에 안긴 것을 확인하고 안도감을 가졌다 했다.

영일이네 가족은 묵호 항에서 다시 배를 구하여 포항까지 내려왔고 이후 포항에서 또 배를 타고 거제도 장승포 항에 도착하였다고 한다. 도착한 시간이 밤중이었는데 그곳에서 피난민들을 안내하기를 피난민들은 연초 면까지 가야 된다 하여 지친 몸을 이끌고 길고 긴 옥포 고개를 걸어서 넘어 연초면 죽토리에 도착했다고 하였다.

  당시 영일이의 담당은 재봉틀 대가리를 지고 가는 것이었는데 열두 살짜리가 무거운 재봉틀 대가리를 죽어라고 지고 다녔는데 어깨가 붓고 매우 고생스러웠다 했다. 한밤중 죽토리 언덕배기 어느 원주민 집에 사정하여 외양간에 들어 가축들의 똥내 맡으면서 그날 밤을 거기서 새웠다고 하였다.

  영일이는 그 이후 연사리 앞 MP 다리 근처에서 슈샤인보이 노릇과 껌팔이를 하였고 이어 미군 제 64 이동야전병원에서 쑈리가 되어 심부름을 하면서 초기 피난민 생활을 하였다. 이렇게 1·4 후퇴 이후에도 한동안 동해 함경도 해안가로부터 서해 신의주 아래 서해안 포구 곳곳에서 이북 주민들은 가족들을 데리고 감시망을 뚫고 소형 배편으로 쉴 새 없이 공산 치하를 벗어나 자유대한으로 내려왔던 것이다. 공산 노동당 마수들에 들키면 생명이 왔다 갔다 하는데도 주민들은 죽을 각오를 하고 기를 쓰고 자유를 찾아 남쪽으로 내려왔던 것이다.

79. 오신혜 선생님

  1956년 5월 중학교 3학년인 나는 학교 공부에 재미를 붙였다. 특히 국어시간만 되면 집에 가서 조사해온 과제물을 발표해 가면서 선생님과 대화하느라고 신바람이 났었다. 내가 다니던 학교에 국어를 담당하던 분은 오신혜(吳信惠) 선생님이었다. 개신교 신자이고 늘 한복을 입고 도수 높은 안경을 끼

고 다녔다. 교과서와 지도서 그리고 출석부를 오른쪽 가슴에 꼭 안고 우리 교실로 오는데 걸음걸이가 조용하고

아미동에서 바라본 영도 고갈산

항상 발끝 앞에서 좀 떨어진 곳을 내려다보면서 무엇을 생각하는지 조용한 모습이었다.

개구쟁이들은 오신혜 선생이 교실로 다가오면 문 앞에서 저 멀리에서 오는 선생을 향해 "오시네! 오시네!" 하면서 선생을 놀렸다. 수업이 끝나고 교무실로 갈 때는 선생의 뒤에다 대고 또 큰 소리로 "가시네! 가시네!" 하면서 개구지게 외쳐대었다. 선생의 성함이 오신혜 이기에 우리는 발음 나는 대로 '오시네' '오시네' 하였던 것이다. 또 수업마치고 갈 때는 오시네의 반대어로 '가시네 가시네' 하고…….

선생은 1930년대 말에 이미 문단에 등단해 소문난 여류 시조 시인이었고 수업시간에 우리 학생들을 자상하게 잘 지도하여 주었다. 특히 나와 상일이 우리 둘을 따로 불러 시조를 열심히 써보라고 하였다.

다음 글은 2004년 12월 성탄절 가까운 날에 피난시절의 오신혜 선생을 못 잊어 쓴 글이다.

―그리워 뵙고 싶은 오신혜 선생님―

　선생님은 1913년 함경남도 단천에서 출생하신 분이십니다. 함경도 영생여고를 졸업하셨고, 이화여전 문과를 중퇴하셨습니다. 제가 선생님을 처음 만나 뵙게 된 건 6·25 동란 뒤 혼란스럽고 배고프고 가난한 피난시절 부산에서였습니다. 제가 다니던 학교는 부산시 보수산 서쪽 중턱의 청구중학교였는데 그때 선생님은 우리 학교의 국어선생님이셨습니다.

　우리학교는 서울의 무학여고가 부산으로 피난하여 임시로 자리 잡았던 곳인데 수복 후 무학여고가 서울로 올라가고 남은 그 자리에 문교부에 인가도 받지 않은 사립학교가 문을 열어서 다녔던 학교였습니다. 교사는 양철지붕이었고, 얇은 나무판자로 막은 교실 벽은 그저 강한 바람이나 막을 정도라고나 할까요. 교실은 흙바닥에 낮게 말뚝 몇 개 박아 두꺼운 판자 올려놓아 못을 박으면 의자요, 그 앞에 좀 긴 말뚝 몇 개 박고 두꺼운 판자 깔면 책상이 고작인 그런 학교였습니다. 수업 중 한 학생이 급하게 용변 볼 일이 있어 나갈라치면 교실 중앙 쪽의 학생들 네다섯 명도 덩달아 일어나서 길을 내 주어야만 했습니다.

　한 학급의 인원수도 일정하지가 않아 30명이 될 때도 있고 40명이 될 때도 있었습니다. 한 학년이 1개 학급으로 여중, 여고, 남중, 남고하여 12개 학급이었으니까 지금으로 치면 작은 학교이지만 당시는 산비탈 드문드문한 공간에 학생들이 마구 설쳐서 제법 왁자지껄하였던 기억이 납니다.

1955년도엔 제일 송도에 있는 피난민 학교인 함남 중학교 학생들과 합쳐져서 2개 학급으로 편성되었던 것으로 기억됩니다. 선생님들이 계시는 교무실도 꽤나 멀어 '땡 땡 땡' 하고 시작종을 친 뒤 한참 있어야 선생님께서 교실에 들어오셨습니다.

1956년 어느 봄날 3학년 국어 시간이었습니다. 교과서 내용에서 '아카시아'라는 시를 공부할 때인데 오신혜 선생님께서 이 시에 대한 배경 설명을 하시던 중 갑자기 눈물을 흘리셨습니다. 처음엔 잘 몰랐는데 눈물 흘리시는 정도가 대단 하셨습니다. 안경 안으로 눈물을 조금씩 닦으시던 선생님께서 시간이 좀 지나니까 아예 안경을 벗고 우시는 것이었습니다.

멀뚱멀뚱 앉아 있던 개구쟁이들인 우리도 여러 가지 반응을 보였습니다. 좀 뒤에 앉은 덜렁대는 친구들은 킥킥대고 웃기도 하고, 선생님이 우시는 표정은 처음 보는 장면이라 고개를 두리번거리며 어색해 하는 친구도 있었는데 저는 처음엔 왜 슬픈지 영문도 모르고 옆에 있는 친구와 마주 보며 같이 저절로 눈물이 나서 손잔등으로 눈물을 몰래 훔치며 선생님을 쳐다보았습니다.

한참 지난 뒤에야 마음을 진정하신 선생님은 이렇게 말씀 하셨습니다. "아이고 부끄러워라! 내가 여러분들 앞에서 눈물을 흘리다니 참으로 미안합니다!" 하시면서 눈물을 흘린 이유를 말씀하셨습니다.

선생님께서 어린 시절 입학하기도 어려운 명문학교에 시

험을 치셨는데 떡하니 합격하셔서 어른들께서 너무 좋아하였는데, 특히 선생님 어머니께서 좋아했다고 하였습니다. 귀여운 딸이 학교에서 공부하는 모습도 보고 싶고 딸을 가르치는 선생님들도 뵙고 싶어 했던 5월 말 즈음인가 어느 날 학교를 개방하는 행사가 있었는데 학부모들이 깨끗한 옷을 차려 입고 내방할 때인데, 여학생 급우들은 2층 교실에서 자기들 어머니 아버지가 이제나 저제나 어디쯤 오는지 창 밖을 흘끔흘끔 내다보느라 평소의 공부 분위기가 아니었다고 말씀하셨습니다.

종이 울리자 부모님들께서 오시는 교문 밖으로 모두들 와 하며 달려 나가며 마중하는데 마침 학교 교정에 한창 핀 아카시아나무 꽃이 바람에 흩날리는 통에 그 향기가 교정 안팎 전체를 가득 채웠다고 하였습니다. 기뻐하시며 들어 오시는 어머니와 손을 잡고 학교 이곳저곳을 안내하시던 그 때가 떠올라 그만 눈물을 흘렸다고 하였습니다.

지금은 통일되기 전엔 다시 못 볼 그리운 어머님 얼굴을 생각하니 저절로 눈물이 난다 하며 감정에 북받쳐 아까보다 더 어깨까지 들먹이며 눈물 흘리시고 띄엄띄엄 흐느끼며 말씀하셨습니다.

"얼른 통일이 되어서 여러분들도 북에 두고 온 보고 싶은 분들을 하루 빨리 만나게 되도록 하기 위하여 더 열심히 공부합시다."라고 말씀하니 대부분 피난민 자녀들인 교실 안은 할아버지 할머니, 부모, 일가친척, 친구들, 즐겁게 뛰놀던 고향 뒷동산 생각들이 났던지 갑자기 아까보다 더 숙연해졌습니다. 모두 눈만 껌벅거리다가 한 친구가 소리 내어 훌쩍거리니 이 친구 울고, 저 친구 우는 바람에 분위기가 고조되어 교실은 온통 울음바다가 되어 킥킥대던 개구쟁이 녀석들까지도 아예 엉엉 소리 내어 콧물까지 흘려가며 울던 모습들이 생각납니다.

이제 저는 선생님께 편지를 올립니다. 뵙고 싶은 선생님! 그때 저희들은 선생님의 가르치심을 명심하고 열심히 공부하여 사회에서 각자의 역할을 잘하고 있습니다. 몇몇 친구들은 선생님을 본받고자 학교 교사가 되었고 또 교감, 교장도 하였고 교육장을 한 친구도 있습니다.

선생님은 저희들을 사랑으로 가르치셨지요. 한번은 수업 중 뒷좌석의 친구들이 갑자기 싸움이 나서 서로가 주먹질을 하였는데 놀라신 선생님이 교단 위에서 "어머! 어머!" 하시고 쩔쩔매며 양손을 앞으로 올리고는 이쪽 보시고 저쪽 보시며 "어서 말려요! 어서 말려요!" 하면서 발을 동동 구르다가 마침내 급우들이 말려 싸움이 그치자 선생님께서는 직접 달려가서 손수건으로 학생이 흘린 코피를 닦아 주시던 기억도 납니다.

선생님이 수업하시러 저 멀리서 교실로 오실 땐 철부지 제 친구들이 숨어서 큰 소리로 선생님 함자를 빗대어 '오시네! 오시네!' 하고 짓궂게 놀려 드렸고, 수업 마치시고 오솔길 따라 교무실로 멀찌감치 내려가실 땐 선생님 뒤편에 대고 '가시네! 가시네!' 하며 소리 지르고는 좋아라고 뺑소니치던 저희들을 나무라지도 않고 끔찍이도 사랑하시던 선생님, 저와 친구 상일의 어깨를 토닥여 주시며 시조를 매일 쓰는 습관을 가져 보는 것이 어떠냐고 제안하시던 선생님!

개구쟁이 한 친구가 출석 호명할 땐 뒷좌석에서 크게 네! 하고 대답하곤, 수업 중 뒷문으로 몰래 밖으로 빠져나가 교실 위쪽 운동장에서 우리가 공부하는 양철지붕에 돌멩이를 마구 던져 '꽈당 당' 하는 소리가 요란할 때 한참 놀라셨다가,

"이게 무슨 소리예요?"

하시자 엉뚱한 급우 녀석이,

"아마 비가 오려고 천둥이 치는가 봅니다"

하자, 저희들은 "와!" 하고 소리 내어 웃었고, 선생님께선 창 밖으로 화창하고 맑은 하늘을 고개를 들어 천천히 내다 보시며,

"그래요?"

하고 조용히 말씀하시면서 내색을 하지 않고 수업을 진행하셨던 생각도 납니다.

선생님! 선생님께서는 1939년에 문장(文章)지에서 「수양버들」이라는 시조로 추천을 받으셨고, 1940년 시조 「진달래꽃」으로 동아일보 신춘문예에 당선되기도 하셨지요. 지금도 선생님의 시조를 읽을 땐 마음이 소년처럼 되고 사물을 아름답게 대하는 마음이 생깁니다.

1966년 동아일보에 실린 「김치찌개」라는 시조를 읽었습니다. 김치찌개가 '보글보글' 끓는 형상을 '복(福)을 복(福)을'하고 묘사하신 것을 보고는, 한복을 곱게 입으시고,

동그스름하신 얼굴에 머리를 곱게 빗으신 선생님, 오른팔로 교과서와 출석부를 가슴에 안으시고 고개를 약간 숙이시고 항상 상념에 잠겨 계시는 듯한 모습이 떠올라 뵙고 싶은 생각이 제 가슴에 가득했있습니다.

1967년엔 제가 군대를 제대하고 학교 다닐 때인데 충무로 입구 일본서적 취급점 문향서점 안에서 책을 고르시다가 그 옆에 서 있는 저를 알아보시고 "어머나! 찬수 학생!" 하시면서 제 이름도 잊지 않으시고 반가이 저를 부르셨을 땐 반갑고 감사한 마음에 밤잠을 설칠 정도로 감격했었습니다. 며칠 후 선생님이 계시는 후암동에 가서 선생님께서 하시는 그 동안의 말씀을 많이도 듣고 또 저도 선생님에게 저의 지난 이야기도 많이 드렸던 기억이 납니다.

그 이후 연락이 뚝 끊어져 이제 저는 제자 구실도 못하고 이렇게 선생님! 선생님! 하고 마음속으로 부르기만 합니다. 이제 선생님께서 계신 곳을 안다면 불원천리하고 달려갈 터인데 답답하기만 합니다. 내년엔 94세가 되실 선생님! 이제 저도 선생님 앞에서 부끄럽게도 온통 흰 머리인 제자가 되었지만 앞으로도 선생님을 평생 잊지 못할 것입니다. 그리운 선생님, 뵙고 싶습니다.

즐거운 성탄 맞으시길 바라며 선생님께서 평안하시길 주님께 기도드립니다.

안녕히 계십시오. 2003년 1월 4일 김찬수 올림

전후 엉성한 피난학교에서 있었던 사제지간의 추억담이다.

선생은 청구 중고등학교 교사로 있을 때도 부산에서 많은 시조를 발표하였다. 선생은 대청동에 있는 관북교회(關北敎會) 내에 살았는데 선생의 남동생 오건(그 이후 오늘의 서울 한양대학교가 설립되기까지 그 대학에서 큰 책임을 맡으신 분) 교감선생과 남편 되는 유재권 선생 등 일가친척 모두가 개신교를 믿는 진실한 가정이었다. 앞서도 말했지만 선생은 문장(文章)지의 추천 시조 작가이며 그리스도교의 신앙적 내용을 가진 시조 작에 정진하였다.

1939년 문장지에 추천된 선생의 「수양버들」이란 시조와 1940년 동아일보에 당선된 두 편의 시조 즉, 「진달래」와 「이슬」을 우리들에게 낭랑한 목소리로 읽어주어 공책에 놓치지 않고 적어두었다. 특히 《한국 기독교 문학선집》 1권에 실린 「주님을 찾아」를 읽을 땐 선생의 깊은 그리스도 신앙관을 짐작할 수 있었다.

수양버들

머리를 땅에 닿게 허리 굽힌 수양버들
겸손(謙遜)한 어느 분의 아름다운 넋이드뇨
저절로 남을 높이어 몸 굽히고 싶노라
사시(四時)로 머리 숙여 묵도(默禱)하는 수양버들
실수(失手)를 참회(懺悔)하는 어진이의 넋이드뇨
저절로 온갖 잘못을 뉘우치게 되노라
저로서 저를 높여 잘난 체 뽐내는 이

어둠과 슬픔 주는 죄 많은 이들이여
한나절 수양(垂楊) 아래서 묵상(默想)하여 보시라

주님을 찾아

님 찾아 가는 길에 가시도 많사오나
내 숱한 허물을 그 가시로 찔러내며
생명의 문을 향하여 좁은 길을 가노라
어두운 비탈길에 비바람은 무삼 일고
믿음의 작은 등불 깜박깜박 꺼지노라
두어라 몇 번이라도 다시 켜서 들리라
지지리 흙탕길에 때 묻은 이 옷자락
눈물로 적시고 그 보혈로 씻으면서
거룩한 빛이 빛나는 님을 찾아가노라

선생은 함경남도 단천에서 개신교를 믿는 집안에 태어났다. 소싯적부터 개신교의 신앙 분위기가 좋아 인근 모두가 열심이었는데 해방이 되고 갑자기 교회의 문을 닫도록 한 김일성 우상화 통치 이후 신앙의 자유를 잃고 억눌려 있었다. 국군의 진격 이후 종교인들은 다시 밝은 세상을 만나 기뻐하는 것도 잠시, 1·4 후퇴 때 신앙을 지키고자 신자들은 모두 배 편, 기차 편, 도보로 가족 모두를 이끌고 천신만고를 겪으면서 대한민국 품안으로 남하하게 되었다. 낯선 객지 부산 등에서 통일의 날만 기다리고 그리는 이북에 잔류한 가족을 그리다가 한숨으로 이제껏 세월을 보내고 있는 사람들 중의 한 사람이다.

　김일성 공산 사회주의는 우리 민족에게 몸서리쳐지고 무서운 사상이었던 것이다. 일제의 모진 박해 속에서도 신앙을 가진 한국의 국민들은 전국 곳곳에서 신앙을 굳건히 지켰는데 김일성 우상화 통치엔 모두 죽은 목숨이나 마찬가지였으니 말이다.

80. 서부영화

　그 때 당시 아주 높다란 건물인 광복동의 동아극장에서 심부름하면서 학교에 다니는 배우처럼 키가 크고 멋지게 생긴 표창덕이란 잘생긴 아이가 있었다. 이 친구는 당시에도 우리에게 어른 못지않은 영화평론가이자 각종 영화에 박식한 박사 같은 역할을 하였다.

　창덕이 바람에 나는 친구 여럿들과 당시에 크게 유행하는 미국 카우보이를 주제로 하는 속칭 서부영화를 많이 본 편이었고 우리학교에서 학생들이 단체로 동아극장에 가서 본 흑백영화 「햄릿」과 「백경」은 오래도록 기억에 남는 명화였다.

　남포동 골목 서쪽 꼭대기 부산극장에서는 우리나라 영화를 많이 상영하였고 동아극장은 외국영화를 주로 상영하였는데 극장 건물이 높아 층 좌석에서 거꾸로 박히듯이 멀리 있는 아래 화면을 내려다본 것도 인상적이었다. 여기서 나는 「쿼바디스」란 영화를 보았다. 영화에서 '우루스'라는 거인이 주인

여자를 보호하는 장면은 아주 인상 깊었다.

또 로마시민이 모두 내려다보는 광장 안에서 사나운 황소와 결투하는 장면에서는 너무나 긴장해서 내 심장이 멎는 느낌이 들었다. 또「삼손과 델리라」라는 영화에서 삼손으로 분장한 배우 빅터 마추어가 앞이 보이지 않는 몸으로 더듬거려 돌기둥 앞에 서서 돌기둥을 어깨로 밀어 무너뜨리는 장면에서 나는 손에 땀을 쥐고 보던 생각이 난다.

시청 앞쪽에 시민관이란 영화관이 있었는데 나는 거기서「쉐인」이라는 서부영화를 보았다. 당시 극장 정문 위에 그려 매달아 놓은 영화 선전 간판은 너무나 그림을 사실적으로 멋있게 잘 그려 한참씩이나 쳐다보곤 하였다. 남포동 거리 안쪽에 있는 남포극장은 개봉 극장이 아니어서 일류로 인정받지 못한 극장이었다. 당시 배우 이름과 주제곡 그리고 스토리들은 어찌 그리 잊어버려지지 않고 눈앞에 선한지 모르겠다.

지금도 영화 장면만 떠올리면 스릴이 있고 배우들의 멋진 표정까지 생각난다. 정의와 악한 것의 대결에서 정의로움이 반드시 이긴다는 내용이 많았는데 특히「쉐인」이란 서정적인 영화 그 장면 하나하나가 모두 멋진 그림으로 내 마음속에 남아 있다.

대청동에서 우남공원(용두산 공원) 북쪽 부산 본역 동광동 거리로 빠지다가 오른쪽으로 미 문화원이 있었는데 우리들은 그곳에서 매주 한 차례 세계 각종 소식, 문화이야기, 그리고 교양에 도움을 주는 영화도 많이 보았다. 한국 사람들이 관람할 때면 영화 내레이터가 우리말로 해설을 했는데 그 목소리가 독특하고 친근감이 있었다.

　미국의 소리 방송의 우리말 해설자라 하였는데 미국에 사는 목사라고 들은 것으로 기억한다. 우리나라 사람들이 관람하는 요일 이외에도 가만 가만 뒷문으로 몰래 들어가 식당 옆문으로 빠져나가 숨어들어 어두컴컴한 상영실로 엉금엉금 기어 들어가 의자에 앉아 점잖게 버젓이 문화 영화를 본때도 아주 많았었다.

　몰래 들어가다가 한국인 관리인에 들켜 여러 번 쫓겨나기도 했지만 그래도 그 다음에도 또 지정된 요일이 아닌 날에 또 몰래 들어가곤 했다. 지금 생각하면 호기심 때문에 잘하고 잘못하는 것이 무엇인지 구분도 잘 못하고 친구들과 어울려 개구쟁이 짓을 많이도 했다. 그 때 우리들은 너무 못 사는 우리나라 환경과 잘 사는 외국의 환경을 비교해 보는 계기도 되어 당시 풍요로운 미국이나 캐나다 등의 외국이 너무도 부럽기만 하였다.

　그 땐 아직도 전쟁 직후라 할 수 있는데 중고등학교 다니는 학생 중 나이가 많은 친구들이 주변에 많은 편이었다. 고등학교엔 군 징집을 기피하기 위해서 이미 그 당시 고학년을 다 마친 형들이 또 다시 피난민 학교에 교복을 입고 학생신분으로 책가방을 들고 다니는 우스꽝스런 사례도 있는 사회였다.

　우리 반에도 나보다 네다섯 살 많은 친구들이 있었다. 우리가 조금 늦게 하교할 때라든지 저녁때 집에 갈 때면 골목마다 경찰과 군인 헌병들이 골목골목을 지키면서 지나가는 행인들에게 불심검문을 자주 하였다. 주로 젊은 청년들과 아저씨들

이 그 검문 대상이었다. 젊은 사람으로서 신원이 이상하면 그
즉시 붙들어다가 신원조회를 하고 바로 군 입대를 시킨다 하
였다. 당시는 기피자들이 너무나 많았고 군대 입대를 하지 않
으려고 숨어 지내는 사람들이 많은 세상이었으며 흉흉하기가
짝이 없는 그런 부산지역의 거리 풍경이었다.

81. 사춘기

　1956년에 또 하나 빼 놓을 수 없는 것은 나의 만화책 보기
이다. 틈만 있으면 만화책을 보는데 친구한테서 빌려도 보고
가게에서도 빌려 보았다. 그 때엔 왜 그렇게 만화책만 눈앞
에 어른거리는지 참으로 특이한 징후라 생각한다. 코주부 김
용환의 삼국지 만화는 거의 압권이었다. 그리고 김용환 선생
의 펜화로 그린 삼국지 인물 그림에 나는 홀딱 반하였다. 동
아일보의 고바우 김성환의 만화도 인기가 있었는데 '거드름
피우면서 가는 사람보고 누구냐고 하여 대답하기를 저 사람
은 경무대에서 똥 푸는 사람이다'라는 만화는 당시에 걸작 풍
자만화였다.
　신동헌의 만화도 참으로 재미있었고 뒤이어 나온 신동헌
그림과 비슷한 신동우의 만화도 대단히 인기 있었고 정운경
의 「아지매」도 많이 읽혔다. 나는 그 중에서 박기당의 만화
를 좋아했다. 내용도 좋고 만화 속의 그림 표정이 너무 사실
적이었다. 참으로 익살스러운 내용이 많았다. 만화가 이름을
잊었는데 「타잔」이란 만화는 여러 권씩 차례로 나왔는데

그 타잔 만화 기다리느라고 만화가게 앞에서 조바심을 많이도 내었다.

나는 중학교 2학년이 되면서 《삼국지》《수호지》《서유기》 등을 읽고 동네 친구들과 후배들을 한 방안에 모아 놓고 읽었던 고전의 내용을 등장인물을 거의 다 빠뜨리지 않고 신바람 나게 이야기를 해 주었는데 그 때의 친구들을 만나면 그 이야기 들던 일들을 회상해 주어 옛 생각을 하기도 한다. 《수호지》는 그때 《학원》이라는 학생을 대상으로 하는 아주 건전하고 유익한 잡지에 연재되었는데 후일 <정음사>에서 간행된 《삼국지》와 《수호지》는 그 즉시 사서 지금까지 지니고 다닌다. 내 경험으로 하여 말한다면 중학교 때 나이 3년 과정에서 얻은 동서양의 고전문학과 그 외 유익한 책들 속에서 얻은 지식 등 정서적인 것은 나의 평생의 사고를 좌우한 것이 아니었나 생각해 보기도 한다.

열여섯 살 여름방학 어느 날, 우리 마을 어른들은 아이들까지 모두 데리고 도보로 동삼동으로 갔다. 태종대 못 가서 왼쪽으로 '서발'이란 지명이 있는데 그 곳 마을 뒤 왼쪽 언덕을 넘어서면 동해바다의 장관이 펼쳐지는데 특히 그 곳엔 '곰푸'라 불리는 맛이 좋은 쇠 미역이 많이 나기로 유명한 곳이다. 온 동네 사람들이 그 곳으로 곰푸를 뜯으러 갔다.

지금처럼 바다에 관리하는 임자가 있는 때가 아니었다. 모두들 바다에 들어갈 옷차림을 바꾸느라고 준비하는 중 나도 멀찍이 떨어진 커다란 바위 뒤로 가서 수영복을 갈아입으려다가 깜짝 놀랐다. 거기에는 지난해 가을 언젠가 우리 집 돌담 울타리를 넘어와서 코스모스를 한 아름 꺾어갔던 우리 동네에서 제일 예쁜 여학생이 있었다.

아무도 몰래 먼저 와서 수영복을 갈아입는 후생주택 28호에 사는 윤정자라는 그 여자애가 놀라면서 벗어 놓은 평상복으로 몸을 가리면서 나를 응시하고 있었다. 이미 그 여자애는 수영복은 다 갈아입은 상태였지만 나도 크게 당황했다. 아무도 없는 곳에서 그렇게 맞닥뜨리다니! 예고 없이 일어난 그 장면은 지금 생각해 보아도 좀처럼 있을 법한 일이 아니었다. 서로가 당황하였고 나는 뒷걸음으로 얼른 그 장소를 피해 다른 곳으로 가서 수영복을 갈아입었다.

그 여자애와 이후에도 장소가 다른 곳에서도 가끔 지나쳤지만 그 애가 나타났다 하면 그 앞에서는 매번 주눅이 들어 한 번도 용기를 내어 말을 건네 보지 못한 사이였다. 세월이 지난 지금까지도 기억되는 사춘기 때의 추억이다. 바다에서 어릴 때부터 해변에서 자란 나는 그날 동네사람들 모두가 보는 것 같아서 수영 솜씨도 마구 뽐내며 자랑하였고 해녀들처럼 물속으로 자맥질해 가면서 곰포도 많이 땄던 아름다운 추억이 있다.

이렇게 그 무렵의 청학동 동삼동 바닷가 돌바위 위에서 배운 다이빙 솜씨가 나의 잊혀지지 않는 평생의 추억거리가 되었다. 이로부터 7년쯤 흐른 어느 날에 있었던 일이 생각난다. 내가 군 복무할 때였다.

1963년 여름 내가 스물세 살 때, 나는 미 8군 카투사(KATUSA)로 군 복무를 하고 있었다. 요즈음 한참 미군기지 부대이동 관계로 말이 많은 평택 K-6(Camp Humphrey's)에서 복무할 때이다. 부대에서 하기 해양훈련을 실시하였다.

장소는 서해안 대천 해수욕장으로 정해졌고 2박 3일간의 일정이었다. 나는 미군 일등병 슈러서 운전병이 모는 차를 타고 있었는데, 그는 해변의 저편 해수욕장으로 펼쳐지는 서해안의 끝없는 모래사장을 바라다보더니 바다 경치가 너무나 시원한 정경에 오른쪽 바퀴는 바닷물에 잠긴 채 사정없이 질주해 가면서 차를 몰아 기분을 냈다. 젊은 우리들이라 차 위에서 환호성을 지르며 모두 신이 나서 얏~호! 소리를 연발하였다. 한 바퀴 돌아드는 중에 해변에서 바다 속으로 얼마간 들어간 지점에 다이빙대가 높다랗게 서 있는 게 보였다.

다이빙 하면 나는 추억이 많이 있다. 피란 어린 시절 부산 영도 청학동에서 살았을 때인데, 동삼동으로 가는 왼쪽 아래편 넓섬바위 해군부대 기지 아래 바위 위에서 다이빙 깨나 했었다.

봄부터 늦여름까지 바닷가에 갈 때마다 헤엄쳐 건너가서 친구들과 여름 깜둥이가 되어 가면서 다이빙 연습을 하였다. 처음엔 배우느라고 자주 했으나 나중엔 재미가 나고 또 재주까지 피우느라고 까마득하게 높은 곳까지 올라가 뛰어내릴 정도로 극성을 부렸다. 그 후 갯바위 근처에 사람들이 많이 모여 있으면 괜스레 그 앞에 가서 한번 폼을 잡고는 나름대로 멋진 다이빙 솜씨를 연출하였다. 그러곤 물가로 헤엄쳐 나오면 아저씨들이 다이빙 잘한다고 칭찬하는 소리에 어린 나이에 마음이 흡족하고 또 우쭐대는 마음까지 생겼다.

　대전 해수욕장에서 다이빙대를 보는 순간 불현듯 나는 예전 어린 시절 부산 영도 청학동, 오륙도가 훤히 내려다 보이는 바닷가에서의 다이빙 추억이 떠올라 동료 부대원들에게 자랑을 늘어놓았다.

　부대가 자리를 잡고 여정을 푼 뒤 우리는 수영복 차림으로 다이빙대가 있는 곳으로 우르르 몰려갔다. 밀물 때인지 바닷물의 수심이 깊은 편이었다. 고참이 나를 가리키며 어서 들어가 다이빙을 해보란 것이다. 나는 준비운동을 하고 헤엄쳐 가 다이빙대로 기어 올라갔다. 그러나 오랜만에 하는 다이빙이라 좀 망설여지기도 하였다. 방금 전에 신바람 나게 자랑을 늘어놓았으니 어찌하랴. 못한다고 할 수도 없고.

　다이빙대에 올라서 보니 제법 높았고 다이빙 틀은 갯바위 돌과 같이 탄탄한 것이 아니고 두터운 나무 널빤지로 되어 있어서 위에 올라서니 바닥이 울렁거렸다. 부산 영도 청학동이나 동삼동 태종대 자갈마당을 둘러싼 암벽 위와는 판이하게 다른 상황이었다. 나는 피치 못하게 다이빙을 해야 할 처지에 놓이고 만 것이다.

　사실 나는 다이빙을 단단한 돌 바위 위에서만 해봤지 이렇게 출렁이는 바다 위에서 다이빙 선수처럼 멋지게 해본 경험이 전혀 없었다. 그래도 어떻게 잘하면 되겠지 하고 올라서서 한참 심호흡을 하고는 옛날에 해본 내 방식대로 점프를 해서 바닷물로 뛰어내렸다. 멋진 다이빙이기를 기대하고 발판을 굴러 몸을 솟구친 것이다.

그런데 이게 웬 일인가!?

구름 틀이 아래로 휘어진 뒤 솟구치는 순간을 이용하여 점프를 해야 되는데, 갯바위만 생각하고 미리 점프를 해 놓았으니 나의 몸은 중심과 방향을 모두 잃고 허공에서 곤두박질하고 말았다. 순간 어떻게 되었는지를 전혀 모르겠고 바닷물이 닿는 순간 온몸이 일자로 수면과 배치기를 하여 '짝' 하는 소리와 함께 나는 물속으로 빠져들었다. 명색이 다이빙이지 일종의 추락사고였다고 함이 바른 설명이다.

정신을 차리고 허겁지겁 물속에서 헤엄쳐 물가로 나오니 얼굴에 뜨뜻미지근한 촉감이 있어 손으로 훔치니 코피가 주르륵 흘렀다. 매우 위험한 장면을 연출한 것이다.

부대원들은 멋진 다이빙 구경을 기대하며 모래사장에 죽 늘어앉아서 바라보다가 나의 우스꽝스런 다이빙에 코피까지 흘리면서 허겁지겁 물에서 기어 나오는 것을 보고는 모두들 박장대소하면서 손가락질을 하며 요절복통을 하는 것이었다. 한 마디로 죽을 쑨 것이다.

창피한 정도가 아니다. 괜스레 미리 자랑을 한 것을 후회해 봤자 이미 배는 떠나간 뒤다. 이렇게 실패한 나는 잠시 진정하고 다시 헤엄쳐 건너가 다이빙 틀의 특성을 가늠하면서 다시 한번 시도했다. 나름대로 괜찮게 뛰어내린 것 같았다. 그러나 동료들과 고참들은 먼저 것만 생각하여 재미있다고 할 뿐 야속하게도 나중 좀 잘 된 것에 대해서는 칭찬은커녕 일언반구 말도 없었던 일도 생각이 난다.

　1957년 2월인가 어느 날 겨울방학 끝날 무렵 나는 장차 교사가 되려는 꿈을 가지고 부산사범학교에 지원하여 입학시험을 보았는데 보기 좋게 미끄러졌다. 원인 분석을 하자면 학업 실력이 모자랐던 것이다. 그리고 당시만 해도 사범학교 지원생이 너무도 많아 경쟁률이 대단하였던 것으로 기억된다. 그 곳에 입학하면 수업료 등 모든 공납금을 내지 않아 편하게 공부할 수 있고, 또 열심히 공부하면 초등학교 선생도 될 수 있었는데 하며 참으로 아쉬웠고 열등의식만 한 아름 안고 말았다.

　다니던 학교의 고등학교 주간반이 없어지고 야간 고등학교 반만 있게 되었는데 나는 아버지가 근무하는 학교란 이유로 수업료를 내지 않고도 공부할 수 있는 점이 있어서 다른 학교 선택의 여지도 없이 청구고등학교 야간부에 다녔다. 친구 상일이도 수업료를 면제받는 장학생 조건으로 같은 야간학교에 다녔다. 그 후 그는 서대신동에 있는 동아고등학교 야간부로 전학 가 거기서 열심히 공부하여 우리나라에서 가장 입학하기 어려운 서울대학교 사범대학에 합격하였다. 그 후 평생 교직에 봉직하고 교장으로 경력이 쌓인 뒤엔 교육계의 모범이 된 교육자라 하여 서울에서도 요직인 곳의 교육장에 임명되어 큰 소임까지 거뜬히 수행했다.

　그의 아버지는 1956년 겨울 오랫동안 병환으로 고생하다가 청학동에서 조선소로 넘어가는 언덕길 오른쪽 천막촌 꼭대기 나지막한 텐트 움막집에서 온 가족의 간호도 헛되이 애석하게도 세상을 떠났다. 친구의 어머니와 누나 그리고 어린 동생의 쓸쓸하고 추운 겨울은 더 추웠고 그 해 부산항구 바닷바람은 잔인하리만큼 매서웠다.

상일이와 나는 1월 중순 한겨울 커다란 주전자 하나를 들고 청학동에서 동삼동으로 넘어가는 길 왼쪽 아래 벼랑길을 내려가 바닷가에서 돌 바위를 들춰가면서 고동, 해초 그리고 방게를 잡았다. 집에 가지고 와서 허기진 배를 채우려고 끓여 먹기 위해서였다. 그런데 나와 상일이는 맑은 바닷물을 내려다보다가 바닷물 속에서 물결과 같이 일렁이는 제법 크게 자란 미역이 많이 있음을 발견하였다. 서로 무언의 눈짓이 통하였던지 우리는 아무도 없는 해변 주변을 다시 돌아보고 약속한 것도 아닌데 '들어가 따자' 하면서 거의 동시에 옷을 홀라당 벗고 바닷물 속으로 갑자기 뛰어들었다.

몇 번의 자맥질을 해가면서 미역을 뜯었는데 미끈미끈한 미역이 잘 뜯어지지를 않았다. 전후좌우를 돌볼 새도 없이 싱싱한 미역이 탐이 나서 뛰어들었는데 한겨울에도 가장 추운 그 때의 겨울바람이 우리를 가만 놔둘 리 없었다. 추위가 몰려드는데 이건 보통이 아니었다. 봄부터 가을까지 많이도 노닐던 곳이지만 한겨울의 우리들 동심의 장소는 그게 아니었다. 엉덩이부터 시려 들어오는데 흡사 살점이 떨어져 나갈 것만 같이 시렸다. 시리다 못하여 통증까지 느껴졌다. 앞 배 아래 부분도 거의 동시에 시려 오는데 몹시 오그라들어 아플 정도였고 땡글땡글한 것이 떨어져 나가는 듯이 고통스러웠다. 차라리 물 안에 가만히 들어앉아 있는 것이 덜 시렸다.

나는 너무도 추워 옷 벗은 곳으로 얼른 나오고 싶었는데 상일이는 연신 자맥질을 몇 차례 너하면서 열심히 미역을 땄다. 따낸 미역을 돌 바위에 던져 놓은 채 우리는 사시나무 떨 듯이 오들오들 떨면서 옷을 주워 입었다. 누가 시킨다면 한 겨울에 그렇게 했을 리 없었는데 스스로 한 행동으로 도전하는 용기가 대단하였지만 또 한편으로 생각해 보면 미련하기가 짝이 없는 행동이었다.

여담이지만 후일 우리가 서울에 와서 공부할 때 막걸리 잔을 기울이면서 그때의 일을 얘기하고 한바탕 웃었다. 또 고생스럽던 생각을 하고 서로 마주보고 눈물도 흘렸다. 상일이와 나는 그 해 겨울 추운 바닷물 속 미역 뜯는 경황 속에서, 살을 에는 추위 속에서 무심코 홀딱 벗은 아랫도리를 내려다보다가 지난 가을과는 다른 나를 발견하였다. 사춘기의 성징이 내려다보이는 신체 아랫부분에 나타났던 것이다.

나는 평소와 다르게 변해 있는 사실을 알았다. "그 때 처음 발견하고 부끄러워서 너에게도 말을 하지 못했다"고 하니 내 친구도 그 때 처음으로 확인하고 그도 그런 심정이었다 하면서 그 때의 똑같이 느낀 마음가짐 때문에 손바닥을 치면서 쑥스럽지만 재미있게 웃으면서 회상했던 적이 있다.

언젠가 강원도 춘천이 고향인 소설가 이외수씨가 방송 대담에 나와서 그분이 소설을 쓸 때 경험 없는 묘사는 독자들의 공감을 불러일으키지 못한다는 주제로 '춥다'는 것을 묘사하기 위하여 한겨울 밤중에 홀딱 벗고 양재기 들고 나가 대문간 앞에 웅크리고 서 있으니 갑자기 무섭게 추위가 밀려와 몸에 닿아 느껴지는 것을 직접 경험하고 아래위 이빨을 다다닥 부딪쳐 가면서 얼른 방으로 뛰어 들어가 추위에 대한 묘사의 글을 썼는데 술술 잘 써지더라 하고 웃으면서 말했다.

피난시절의 이런 경험을 한 나이기에 나는 소설가 이외수 씨의 말에 공감하는 손뼉을 쳤다. 이렇게 친구와 나 우리 둘은 그 해 겨울 가난한 피난생활 가운데 추운 바닷물 속에서 미역을 뜯어가면서 발가벗고 비밀스럽지만 재미있게 사춘기를 뛰어넘었다.

82. 신문배달 고학생

그 이후도 너무나 가난하여 끼니도 제대로 때우지 못하면서도 걸어서 그 먼 보수동의 야간학교를 다녔고 성실한 내 친구 상일이는 수소문하여 새벽에 동아일보 신문배달을 시작하였다. 자갈치 시장과 남포동 일대가 담당이었고 조금 있다가 나도 상일이에게 부탁하여 같은 신문을 배달했는데 내 구역은 대평동 바닷가 동네 전 지역이었다.

처음 신문배달을 시작할 때는 나도 용돈을 벌어 가면서 열심히 공부해야지 하는 결심으로 멋도 좀 내 보려는 기분이었는데 막상 시작해 놓고 보니 그게 아니었다. 우선 책임감이 뒤따르는데 한번 약속을 해놓고 내 자신이 뛰어드니 내가 다부지게 마음 고쳐먹어야 할 일들이 한두 가지가 아니었다. 이

때 사회가 어떠하고 우리나라가 어떻게 돌아가는지에 대하여 눈이 떠졌다고 말할 수 있다.

제일 기억나는 것은 당시 이승만 대통령은 모든 국민들이 국부라 하여 공경하였는데, 이승만 대통령을 모시고 다니는 주변 참모들이 못되어서 어려운 사회상을 대통령에게 제대로 보고하고 대책을 잘 세워 정치를 잘할 생각을 않고 대통령의 비위만 맞추려고 엉뚱하게 나라 정치가 잘되어 간다고 비위를 맞추어 기쁘게만 해드리는 식으로 보고만 하였다 했다.

한 가지 예로 나의 친척 되는 아저씨가 자갈치 시장에서 쌀장사를 하였는데, 당시 쌀이면 금보다는 못하지만 아주 귀한 것이고 비싸기가 이를 데 없었다. 그런데 이승만 대통령이 민정 시찰을 나온다 하면 참모들이 전날 미리 시장바닥에 먼저 나와서 대통령께서 쌀값을 물으면 쌀값을 낮추어 싼값으로 얼마 얼마로 대답하여라 라고 조작하는 판이 다반사였다고 한다.

국민들의 생활고 현실과 훌륭한 대통령 사이에서 대통령 측근들이 이를테면 이간질을 놓는 격이 되어 나이 많으신 대통령의 통치역량을 흐리게 유도하였다 한다. 세상의 밑바닥에 대하여 세세히 모르는 대통령이 측근들의 잘 되어간다는 보고만 받고 기쁜 마음에 수하가 일러주는 대로 엉뚱하게 국민들 앞에서 감도 잡히지 않는 담화만을 하여 존경하던 대통령이 뭐 저런가 하여 국민들이 점차로 대통령을 신뢰하지 않는 풍조가 나타나기 시작했다. 나라 정치가 아부꾼들에 의하여 삽시간에 무너지는 방향으로 나갔던 것이다. 이때가 자유당 정치인들의 농간이 점차로 극에 달하는 시기였다.

나는 이렇게 신문배달을 하면서 그 당시의 혼란한 사회상과 정치 흐름도 점차로 알게 된 것이다. 나는 신문배달을 열심히 했는데, 내가 성실해야 함은 우선 동아일보 지사에 소개시켜 준 상일이에 대한 약속 이행이었다. 상일이는 성실하고 책임감도 강하여 신문지국의 상(尙)씨 성이신 지사장의 신뢰가 대단하였다. 선배들도 아주 신임하는 그런 위치였기 때문에 나도 어설프게 임했다가는 친구 위신에 피해 줄까 보아 그것이 크게 조심스러웠다.

새벽 신문배달을 나가게 되니까 야간학교 마치고 집에 오면 거의 자정인데 녹초가 되었다. 자다가 새벽 3시 반 정도는 일어나야 걸어서 해안길을 따라 영도다리까지 급히 걸어도 꽤 시간이 걸리곤 했는데 당시는 통행금지가 새벽 4시에 해제되기 때문에 더 일찍 집에서 나설 수도 없고 또 고단하여 스스로 일어나지도 못하여 매일 새벽 할머니가 손자 깨우느라 애를 쓰게 만들어 드린 경우가 되었다. 스스로 떳떳하게 제 일을 챙겨 하는 것이 얼마나 어려운 것인가를 알게 된 것이다.

신문배달은 당시의 나에게 어떤 일에 대해 임하는 자세와 책임감을 느끼게 해주었는데, 새벽에 독자들이 기다릴 것을 생각하면 열일을 제쳐 놓고라도 반드시 배달에 임해야 되는 것이었다. 왜냐하면 정확한 신문배달은 신문사의 명예와 관계되는 것이기 때문이었다. 그리고 독자들에게 그날 하루를 시작하는 기쁨을 주는 것이 되기 때문이었다.

아무리 좋은 소식 좋은 글이 게재되었더라도 그날 독자에게 정확하게 배달되지 않으면 신문의 생명력은 없어진 것이나 마찬가지였다. 공적인 일을 한다는 것이 이렇게 중요하니 아무 곳에서나 니대로 대민한 행동을 할 수가 없는 것이었다. 함부로 말하는 것도 삼가는 법을 배웠고 형이나 동료 고학생들과 의리를 지켜야 한다는 것도 알았다.

내가 다니는 동아일보 지국은 부산 본역 앞 국제극장 옆 높은 축대, 유명한 노래 가사에도 나오는 40계단 층층대 위 길 건너 2층집에 있었다. 새벽 4시 반에 부산 본역에서 싣고 온 신문을 삼륜차에서 내리면 40계단 아래에서 대기하던 우리들은 그 즉시 커다란 신문 뭉치를 어깨에 메고 단숨에 지사 2층 건물로 올라가 널찍한 마룻바닥에 각기 펼쳐 놓고 신문을 오늘날의 기계로 접은 모양과 똑같이 수동으로 접기 시작하는 것이다. 일부는 기계로 잘 접어서 오지만 나머지 신문 거의가 수동으로 접어야 할 분량이었다.

이 신문지를 접기 시작하는 동료들의 동작은 볼 만하였다. 선배들은 신문을 얼마나 빨리 잘 접고 또 비뚤지 않게 접는지 예술에 가까운 동작들이었다. 전문성이란 바로 이런 것임을 나는 그 때서야 알았다. 나도 한동안 어설프게 접다가 나중에는 선배 형들처럼 잘 접고 또 배달할 신문 분량을 세는 데도 아주 선수가 되었다.

후일 직장에서 근무할 때 프린트 물 취급할 경우가 많이 생기는데 그때마다 신문 세던 버릇이 있어서 A4 용지 한 권 분량도 삽시간에 정확하게 세곤 했다. 두툼한 종이뭉치를 남보다 빨리 정확하게 헤아리는 데는 타인의 추종을 불허할 정도이다.

  방법은 이러하다. 쌓인 종이뭉치 오른쪽 끝을 오른손 엄지와 검지로 꼭 잡고 왼쪽 방향으로 뒤집듯 비틀면 싸여진 종이뭉치 오른쪽 날들의 간격이 띄엄띄엄 세기 쉽게 세워져서 왼쪽 엄지손가락으로 한 번에 다섯 장씩 헤어나가는 방법이다. 익숙해지면 엄청나게 빠른 동작으로 간단히 종이 세는 것이 해결된다. 학교에 재직할 때 필경을 교사들이 직접 할 시절에 프린트 된 시험지를 능숙히 처리하니까 동료들이 어디서 배운 솜씨냐고 놀라서 묻곤 하였다. 바로 열일곱 살 되던 해에 신문 배달할 때 배운 솜씨를 나는 평생토록 써먹는 셈이다.

  월말이 되어 수금 때가 되면 지사에서 찰떡을 준비하여 배달원에게 제공한다. 그때의 콩가루 묻힌 찰떡은 참으로 맛이 있었고 허기진 배를 달래기에 충분하였다. 거리를 지날 때면 밀가루 반죽으로 만든 어른 손바닥보다 큰 풀빵도 가끔 사 먹었는데 그 풀빵 맛은 아직도 잊지를 못한다. 수금할 때 제일 골치 아픈 것은 신문 값을 몇 달치씩 떼어먹고는 온다 간다 말도 없이 사라진 구독자들과 몇 달치의 신문 값을 내지 않고 버티면서 왜 신문 늦게 가지고 오느냐고 호통을 치는 아저씨들이었다.

  '벼룩이 간을 내먹지 신문배달하면서 고학하는 어린 학생 봉급을 떼어먹고 달아나다니! 신문을 안 보고 말지!' 하는 생각도 하였다. 당시에 신문 배달하는 고학생의 월급 처리는 일

정금액을 지사에 납부하고 나머지 잘 내지 않는 독자들의 구독료를 걷어서 배달 학생의 봉급 몫으로 정했다. 때문에 남포동이나 자갈치 광복동 등 상업권에 있는 배달 구역은 수금이 잘되어 아주 좋았으니 니같이 비 상업지역 어려운 해변 주택에 있는 동네 담당은 매달 신문구독료 납부 지체 독자들과 흔적도 없이 떼먹고 줄행랑을 놓는 독자들 때문에 내 봉급은 매달 적자인 형편이어서 고생은 고생대로 하고 그 알량한 신문배달 고학생의 월급은 매달 늘지 않아 마음고생도 많았다.

어떤 집에서는 내가 배달을 가든지 수금을 하러 가면 미리 수금 날짜를 기다리고 있다가 대문 앞까지 나오셔서 얼른 신문을 받고 신문 대금을 손에 쥐어 주면서 내 어깨를 따뜻하게 어루만져 주는 아저씨들이나 할아버지 아주머니들도 있었는데 대부분 가족을 이북에 두고 오신 이북에서 피난 온 분들이었다. 그리고 고생이 많다고 하면서 배고플 때 먹으라고 가끔 떡을 싸 주는 인정 많은 아주머니들도 있었다. 명절 때는 방에 들어와서 음식을 먹고 가라고 하여 신문을 다 돌리고 그 댁에 다시 가서 감사히 먹고 온 때도 있었다. 참으로 고마운 분들을 많이도 만났다. 그런 날은 하루 종일 기분이 좋아서 하던 일이 더욱 잘되는 것 같았다.

83. 부두 노동자

신문배달과 수금을 마치고 걸어서 영도다리를 건너 지사로 갈 때면 시청 뒤쪽 부두에서 물건을 내려 하역한 어마어마하게 많은 짐들을 목도질하여 옮기는 아저씨들과 초로의 할아버지들을 가끔 보았다. 신문독자 아저씨 몇 사람이 아침 일찍 나가면서 그쪽 부둣가로 수금하러 오라고 해 지사까지 가는 도중에 들렀다 가도 되기에 아저씨가 일하는 부두에 수금하러 가서 아저씨가 일을 마치거나 잠시 쉴 때까지 기다리기도 했다.

나는 그곳 하역 부두를 잊지 못한다. 지금 생각해도 당시 그곳엔 처절한 우리나라 모든 남자 어른들의 애환이 다 몰려 있는 것 같았다. 신분과 업종을 가려가면서 가족을 먹여 살리기 위하여 일하는 때가 아닌 시절이었다. 일거리가 있다면 거의 닥치는 대로 노동의 현장에 나가서 일을 해야만 입에 풀칠이나 하게 되는 때였다.

'내가 이래 뵈도 과거에 어떻고!' 이런 것은 통하지 않는 시대 상황이었다. '체면이 밥 먹여 주나!' 바로 그런 시대였다. 무엇이든 닥치는 대로 부지런히 일을 해야만 가족 입에 풀칠을 할 수 있었고, 자기의 전공대로 일거리가 나서는 것도 아닌 시대였다.

어디에 일거리만 있다면 무조건 들고 뛰어가야 하는 시대였다. 대학원 다니던 청년이 목도질을 하고, 사장이 쌀장사를 하고 교사가 연탄가게를 열고 지게를 지고 배달을 나가던 때였다. 배고파 쫄쫄 굶는 가족들을 멀거니 보면서 병약자가 아닌 이상 방구석에 늘어져 있을 강심장의 남자들이 몇이나 될까?

6·25 직후는 모든 사람들이 이렇게 생명을 걸고 살아나려

고 달려드는 형편이었다. 지금 같으면 특수 운전기사가 지게차로 짐을 싣고 주르륵 왔다 갔다 하면 되지만 그 때는 육중한 하역물은 모두 목도질로 옮겼다. 아저씨가 일하던 부두는 엄청나게 무거운 짐들을 옮기는 곳이었다. 옮기는 짐 양쪽에 열 명씩 또는 열두 명씩 늘어서서 어깨에 목도질하는 길이 잘 나서 반들반들한 아주 굵은 목도나무를 목 위의 양 어깨에 메고 양손으로 목도를 움켜잡고 일사불란하게 움직일 때는 옆에서 보는 어린 나였지만 너무도 안타까웠다. 호흡을 맞추는 부두 노동자들 소리는 너무도 애절하게 들렸다.

아저씨와 늙은 분들이 걷어붙인 바짓가랑이 아래 다 드러낸 장딴지가 기운을 너무 써서 금방 튀어나올 것만 같은 생선 창자 같은 오글오글한 핏줄이 피부에 끔찍하게 내비쳐 거기에 비지땀까지 흘러 반질반질하여 더 선명하게 보일 때는 내 눈시울이 뜨거워졌다.

나이가 많은 아저씨들이 가족을 위해 기운이 센 청년들 사이에 끼어 버티는 모습은 너무도 불쌍하게 보였다. 부두에는 일거리가 많아서 목도질하는 청장년 이외에 할아버지들이 많이 몰려 일하고 있었다. 서로 기운이 차이가 나면 목도질 균형이 흐트러져 금방 짐이 한쪽으로 기울어지게 되는데 이렇게 되면 작업에 낭패를 보기 때문에 일사불란하게 움직여야 되는 정교함이 있었다. 그러기 위하여 모두 목도질을 하면서 합창하듯이 똑같은 소리를 내어 가면서 발을 맞춘다.

"허이야! 허이야! 허이야! 허이야!"

이렇게 소리를 함께 내고 떼어 놓는 발을 일제히 맞추고

짐을 한창 옮기다가 대장 아저씨가,

"쉬고오—!", "놓고오—!"

하고 명령하면 모두들 똑같이 서고, 일제히 무릎을 천천히 굽히고 그 육중한 짐을 똑같이 내려놓는 것이다. 힘의 소모를 막기 위해 묵묵히 쉰다.

피난 와서 고생하는 집의 처자식을 생각해서 모진 고생을 감수하는 것이다. 아저씨들, 할아버지들 그리고 시장바닥에서 소리소리 지르면서 발버둥치는 아주머니 등 모든 사람들이 견뎌내는 삶 자체가 전쟁의 아픔을 이겨 나가 전혀 보이지도 않는 미래를 위해 행복해 보고자 발버둥치는 것이었다.

누가 왜 전쟁을 일으켰는지 따질 새도 없이 피해 다니고 죽거나 목숨을 연명함이 이렇게 처참하였던 것이다. 김일성은 우리 한반도에서 살아 있는 사람들을 피눈물 나게 몸살을 앓게 하면서 저는 호의호식하고 배에 기름기나 찌우고 떡하니 엉뚱하게 왕 노릇을 하려 들었음을 지하에서라도 통회하여야 할 것이다.

부두에서 목도질하는 아저씨를 만나러 갈 때는 점심시간 전후가 많은데 부두 바닥 노동판에 옹기종기 몰려 앉아 싸온 도시락을 먹는 모습도 참으로 애달팠다. 어디 호의호식이었겠는가! 집에서 아주머니들이 정성스레 싸주시는 방구 잘 나오고 배가 금방 꺼지는 보리밥은 그래도 고급이어서 좋다. 부두에서 날품 팔아 신문 값 줄 테니 오라고 하여 내가 부두 일터에 수금하러 간 아저씨는 가족도 없어 부둣가에 있는 노상의 밀가루 풀빵 구워 파는 곳에서 풀빵 몇 개로 끼니를 대충 때였다.

　나를 향해 씨익 웃으며 바지춤에서 꼬깃꼬깃한 지폐를 꺼내어 신문대금을 주면서 "공부를 열심히 해서 꼭 성공해야지!"라고 격려해 주어서 참으로 고마웠다.

　난리 때는 사람만 고생하는 것이 아니었다. 말 못하는 소와 말도 고생을 더 했다. 부두에서부터 큰길로 우마차로 짐을 나르는데 말과 소가 끄는 수레에 실은 짐이 산더미 같았다. 이 쌓인 짐을 커다란 황소 한 마리가 채찍을 맞으면서 주인이 고삐를 조이면 황소는 기운을 쓰며 앞발을 힘차게 내디딘다. 우람한 근육이 튀어 나오면서 앞으로 짐을 끌고 나가는데 코로 허연 김을 훅훅 몰아서 내뿜을 땐 커다랗고 선한 황소의 눈이 금방 튀어나올 것만 같이 충혈이 되어 기운을 쓰느라 부릅뜬 모습은 사람으로서 차마 안쓰러워서 볼 수 없는 안타까움이 있었다.

　나는 그 때부터 짐승을 함부로 마구 부리는 것은 죄악이라고 생각하고 있는 입장이다. 순진한 소와 말들이 인간을 위하여 저렇게도 힘을 다해 쓰다가 종국에는 인간을 위하여 제 몸까지 다 내주고 말다니. 나는 가축들은 고마운 존재이고 소중한 이웃이라 생각했다. 짐승에게도 사람들이 잔인하지 않게 하고 어느 정도는 예의를 갖추고 대해야 된다고 생각했다.

　신문 값 떼어먹고 없어지는 이야기가 나왔으니 한 가지 이런 사람들도 있었다는 이야기를 해야겠다. 어머니가 동네서 아는 분과 어울려 계를 하였는데 삯바느질로 모은 돈을 절약해서 곗돈으로 넣고 돌아가면서 순서대로 탈 때가 되면 계 주도하는 왕초 아주머니가 몽땅 떼어먹고 자취를 감추고 달아나는 일도 빈번해 어머니는 그 이후 평생 계라는 것을 하지 않았다.

그저 저질러 놓고는 줄행랑을 치면 모두가 해결된다는 철면피 사고방식을 가진 사람들도 주위에 많았다. 1957년 6·25 이후 피난민 시절 야간 고등학교 1학년은 내 일생에서 삶의 의미를 올바르게 배우는 중요한 시기였다고 할 수 있다.

1965년 군 제대 후 복학하고 그 해 겨울 같은 과 학생들과 서울역 앞 후암동 쪽에 있는 신문배달 학생들만 모여 사는 불우시설에 나가 야학 비슷한 성격의 장소에서 봉사하는 시간을 보낸 적이 있다. 1968년에도 남영동에서 야학에 나가 학생들을 가르쳤다.

그리고 1997년 내가 쉰일곱 살일 때, 어린 시절 고생할 때 이웃에게 봉사하던 사람들 생각이 문득 문득 나서 성동구의 자양중학교에 근무할 때 집으로 바로 퇴근하지 않고 2호선 전철을 타고 야간에는 영등포 지역에 있는 돈보스꼬 청소년 직업학교에 나가 불우한 고학생을 무료봉사로 가르치면서 그들과 함께 시간을 같이 지낸 때가 있었다.

그때마다 나는 6·25 당시의 고생하던 일들이 주마등같이 스치고 지나갔다. 주간에 각종 일들을 하고 야간에 배우겠다고 눈이 초롱초롱한 어린 학생들을 보면 옛 생각이 나서 눈물도 많이 흘렸고 이들 때문에 나는 또 새로운 삶의 용기도 생겨났었다.

84. 막내 여동생 선옥이의 출생

나는 그 때 신문배달을 하면서 첫 봉급을 탄 것으로는 할머니와 부모님과 동생들에게 양말을 사드린 생각이 나고 내 몫으론 두툼한 비닐로 만든 비옷 하나와 유진(柳津)이라는 이가 지은 《영어구문론(英語構文論)》이란 책을 샀는데 다 낡아 누르스름한 그 책은 지금도 내 책장에 꽂혀 있다.

영어구문론이란 책을 보면 나는 당시의 할머니 생각이 또 난다. 할머니가 새벽 3시만 되면 나를 깨우던 생각이 난다. 지쳐서 늘어진 손자 발목을 잡고 흔들면서 나갈 시간이 되었다고 어서 일어나 준비하라고 깨웠다. 그럴 때마다 나는 순순히 대번에 벌떡 일어난 적이 거의 없다. 더 자고 싶어 신경질을 내고 엎드리고…… 할머니는 새벽에 나를 깨울 때 잘못한 것 없으면서 매일 새벽 손자에게 신경질만 받았다.

신문배달은 어른이 하라고 해서 한 것이 아니고 내가 고집을 피워가면서 우기고 세상 공부를 하겠다고 대든 일이었는데 새벽 나는 단 한 번에 벌떡 일어나지도 못하고 그렇게 의지가 약한 짓만 내어 보이면서 어른들에게 믿음직하고 당찬 모습을 보여주지 못했다.

그 해 음력 3월에 우리 집에 또 한 번의 경사가 났다. 사랑하는 막내 여동생 선옥이가 건강하게 태어난 것이다. 피난생활 중 가장 안정이 되어가는 시기에 태어난 셈이다. 부산시 영도구 청학동 후생주택 27호 9평 되는 집에서…… 이로써 우리 가족은 여덟 식구가 되었다.

　나와는 열여섯 살 차이로 막내의 큰 아들이 대학에 다니다 지금 군복무를 다 마치고 복학하여 면학중인데도 우리 아버지가 오래 전에 세상을 떠난 때문인지 지금은 큰 오빠인 나를 아버지처럼 생각하여 나에게 어린아이처럼 응석을 부려가면서 대하는 것 같다. 막내니까 그렇겠지!

　내 일생 중 사춘기가 넘어가려는 아름다운 꿈 많은 시기에 여동생 선옥이가 피난의 고생스러운 삶 속이지만 항도 부산의 가장 아름다운 곳에서 6·25의 폐해가 무언지 아무것도 모르고 태어난 것이다. 온 가족과 이웃들이 동생의 출생을 기뻐도 하였고 많은 축하도 해 주었다. 바다경치가 아름답고 집 주위 동산에 온갖 꽃을 가꾸어 놓은 곳에서 태어나서 그런지 선옥이는 글을 잘 쓰고 특히 시를 잘 짓는다.

85. 한찬식 선생님

　야간 고등학교 1학년 때 잊을 수 없는 또 한분의 선생을 만나게 되었다. 나에게 나라를 사랑하는 마음을 깊숙이 심어준 한찬식(韓讚植) 국어선생이다.

　한찬식 선생은 얼굴색이 검붉고 곱슬머리이고 얼굴이 아주 둥근 형이었으며 키가 작지만 다부진 분이다. 여러 차례 국어 선생님이 자주 바뀌던 어느 날 국어시간에 한찬식 선생이 우리 교실에 들어왔다. 첫 분위기가 좀 서먹서먹한 표정으로 교단에 섰는데 선생은 교실 안을 천천히 둘러보더니 우리들에게 조용히 그리고 직접 자신의 소개를 존댓말로 하였다. 억센 함경도 사투리를 썼는데 목소리는 나직하였다.

1·4 후퇴 시 흥남에서 배를 타고 내려왔고 다른 고등학교에서 있다기 전근하였다 하면서 교실 안의 25명 정도 남녀 학생들을 둘러보면서 "반갑습니다" 하였다. 선생의 첫 수업이 끝나자마자 대뜸 선생 별명이 학생들 입에서 튀어나왔다. '다마내기(양파) 선생님!' 얼굴이 너무 동그래서 붙여 드린 선생의 애칭이면서 구분 수단의 암호가 정해진 것이다.

학교에 부임한 지 얼마 되지 않아 선생은 야간수업이 끝난 다음 희망하는 학생들 몇을 데리고 별도로 글짓기를 지도해 주었다. 학생들이 지어온 시를 손수 교정도 해 주었고 또 내용의 앞뒤를 다시 정리해 주었다. 밤늦은 이때의 사제지간의 대화는 너무도 순수하였다.

나는 새벽부터 나가 신문배달을 하고 야간학교 수업이 끝나면 일주일에 한 번씩 글짓기 모임을 늦게까지 하고 부지런히 통금이 되기 전 귀가하는 이런 식으로 지냈다. 선생님은 자진하여 그 옛날에 지금으로 말하면 특활지도를 한 셈이다.

얼마 있다가 우리들은 '강(江)'이란 주제로 시를 써오라는 숙제를 받았다. 그 때 내가 제출한 시의 내용이 모두 생각이 나지는 않지만 그 내용 중 '깊은 강물'을 묘사하는 단어로 '물심으로 젖어든다'란 표현을 하였는데 내가 써 놓긴 하였지만 어색하다는 생각이 들었었다. 선생은 내가 지은 시를 천천히 낭송하더니만,

"이 시는 이러이러한 생각을 가지고 쓴 시 같아요."

그리고

"물심이란 말은 찬수 학생이 만들어낸 새로운 말 같아요."

하면서 엉성한 나의 시를 아주 소중하게 하나하나 짚어 가면서 지도해 주는 것이었다.

선생은 글짓기 지도를 통하여 한 학생 한 학생의 개성을 다 인정하고 어린 우리들의 인격을 대접해 주었다. 선생 댁은 영도 조선소 앞이었는데 나의 집으로 가는 길목 중간에 살았다. 선생과 나는 가끔 같이 걸어서 귀가한 적도 있다.

어느 날, 선생은 나를 불렀다.

"찬수야! 오늘 집에 갈 때 같이 가자"

하였다. 수업이 끝나고 나는 친구 상일이와 함께 선생을 따라갔는데 곧장 집으로 가지 않고 도중 남포동 골목으로 들어서더니만 어느 다방 2층으로 올라가는 것이다. 당시엔 학생들이 다방 출입을 못하는 것이 관례라서 우리는 멈칫거리다가 선생을 따라 올라갔다. 그 다방은 시화전 행사장이었다. 나중에 안 일이지만 그 당시는 문인들이 작품 발표 같은 것을 할 때는 다방을 빌려서 행사장으로 이용하였다. 선생은 나와 상일이를 시화전에 데리고 간 것이다. 그 해 남포동 다방에서 두 번 광복동 다방에서 한 번 이렇게 세 번을 간 기억이 난다.

한번은 선생이 지은 시도 액자에 걸려 있었는데 나는 유심히 읽었다. 선생은 작품들 앞에서 좀 떨어진 곳에 팔짱을 끼고 서서 작품을 감상했는데 나는 으레 시화전에 들어오면 선생 같은 자세로 작품을 감상해야 되는 줄 알고 같이 팔짱을 끼고 의미도 잘 모를 시를 읽으면서 괜히 고개를 끄덕대며 뭘 좀 안다는 듯이 어색한 몸짓으로 흉내를 냈던 기억이 나기도 한다.

　어느 날, 학교 가는 길에 나는 선생 집엘 들렀다. 학교에 같이 가자고 하였기 때문이있다. 선생 슬하에는 1남 3녀가 있는데 맨 위 아들이 초등학교 6학년이었다. 부인은 선생보다 키가 크고 어린 내가 뵙기로도 아주 미인이며 좀 쌀쌀한 표정이었다.

　맏아들은 어릴 때부터 책 읽기를 좋아해서 어른들이 읽어도 어려운 문학 책도 거의 다 읽었다고 하였는데 한 가지 탈은 친구 만나러 나가지도 않고 방안에 들어앉아 책만 읽고 내가 갔을 때에는 학교에 갈 필요가 없다고 고집하여 걱정이 많이 된다고 하였다.

　선생은 마루에 앉은 나에게 선생이 지은 시「와(蛙 : 개구리)」를 낭독해 주었다.

　해방 전에 학교 선생을 하였고 김일성 치하에서 모든 것을 다 몰수당하고 온갖 학대를 받다가 1·4후퇴 때 집을 지키는 부모를 고향에 남겨 두고 LST 수송선에 가족과 함께 몸을 싣고 부산에 내려왔는데 월급도 몇 달씩이나 나오지 않는 피난민 야간학교 교사로 있으면서 그리운 부모와 고향 그리고 친지들을 생각하면서 언제나 통일이 오려나 하는 암담한 심정을 읊은 그런 시로 기억된다.

　시의 제목이「와(蛙)」인데 뛰려 하니 지쳐 뛰지도 못하고 땅바닥에 엎드려 초점 잃은 흐리멍덩한 눈망울만 뒤룩대는 그런 신세! 선생은 어린 나의 앞에서 시를 낭송하다가 끝내 울음을 터뜨리면서 나의 손을 잡고 흐느꼈다. 나도 눈물이 났다.

이 「와(蛙)」라는 시에 대한 추억은 6·25와 함께 나에게서는 없어질 수 없는 그런 의미를 가지고 있다. 선생님은 이 시를 당시 유명한 문학지 《현대문학(現代文學)》에 세 번째 추천을 받기 위하여 보낼 시라고 하였다. 당시엔 현대문학지에 세 번 추천받으면 시인으로 문단에 등단된다고 했다.

어느 날, 수업이 시작될 때 평소와 다른 상기된 표정으로 교단에 선 선생님은 현대문학지에서 세 번째 추천을 받았다 하였다. 우리는 모두 박수를 치면서 선생이 사회적으로 문단에서 인정받는 시인이 됨을 축하하며 기뻐하였다.

86. 영도 고갈산

그 해 여름방학 어느 일요일에 나는 영도 고갈산에 올랐다. 오르는 도중에 아주 커다란 참개구리 한 마리를 발견하였다. 그 순간 갑자기 한찬식 선생님의 시 「와(蛙)」가 생각났다. 그리고 나는 이 개구리를 통하여 지친 모습을 직접 보고 싶었다. 내가 뒤따르니 개구리는 기운 좋게 펄쩍 뛰더니만 저쪽으로 1미터도 넘게 떨어져 내려앉았다.

마음먹은 나는 개구리를 놓치지 않고 집요하게 뒤쫓기 시작하였다. 이리 뛰면 이리 쫓아가고 저리 뛰면 저리 쫓아가고 하면서 위협을 주니 나중엔 개구리가 멀리도 뛰지 못하고 아주 지쳐서 위기를 모면하려고 도망을 가려고 뛸 동작은 취하나 몸이 말을 듣지 않았다. 엉덩이만 '들썩' 하고 천천히 움직이고 개구리 아래턱은 동시에 그 자리에서 땅바닥에 곤두박질치듯 제 자리 앞에서 닿았을 뿐, 처음에 위세 좋게 펄쩍 뛰어 1미터 이상 공중제비로 날던 기상은 온데간데없어지고 숨만 겨우 쉬고는 주저앉아 있는 모습이었다. 나는 이 모습을 내려다보면서 '아!' 선생은 이런 어찌할 수 없는 상황을 읊은 것이구나 하면서 이해하였다.

당시 고갈산은 나무가 없는 산이었다. 내가 고갈산을 찾는 이유 중 하나는 그 곳 정상에서 사방을 바라다보는 풍경에 매료되었기 때문이었다. 나무 없는 잔풀들만 나직이 깔린 정상에서 제2송도 쪽에서 태종대 방향으로 가는 바닷가를 아득하게 내려다보면 멀리서 하얗고 긴 줄을 한 파도가 해안 쪽으로 겹겹이 가느다랗게 밀려 나오고 아주 가늘게 '쏴아—' 하는 파도 소리가 산비탈을 타고 은은히 올라왔다.

오륙도가 보이는 우리 동네 쪽과 조도(아치섬), 태종대 뒷산, 그리고 동삼동의 아늑한 갯마을이 너무도 평화롭게 보였다. 말 잔등 같은 평퍼짐한 산 정상의 허리에 깔린 풀들이 자잘한 야생화 자태를 뽐내려는 양인지 간혹 불어오는 바닷바람에 한쪽 구석부터 잔 파도치는 물결처럼 밀리는 모습은 너무도 아름다워 어떤 때는 점심때도 잊고 그 곳에 머물러 있었다.

멀리 서남쪽으로 한려수도의 시작이라는 가덕도 쪽을 응시하면서 몸을 한 바퀴 돌리면 보이는 대신동에서부터 부산시내 전경과 영도다리 부산항의 아름다운 모습은 노래가사 말처럼 '과연 아세아의 관문 부산 항구다'라는 생각이 들었다.

육사 시집

멀리 남쪽으로 선명히도 보이는 대마도를 의식하고 그 때부터 저게 왜 일본 땅일까 하는 의문도 가졌었다. 영도 고갈산 꼭대기에서 수평선 너머로 아득한 곳에서 보이는 대마도는 저기도 예전엔 우리의 땅이었겠거니 하는 소년기부터 지금까지의 나의 생각이었다.

한찬식 선생은 내가 신문배달을 하러 새벽 3시 반 넘어 선생 댁 옆을 지나치면서 어두컴컴한 조선소 앞길에서 영도다리까지의 부두길이 무서워 무서움을 떨치려고 혼자 큰 소리로 이육사 선생의 시를 암송하고 다니면 무서움이 없어진다고 말했다. 이 말을 듣곤 선생이 감격하며 어느 날 집에 육사 선생의 시집이 있다는데도 굳이 또 한 권의 육사시집(陸史詩集)을 사 주었다. 그 책 표지 다음 면에 작은 카드를 한 장 넣었는데 선생님이 직접 글을 써 주었다.

'육사 선생은 이 나라의 독립을 위해 훌륭한 일을 많이 한 분이고 모든 이가 존경하는 분인데 찬수가 그분의 시를 즐겨 암송한다 하니 참으로 장하다' 하였다. 그 이후 이육사 선생의 시는 나의 애송시가 되었고 육사선생의 시마다 어려 있는 선생의 조국사랑의 흔적을 말할 때는 그 때마다 시 암송에 도

취해 이육사 선생이 살던 곳에 나 또한 같이 있는 것 같은 느낌을 갖기도 했다. 특히 「황혼」, 「광야」, 「청포도」, 「자야곡」, 「노정기」, 「꽃」 등은 내가 즐겨 암송하는 시이다.

한잔식 선생은 정치하는 사람들을 미덥지 않게 본다. 정치하는 사람은 남을 위해 봉사하는 자세가 제일인데 그런 사람들이 국민과 나라 위하는 데는 뒷전이고 욕심이 앞서서 항상 자신의 이익을 먼저 도모하게 되면 하루아침에 초라하게 인식되어지고 그 때부터 모리배로 전락하여 한갓 선동꾼에 지나지 않게 되는 예가 많다고 하였다.

선생은 안중근 의사를 참으로 의인이고 만고의 영웅의 풍채를 가진 분이라 존경하는 말을 하였고 안의사가 이등박문을 지적하여 서적(鼠敵)이라 깔아뭉개는 표현을 쓴 글을 읊을 때는 작은 체구의 온 몸에 힘을 주어 움직이면서 입술을 일자로 꽉 다물고 단호한 모습으로 우리 앞에서 두 주먹을 불끈 쥐곤 하였다.

87. 학창시절 나의 애국심

1958년 봄 나의 아버지는 부전동의 혜화여자 중고등학교에 교감으로 취임하고 나도 좌천동에 있는 금성고등학교 주간으로 전학을 갔다. 그 뒤에 선생을 한두 번 뵌 적이 있었으나 청학동의 후생주택을 반납하고 서면 당감동 셋집으로 이사하고 혜화여고 사택에 살고, 교통부 꼭대기 범냇골로 이사하여 비로소 우리 소유 판잣집을 가진 이후엔 한 번도 만나

뵙지를 못하였다.

　내가 1965년 5월 제대하던 해 2월에 병기학교 아래 27직접 지원중대에서 군대 말년 생활을 보낼 때 선생을 못 잊어 군복을 입은 채로 영도 조선소 앞 선생 집을 찾았으나 주택 흔적은 온데간데없었다. 인근에 물어보았으나 선생이 이사 간 곳을 이웃에서 다들 알지 못한다 하였다. 성의 있는 인사도 제대로 못하고 헤어진 선생을 생각하니 세상에 뒤엉킨 지난 시절이 원망스럽기만 하였다. 그 이후엔 선생님 가족이 어떻게 되었는지 몰라 안타깝기만 하다.

　1958년 이후 나는 학교에서 학생간부로 뽑혔다. 특히 고3 때는 대대장이라는 역할을 하였는데 당시에 국가 경축일엔 시가행진도 아주 많아서 학교마다 맨 앞에 교기 태극기를 든 기수가 앞서고 그 뒤에 밴드부가 우렁차게 행진곡을 연주하면서 해당학교 대열 앞에 발맞추어 먼저 나가면 그 다음에 대대장인 내가 목에 흰줄을 꿴 호루라기를 걸고 어깨와 허리에 가죽 띠를 두르고 왼쪽 팔엔 대대장이라는 완장을 차고 우리 학교 학생들 앞에서 보무도 당당하게 내디디며 소리 높여 구령을 붙이고 나갔다. 이때마다 나는 한찬식 선생의 나라 사랑하는 가르침을 항상 머리에 떠올렸고 6·25 전쟁 때 내가 본 우리 국군 북진 대열이 군악대 차량을 앞세우고 진군할 때의 기상을 떠올렸다.

　또한 전방 우리 마을 신병 전투 훈련소에서 당장 내일 전투장으로 투입될 훈련병들이 완전무장한 상태로 우로 어깨총 하고 행군할 때 소리 높여 부르던 군인 아저씨들의 군가소리가 귀에 생생하여 우리학교 학생들 앞에서 구령 부치던 나는 구덕운동장에서부터 시청 앞까지 행진 시에 다리가 아프거나 조금도 지루한 줄 모르면서 당당히 걸어갔다.

전방에서 군인 아저씨들의 군가 중 이런 구절이 있다. "이 몸이 죽어서 나라가 선다면 아—아! 이슬같이 죽겠노라." 보무도 당당했지만 어린 나의 마음에 심어진 눈물나오는 우리 국군의 나라사랑 의지인 것이다. 그렇게 군가를 부르던 아저씨들이 그 이튿날 바로 전장터에 투입되어 장렬하게 전사해 후방으로 후송되어 왔던 것이다. 그런 군인 아저씨들이 말없이 현충원에 잠들어 있는 것이다.

나는 6·25 동란이 지난 몇 년 후에 군인도 아닌 학생 때였지만 6·25 전투장 한가운데서 아저씨들이 생생하게 나라 지키는 모습을 직접 보고 들었기에 나도 아저씨들처럼 나라 사랑하는 기상이 남아 청년이 될 때까지 그렇게 컸었다. 그리고 우리나라 상징 태극기의 휘날림 뒤에 따라 나가면서 조국과 명예 그리고 위풍당당의 의지를 보람 있게 내세우겠다고 마음속으로 불태웠었다.

국립 현충원! 대한민국 우리나라를 지키다 산화한 애국 영령을 모신 국립 현충원에는 군인역할이 무언지, 국방의무가 어떤 의미를 갖는지, 나의 국가와 애국이 무언지도 모르는 매국노 같은 사람들은 아무렇게나 방자하게 얼씬거리며 함부로 드나드는 그런 장소가 절대 아니기에 그런 사람들은 현충원에 입장시키지 말았으면 하는 바램도 가진다. 이는 6·25 참전자들 모두와 애국 혼이 불타는 우리 국군들에게 커다란 모독이 되기 때문이다.

 1957년 말에 빼놓을 수 없는 일이 하나 있다. 아미동 판잣집이 갑자기 철거된 뒤 엉성하게 세워진 텐트 안에서 원고가 빗물에 적셔지면서까지 잉크펜촉으로 원고를 쓴《국난사개관(國難史概觀)》이 <범조사(凡潮社)> 간행으로 출간되었다. 이 책은 내 아버지가 6·25 이후 월남한 뒤 쓴 최초의 역사책이다.

 그 이후 우리나라 최초의 국역 완역본 《삼국사기》(선진문화사), 《고려사》 등도 완역본을 내었고 이후 한학자로서 고등학교 한문 검인정 교과서를 직접 써서 그 책으로 서울 보성고등학교에서 학생들을 가르쳤다.

 국학자로서 명가의 가훈 등 많은 책을 저술, 출간하여서 후학들의 공부에 도움을 주고자 하였다. 아버지는 이후에도 국립도서관에 가서도 한문서인 고전 중 번역하기가 어려운 책들만 골라서 후학들에게 도움을 주고자 번역하는 학문적 열성을 평생 동안 가졌다.

 학자들이 나의 아버지에게 한학을 문의하고 때로는 배우러 왔을 정도니 아버지의 학문적 깊이를 새삼 다시 생각해 보게 된다. 여담이지만 나는 자식 된 도리로 6·25 뒤 아버지를 다시 만난 후부터 아버지가 기록하고 아버지의 글씨가 담겨진 종이나 원고지까지 하나도 버리지 않고 지금껏 소중하게 보관해 오고 있다.

88. 좌파 괴수 김일성의 종교탄압

원산 바로 옆 내륙 쪽으로 덕원이란 곳이 있다. 8·15 해방이 되고 아버지가 우리 가족들을 이끌고 내 고향 양양으로 내려올 때 덕원 역 플랫폼에 잠시 내려 쉬었는데 로스께(소련군인)가 우리 집 전 재산이라고 할 수 있는 가방을 들치기하듯 탈취하여 들고튀어 달아난 사건이 일어난 바로 그곳이다.

그 곳은 당시 베네딕토 천주교 수도원이 있는 곳이었다. 베네딕토 수도원은 독일에 본원을 둔 수도원인데 만주 연변지역 수도원까지도 관장하고 있는 관구의 수도원이다. 함경남북도와 만주의 우리 땅 간도까지도 다 관장하는 규모가 큰 수도원이었다.

모든 수도원이 다 그렇듯이 천주교 수도원은 그리스도의 정신을 그리스도를 닮은 위치에서 이 땅에 복음을 전파하고 이웃 봉사로서 하느님을 찬양하는 그런 곳이다. 각 수도원마다 수도원 규약 즉 청빈, 정결, 순명의 규약에 서약하고 그리스도를 닮은 수도자로서 활동을 하는 곳이라 이해할 수 있다.

덕원 베네딕토 수도원에서 함북 회령 성당에 소임을 맡은 힐라리오 수사 신부가 있었는데 후일 원산 형무소에서 빨갱이들에게 처형당하였다고 그 때에 목격한 사람이 부산에 내려와 말해 주었다.

1935년 12살의 어린 나이에 그 마을의 다른 친구들과 영세를 받으신 신동룡(영세명 마리아) 아주머니는 덕원 베네딕토 수도원의 사제관에 갔었는데 빵 굽는 기계와 건포도 말린 것을 구경했고 그것들이 아주 신기해 보였다고 추억을 이야기했다. 그로부터 먼 뒷날 해방이 되고 그 해는 종교행사를 어느 정도 할 수가 있어서 좋아했다.

그 이듬해 1946년부터 서서히,

"종교는 아편과 같다."

"하늘나라가 어디에 있느냐?"

"이 세상 우리가 사는 이곳이 곧 천국이다."

하고 떠들어댔다.

"김일성 원수님께서 스탈린 대원수님과 손을 맞잡고 우리 조국을 지상낙원으로 만드시려고 나오셔서 지금 하늘과 땅 등 산천초목이 모두 엎드려 김일성 원수님을 숭배하고 김일성 원수님이 가시는 곳마다 바다는 갈라져 길을 내고 바람도 피해가고 강물은 흐르는 것을 멈추고 있으니 이러한 거룩하고 신령한 분을 어찌 아니 떠받들어 모시지 않겠는가."

하면서 떠들어댔는데 그 정도가 점점 심해져 오히려 사회의 분위기는 아주 냉각되고 말았다.

일제로부터 해방이 되어 자유를 얻었다는 것이 고작 이런 것인가 의혹이 생겨 그때부터 불교, 천주교, 개신교 할 것 없이 모든 종교 집회는 갑자기 지하로 숨어들었다. 몇 사람이 모여 "아멘!" 소리만 나면 곧 인민재판을 들이댔고 사상 검증을 하였으며 친일파 여부의 책임추궁이 뒤따랐다.

부르주아지 후예들이라 하면서 가진 재산과 땅들을 전부 몰수하고, 종국에 가서는 땅은 모두 국유화하여 배급 제도를 두어 능력이 있으나 없으나 일정량을 타먹게 고쳐 신바람이 나서 일하게 하는 풍토는 애당초 없어졌다. 멀거니 배급이나 타먹으면서 심부름이나 하고 결국 선전도구로 이용당하면서 능력 없는 자들이 되어 공산 노동당원의 눈치나 보고 아부나 해가면서 살아가게 만들어 놓은 사회 속에서 사는 신세가 되었다.

연길에 봉사활동을 하시고 계시던 왕레지날드 수사 신부는 공산치하의 이런 만주의 분위기를 읽고 원산으로 내려왔다. 성직자, 수도자가 있어도 김일성을 우상의 신으로 만드는 작태를 보았고 해방 초기는 천주교 신자들이 수도원의 성당에서 미사 참례를 한다든지 하는 출입이 있었지만 1946년부터 주민들은 교회 출입이 절대로 허용되지 않았다.

수도원을 완전 고립되게 만들었기에 침묵의 교회로 아무런 종교 활동도 할 수 없는 지경에 이르니 6·25가 나고 우리 국군이 동해 전선으로 진격하여 원산을 탈환한 뒤 1·4후퇴 시 나의 아버지가 타고 내려왔던 같은 배로 수도자 모두가 함께 부산으로 모두 철수하고 이북의 덕원의 수도원 자리는 김 무슨 대학인가 뭔가가 들어서 있다고 들었다.

그곳에서 피난 온 수도자들은 부산에서 뿔뿔이 흩어진 뒤 서울 장충동에 수도원 자리를 잡았다. 그 후 다시 왜관으로 내려와 지금의 왜관 베네딕토 수도원 자리를 정하고 활동을 하였다. 그로부터 순심 중고등학교, 순심 여자중고등학교 등 교육기관도 운영하고 왕성한 종교 활동으로 이 땅에 하느님의 복음을 펴고 지역의 교육에 이바지하는 소중한 역할을 하고 있다는 이야기를 당시 왜관 순심고등학교 장학생으로 공부한 공필성씨가 나에게 들려주었다. 6·25 전후한 공산집단의 베네딕또 수도원의 종교탄압은 세계적으로도 소문이 났었다.

38 이북에서의 이러한 종교 탄압은 결국 오늘날에 와서 공산주의자들이 저들 특수계급의 영화를 위하여 무산대중을 잘 살게 해준다고 꼬드겨 이북 전역의 모든 종교인들을 밀고하게 만들어 가혹하게 탄압한 행위에 지나지 않는 것이다. 종국에 가서는 하수인으로 부려먹는 북한의 모든 주민들을 공산 노동당 괴수 김일성의 아들 김정일 마수의 노예로 전락시켜 놓고 거지들이 되게 만들었다.

노동당과 인민군들, 특수계급만 왕권 전제군주들의 귀족계급처럼 떵떵거리고 행세하고 앉았으니 과연 이것이 국민을 위한 공산주의이고 사회주의이고 인도주의를 내세우는 그들식 주체사상 국가란 말인가 하고 모두들 공산 사회를 불신하게 되었다.

그래도 그들은 공산사상이 자랑이라고 6·25 전이나 지금이나 한결같이 적화통일을 하겠다고 한 번도 생각을 바꾸지 않는 자들이다. 이제 그들은 핵무기까지 제조해 거들먹거려 가면서 대한민국 국민들을 위협하고 여기에 얼빠진 좌경 정치인들이 부화뇌동하며 비위나 맞추려 드는 작금의 사태이니 우리 국민들은 다시 한 번 냉정하게 생각하고 자유 민주주의 대한민국의 건국이념의 정통성을 굳건히 지키는 신념을 가져야 하겠다고 생각해 본다.

더욱 염려스런 것은 우리 대한민국 사회에서 오늘의 현상을 이제야 우리 국민들이 겨우 깨닫는 중이고 일부 이북을 알지 못하는 학생들에게 어설픈 다 망해 빠진 마르크스 레닌 사상에 도취하게 만들어 그들을 선동하는 것을 대한민국 통치행위로 착각하는 정치인들과 부화뇌동하는 얼빠진 나이 헛먹은 학자들이 있다는 사실이 큰 문제꺼리인 것이다.

오늘의 이런 현실에 대하여 나는 국민들의 공감대 없는 통일접근에 깊이 우려하고 있다.

그뿐만이 아니라 우리 국민 모두가 각성하고 이제부터라도 대한민국을 공산 마수들로부터 방어하고 굳건히 지켜나가는 데 온 나라의 힘을 결집하여 공산마수들을 추종하는 의식을 한시 바삐 모두 없애 버려야 진정한 이 땅에 평화 통일이 온다고 나는 생각한다.

우리 사회상도 한번 말하고자 한다. 언젠가부터 우리 사회에 공권력에 대항하는 수단으로 또 통일을 이루어야 된다는 수단으로 죽창이라는 흉측스런 무기를 다시 휘두르는 사태가 나타났다. 공권력으로 사회질서를 유지하고자 하는 국가 공무수행에 대항하는 사람들이 무리를 지어 사용하는 무서운 무기이다. 이 무기 죽창에 얽힌 이야기는 6·25 전후에 우리 사회에서 너무도 많이 들어보았고 또 실제로 체험하여 희생된 분들의 증거 이야기이다.

죽창은 기후적으로 대나무 자라기가 용이한 남녘지방에서 많이 만들어졌다고 한다. 총칼 무기 대신에 주로 민간인들이 사용했는데 주로 인민재판을 집행할 때나 공산주의 추종무리들 빨치산들이 마을 사람들을 공격하거나 위협할 때 사용된 끔찍스런 무기였다고 한다. 어떻게 보면 그 죽창 위력이 총칼보다 더 무서웠다는 것이다.

총이란 무기는 총알이 있어야 하는데 당시 경제사정으로는 아껴서 사용하게 되어 있고 하니 쉬운 대로 여기저기서 죽창을 사용하였다고 한다. 이 죽창에 희생된 대한민국 국민들이 너무도 많았다고 이웃들은 간증한다. 죽창으로 잔인하게 희생된 이웃들의 6·25 사진전을 보면 사람들이 어떻게 동족을 저렇게 잔인하게 죽일 수가 있겠는가 하고 저절로 한숨을 쉬게 만든다.

창에 찔려 죽은 사람들이 무더기로 마당바닥에 흩어져 있는 정경이 너무 끔찍하다. 이 곁에는 애처롭게도 자기 가족을 찾고자 사람들이 시체 썩는 냄새를 가리고자 코를 막고 그래도 애통해 하면서 기웃거리면서 들여다보고 확인하는 애처로운 장면들의 기록 사진들이 있다. 인간이 인간으로 태어나서 인간답게 살아야지 자기에게 못마땅한 상대가 있다고 금수의 탈을 쓰고 분별없이 저렇게 남의 소중한 목숨을 앗아버리다니 참으로 참혹하고도 끔찍하다.

인민군이 남쪽으로 급히 진격했을 때 마을마다 도사리고 있던 용공주의자들이 같은 이웃을 끔찍하게 희생시킨 사례를 보더라도 지금 또 다시 죽창으로 위세를 떨치며 거리마다 나서서 대한민국 우리 국민들에게 겁을 주는 시위무리들은 자숙해야 한다. 그 무기는 6·25 전후하여 우리 민족에게 너무도 한을 심어준 빨치산들의 흉측한 무기이기 때문이다. 죽창에 대한 인식이 우리 사회에서 약자들이 통속적으로 접근하여 본질의 문제를 해결키 위해 내세우는 빨치산 같은 무리들의 정당한 항의 수단 방편의 도구처럼 인식되어서는 절대로 아니 된다.

우리 모두는 다 통일을 원한다. 그러나 통일은 감상적인 느낌만으로 대책 없이 접근하는 것은 크게 위험하다.

우리나라에서의 진정한 통일은 민주주의를 위하고 가꾸며 평화를 사랑하는 진정한 인간애의 발로가 있을 때 이를 바탕으로 하여 과거 우리 국민 모두가 허리띠를 졸라매어 가면서 새마을정신 같은 서로 협동하는 정신을 내세울 때처럼 똘똘 뭉쳐 국력을 크게 키우고 부강한 나라를 세운 뒤에, 모든 국가에게 얕잡히지 않는 위치에서 당당하게 상대를 아량으로 끌어안을 수 있는 능력을 지니고 통일을 주도할 수 있을 때만이 비로소 통일의 징후가 보이게 될 수 있다 라고 생각해 본다.

89. 전쟁고아

내 아내는 올해 61세이다. 1947년에 태어나서 1950년 6·25를 당했으니 네 살 때였다. 그 아래로 두 살 아래인 남동생 철호도 있었다. 1950년 8월 20일 강원도 춘천 우두동에서 전쟁 초기까지는 부모 품에서 자랐다. 공무원으로 근무하던 아버지가 큰아버지와 함께 인민군들에게 끌려갔는데 그때부터 슬픔이 덮쳤다. 조부모는 갑자기 두 아들을 잃게 되었고 어머니는 남편을 잃게 되었다. 전쟁 중에 홍역으로 남동생은 저 세상으로 먼저 가고 어머니마저도 피난통에 헤어지고 말았다.

조부모 슬하에서 컸다고 하지만 아내는 전쟁고아였던 것이다. 사람이 어린 시절 가장 행복한 것이 아버지 어머니 슬하에서 사는 것이다. 여기서 모든 기운을 받게 되는 것이다. 그런데 주변에서 아무리 잘해 준다고 해도 근본을 잃었기에 가슴에 커다란 상처구멍이 뚫려 있었던 것이다. 남들이 엄마 아빠 손잡고 다니는 것만 보아도 부럽기 한이 없었고 학교 졸업식장에서는 그저 쓸쓸하기만 하였다.

어머니가 그리워 외갓집에 자주 갈 때도, 외갓집에 가서 이가 아프다고 핑계 잡아 서럽게 우는 그녀를 큰 외삼촌이 늘 업어 주며 달래어도 허전한 마음은 채워지지를 않았다. 소양강에서 두 번 배타고 건너는 서면 방동리에 있는 외갓집 가는 길은 가물거리는 엄마 아빠 얼굴의 보고 싶은 그리움뿐이었다.

지금은 새로 닿는 세파에 잊어버리기도 하지만 그녀의 마음 안에는 부모가 지켜주는 행복 안에서 말문이 처음 열려 아빠! 아빠! 하고 처음 재롱을 부리던 그 시절의 행복을 어이없이 빼앗기고부터 성장기 내내 슬프디 슬픈 소양강의 소녀였던 것이다.

김일성 집단은 이렇게 남의 행복을 무참하게 앗아간 것이다. 교회를 열심히 다녀 신앙심으로 주어진 삶을 극복하고 열심히 공부하여 초등학교 교사가 되었다지만 모든 것이 이루어졌다고 해도 근본적으로 잃어버린 엄마 아빠의 사랑이 다시 오는 것은 아니었다. 나는 일년이 좀 넘게 큰 아들집 손녀딸들을 데려다가 키운 적이 있었다. 그런데 세 살밖에 안 된 어린 손녀딸애가 엉금엉금 기는 더 어린 동생이 우니까 어른들이 시키거나 알려주지도 않았는데 갑자기,

"윤하야 울지 마아—! 세 밤 자고 엄마 아빠 있는 의정부 집에 가자 아—!"

하고 어르는 것이었다. 할머니 할아버지에게 귀여움을 받는 가운데서도 어린아이는 채워지지 않은 부모의 그리움을 그렇게 본능적으로 표현하였던 것이다. 내 아내는 손녀의 이 순간의 장면을 보고 지금까지 이어지는 6·25 이후 자신의 옛 생각들이 다시 나서 안쓰러운 눈물을 흘리면서 훌쩍훌쩍거렸다. 옆에서 보는 나도 참으로 슬펐다. 전쟁고아들의 그 슬픔을 누가 만들어 준 것인가 생각하면 한스럽다.

60여 년의 삶이 이렇게 멍들어 아직까지 굳어진 상처 자국이 풀리지 않는다니! 이 상처 이 슬픔이 오직 그녀 하나만이랴? 삼천리 방방곡곡에 스며들어 아직도 국민 모두가 멍들어 있음을 과연 위정자들이 알고나 있는가? 정치를 잘못한 결과가 오늘까지의 끔찍한 비극을 낳게 한 것이다. 김일성과 그 추종무리들은 바로 이런 슬픔을 한반도 우리 국민들에게 안겨 준 것에 대하여 철저하게 속죄하여야 하는 것이다. 속죄한 뒤에 그로부터 참다운 대화가 이루어져야 하는 것이다. 바로 이것이 화합 단초의 순서가 되는 것이다. 혹자는 남의 일에 대하여 마음이 넓은 척하고 대수롭지 않게 쉽게도 말한다.

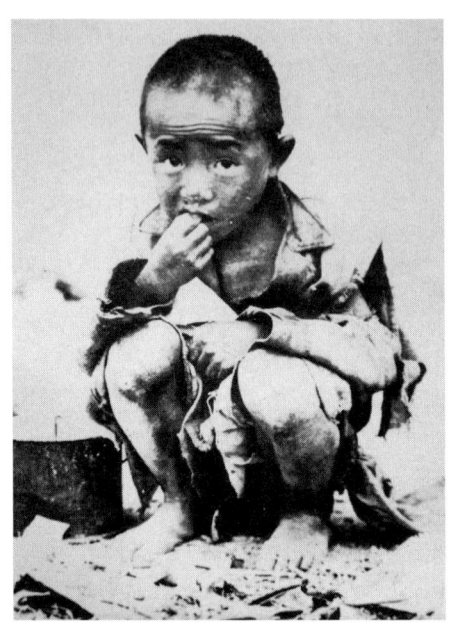
전쟁고아

"6·25가 언제 적 이야기인데 아직도 6·25, 6·25 하느냐? 이제 다 잊고 내일을 생각하자."

하고 앞뒤도 맞지 않는 말을 인생을 통달한 사람처럼 태연하게 한다. 마치 대한민국 국민들은 6·25에 대하여 말도 꺼내지 말라는 투다. 참으로 국가 사정을 모르면서 국민들 마음을 정성을 다해 읽지도 않으면서 저들 편리한 대로 엉뚱한 말만 하면서 정치한다고 저렇게들 딴 소리이다.

90. 다시는 이 땅에서 전쟁이 있어서는 안 된다

1957년 여름 우리 집안 어른들에게는 두 가지 어려움이 있었다. 그 한 가지는 바로 우리 집 아랫집 후생주택 26호에 사는 사람들 때문이었다. 황해도에서 피난 온 사람들인데 온 동네 사람들과 싸움을 안 해 본 사람이 없을 정도로 경우가 없는 사람들이었다. 최씨라는 주인은 조그마한 배의 선장이었다. 남들과 싸움만 하는 것이 아니라 그 집 아주머니, 그러니까 부부끼리도 1주일이 멀다고 싸우곤 하여 동네에서 소문이

났다.

 그런데 이상한 것은 부부끼리 싸움이 있고 난 후엔 그 부부는 며칠간은 너무나도 이웃 보기에도 낯간지러울 정도로 사이가 좋았다. 간헐적으로 반복되는 모습이있다. 집 한옆 마당에 오리 사육장을 만들어 아주 많은 오리도 키웠는데 그 집 명칭이 오리집이었다. 밤낮으로 꽥꽥대는 오리 소리 때문에 머리가 휘둘릴 지경이었다.

 그런데 그 아주머니가 어머니가 절약해 저축한 돈을 빌려 달라고 하더니만 홀라당 떼어 먹고 말았다. 그리고는 돈을 갚으라는 나의 어머니를 기세 좋게 호령호령하며 되레 큰소리를 쳤다. 전시에 온갖 사람들을 다 겪었다 하지만 이런 사람들이 예나 지금이나 큰소리치며 나대는 경우가 있는데 알다가도 모를 일이다.

 또 한 가지는 청학동 우리 마을 후생주택 버스 정류장께에 사는 아저씨가 있었는데 아버지더러 좋은 사립학교 해동고등학교에 옮겨 근무할 수 있도록 주선하겠으니 활동비를 마련해 달라는 것이었다. 매일같이 글이나 쓰시면서 야간학교 교사로 나가는 아버지가 없는 돈 꾸려서 그 사람에게 부탁하며 건넸다. 그런데 그 아저씨는 애써주겠다고 하던 취직은커녕 여러 달이 지난 뒤에도 차일피일 미루며 얼버무리다 나중엔 내 모른다는 식으로 나자빠졌다. 다시 말하여 아버지에게 사기를 친 것이다.

 할머니는 이곳도 정이 떨어진다고 하였다. 이런 일로 상심하던 아버지는 마침 부전동에 있는 혜화여자 중고등학교 교장 정상구씨가 초청하여 그 학교의 교감으로 가게 되었다. 교장이 아버지의 역사 저술서 《국난사개관》을 보고 난 뒤의 결정이었다 하였다.

1958년 초봄 우리 가족은 혜화여자 중고등학교에서 얼마 떨어지지 않은 서면의 당감동에서 피혁공장을 하는 집 2층에 세를 들어 살게 되었다. 우리 가족은 부산에서 경치 좋기로 유명한 곳 중 한곳인 청학동을 이렇게 해서 떠났고 이사 간 곳에서 생소한 사람들과 사귀게 되었다. 그 이후에 부전동 혜화 여중고 학교 사택을 거쳐 다시 이사하여 범내골 저 안쪽 보국사 밑에 있는 판자촌에 살았고 1960년 4·19가 날 때까지 그곳에 있다가 그 해 여름 아버지와 어머니는 네 동생을 데리고 서울 퇴계로 대한극장 건너편에 있는 출판사 사장 집 2층 단칸방을 얻어 들어 어려운 서울 살림이 시작되었다.

1960년 말 아버지는 서울 보성고등학교 설립자 간송 전형필 선생의 배려로 보성고등학교의 교사로 채용되었다. 간송 선생이 아버지의 역사저서 《국난사개관》과 우리나라 최초의 《삼국사기 완역본》 번역서를 본 뒤의 결정이었다 하였다. 이로부터 아버지가 정년 마칠 때까지 우리 집은 보성의 가족이 되었다.

대한극장 앞과 인현동 시장 터에서의 어려운 생활이 그렇게 이어졌다. 1962년도에 신촌 서강대학에 입학한 뒤 내 일생 가장 중요한 것은 1962년 8월 15일 종로 4가 천주교 성당에서 이계중 요한 신부에게 감동적으로 영세를 받았다는 사실이다. 이후 주님의 은총 속에서 하느님의 자녀로서 지금껏 새

삶을 살게 되는 출발이 되었고, 이어 9월초에 성북동으로 이사를 갔다. 같은 달 27일에 국가의 부름을 받고 육군 입대하여 1965년 봄에 복무 만기 전역을 하였다.

*

이제 나는 이 기나긴 이야기를 마치고자 한다. 자랑할 것도 돋보일 것도 하나 없는 나의 지난 시절 가슴속에 담긴 이야기를 내놓았다. 누구든지 이런 이야기는 다 나처럼 있을 터이지만 내가 말하고자 하는 것은, 그리고 바라는 것은 전쟁은 너무도 비참하기에 어느 곳에서나 일어나서는 안 된다는 것이다. 그리고 이웃을 배려하고 사랑이 충만한 삶을 살아야 이 땅엔 비로소 평화가 오는 것이지 남의 삶을 허무는 삶의 방식은 이웃에게 피해만 입히고 종국에는 파괴와 멸망을 가져오게 된다는 것이다.

정치가들이 사랑의 마음과 자세로 정치를 잘한다면 국민들은 구태여 보따리 싸들고 정처 없이 여기저기 피난길에 헤매지도 않을 것이고 영문도 모르게 하나밖에 없는 소중한 목숨을 잃게 되지도 않게 되기 때문이다. 잘못은 정치가들이 다 저질러 놓고 죽기는 애꿎게 국민들 몫이 된다는 바로 이 사실을 위정자들은 반드시 명심해야 될 것이다.

김일성으로부터 자행된 불법남침이 햇수로 3년의 전쟁 기간 동안에 이렇게 세계 전사에서 한 국가 안에서 가장 커다란 희생과 후유증을 남기게 되어 57년이 지난 지금까지도 이 땅에는 아직도 슬픔이 도처에 스며들어 있어 그 한이 태산같이 쌓여 있다. 이제는 우리나라에서 우리 국민들을 위해서, 우리 후손들을 위해서라도 이 땅엔 반드시 현명하고 올바른 지도자가 나타났으면 하고, 우리 후손들의 영광된 먼 앞날을 위해서라도 이렇듯 흉측스런 무모한 전쟁은 또 다시 일어나서는 안된다 라는 나의 소망이 간절할 뿐이다.

후 기

6월의 하늘을 올려다보며

화곡 김찬수

신록이 진초록으로 옷 바꾸어 입으니
계절의 여왕은 저만치서 자애롭고
이 땅에 서린 임들의 미쁘신 호국 기상
처처에서 의연(毅然)히도 빛이 되신다

산하 연년은 계절 따라 흐르나
그 근본 어김이 없고
심으신 곳곳의 의로움은
임들의 조국을 지켜져 내린다

어드메서 진리 축이 희롱 당하는가
지나간 소중한 세월 아롱짐이 저렇게 뜨거운데
못 보던 잡스럼이 돌개바람 타고 휘젓기만 할 건가

6월에 기리는 호국의 임들이시어!
풍전등화 지킴에 서슴없이 내 놓은 소중한 넋은
흐르는 한 가람에 안겨 식지 않는 마음 되니

새벽하늘 계명성(啓明星) 보다 더한 빛남처럼
만천하 초인들이 옷깃 여미고 떨쳐 일어
뜨거운 가슴 나라 사랑 되어
푸르른 하늘 유월의 태양 아래 펼쳐지리라

저자와의 협약에 의해서 인지를 생략함

내가 겪은 6 · 25

초판 발행일 / 2007년 6월 20일
개정 증보판 2쇄 / 2013년 11월 25일

☆

지은이 / 김찬수
펴낸이 / 김동구
펴낸데 / 圖書出版 明文堂

서울특별시 종로구 안국동 17-8
우체국 010579-01-000682
☎ (영업) 733-3039, 734-4798
(편집) 733-4748
FAX. 734-9209
H.P. : www.myungmundang.net
e-mail : mmdbook1@hanmail.net
등록 1977. 11. 19. 제 1-148호

☆

ISBN 978-89-7270-854-4　　03800
낙장이나 파본은 구입하신 서점에서 교환해 드립니다.

☆

값 12,000원